Saul K. Padover ▌LÜGENDETEKTOR
Vernehmungen im besiegten Deutschland 1944/45

# Saul K. Padover

# LÜGENDETEKTOR

## Vernehmungen im besiegten Deutschland 1944/45

Aus dem Amerikanischen
von Matthias Fienbork

Eichborn Verlag Frankfurt am Main 1999

Matthias Fienbork hat dieses Buch erstmals aus dem Amerikanischen übersetzt und für die deutsche Ausgabe leicht gekürzt. Die Originalausgabe wurde 1946 bei Duell, Sloan und Pearce in New York verlegt; sie trug den Titel *Experiment in Germany. The Story of an American Intelligence Officer.* Eine englische Ausgabe, die gleichzeitig bei Phoenix House in London erschien, hieß *Psychologist in Germany.*

2. Auflage 1999

ISBN 3-8218-4478-7

# 1

In der Normandie haben wir viel über die Mentalität der Deutschen und die politische Stimmung in Deutschland diskutiert, wenn wir, nur wenige Kilometer von den blutgetränkten Stränden entfernt, auf den heckenumsäumten sommerlichen Wiesen lagen und uns sonnten. Diese Gespräche führten wir gewissermaßen in offiziellem Auftrag, denn als Nachrichtenoffiziere der Abteilung für Psychologische Kriegsführung (PWD) mußten wir uns schließlich mit der Denkweise des Feindes beschäftigen. Daß wir von den Frontsoldaten als »Speckjäger« verspottet wurden, machte uns nichts aus. Wir wußten, was wir taten. Unsere Tätigkeit bestand darin, mit Flugblättern und Lautsprechern und ähnlichen Hilfsmitteln die Moral des Feindes zu untergraben und ihn so weit zu bringen, daß er mit erhobenen Händen überlief und sich ergab. Wir haben das nicht ohne Erfolg getan, obwohl wir ein kleines Team waren und unsere Arbeit von manchem Stabsoffizier schief angesehen wurde. Allerdings hätten wir sehr viel mehr erreicht, wenn wir besser informiert gewesen wären.

Ich hatte 1920 und 1931 in Deutschland gelebt, hatte deutsche Geschichte unterrichtet und ein Buch und mehrere Artikel zu diesem Thema geschrieben. Als wir in der Normandie landeten, galt ich als Deutschlandspezialist, doch meine Kenntnisse von den Hitlerdeutschen stammten nur aus zweiter, wenn nicht dritter Hand. In der US-Armee war ich darin natürlich keine Ausnahme.

Eine erste Ahnung von den Hitlerdeutschen vermittelten mir die Reaktionen der Franzosen. Die wortkargen normannischen Bauern, so erdverbunden und reserviert, spuckten verächtlich aus, sooft das Wort *Boche* fiel. Die *Boches*, berichteten sie uns, hätten das Vieh fortgetrieben, ihre Häuser geplündert und Sprengladungen an solchen Orten versteckt, wo es ahnungslose Zivilisten treffen mußte. In Coutances und Périers plünderten die Deutschen systematisch alle Häuser, Straße für Straße, und schafften das Beutegut in Rotkreuzfahrzeugen fort. Ich kann das bezeugen, da ich zu der Gruppe gehörte, die vor Ort sofort die Ermittlungen aufnahm. Der

Jubel der Franzosen über ihre Befreiung entsprach ihrem Haß auf die Deutschen. Als ich kurz nach dem Fall von Rennes dorthin fuhr, standen entlang der ganzen Strecke Männer und Frauen und Kinder am Straßenrand, die uns begeistert zuwinkten und uns Blumen zuwarfen. Doch verglichen mit Paris war das gar nichts.

In Paris, das ich am 25. August 1944 mit einer Vorausabteilung von General Leclercs Panzerdivision erreichte, wurde uns ein überwältigender Empfang bereitet. Wir waren nur eine Handvoll Amerikaner und wurden buchstäblich erdrückt von den begeisterten, geradezu hysterischen Massen, die auf uns zustürmten, uns umarmten oder anfaßten oder einfach nur mit Tränen in den Augen dastanden. Zehntausende, Hunderttausende weinender Menschen sind ein irritierender Anblick. Tagelang konnte ich nicht schlafen. Und während wir uns noch tagelang vor deutschen Scharfschützen und französischen *miliciens* in acht nehmen mußten, kamen, sooft sich irgendwo ein GI zeigte, die Franzosen herbeigelaufen, küßten ihm die Hand und bedankten sich überschwenglich. Sie küßten uns auf die Wangen und berührten unsere Uniform und stammelten: »Ihr wißt nicht, wie schlimm es unter den *Boches* war, Gott sei Dank sind wir die *Boches* los, wir sind frei, Gott sei Dank!« Nur wer permanente Angst und Erniedrigung erlebt hatte, konnte mit solchen Gefühlsausbrüchen auf seine Befreiung reagieren. Die Franzosen haben nie das Wort »*Allemands*« verwendet. Und wenn sie von den *Boches* sprachen, dann nicht nur haßerfüllt oder verächtlich. Mir fiel auf, daß sie sich vor den Deutschen fürchteten. Der *Boche* war ein Unmensch, ein Teufel.

## 2

Im September 1944 befanden sich die Deutschen überall in Frankreich auf dem Rückzug. Frankreich, Europa, die ganze Welt atmete erleichtert auf. Endlich wurde die Zivilisation vom Alptraum des Hakenkreuzes erlöst. Wir glaubten, daß die Sache mehr oder weniger gelaufen war. Hätten wir wirklich gewußt, was in Deutschland und in den Köpfen der Deutschen vor sich ging, wäre uns klar gewesen, daß es noch lange nicht zu Ende war.

Wir hatten zwar eine ganze Menge einschlägiger Theorien, die für unsere Aufgabe aber ebenso nützlich waren wie der Epiktet-Band, den einer meiner Kollegen – ich glaube, es war Paul Sweet – unerklärlicherweise bei sich trug. Optimisten hielt ich Napoleons Ausspruch entgegen, daß ein Feind erst dann besiegt sei, wenn er sich selbst geschlagen gebe. Aber hielten sich die Deutschen für besiegt, obwohl sie schon bis zur Mosel zurückgedrängt waren? Wir wußten es nicht. Eines Abends, es muß Mitte September gewesen sein, als wir in den Wäldern vor Verdun in unserem regennassen Zelt hockten, wettete ein Angehöriger unserer Einheit, ein »Deutschlandspezialist«, fünfzig Dollar, daß der Krieg spätestens am 15. Oktober beendet sei. »Die Deutschen«, sagte er mit jener Entschiedenheit, die nur auf massiver Ignoranz beruht, »können keine weiteren Schläge mehr verkraften. Solche Niederlagen kann die Nazidiktatur nicht überleben.« Nur Leutnant Leonid Gran ließ sich kühn auf die Wette ein. Gran war der Pessimist in unserer Einheit. Seiner Ansicht nach würde der Krieg noch mindestens bis November dauern.

Aufgabe der Abteilung für Psychologische Kriegsführung war es, die ideologische Mauer zu sprengen, die Goebbels rings um Deutschland errichtet hatte. Wir versuchten, aus der Flut von disparaten und widersprüchlichen Informationen schlau zu werden, die uns aus Deutschland erreichten. Vom Hauptquartier erhielt ich die Anweisung, nach Paris zurückzukehren und dort nach Personen zu suchen, Männern, Frauen, Deutschen, Franzosen, Nazis, Antinazis, irgendwelchen Leuten, die in den letzten Wochen und Monaten aus Deutschland gekommen waren. Im Gespräch mit ihnen sollte ich herausfinden, wie die Lage und vor allem die Stimmung im Reich aussah. Geflohene oder repatriierte Kriegsgefangene kamen nicht in Frage, da deren Erfahrungen sich naturgemäß auf ihre Haftsituation beschränkten. Vielmehr galt es, Zivilisten zu finden, die in Deutschland gelebt hatten oder herumgekommen waren und Gelegenheit gehabt hatten, Beobachtungen zu machen und Gespräche zu führen.

Mit drei französischsprechenden Kollegen, unter anderem Sergeant Albert Guerard, einem begabten jungen Harvardianer, fuhr ich nach Paris und warf ein Schleppnetz aus. Nach Tagen ergebnislosen Suchens an allen möglichen Orten und nutzloser Gespräche in allen möglichen Sprachen fingen wir schließlich zwei Fische. Es waren zwei mittelprächtige Exemplare. Ein Franzose, ein Deutscher.

Der Franzose hatte in Deutschland als *travailleur libre* auf einem Bauernhof gearbeitet. Er war sechs Wochen zuvor heimgekehrt und konnte wenig über die Verhältnisse im Reich berichten. Die Bauern, sagte er, seien »unpolitisch«, weder für noch gegen Hitler. Lebensmittel und Landmaschinen seien knapp, doch niemand beklage sich. Fast alle Bauern und Landarbeiter bis zum fünfzigsten Lebensjahr seien eingezogen worden, die Verluste unter ihnen seien hoch. Die Höfe würden von deutschen Frauen und ausländischen Arbeitern bewirtschaftet, in erster Linie Franzosen und Osteuropäern. Osteuropäer würden nicht gut behandelt, während Franzosen bei deutschen Frauen beliebt seien. Obwohl streng verboten, seien sexuelle Kontakte normal. »Für ein Tafel Schokolade geht eine Deutsche mit dir ins Bett«, sagte der Franzose grinsend.

Bei dem Deutschen handelte es sich um einen jungen Katholiken, der kürzlich aus dem Reich gekommen war. Seine Beobachtungsgabe ließ viel zu wünschen übrig. Ich verbrachte einen ganzen Nachmittag damit, ihn zu befragen, fand das Gespräch mit ihm aber sehr anstrengend. Er war zwar kooperationswillig, hatte aber nicht viel zu berichten. Während des Krieges war er als Mitarbeiter der katholischen Kirche in Danzig gewesen, und seine Welt beschränkte sich auf seinen unmittelbaren Tätigkeitsbereich. Die Katholiken, sagte er, seien gegen die Nazis, und in katholischen Familien werde ein unablässiger Kampf um die Seelen der Kinder geführt. Seines Wissens gebe es keinen organisierten, aktiven Widerstand. »Der Terror, die Angst...« Seine Stimme verwandelte sich in ein Wispern, und instinktiv wandte er den Kopf zur Seite, um zu sehen, ob jemand mithörte. Später sollte ich dieses Wort »Terror« noch tausendmal aus deutschen Mündern hören.

Diese Gespräche brachten mich auf einen Gedanken, und je länger ich darüber nachdachte, desto praktikabler erschien mir die Sache. Warum führten wir nicht detaillierte Interviews mit einzelnen Deutschen? Im Hauptquartier diskutierte ich darüber mit einigen Kollegen. Ich wies darauf hin, daß wir in ausführlichen Einzelgesprächen nicht nur etwas über die Motive, Haltungen, Hoffnungen und Erwartungen dieser betreffenden Person erfahren würden, sondern auch einiges über ihr Umfeld und über Personen in ähnlichen Verhältnissen. Mit anderen Worten, ich wollte über persönliche Interviews an politisch-militärische Informationen herankommen. Da Meinungsumfragen unter den gegebenen Bedingungen kaum durchführbar waren, schien mir diese Vorgehensweise die einzige Möglichkeit zu sein, etwas über die deutsche Mentalität zu erfahren. Immerhin kämpften wir nicht nur gegen eine mächtige Militärmaschinerie, sondern auch gegen ein System, gegen eine Ideologie, und uns psychologischen Kriegern oblag es, unsere Lanzen gegen den Wind, oder soll ich sagen: gegen die Windmühlen der Nazi-Ideologie und ihrer Vertreter zu richten.

Diese Idee trug ich unserem Kommandeur (Oberst Clifford Powell) und dem Chef der Nachrichtenabteilung (Al Toombs) vor. Beide waren aufgeschlossen und durchaus bereit, es zu probieren. Powell, im Zivilleben nüchterner Anwalt, hatte nur eine Frage. Wo wir denn all die Deutschen herbekommen wollten, die wir für unser Experiment brauchten? Wir stünden noch immer in Ostfrankreich und im südlichen Luxemburg. Ich erklärte, man solle uns so dicht an die deutsche Front entsenden, wie das mit Rücksicht auf die Kämpfe möglich sei, dort würden sich genug »Klienten«

finden. Und wenn unsere Armee erst einmal in Deutschland sei, würden wir unsere Arbeit vor Ort weiterführen.

»Na schön«, meinte Powell, der für seine unverblümte Ausdruckweise bekannt war. »Aber seht zu, daß ihr euch nicht den Arsch verbrennt.«

## 3

Während wir im Begriff waren, eine kleine Vorausabteilung zusammenzustellen, hörten wir, daß Luxemburg befreit worden sei. Dies war, was Informationen aus Deutschland anging, der erste große Durchbruch, denn das Großherzogtum war dem Reich einverleibt worden, und wir waren überzeugt, dort viele Deutsche anzutreffen, die auspacken würden. Nach Ansicht einiger Kollegen würden wir in Luxemburg jedoch auch andere Deutsche finden, nämlich bewaffnete. Niemals, erklärten uns die Zurückbleibenden, würden sie unbewaffnet deutschen Boden betreten oder sich auch nur in die Nähe wagen.

Alle waren überzeugt, daß die Deutschen, aus unserer Sicht durchweg fanatische Hitleranhänger, jeden Amerikaner sofort attackieren würden, falls sich das Blatt wenden sollte. Wir alle glaubten, daß SS und Gestapo Agenten zurückgelassen hätten und daß wir Amerikaner nur schwerbewaffnet in Sicherheit seien.

Diese erschreckende Vorstellung beunruhigte speziell die wenigen unter uns, die Zivilisten in Uniform waren und als Nichtkombattanten keine Waffen tragen durften. »Sie werden Hackfleisch aus euch machen«, sagten manche Kollegen nicht ohne Spott. Ich besaß eine kleine Automatic und zwei Magazine mit jeweils sieben winzigen Patronen. Ein französischer Polizist hatte mir das Ding während der Schlacht um Paris geschenkt. Trotz seiner begrenzten Schlagkraft vermittelte mir dieser kleine Revolver ein absurdes Gefühl von Sicherheit. Ich mußte ihn aber heimlich bei mir tragen, da die Offiziere unserer Kompanie sonst protestiert hätten. Wir sollten Himmlers Reich ohne das Recht auf Selbstverteidigung betreten – und so geschah es auch.

Unser Safaritrupp bestand aus einem Kommandofahrzeug, zwei Jeeps und einem Funkwagen. Seesäcke, Schlafsäcke, Schreibmaschinen, Proviant und das ganze Zeug, das sich mit der Zeit ansammelt – alles wurde auf die Anhänger geladen und gut abgedeckt. Jeder von uns hatte einen Marschbefehl dabei, mit dem wir uns in Kampfgebieten bewegen durften. Militärische Einsatzbefehle haben, sicher zum Zweck der Verwirrung, ihre eigene Sprache. Wäre ich in Gefangenschaft geraten und die Deutschen hätten meinen Marschbefehl entdeckt, hätten sie folgendes gelesen:

TO: Saul K. Padover

PAC Ltr Hg Sp Trs, Twelfth A Gp, 7 Aug 44, you WP o/a 20 Sept 44 fr this sta to T. F. Twelfth A Gp, on TD and such other places as may be necessary to carry out the instructions of the CO for a period of not more than 24 days returning to yr proper sta not later than 20 Oct 44. TCNT. FDGA. 6-113 P 431-03 A 211/49424

By order of...

Sollte uns jedoch ein amerikanischer Militärpolizist anhalten und wissen wollen, was wir verdammt noch mal vorhätten, könnten wir ihm diesen Befehl vorzeigen, und er wäre gehörig beeindruckt.

Wir erreichten die Stadt Luxemburg im frühen Herbst, als das Großherzogtum erst teilweise befreit war. Nur wenige Kilometer östlich der Hauptstadt wurde noch gekämpft, doch das schien die Leute kaltzulassen. Die kleine Stadt, die fröhlich ihre Befreiung feierte, sah aus wie eine romantische Filmkulisse. Sie machte einen netten, gepflegten und sehr deutschen Eindruck. Überall deutsche Aufschriften, und auch die Straßen trugen deutsche Namen – der große Boulevard hieß noch immer Adolf-Hitler-Straße. Verblüfft stellten wir fest, daß auf den Straßen Deutsch gesprochen wurde und Plakate in deutscher Sprache an den Hauswänden hingen (»Feind hört mit!«). Und die Leute sahen auch wie Deutsche aus, untersetzte, gleichmütige, bäuerliche Gestalten, denen die Lebhaftigkeit und der Witz ihrer französischen und belgischen Nachbarn fehlte.

Doch das germanische Erscheinungsbild täuschte. Bald stellte sich heraus, daß die Luxemburger zwar Nachbarn der Deutschen waren und einen deutschen Dialekt sprachen, im übrigen aber nichts mit den Deutschen gemeinsam hatten. Sie feierten ihre Befreiung mit Landesfahnen, patriotischen Spruchbändern und Porträts des Herrscherpaars und der großherzoglichen Familie. Überall stand in roten Lettern: LETZEBUERG ASS FREI.

Die Schaufenster waren, bis auf die allgegenwärtigen großherzoglichen Porträts, völlig leer. Die Deutschen hatten Luxemburg so gründlich geplündert, daß es nur diese Fotos zu kaufen gab. Aus jedem Schaufenster blickte einem eine ältere Dame mit Diadem und ein Herr mit spitzem Mund und Oberlippenbärtchen entgegen. Es war unheimlich. Flankiert wurden die Hoheiten vom roten Luxemburger Löwen, der der ganzen Welt die Worte MIR WOLLE BLEIWE, WAT MIR SIN entgegenschleuderte.

## 4

In Luxemburg lief es gut. Wir hatten ein großes Amtsgebäude und wohnten in den besten Hotels. Wir konnten uns überall in der Stadt frei bewegen, waren quasi die Ordnungsmacht, denn die einzige luxemburgische Macht bestand aus einem lockeren Verband von Widerstandskämpfern, der sogenannten Union, die über wenig Waffen verfügten. Die Luxemburger waren zwar nicht sehr gastfreundlich, sprachen aber gern, und mehr wollten wir von ihnen nicht. Die Stadt war ein Eldorado für uns. Überall trafen wir auf Männer und Frauen, die in Deutschland gelebt und gearbeitet hatten. Täglich kamen mehr und mehr Heimkehrer in das befreite Luxemburg, und ihre Berichte über die Lage in Deutschland waren aktuell und, wie wir später feststellten, meist auch korrekt. Luxemburg war unter dem Namen Moselland annektiert worden, und die Einwohner hatte man arbeitsverpflichtet. Junge Männer wurden in die Wehrmacht gesteckt, ältere mußten in der Verwaltung, als Polizisten, Eisenbahner und Lehrer arbeiten. Wer sich weigerte, wurde erschossen oder landete im KZ. Mindestens fünfzigtausend Luxemburger (etwa zehn Prozent der Gesamtbevölkerung) sollen in Konzentrationslagern sitzen. Die Luxemburger haßten die Deutschen, nicht nur die Nazis, und waren sofort bereit, uns alles zu erzählen, was sie über ihre Peiniger wußten.

Anfang Oktober faßte ich die Erkenntnisse, die wir in diesen Gesprächen gewonnen hatten, in einem langen Bericht zusammen, den ich an das PWD-Hauptquartier schickte. Dieser Bericht über die Lage in Deutschland dürfte der erste seiner Art gewesen sein. Ich betonte, daß sich die Informationen vor allem auf den westlichen Teil Deutschlands bezogen, auf Städte wie Trier, Stuttgart, Koblenz, Wiesbaden, Düsseldorf, Darmstadt, Mönchengladbach, Krefeld, Marburg, Bonn und Frankfurt, auf die Regionen also, mit denen wir zuallererst konfrontiert wurden. Die Informationen stammten von Rechtsanwälten, Lehrern, Polizisten, Arbeitern, Ingenieuren, Industriellen und Zahnärzten. Sie waren alle innerhalb der letzten Wochen aus Deutschland geflohen.

Wir erfuhren von ihnen unter anderem:

In Niederschelden, einem kleinen Ort in Westfalen, gibt es eine Waffenfabrik mit 2500 Arbeitern, überwiegend Russen, Franzosen, Belgiern und Holländern. Sie haben untereinander ein gutes Verhältnis, aber es gibt keine Kontakte zu den deutschen Arbeitern. Nur ein Deutscher, ein Sozialist, verhält sich ihnen gegenüber freundlich. Die Sklavenarbeiter werden hart angefaßt, streng überwacht und sind schlecht ernährt. Sie haben keine Waffen, allenfalls Messer und Sägeblätter. Das einzige Radio, das sie besitzen, gehört einem Franzosen, der regelmäßig BBC hört und den anderen die Nachrichten weitererzählt. Gelegentlich berichtet ihnen auch der deutsche Sozalist, was draußen in der Welt passiert.

Die Niederscheldener sind Protestanten und eifrige Nazis. Sie begrüßen sich mit »Heil Hitler« und äußern nie Kritik am Staat. Sie räumen ein, daß die Wehrmacht »schon mal Pech« hatte, zweifeln aber nicht am Endsieg. Viele Zivilisten haben Gewehre und Pistolen. Sie sind in einer paramilitärischen Organisation namens Volkssturm organisiert und patrouillieren durch Wälder und Fluren auf der Suche nach alliierten Soldaten oder abgeschossenen Piloten, die mit dem Fallschirm abgesprungen sind. Kürzlich haben sie einen gelyncht.

In einer großen SKF-Fabrik in Stuttgart-Feuerbach haben die russischen Arbeiter eine kommunistische Zelle aufgebaut, die trotz bezahlter Spitzel, überwiegend Ruthenen, gelegentlich Sabotageakte durchführt. Die Russen schütten Säure in Heizkessel, geben alliierten Piloten Zeichen und setzen Lagerhäuser in Brand. Einige der deutschen Bewacher, Männer zwischen sechzig und siebzig, pflegen heimlich Kontakte zu den Russen.

Die französischen Arbeiter im Rheinland sind gut organisiert und fallen in drei Gruppen: Pétainisten, Kommunisten und Neutrale. Die letztgenannte Gruppe ist zahlenmäßig die stärkste, doch im Haß auf die Deutschen ist niemand neutral. Im großen und ganzen werden die Franzosen gut behandelt. Sabotageakte werden von ihnen offenbar nicht verübt.

Überall im Rheinland werden ausländische Sender gehört. Die meisten Leute hören BBC, manche auch Moskau, besonders den Sender Freies Deutschland. Die beste Zeit zum Radiohören ist Mitternacht, wenn die Kinder, die etwas ausplaudern könnten, im Bett sind. Die Leute, denen die Nazi-Propaganda zum Hals heraushängt, wollen einfach hören, was los ist, ganz egal, aus welcher Quelle.

Ein nachdenklicher Luxemburger teilte die deutschen Radiohörer in drei Kategorien ein: diejenigen, für die das Hören eines Feindsenders Hochverrat ist, diejenigen, die die Nachrichten hören und für sich behalten und höchstens in einem kleinen Kreis darüber sprechen, und schließlich diejenigen, die alles schlucken, was aus dem Ausland kommt und es unkritisch weitergeben. Die zweite Gruppe ist die größte. Zu ihr zählen die verantwortlichen Elemente der Bevölkerung: Beamte, Lehrer, Bibliothekare, Rechtsanwälte, Industrielle. Sie sind in einflußreichen Positionen, können sich aber nicht aufraffen, aktiv zu werden.

Ein Grund für die Zunahme des »Schwarzhörens« ist der Arbeitskräftemangel, der schon so kritische Ausmaße angenommen hat, daß die Polizei in den großen Städten auf ein Minimum reduziert wurde. Frankfurt beispielsweise mit seinen 600000 Einwohnern hat nur achthundert Polizisten. So kommt es zu einer Zunahme der Kleinkriminalität, vom Feindsenderhören bis zum Schwarzmarkthandel. Die Polizei setzt sich zumeist aus alten und wehruntauglichen Männern zusammen. Paramilitärische Organisationen, die aus gesinnungstreuen, älteren Arbeitern bestehen, patrouillieren nachts die Straßen, doch handelt es sich bei diesen Männern überwiegend um Opportunisten, die nicht scharf darauf sind, sich in Schießereien verwickeln zu lassen.

In Wiesbaden gibt es einen schwarzen Markt für Handfeuerwaffen. Die Zukunftsangst ist so groß, daß die Leute fast jeden Preis bezahlen. Sie kaufen die Waffe nicht, um sie gegen die Alliierten zu richten, sondern zum Schutz vor einem eventuellen Aufstand der Zwangsarbeiter und auch vor fanatischen Nazis.

Nur etwa zwanzig Prozent der Jugendlichen sind pronazistisch eingestellt. Der Rest ist deutschnational. Sie werden mit den Alliierten nicht begeistert zusammenarbeiten, die Besatzung aber passiv hinnehmen, ja sogar zu einer Kollaboration bereit sein, sofern die Alliierten keine allzu antideutsche Politik betreiben. Das gleiche gilt für die Lehrer, in der Mehrzahl ältere Männer, die den Verfall des Ansehens ihres Berufsstandes unter Hitler beklagen. Sie sind konservativ und betrachten sich als politisch neutral. Diejenigen über vierzig sind nicht für Hitler, diejenigen unter vierzig haben nichts gegen ihn.

Deutsche Frauen, vor allem Schülerinnen, sind ein lohnendes Feld für unsere Propaganda. Da sich der deutsche Mann unter den Nazis noch mehr zu einem Haustyrannen entwickelt hat, als er es ohnehin schon war, ließe sich Unzufriedenheit unter der weiblichen Bevölkerung schüren. Die Frauen sind sich ihrer Benachteiligung bewußt und könnten durchaus positiv reagieren, wenn wir sie auf das freie Leben in einer zukünftigen demokratischen Gesellschaft ansprechen, wie es ihre Schwestern in Amerika und England führen.

Unsere luxemburgischen Informanten berichten durchweg, daß die katholischen Rheinländer »Anti-Nazis« seien, doch zeigt sich bei näherem Hinsehen, daß dieser Begriff zu schwammig ist. Rheinische Katholiken sind vor allem deswegen gegen die Nazis, weil sie ihnen die kirchenfeindliche Politik verübeln. Sie sind nicht etwa antinazistisch, weil der Nationalsozialismus antidemokratisch, antigewerkschaftlich, antisemitisch, antiliberal, antihumanitär, antibritisch, antiamerikanisch ist. Der katholische Widerstand ist hauptsächlich verbal, beschränkt sich auf stillen Protest oder philosophisch-theologische Auseinandersetzungen. Katholiken mögen die Nazis nicht sympathisch finden, aber sie sind ihnen jedenfalls nicht so unsympathisch, als daß sie etwas gegen sie unternehmen. Unsere Soldaten dürften jedoch von Katholiken im großen und ganzen freundlicher begrüßt werden als von Nichtkatholiken.

Diese allgemeinen Feststellungen werden in dem Bericht eines luxemburgischen Eisenbahners bestätigt, der ein Jahr lang bei einer katholischen Familie in Karthaus bei Trier wohnte. Diese Leute, ein Eisenbahner, seine Ehefrau und zwei ältere Töchter, waren religiös und »Antinazi«. Gleichwohl haben sie, genau wie ihre Freunde und Bekannten, die Greueltaten der Nazis in Europa (über die sie vergleichsweise gut informiert waren) stillschweigend hingenommen und die deutsche Außenpolitik vorbehaltlos bejaht. Kein einziges Mal wurde in diesem Haus Mitgefühl mit den europäischen Opfern der Nazis oder Kritik an der Zerschlagung der europäischen Nationen geäußert. Die Besetzung Luxemburgs, Dänemarks, Norwegens, Hollands, Polens, Frankreichs, Griechenlands und Österreichs fand diese Familie völlig richtig. »Wir mußten es tun«, sagten sie, »sonst hätten es unsere Feinde getan.« Diese frommen Katholiken billigten die Bombardierung Englands, obwohl sie wußten, daß es vor allem die Zivilbevölkerung traf. Sie hofften auf eine restlose Zerstörung Englands, da nur so ein deutscher Sieg möglich sei. Kurzum, diese Leute sind zuerst deutsch und dann katholisch. Ihre Einstellung ist deutschnational, und man sollte nicht glauben, daß sie eine Ausnahme seien.

In Deutschland grassiert der Defätismus. Von einem ausgeprägten Durchhaltewillen wurde uns nicht berichtet. Die meisten Leute hoffen auf ein rasches Kriegsende. Sie sind bereit, eine alliierte Besatzung hinzunehmen, selbst um den Preis der Niederlage. Infolge der Greueltaten, die die deutschen Armeen vor allem an Slawen und Juden verübt haben, existiert ein latentes, möglicherweise tiefsitzendes Schuldbewußtsein. Viele Deutsche rechnen mit Vergeltungsmaßnahmen und hoffen nur, daß die Amerikaner mäßigend auf diejenigen einwirken, die Grund haben, auf eine Bestrafung der Deutschen zu dringen. Viele glauben, daß man sie zu Zwangsarbeit ins Ausland schicken wird, andere vermuten, daß junge Männer nach Sibirien transportiert werden. Was Heckenschützen und andere Formen bewaffneten Widerstands gegen ein alliiertes Besatzungsregime angeht, so wird diese Möglichkeit von zuverlässigen Informanten mit verächtlichen Kommentaren abgetan. Deutsche Zivilisten werden keinen Widerstand leisten.

Trotz Luftangriffen, trotz Entbehrungen geht das Leben in den Städten weiter. Großstädte wie Frankfurt, Wiesbaden oder Düsseldorf sind teilweise bis zu achtzig Prozent zerstört. Die Menschen leben in Kellern, in Ruinen, in den Außenbezirken. Kellergeschosse dienen als Geschäftsräume. Der öffentliche Personenverkehr, die Gas- und Stromversorgung, die Telefonverbindungen – all das funktioniert mehr oder weniger normal. Die Preise werden streng kontrolliert, die Lebensmittelversorgung ist gut, die Löhne sind gestiegen. Die medizinische Versorgung ist nicht schlecht, Geschlechtskrankheiten werden kontrolliert.

Öffentliche Vergnügungen gibt es kaum. Manche Kellergeschosse sind zu Kinos umgebaut worden, aber es gibt keine Cafés oder Tanzdielen. Wein und Süßigkeiten gibt es nicht zu kaufen. Zum Ausgleich, und weil es sonst nicht viel zu tun gibt, herrscht sexuelle Promiskuität. Frauen haben häufig wechselnde Verhältnisse mit Soldaten. Wehrmachtsangehörige schicken ihnen Sachen, die sie im Ausland stehlen oder sich beschaffen, vor allem Pelze und Parfüm. Arbeitende Frauen haben reichlich Geld und versorgen oft Männer.

Mein Bericht schloß mit den Worten: »Die Menschen sind kriegsmüde und zermürbt und erschöpft, aber selbst schlechte Nachrichten, schlechte Ernährung und schlechte Wohnverhältnisse führen nicht zu offenem Widerstand gegen das Regime. Keiner unserer Informanten hat von einem Stimmungsumschwung berichtet. Solange die Deutschen genug zu essen haben, werden die meisten von ihnen so weitermachen wie bisher. Es gibt jedoch viele erkennbare Risse, die wir lokalisieren und dann so weit aufmeißeln müssen, daß das ganze Gebäude einstürzt.«

Das war Anfang Oktober 1944.

## 5

An einem regnerischen Morgen brachen wir in Richtung Norden auf. Unser Ziel war Spa in Ostbelgien. Da viele Straßen von den Deutschen gehalten wurden, konnten wir nicht den direkten Weg nehmen. Wir schlugen einen Bogen durch die Ardennen, über Arlon, Bastogne und Houffalize nach Aywaille, und von dort ging es in östlicher Richtung nach Spa. Diese Route hat sich meinem Gedächtnis eingebrannt, und nicht nur wegen der landschaftlichen Schönheit. Denn zwei Monate später wurde ich hier von Rundstedts Ardennenoffensive erwischt.

Es war kühl und naß in unserem offenen Wagen. Wir waren zu sechst. Joe, unser Fahrer, sprach, immer witzig und treffend, über Frauen. Paul Sweet, Gittler und ich sprachen über unser Lieblingsthema – die Deutschen. Ray Craft versuchte, uns mit Cowboysongs und pseudosentimentalen Schlagern aufzuheitern.

Spa war gerade erst befreit worden. Die Leute hatten noch immer einen Heidenbammel vor den Deutschen, die nur wenige Kilometer entfernt waren und vor ihrem Abzug geprahlt hatten: »Wir kommen bald wieder!« Auf den Straßen patrouillierte Militärpolizei. Die Ausgangssperre begann früh, alles war verdunkelt. Obwohl die Leute Belgier waren und keine Deutschen, durfte nicht fraternisiert werden, wir durften nicht mit ihnen reden, sie nicht auf der Straße ansprechen, nicht einmal ein Geschäft betreten. Den Grund dafür habe ich nie erfahren. Es war eine dieser Vorschriften, die in der Armee manchmal so beliebt sind – Vorschriften ohne erkennbare Logik. Als ich einmal ein Glas Bier trinken wollte, tauchte sofort ein Militärpolizist auf, der mich ganz höflich bat, die Kneipe zu verlassen. »Fragen Sie mich nicht, warum. Ich weiß es nicht. Es ist einfach ein Befehl. Ich mache die Befehle nicht. Ich gehorche nur.«

Wir quartierten uns in einem kleinen Hotel gegenüber dem Kurhaus ein. Spa ist ein netter kleiner Kurort, aber wir hatten keine besonders schöne Zeit dort. Da wir mit den Leuten nicht sprechen konnten, kamen wir uns wie Gefangene vor, und es gab auch nicht viel zu tun. Zum Glück blieben wir nicht sehr lang. Das Hauptquartier der 1. Armee, das sich draußen im Gelände befand, war offenbar zu der Auffassung gelangt, daß der Krieg den ganzen Winter über dauern würde und daß es sinnlos sei, in Zelten zu frieren. Spa, unweit der Front gelegen, war ein bequemes Winterquartier. Wir bekamen den Befehl, das Hotel zu räumen.

Wir verzogen uns nach Remouchamps, einem belgischen Dorf an einem kleinen, reißenden Fluß, dessen Namen ich vergessen habe. In den bewaldeten Hügeln auf der anderen Seite des Flusses versteckten sich die Deutschen. Belgische *Forces Intérieures* in zerschlissenen Uniformen und ausgerüstet mit uralten Gewehren patrouillierten auf der Straße und bewachten die einzige Brücke, die nach Aywaille führte. Wir machten ein altmodisches Hotel ausfindig und schleppten unsere Sachen wieder mehrere Stockwerke hoch. Da es keine Kohle zum Heizen und für Warmwasser gab, froren wir und verzichteten auf ein Bad. Wie gehabt. Das Essen war ebenfalls das Übliche: morgens Trockenei, mittags Büchsenfleisch, abends Doseneintopf. Cracker zu allen Mahlzeiten. Das hielt schlank und gesund.

Und noch immer hatten wir keine Deutschen, die auszuhorchen doch unsere Aufgabe war. Die 1. Armee, die die äußere harte Schale des Reichs zu knacken versuchte, war im Oktober bis nach Aachen vorgestoßen. Die westlichste deutsche Großstadt wurde Haus für Haus eingenommen. Unsere Armee hielt einige nahegelegene Ortschaften – Monschau, Kornelimünster, Roetgen, Rott. Während der Fall Aachens weiterhin auf sich warten ließ, beschlossen wir, uns in der Gegend umzuschauen. Paul übernahm Monschau, Gittler und ich nahmen Kornelimünster.

Es war ein langer Weg nach Kornelimünster. Der Ort, 1650 Einwohner, war teilweise durch Artillerie zerstört. Der Schnee verwandelte sich unter den Ketten der schweren Panzer in Matsch. Der Kanonendonner ließ die Fensterscheiben klirren. Auf den Straßen waren nur GIs unterwegs, die mürrisch ihren Aufgaben nachgingen. Wir stellten uns dem Ortskommandanten vor. Er hatte nichts dagegen, wenn wir mit Deutschen reden wollten, nur worüber? Von unserer Abteilung hatte er gehört, aber was Psychologische Kriegsführung mit den Deutschen zu tun hatte, war ihm schleierhaft. »Okay, Jungs, wen wollt ihr sprechen?« Den Bürgermeister, sagten wir.

▮ Bürgermeister August Wagemann empfing uns in seinem Dienstzimmer. Er hatte nichts gegen ein Gespräch mit uns einzuwenden. Im Gegenteil, er begrüßte diese Gelegenheit. Er war mittleren Alters, hatte eine laute Stimme und eine unbekümmerte Art. Vor 1933 war er fünfundzwanzig Jahre lang als Stadtrat und Bürgermeister aktiv gewesen. Als

Hitler an die Macht kam, zog sich Wagemann aus der Politik zurück. Er ging nach Aachen, verdiente in der Textilbranche viel Geld und baute sich ein großes Haus. Er war erst kürzlich nach Kornelimünster zurückgekehrt, als die Belagerung Aachens begann, und vom Ortskommandanten zum Bürgermeister ernannt worden.

Was für ein Mensch war Wagemann? Er hatte bei den Nazis nicht mitgemacht, hatte nur finanziell vom Regime profitiert.

»Warum sind Sie 1933 aus der Politik ausgestiegen, Herr Wagemann?«

Wutschnaubend erklärte er: »Als ich sah, daß so ein Ignorant wie Hitler an die Regierung kam, wollte ich nichts mehr mit Politik zu tun haben. Ungebildete, unkultivierte Leute haben in der Politik nichts zu suchen.«

Wagemann war Monarchist. Er vertrat die Ansicht, daß nur gekrönte Häupter einen Staat lenken dürften. Er bewunderte die englische Staatsordnung, und bei Kriegsausbruch begann er, regelmäßig BBC zu hören. »Die Engländer haben meine Sprache gesprochen. Sie haben mein Innerstes angesprochen, denn ich bin ein Freund der Freiheit. Unterdrückung ist mir unerträglich.«

»Herr Wagemann, wenn Sie die Freiheit so sehr lieben, was haben Sie unter Hitler für die Freiheit getan?«

»Mein Gott« rief er. »Wenn ich etwas getan hätte, ich wäre sofort erschossen worden.«

»Wir Amerikaner sagen, daß die Freiheit jeden Preis wert ist.«

»Pah. Was nützt einem die Freiheit, wenn man tot ist.«

Auf die Frage, ob seine Meinung typisch für seine Generation sei, zuckte er nur mit den Schultern. Niemand wolle sterben. »Jeder revolutionäre Widerstand ist in Deutschland völlig undenkbar.« Als ich daran erinnerte, daß es 1918 eine revolutionäre Bewegung gegeben habe, antwortete er: »Damals waren wir mutig. Heute haben wir diesen Mut nicht mehr. Warum? Weil Himmler der brutalste Mensch in der ganzen Geschichte ist.« Die Franzosen hätten sich aber gegen Himmlers Brutalität aufgelehnt, gab ich zu bedenken. »Stimmt«, sagte Wagemann, »aber der Deutsche ist kein Revolutionär wie der Franzose. Der Deutsche ist gehorsam. Er handelt nur unter Druck.«

Wagemann wußte gut Bescheid über die Greueltaten von SS und Gestapo, zeigte sich jedoch nicht betroffen. Über Massenmord und Folter sprach er, als wären diese Dinge nicht von seinen Landsleuten verübt worden, als ginge ihn das alles nichts an. »1933 habe ich mich von dieser Bande losgesagt.« Er begriff nicht, daß dies auch eine Frage von moralischer Verantwortung war, ließ kein Mitgefühl für die Opfer der Deutschen erkennen, war nicht empört über die schrecklichen Verbrechen. Er sah die Sache unter juristischen Aspekten – man müsse die Fakten genau prüfen und diejenigen bestrafen, die höheren Orts die Befehle gegeben hätten. Nur diese hochrangigen Personen sollten bestraft werden, sofern ein Gericht sie für schuldig befunden habe. Die übrigen Deutschen, diejenigen, die die Verbrechen ausgeführt haben, sollte man nicht behelligen. Sie hätten nur ihre Pflicht getan, den Befehlen ihrer Vorgesetzten gehorcht.

»Ein Befehl ist unantastbar«, sagte Wagemann. »In der Seele des deutschen Soldaten ist der Gehorsam tief verwurzelt. Wer den Befehl eines Vorgesetzten ausführt, kann juristisch nicht zur Verantwortung gezogen werden. Es wäre ein Unrecht, wenn die Alliierten Angehörige der SS und der Gestapo für Handlungen verurteilten, die sie auf Befehl ihrer Vorgesetzten ausgeführt haben.«

»Was würden Sie denn sagen, wenn Ihr Sohn, der in Polen Soldat ist, Greueltaten verübt?«

»Ich würde sagen, daß er es getan hat, weil es ihm befohlen wurde. Er hat es getan, um sein eigenes Leben zu retten.«

»Geht es hier nicht auch um Moral?«

»Moral? Was hat Moral mit Krieg und Politik zu tun?«

Als wir sein Büro verließen, gab uns Herr Wagemann noch einen Gedanken mit auf den Weg. »Jawohl, nur in einer Monarchie kann es Gerechtigkeit und Freiheit geben.

Ihr Amerikaner müßt uns helfen, unsere Jugend in diesem Sinne zu erziehen.«

Durch das Gespräch mit Herrn Wagemann wurde mir zum erstenmal der Zusammenhang zwischen »guten« Deutschen und Gaskammern klar. Es bestand eine logische Verbindung zwischen den Vernichtungslagern und August Wagemanns Haltung. Ich dachte mir, daß die Todesfabriken nicht deswegen möglich waren, weil Hitler ihre Errichtung befohlen hatte, sondern weil die Wagemanns den Befehl nicht in Frage gestellt hatten. Und wie viele Wagemanns gab es in Deutschland? Ich nahm mir vor, das herauszufinden.

## 6

Nicht weit von uns entfernt tobte die Schlacht um Aachen. Die Stadt wurde in Schutt und Asche gelegt, überall brannte es, und obwohl es militärisch inzwischen völlig sinnlos war, hielten die Deutschen an ihr fest. In der deutschen Propaganda hieß es, daß man die Stadt um jeden Preis verteidigen werde, ohne Rücksicht auf Verluste. Wir beschlossen, noch näher an die Front heranzugehen, um dabeizusein, wenn uns einige Deutsche in die Hände fielen.

Unsere Einheit teilte sich in drei Gruppen auf. Die beiden russischsprechenden Kollegen gingen nach Verviers, wo es ein Lager für Russen gab. Ray Craft und seine Jungs blieben in Remouchamps. Wir anderen entschieden uns für Eupen, eine belgisch-deutsche Stadt unweit von Aachen. Die Eupener sprachen Französisch, empfanden deutsch und konnten uns genauso wenig leiden wie wir sie. Doch die Stadt war nett, von hier aus hatten wir es nicht sehr weit zur deutschen Grenze, und so quartierten wir uns in einer modernen Villa ein, die für uns beschlagnahmt worden war. Sie gehörte einem deutschen Architekten, der Bunker und Verteidigungsanlagen für die Nazis gebaut hatte, einem unsympathischen Burschen, der sich sofort anbiederte.

Zwei Monate lang gingen wir von hier aus unserer Tätigkeit nach und trugen in dieser Zeit eine Fülle von Informationen über den Feind zusammen. Manchmal fuhren wir in die kleinen Ortschaften im Kreis Aachen, meistens jedoch besuchten wir die Camps, die unsere Armee für deutsche Zivilisten eingerichtet hatte, die aus den umkämpften Frontabschnitten evakuiert worden waren. In Hombourg, auf halbem Weg zwischen Eupen und Aachen, war das größte Camp für evakuierte Deutsche. An der Straße vor dem Lager, einer ehemaligen belgischen Kaserne, standen ein paar Häuser, in einem gab es Schnaps zu kaufen, in einem anderen Frauen – für eine Nacht oder wer weiß wie lang.

Hombourg erwies sich als schier unerschöpfliche Informationsquelle. Hier befanden sich immer Hunderte von Deutschen, Männer, Frauen, Kinder. Täglich trafen, frisch aus dem Reich, neue Insassen ein, und ältere wurden anderswohin verlegt. Verwaltet wurde das Lager von der US-Armee, während für die medizinische Versorgung das belgische Rote Kreuz zuständig war. Eine der belgischen Ärztinnen, Angèle Vieujean, erleichterte uns die Arbeit, so gut das in Anbetracht der Situation möglich war. Ein Bruder von Dr. Vieujean saß in einem deutschen Konzentrationslager, und obwohl sie den *Boches* alles andere als herzliche Gefühle entgegenbrachte, kümmerte sie sich gewissenhaft und gut gelaunt um die deutschen Lagerinsassen. Allerdings weigerte sie sich, auch nur ein einziges Wort Deutsch mit ihnen zu reden. Sie mußten entweder Französisch sprechen oder sich der Zeichensprache bedienen. Dr. Vieujean sah zu, daß wir eine warme Mahlzeit bekamen, und stellte uns für unsere Befragungen auch ihr Dienstzimmer zur Verfügung. Ihre Bemerkungen über den Charakter verschiedener Insassen, die sie als Patienten kannte, waren aufschlußreich. Über einen älteren Sozialdemokraten, der fast wie ein Heiliger wirkte, erklärte sie: »Ich sage Ihnen, irgend etwas stimmt da nicht. Dieser Mann ist so anständig, daß er unmöglich ein Deutscher sein kann. Ihr Geheimdienst sollte ihn gründlich aushorchen.« Sie verhielt sich sehr großzügig und hilfsbereit gegenüber diesem Sozialdemokraten, und er wiederum betete sie an. Als ich ihm ein paar Monate später wieder über den Weg lief, fragte er mich sofort: »Haben Sie das Fräulein Doktor gesehen?«

Als Gruppe waren diese internierten Deutschen nicht gerade anregend. Sie waren dreckig und ungepflegt, obwohl es im Lager Waschmöglichkeiten gab. Die belgischen Krankenschwestern sagten, daß sie die Patienten nur ungern anfaßten, besonders am Kopf. Die Deutschen zeigten kein Mitleid füreinander und verhielten sich nicht kooperativ. Vielleicht ist das normales Lagerverhalten. Ich weiß es nicht. Dr. Vieujean erzählte, daß sie drei schwerkranke Patienten habe und daß sie die Deutschen gebeten habe, einen Raum für diese alten Männer zu finden. Von den gesunden Deutschen sei kein einziger Mann, keine einzige Frau bereit gewesen, sich für seine kranken Landsleute einzusetzen, geschweige denn, selbst Unannehmlichkeiten in Kauf zu nehmen. Schließlich habe sie die drei in ihrem eigenen Zimmer untergebracht.

Später, als ich mit befreiten Zwangsarbeitern sprach, habe ich mehr von deutscher Hartherzigkeit gehört. Jetzt war ich erstaunt. Ich habe selber erlebt, wie die Deutschen in Hombourg ständig klagten und jammerten und einander denunzierten. Anteilnahme war ihnen fremd. Oder einfach Anstand. Ich erinnere mich, als eines Tages das ganze Lager dastand und zusah, wie amerikanische Soldaten den Sarg mit der Leiche eines älteren Deutschen hinaustrugen, der in Dr. Vieujeans Zimmer gestorben war. Die Deutschen standen gaffend herum, teilnahmslos, stumpf, ohne eine Geste des Respekts für den Toten. Mir fiel auf, daß ein älterer Mann die Mütze zog und eine alte Frau sich bekreuzigte. Die anderen standen einfach da und guckten. Dr. Vieujean und ich beobachteten die Szene, hatten denselben Gedanken ... »*Mon Dieu, la race supérieure ...*«

# 7

Im Lager Hombourg vervollkommnete ich meine Interviewtechnik. Hier stand mir ein ideales Laboratorium zur Verfügung. Ich konnte mir jeden »Patienten« aussuchen und mich so intensiv mit ihm beschäftigen, wie ich wollte. Männer aller Berufe waren hier vertreten, Frauen jeglichen Alters und Jugendliche in den unterschiedlichsten Entwicklungsphasen. Und die meisten von ihnen waren erstaunlicherweise bereit, mir ihr Herz auszuschütten. Man mußte ihnen nur die richtigen Fragen stellen, ihnen die Nervosität nehmen, dann bekam man alles aus ihnen heraus. Die meisten Deutschen wollten sich unbedingt aussprechen.

Ein gutes Interview dauerte viele Stunden. Wer offenkundig beschränkt war und nichts von sich und seiner Welt wußte, wurde schon bald wieder hinausgeschickt. Aber wer etwas zu sagen hatte, bekam die Chance, es zu sagen, selbst wenn es den ganzen Vormittag und den ganzen Nachmittag dauerte. Man wußte nie, wen man sich geangelt hatte und was er taugte. Im Lagerbüro gab es eine Kartei aller Insassen, mit Namen, Wohnort, Alter und Beruf. Jeden Morgen bin ich diese Namen durchgegangen und habe mir, je nach Herkunft, Alter oder Beruf, eine bestimmte Person ausgesucht. Einmal einen Bergarbeiter, dann einen Rechtsanwalt, dann einen Schüler. Manchmal suchte ich mir gezielt jemanden aus, der aus dem Ruhrgebiet oder aus Bayern kam. Ich entschied das nach Lust und Laune, gelegentlich auch nach Anfragen des Hauptquartiers (etwa »Radio Luxemburg braucht Informationen über die Lage in Köln« oder »wir brauchen Angaben über Frankfurt« oder »Suchen Sie jemanden, der kürzlich aus Düsseldorf gekommen ist«).

Der Betreffende wurde geholt, er betrat das Zimmer, blieb an der Tür stehen, schlug die Hacken zusammen und wartete (Proletarier haben allerdings nie die Hacken zusammengeschlagen). Gewöhnlich habe ich ihn aufgefordert, Platz zu nehmen. Wenn er nervös war, habe ich ihm eine Zigarette angeboten und ihm beruhigend zugeredet. Er brauche keine Angst zu haben. Wir wollten nur über seine

Weltanschauung reden, nicht über sein Verhalten. Diese Deutschen waren derart autoritätshörig und dokumentengläubig, daß sie sich erst beruhigten, wenn wir ihre Ausweise angeschaut hatten. Sie hielten uns ihre Papiere unter die Nase, um zu beweisen, daß alles in Ordnung war. Ich habe kein Volk gesehen, das so dokumentenfixiert war. Sie klammerten sich an Geburtsurkunden, Wehrpässe, Reisegenehmigungen, Entlassungspapiere, Taufscheine, Ariernachweise, Heiratsurkunden, Sozialversicherungsausweise, Gehaltsbescheinigungen, Arbeitsbescheinigungen, Impfpässe – an irgendwelche Papiere eben, die beweisen sollten, daß sie am Leben waren und wohl auch das Recht hatten, am Leben zu sein. Sie trugen Briefe bei sich, Fotos und Familienerinnerungen. Diese leidenschaftlichen Sammler von Papieren, zumal von amtlich beglaubigten, mit Unterschrift und Stempel versehenen Papieren, boten einen amüsanten Anblick, bis einem klarwurde, daß dies das Verhalten von Sklaven war, die Bürokraten anbeteten. Im deutschen Polizeistaat waren Ausweise etwas Heiliges, Papiere verhießen Sicherheit. Erst sehr viel später, als ich in Buchenwald in einer Ecke die Leichenberge und in einer anderen die sorgfältig aufbewahrten Papiere der Ermordeten sah, wurde mir eine Eigentümlichkeit der Deutschen bewußt: es machte ihnen nichts aus, Menschen zu verbrennen, aber Dokumente wurden niemals verbrannt.

Diese Erkenntnis kam mir später, ganz allmählich, nachdem ich viele Gespräche geführt, geduldig und einfühlsam meine Fragen gestellt hatte. Wir lernten, daß direkte Fragen allzu glatte Antworten produzierten, und gaben diese Technik bald auf. Wir begriffen, daß man nicht »Waren Sie in der NSDAP?« fragen durfte. Die Antwort darauf hieß unweigerlich: »Ich mußte in die Partei eintreten, wie alle anderen Deutschen auch.« Statt dessen fragten wir: »Und wann *mußten* Sie in die NSDAP eintreten?« Dies löste eine Flut von Erklärungen aus. Gewöhnlich antwortete der Betreffende: »Gut, daß Sie danach fragen. Gott sei Dank wissen Sie, daß man gezwungen war, in die Partei einzutreten.

Wer sich weigerte, bekam Schwierigkeiten. Wie sie uns belogen und betrogen haben, diese Nazis! Sie haben uns den Endsieg versprochen. Sie haben uns Arbeit versprochen. Sie haben uns alles versprochen. Und wir sind hereingefallen auf sie. Man muß ihnen freilich zugute halten, daß sie die kommunistische Gefahr beseitigt haben. Sie haben für Ruhe und Ordnung gesorgt ... usw. usw.« Wenn solche Schleusen erst einmal geöffnet waren, hörte ich aufmerksam zu und machte sorgfältig Notizen.

Die Fragen, die wir in harmlosen Formulierungen stellten, zielten auf Themen wie Politik, Politiker, Krieg und Geschichte ab. Beiläufig plaudertern wir über dieses und jenes, aber irgendwann kamen wir auf die entscheidenden Punkte zu sprechen (die Russen, der Krieg, die Juden, Greueltaten, Zwangsarbeiter, die Zukunft). Nazis, Nazisympathisanten und deutschnational Gesinnte verrieten sich unweigerlich bei diesen Fragen. Anfangs mochte sich jemand als leidenschaftlicher Regimegegner präsentieren, um den Eindruck zu vermitteln, er stehe auf der richtigen Seite, auf der Seite der Sieger, doch irgendwann, vielleicht ein wenig provoziert, gab er sich als fanatischer Befürworter des Krieges zu erkennen und verteidigte das Recht der Deutschen auf einen Platz an der Sonne. Rasch stellten wir fest, daß die Behauptung, man sei Nazigegner gewesen, eine bequeme Ausrede war, und nach einer Weile fanden wir diese Ausrede nicht mehr komisch. Die heftigsten Angriffe auf Hitler kamen von denjenigen, die ihn bis 1942 begeistert unterstützt, dann aber erkannt hatten, daß Deutschland den Krieg nicht gewinnen konnte, daß der Führer die Nation in die Katastrophe führen würde. Immer wieder wurde uns erklärt, daß dieser Sinneswandel auf das Konto von Stalingrad ging. Ab 1942 mußte jeder intelligente Deutsche ahnen, daß die Sowjetunion nicht zu besiegen war und daß Deutschland mithin nicht die Welt würde beherrschen können. Und dann fingen sie an zu jammern: »Man hat uns belogen und betrogen.« Und sie schoben die Schuld auf den einst so geliebten Führer, machten ihn für all ihre Schwierigkeiten verantwortlich und verfluchten ihn. Und insgeheim sahen sie sich nach einem neuen Führer um. Aber sie unternahmen nichts. Sie fluchten nur, still und leise, in den eigenen vier Wänden. Und viele waren enttäuscht, demoralisiert, hoffnungslos, dachten an Selbstmord. Es war ihnen egal, was aus Deutschland wurde. All das bekamen wir, in langen und geduldigen Gesprächen, aus unseren Deutschen heraus. Langsam wurde das Muster erkennbar, allmählich fügten sich die vielen Einzelteile des Puzzles »Deutschland« zu einem Bild. Meine Berichte an das Hauptquartier lösten eine kleine Sensation aus – so sehr widersprachen sie dem landläufigen Bild der Deutschen, zumal dem Bild vom Übermenschen, das Goebbels für das Ausland konstruiert hatte, daß meine Kollegen in Verdun und Luxemburg, Paris und London einigermaßen skeptisch reagierten. Es dauerte noch viele Monate, bis wir sie anhand zahlreicher weiterer Aussagen wirklich überzeugt hatten.

## 8

Ich möchte hier drei Personen aus dem Lager Hombourg vorstellen: Wilhelm Geller kommt hereingehumpelt. Er trägt Stiefel, ein kragenloses Hemd, spielt nervös mit seiner schwarzen Mütze. Ich fordere ihn auf, sich zu setzen. Er bedankt sich und erklärt sofort, daß er unpolitisch sei, nichts von Politik verstehe, daß alles ein großer Betrug sei und daß er mit solchen Dingen nie etwas zu tun gehabt habe.

Ich hatte mir Geller ausgesucht, weil er in der Lagerkartei als Arbeiter geführt wurde. Ich hatte noch nie mit einem deutschen Arbeiter gesprochen. Dies war mein erster Fall.

Geller holt eine Brieftasche heraus und entnimmt ihr irgendwelche Papiere. Ich sage ihm, er soll alles wieder einstecken; er wirkt verletzt. Ich besänftige ihn: »Mich interessieren Ihre Gedanken, Herr Geller, nicht, was Sie sind.« Er schüttelt den Kopf. Er erklärt mir, daß er seit seinem sechzehnten Lebensjahr in einer Aachener Hosenfabrik gearbeitet habe, daß er sich nie um Dinge gekümmert habe, die ihn nichts angingen, daß er ein einfacher Arbeiter sei und daß für die Amerikaner doch völlig unerheblich sei, was er denke.

»Ich bin ein kleiner Mann«, sagt er. Ich antworte, daß ich genau deshalb mit ihm sprechen wolle. Er sieht mich irritiert an.

»Ich war kein Nazi, glauben Sie mir. Ich war nie in der Partei. Warum? Weil die Nazis gegen die Kirche sind. Und wir Arbeiter mußten hohe Steuern zahlen. Deshalb bin ich gegen sie.«

Ich frage Geller, ob er je etwas gegen die Nazis unternommen habe.

Er sieht mich an, als hätte ich den Verstand verloren. »Etwas unternehmen?« wiederholt er ungläubig. Für ihn ein offenbar unvorstellbarer Gedanke. »In Deutschland«, sagt er nach kurzem Schweigen, »gibt es ein Sprichwort. Man muß mit den Wölfen heulen.«

Er selbst habe keinen Grund, die »Wölfe« zu mögen. Sie haben seinen Bruder eingezogen, der in Rußland gefallen ist. Seine Eltern haben einen kleinen Bauernhof, sie müssen Eier und Butter abliefern und bekommen nur sehr wenig dafür. Die Bonzen nehmen den armen Bauern alles weg. Geller schüttelt mißbilligend den Kopf.

»Vor Hitler war es besser. Man konnte sich frei bewegen. Man konnte die Preise selber bestimmen, niemand hat sich eingemischt.«

»Hat Hitler nicht viel für Deutschland getan? Hat er nicht Straßen gebaut, die Arbeitslosigkeit beseitigt? Hat er nicht fast ganz Europa erobert?«

»Doch, doch«, räumt Geller ein. »Der Führer hat viel für uns getan, aber was nützt uns das, wenn wir den Krieg verlieren? Wir verlieren ihn ganz bestimmt. Das war mir klar, als Amerika in den Krieg eintrat. Amerika ist militärisch viel zu stark. Es ist zu groß für uns. Aber glauben Sie nicht, ich habe Angst vor einem amerikanischen Sieg. Sollen die Amerikaner uns erobern. Ich habe nichts dagegen, in einem amerikanischen Protektorat zu leben oder unter amerikanischer Herrschaft, nennen Sie's, wie Sie wollen.«

Ich frage Geller, ob solche Gedanken nicht unpatriotisch seien.

»Ist doch egal«, sagt er achselzuckend. »Ich bin ein kleiner Mann. Ich habe nichts zu verlieren und nichts zu gewinnen. Wir kleinen Leute haben keine Angst vor Besatzung oder Teilung. Ganz gleich, wer an der Macht ist, die kleinen Leute müssen immer hart arbeiten, wenn sie überleben wollen. Mir ist das alles egal.«

Als Geller hinaushumpelte, dachte ich, welch ein Unterschied zwischen ihm und dem Goebbelsschen Herrenvolk besteht. Oder bin ich, wie die restliche Welt auch, ein Opfer der Nazipropaganda geworden? Oder ist Geller eine Ausnahme? Ich wußte es nicht.

▌Gretel Gauß, einundzwanzig Jahre alt, eine dralle, rotbackige Frohnatur, arbeitet als Sekretärin in der Lagerverwaltung. Den größten Teil der Kriegsjahre hat sie in Berlin und Breslau im Büro der Organisation Todt zugebracht.

Gretel interessiert mich, weil sie ihre Jugend, die prägenden Jahre, unter den Nazis verbracht hat. Was für ein Mensch ist sie? Gretel reagiert auf alle Fragen mit einem wachen Blick und spielt lächelnd die Unwissende. Außer ihr bin ich nur wenigen Deutschen begegnet, die derart verschlossen und wenig mitteilsam waren. »Nein, in der Schule gab es keinen politischen Unterricht. Nein, über Politik haben wir nie gesprochen. Nein, vom Führer war nie die Rede. Nein, über den Krieg ist nie diskutiert worden.«

Gretel weiß, daß ich sie für eine Lügnerin halte, lächelt allerdings unbeirrt weiter. »Ich interessiere mich für Sport«, sagt sie. »Politik ist Männersache. Das geht mich nichts an.«

Ich frage sie, ob sie in Breslau von Greueltaten gehört habe. Sie guckt mich ausdruckslos an. Ich erinnere sie, daß Breslau in der Nähe von Polen liegt, einem Land, in dem mehrere Millionen Juden und Polen ermordet wurden. »Ja«, sagt Gretel schließlich, »ich habe davon gehört. Ein Bekannter, der in Warschau Polizist war, hat mir davon erzählt. Er sagt, daß Juden hingerichtet wurden, weil sie Sabotageakte gegen das Reich begangen hatten.«

Gretels Tonfall besagt, daß es eine gerechte Strafe war. Ich frage sie, ob sie es richtig finde, wenn Frauen und Kinder hingerichtet werden. Sie zuckt mit den Schultern, ihr Gesichtsausdruck bekommt einen Anflug von Verachtung. »Von solchen Dingen verstehe ich nichts. Der Polizist hat gesagt, daß die Hinrichtungen rechtens waren. Aber ich habe nichts damit zu tun.«

Sobald sich unser Gespräch dem Krieg zuwendet, läßt Gretels einstudierte Gleichgültigkeit ein wenig nach. Sie verlor den Glauben an den Sieg, als die Wehrmacht in Rußland den Rückzug antrat. Gretel und ihre Freunde richteten daraufhin all ihre Hoffnung auf die Wunderwaffe.

»Eine Zeitlang dachten wir, daß die V-1 England in die Knie zwingen würde, aber es vergingen Monate und nichts passierte. Da haben wir angefangen, Witze über die V-1 zu machen. Es war wirklich eine komische Wunderwaffe.«

Ich frage Gretel, ob sie wisse, daß die V-1 hauptsächlich gegen die englische Zivilbevölkerung eingesetzt worden sei.

»Natürlich weiß ich das.« Sie staunt über meine naive Frage. »Na und? Wer gewinnen will, muß die Zivilbevölkerung vernichten.«

▌Am selben Nachmittag spreche ich mit Käthe Raab. Sie ist neunzehn und kommt aus ähnlichen Verhältnissen wie Gretel. Ihr Vater ist Sparkassenangestellter in einer kleinen Stadt. Käthe, ein lebhaftes Mädchen mit einem energischen Schritt, erklärt mir sofort, daß sie sich für nichts anderes als Sport interessiere.

Im Radio, erzählt sie, sei berichtet worden, daß diejenigen Leute, die den Amerikanern in die Hände fielen, brutal behandelt würden. Die Männer bekämen nichts zu essen und die Frauen würden vergewaltigt. Sie ist überrascht, daß dergleichen nicht passiert. Ich weise darauf hin, daß Goebbels, wenn er diese Lüge verbreite, vielleicht auch über andere Dinge die Unwahrheit gesagt habe. »Ich bin ein unpolitischer Mensch«, antwortet Käthe. »Davon verstehe ich nichts.« Der BDM sei ebenfalls eine unpolitische Organisation. »Die Politik haben wir der Regierung überlassen«, sagte sie sarkastisch.

Vom Geschichtsunterricht hat sie nichts behalten. Ich frage sie nach der Kaiserzeit. »Was ist das?« antwortet sie. Ich frage nach der Weimarer Republik. »Das haben wir in der Schule nicht durchgenommen«, antwortet sie. Allerdings habe sie gehört – nicht in der Schule, sondern von einem Bekannten –, »daß in der Weimarer Republik Arbeitslosigkeit geherrscht hat, die Leute haben gehungert, da ist der Führer gekommen und hat den Leuten Arbeit und Brot gegeben.«

Ich möchte von ihr wissen, was sie von den Amerikanern hält, und bitte sie, mir eine ehrliche Antwort zu geben. Zögernd sagt sie, daß sie gelernt habe, die Amerikaner für roh und kulturlos zu halten. Ihr Tonfall läßt vermuten, daß sie keinen Grund hat, von ihrer Meinung abzurücken. Und die Russen? »Unkultiviertes Volk«, sagt sie geringschätzig. Sie sei noch nie einem Russen begegnet, sagt sie, aber sie weiß, daß sie unzivilisiert sind.

Käthe sagt, daß die Russen in Deutschland gut behandelt werden, besser, als es ihnen zusteht. Sie bekommen gut zu essen und schlafen auf Matratzen. Aber im Lager von Hombourg, sagt Käthe in einem plötzlichen Anfall von Bitterkeit, ist das Essen schlecht, sie muß auf einer Pritsche schlafen, die Leute sind verdreckt, alles ist verboten, sie fühlt sich nicht wohl, es gefällt ihr überhaupt nicht.

## 9

Eines Tages berichtete mir Dr. Vieujean, daß es im Lager einen neuen Insassen gebe, der ihr auf der Krankenstation helfe. Er sei wegen seiner Herkunft möglicherweise interessant. Es handle sich um einen Halbjuden aus Berlin. Halb Herrenvolk, halb auserwähltes Volk, das war wirklich was Besonderes.

Ein junger Mann, mittelgroß, Anfang dreißig, trat ein und blieb abwartend stehen. Sein Gesichtsausdruck zeugte von großer Verletzlichkeit, seine Augen waren gezeichnet von vielen Tränen. Was er erlebt hatte, stand ihm ins Gesicht geschrieben, und ich muß gestehen, es war mir peinlich, ihn anzusehen. Ich weiß nicht warum, vielleicht schämte ich mich dafür, daß die Menschheit soviel Leiden zugelassen hatte. Wie das personifizierte Elend stand er neben der Tür, er verkörperte gleichermaßen die Tragödie der Juden und die Tragödie der Deutschen. Er gehörte beiden Gruppen an, den Gejagten und den Jägern, die ihrerseits gejagt wurden.

Kurt Pfahl, so hieß er, hatte eine evangelische Mutter und einen jüdischen Vater. Der Vater fiel im Ersten Weltkrieg, von der Mutter wurde er im christlichen Glauben erzogen. 1933 war Kurt Medizinstudent in Berlin. Er durfte noch eine Weile weiterstudieren, obwohl seine Kommilitonen, die Bannerträger der deutschen Kultur, ihm wegen seiner »Rasse« das Leben zur Hölle machten. Schließlich wurde er von der Universität verwiesen und kam nach Sachsenhausen.

Kurt brach plötzlich in Tränen aus. Er saß da, in sich zusammengesunken, schlug die Hände vor das Gesicht und schluchzte. Eine unangenehme Situation. Nach einer Weile hob er das Gesicht, das von einem unbeschreiblichen Schmerz erfüllt war, wischte sich mit dem Handrücken die Tränen ab und bat leise um Entschuldigung. Die Erinnerung an Sachsenhausen, sagte er, sei zuviel. Nein, die körperlichen Strapazen, die Schläge hätten ihm nichts ausgemacht. Zerbrochen hätten ihn die verbalen Attacken, die Beschimpfungen. Der Lagerkommandant habe seine Mutter als Hure bezeichnet, weil sie einen Juden geheiratet habe, und seinen Vater wegen seines jüdischen Blutes verunglimpft.

»Ich konnte es nicht mehr ertragen«, sagte Kurt und brach von neuem in Tränen aus. »Ich habe geschrieen: Tötet mich, macht mit mir, was ihr wollt, aber laßt meinen Vater in Ruhe. Er war ein anständiger Mensch, er ist auf dem Schlachtfeld für sein Vaterland gefallen. Er hat sein Leben für Deutschland gegeben.«

Ich bot Kurt zur Beruhigung eine Zigarette an. Er zündete sie mit zitternden Fingern an und erzählte weiter. Bei Kriegsausbruch wurde er entlassen, stand aber völlig rechtlos da. Also beschloß er unterzutauchen, eine neue Identität anzunehmen und einen anderen Beruf auszuüben. Er arbeitete als Vertreter einer Firma für Ärztebedarf. Einige seiner nichtjüdischen Verwandten halfen ihm, die meisten wandten sich von ihm ab, aber nicht aus Überheblichkeit, sondern aus Angst.

Etwa sechs Jahre lebte und arbeitete Kurt im Halbschatten einer falschen Identität. Selbst seine nächsten Kollegen wußten nichts von der »Schande« seines »Blutes«. Er fuhr kreuz und quer durch Deutschland, ständig in der Furcht, aufzufliegen, was für ihn das Ende, die Gaskammer bedeutet hätte. So konnte er, immer wachsam und mit geschärften Sinnen, gut beobachten, wie sich seine Landsleute unter dem Stiefel des Diktators verhielten.

Ich fragte ihn, wie er als Halbjude zum Volk seiner Mutter stehe. Nach einigem Zögern sagte er, daß er sich nicht als Deutscher fühle. Ob er sich denn als Jude fühle? Er schüttelte den Kopf. Nein, er wisse nicht mehr, was er sei. Er wisse nur, daß er nie wieder ein Deutscher sein wolle. Was ihn so fertig mache, sei nicht die Brutalität der Nazis, sondern die Hartherzigkeit der Deutschen. Selbst unter Nazigegnern habe es nur nur sehr wenige Leute gegeben, die Juden, Halbjuden oder anderen Verfolgten des Regimes geholfen hätten. Die Deutschen seien nicht bösartig, sondern nur so gleichgültig. Alle Deutschen, sagte Kurt, hätten von den Nazigreueln gewußt. (Später, als wir weiter nach Deutschland vorrückten, konnte ich feststellen, daß diese Aussage durchaus zutreffend war.) Die Leute seien stumpf und gefühllos, niemand würde eine helfende Hand ausstrecken, und nie käme ihnen ein freundliches Wort über die Lippen. Ich fragte Kurt, wie er sich das erkläre. Er sagte: »Zum Teil ist es Angst, aber vor allem liegt es daran, daß die Deutschen kein moralisches Empfinden haben.«

Katholiken seien eine Ausnahme. Im Gegensatz zu Protestanten würden sie Juden und anderen Verfolgten manchmal helfen. »Die Katholiken nehmen ihre Religion ernst und bemühen sich, entsprechend zu leben, aber die Protestanten legen bloß Lippenbekenntnisse ab.«

Über die Zukunft Deutschlands sprach Kurt nicht ohne Hoffnung. »Es gibt einen starken, gesunden Kern aus Katholiken und Kommunisten.« Aber die anderen, sagte er, seien Nazis und würden das im Grunde ihres Herzens auch bleiben, ganz gleich, ob Hitler beseitigt werde oder nicht. Wenn die Alliierten diesen »gesunden Kern« systematisch fördern, könne man den Nazismus in ein, zwei Generationen auslöschen. Andernfalls bestehe keine Hoffnung.

1944 flog Kurt schließlich auf. Da seine Identität aber nicht angezweifelt wurde, kam er nicht ins KZ, sondern in ein Arbeitslager in Nordfrankreich. Das war etwa einen Monat vor der Landung der Alliierten in der Normandie. Im Lager waren Russen, Serben, Halbjuden und etwa dreihundert Deutsche, überwiegend Verbrecher. Die Deutschen durften nicht mit den Russen sprechen. Wer es dennoch tat, riskierte, sofort erschossen zu werden. Halbjuden durfen nicht mit den Deutschen sprechen. Die Gefangenen marschierten, jede Gruppe für sich, sieben Kilometer zur Arbeit und zurück. Dreizehn Stunden täglich verbrachten sie damit, die Erde zu planieren, Betonbunker zu bauen, Gleise zu verlegen und Abschußrampen für die V-1 zu bauen.

Zweimal stürmten französische Widerstandskämpfer das Lager, um die Gefangenen zu befreien, zweimal schlug die SS den Angriff zurück. Als die Alliierten in der Normandie gelandet waren, wurde das Lager nach Belgien verlegt. Dort gelang Kurt die Flucht. Er schlug sich nach Aachen durch, wo er Freunde hatte. Da die Stadt aber belagert wurde, versteckte er sich im Keller eines Bauernhauses. Eines Morgens – das war vor etwa drei Tagen – spähte er durch die Tür und sah einen US-Jeep. Er lief hinaus und ergab sich.

»Das war der schönste Tag meines Lebens«, sagte er mit feuchten Augen.

# 10

Wochenlang operierten wir im Umkreis von Aachen. In dieser Zeit erlebte die Stadt ein Martyrium. Sie wurde eingekesselt und von Geschützen und Granatwerfern übel zugerichtet. An allen Ecken brannte es, oft sahen wir den Rauch, doch auf persönlichen Befehl des Führers wiesen die Deutschen unsere Kapitulationsaufrufe zurück. Daraufhin erschienen unsere Flugzeuge, diese todbringenden fliegenden Kanonen, und donnerten immer wieder im Tiefflug über die daniederliegende Stadt hinweg. Die wenigen deutschen Soldaten gaben, von der SS eingeschüchtert, noch immer nicht auf. Unsere Infanterie rückte mit Maschinenpistolen, Bazookas und Granaten und Sturmgewehren vor und säuberte die Stadt, Straße für Straße, Haus für Haus, Zimmer für Zimmer. Es war grauenhaft. Die Jungs der 1. Division, über deren Unerschrockenheit die Aachener Bevölkerung noch Monate später voller Ehrfurcht sprach, gaben erst Ruhe, als die Sache wirklich zu Ende war.

Ich habe das Ende gesehen. Ich habe die letzten Minuten Aachens von einem Mansardenfenster aus miterlebt. Eines Tages fuhren Gittler und ich an den Stadtrand, um einen Bruder von ihm zu besuchen, der in einer Geschützkompanie Dienst tat.

Wir schlenderten durch das verlassene Viertel und staunten über die prächtigen Häuser. Das waren keine Millionärsvillen, sondern gutbürgerliche Wohnhäuser, die, bis auf eine kaputte Tür oder gelegentlich ein zerbrochenes Fenster, zum größten Teil unversehrt geblieben und mit Elektrogeräten, Haushaltsgeräten und wuchtigen Möbelstücken reich ausgestattet waren. Schränke und Kommoden waren vollgestopft mit Seide, Spitzen und feinem Tuch, eleganten Anzügen, Sommer- und Wintersachen. Ich mußte an die Versorgungsmängel in England denken und an die bittere Armut in Frankreich. Ich dachte daran, daß alle Insassen im Lager Hombourg, selbst die Arbeiter, gut gekleidet waren, besser als der durchschnittliche Engländer. Und während ich durch diese Villengegend wanderte, konnte ich mich des

Gedankens nicht erwehren, daß die ganze Welt der deutschen Propaganda auf den Leim gegangen war. Hatten wir nicht alle von den Ersatzstoffen gehört, die im Regen einliefen, und von Schuhen, die sich im Wasser auflösten? Goebbels und auch manche Emigranten mit ihren Geschichten hatten uns wirklich etwas vorgemacht. Oder war dies ein Teil der Beute, die die Deutschen aus ganz Europa zusammengetragen hatten? »Armes Deutschland!« Wie oft sollte ich diesen Seufzer noch aus deutschen Mündern hören! Ich nahm mir vor, in Deutschland nach Ersatzkleidung Ausschau zu halten. Irgendwann wurde das eine stehende Redewendung unter uns – so wie der Witz von dem Mann, der bei den Eskimos nach Kühlschränken sucht.

Aachen liegt in einem flachen Talkessel, dessen Ränder zu waldigen Hügeln ansteigen. Von hier aus kann man auf die Stadt hinunterblicken und sie natürlich auch beschießen. Der vorgeschobene Posten, den wir an diesem Tag besuchten, befand sich in einem schloßartigen Landsitz auf einem bewaldeten Grundstück am Stadtrand. Auf einer kurvenreichen, steilen Straße, die rechts und links mit weißem Absperrband markiert war und immer wieder an Minenwarnschildern vorbeiführte, erreichten wir unser Ziel. Auch nur eine Handbreit vom Weg abzukommen hätte den sicheren Tod bedeutet. Wenige Tage zuvor war der Kriegsberichterstatter David Lardner auf dieser Straße in die Luft geflogen. Offenbar hatte er eine Abkürzung nehmen wollen und die Absperrung mißachtet. Wir wurden von einem Soldaten begleitet, der das Gelände kannte, und erreichten unser Ziel ohne besondere Zwischenfälle, aber auch nicht ohne Beklommenheit. In der Villa herrschte ein großes Chaos. Der Inhalt umgestürzter Kommoden und ausgeleerter Schubläden lag auf dem Fußboden: Ein Berg von Schuhen und Tiegeln und Briefen und Kissen und Fotos und Bildern. Die Fotos zeigten wilhelminische Offiziere mit Schnurrbärten, Helmen und Säbeln. Bilder des Kaisers hingen schief an der Wand. Die finstere Visage des Führers fiel durch Abwesenheit auf.

Im Haus herrschte eine unheimliche Stille. Wir stiegen drei, vier Stockwerke bis in das Dachgeschoß hinauf. Dort hockten zwei Soldaten am Fenster und blickten konzentriert durch das Fernglas. Auf einem niedrigen Balken stand das braune Feldtelefon, und ein Knäuel von Kabeln führte durch das Fenster nach draußen. Dieses harmlose Telefon, erklärten die beiden Soldaten, brachte oft genug und ganz plötzlich den Tod. Da es angepeilt werden kann, verrät es dem Feind die Position. Ich betrachtete das Telefon, als wäre es mein persönlicher Feind. Dieser Ausguck war ziemlich weit vorgeschoben, das Dach über uns machte keinen sehr stabilen Eindruck, vermutlich würde es nicht einmal einer Maschinengewehrgarbe standhalten. Ein Granatsplitter, und wir würden alle unter einem Haufen von Balken und Ziegeln und ich weiß nicht was begraben sein. Meine Phantasie ist normalerweise nicht allzu lebhaft, doch in dieser Situation malte ich mir alle nur denkbaren Möglichkeiten aus (sie waren durchweg unerfreulich), und ich bewunderte die Gelassenheit des Korporals mit dem Fernglas. Oder war er gar nicht gelassen? Mir fiel auf, daß er nicht lachte und keine Witze riß, wie das unter Soldaten sonst üblich ist. Er sagte überhaupt nicht viel. Wortlos reichte er mir das Fernglas, und ich sah über die Baumwipfel hinweg. Weiter unten, ein, zwei Kilometer entfernt, und doch zum Greifen nah, lag das zerstörte Aachen. Nirgendwo ein Lebenszeichen. Die Gestalten, die sich an den Häuserwänden entlangdrückten, waren unsere Infanteristen. Über den Häusern, über den Dächern zogen graue Rauchfahnen dahin, die sich in Nichts auflösten. Ich sah weiße Mauern und rote Dächer und gelegentlich einen Kirchturm und fragte mich, wie es möglich war, daß nach dem ganzen Bombardement noch so viel stand. Ich erinnerte mich an Saint-Lô, Périers und Coutances. Ich sah die vielen weißen Fahnen, die aus den Häusern hingen. In der Luft lag eine gespenstische Stille, eine Stille, die jeden Laut übertönt, eine Stille, die erfüllt ist von grauenhaften Todesschreien. Eine so eindrückliche Stille hatte ich schon einmal auf einem leichenübersäten Schlachtfeld empfunden.

Mir lief es kalt über den Rücken, und auf meiner Stirn stand der Schweiß, obwohl draußen ein herbstlicher Wind wehte.

Das war am 22. Oktober, nachmittags um halb drei.

Abends wurde im Radio gemeldet, daß Aachen um drei Uhr kapituliert habe.

## 11

Lange Zeit versuchten wir, nach Aachen hineinzukommen, doch obwohl wir offiziell zur 1. Armee gehörten, betrachtete der militärische Nachrichtendienst die Stadt als seine Domäne, die er mit niemandem, auch nicht mit der Abteilung Psychologische Kriegsführung, teilen wollte.

Was sich in den letzten Tagen Aachens abspielte, erfuhr ich aber auch so. Die ungewöhnliche Geschichte, wie unsere Armee die Stadt übernahm und wie stümperhaft die Militärverwaltung vorging, brachten meine Kollegen und ich drei Monate später ans Tageslicht.

Die Aachener Verhältnisse waren beispielhaft für das, was später in anderen deutschen Großstädten passierte.

Am 13. September, etwa sechs Wochen vor dem Fall der Stadt, verbreitete sich wie ein Lauffeuer das Gerücht, daß die Amerikaner nicht mehr weit entfernt seien. Die Leute nahmen Kissen und Decken und Lebensmittelvorräte und liefen in die Luftschutzkeller. Die Parteibonzen und höheren Beamten und Polizisten packten eilends ihre Sachen und setzten sich ab. Der Aachener Stadtkommandant, General Schwerin, der das würdelose Verhalten der Nazibonzen empörend fand, war bereit, sich kampflos zu ergeben.

Offiziere gingen von Bunker zu Bunker und sprachen zu den verängstigten Leuten. Die Parteioberen hätten sie im Stich gelassen, und die Wehrmacht bereite sich auf eine Kapitulation vor. Der Bevölkerung wurde versichert, daß sie nichts zu befürchten habe, die Amerikaner würden sie anständig behandeln.

Doch es kam dann ganz anders. Die Wehrmacht übergab die Stadt nicht. Im Gegenteil, die deutsche Armee, die berühmte deutsche Armee, patriotisch gesinnt und zivilisiert, zog plötzlich plündernd durch die alte Stadt, als wäre man in Belgrad oder Warschau.

Ein paar Soldaten brachen zunächst bei Nagel & Hofbauer ein, Aachens renommiertester Weinhandlung, und stürmten den Keller. Sie fanden zwei Millionen Flaschen Wein, machten sich darüber her und stillten ihren Durst. Bald kamen noch mehr Soldaten und Offiziere, die es ihnen nachtaten. Und als sie nicht mehr trinken konnten, luden sie die Weinkisten auf Militärlastwagen. Aber es war noch immer Wein übrig, so daß die Soldaten die Bevölkerung aufforderten, sich zu bedienen. Sie sagten: »Nehmt alles, was ihr wegschaffen könnt, laßt den Amerikanern nichts übrig, denn wenn die sich betrinken, weiß man nie, was sie euch antun.«

So kam es zu einem allgemeinen Besäufnis. Selbst Kinder und Alte betranken sich.

Von Nagel & Hofbauer zogen die Plünderer zum Alten Kurhaus, ebenfalls einer großen Weinhandlung, und anschließend suchten sie alle Weingeschäfte der Stadt auf, leerten die Keller und trugen davon, was sie nicht trinken konnten. Die Soldaten verwandelten sich in eine grölende Meute, sie plünderten die Lebensmittelgeschäfte, dann die Tabakgeschäfte und die Bekleidungsgeschäfte. Habgierige Zivilisten folgten den betrunkenen Soldaten. Als die Geschäfte leergeräumt waren, brach man in Privatwohnungen ein und schaffte fort, was nicht niet- und nagelfest war, Tafelsilber und Wäsche und Kochtöpfe und besonders Herrenanzüge – die Soldaten brauchten Zivilkleidung –, und transportierte alles auf Lastwagen weg. Als in den Kleiderschränken keine Herrenanzüge mehr hingen, wurden die Leute in den Luftschutzbunkern gezwungen, ihre Sachen gegen Uniformen einzutauschen. Die Soldaten warfen ihre Militärausrüstung, ihre Militärpässe und ihre Waffen weg.

So ging es vier Tage und vier Nächte, aber aus irgendeinem Grund nahmen die Amerikaner die offene Stadt nicht ein. Und am 17. September kehrten die Parteibonzen, die SS und die Gestapo wieder und plünderten, was noch übrig war. Sie setzten General Schwerin ab und verkündeten, daß bis zum letzten Mann gekämpft werde. Fünf Wochen lang kämpften sie bis zum letzten Haus.

## 12

Von unserer Eupener Villa blickten wir nach Aachen hinüber, das fünfzehn Kilometer entfernt war – so sehnsüchtig, wie Moses auf das Gelobte Land geblickt haben muß, und ebenso vergeblich. Wochenlang blieb uns der Zugang versperrt. Wir mußten uns mit der Information trösten, daß ohnehin nicht viele Menschen in der Stadt waren. Die SS hatte Aachen gründlich räumen lassen. Schätzungsweise neunzig Prozent der Bevölkerung wurden auf das andere Rheinufer gebracht. Die Mehrheit ging offenbar freiwillig. Der Rest wurde von unserer Armee während der Kämpfe evakuiert. Aachener konnte man daher überall finden, nur nicht in Aachen. Wir suchten sie in Malmedy, in Henri-Chapelle und natürlich auch in Hombourg.

Wir wußten, daß wir irgendwann diese Gegend verlassen würden, doch fürs erste war unsere Offensive ins Stocken geraten, so daß wir Zeit hatten, in den Lagern intensive Befragungen durchzuführen. Der Winter kündigte sich an. Es wurde immer kälter. Wir hatten keine Kohlen, der regennasse Boden wurde immer schlammiger, aber jeden Tag machten wir uns auf den Weg in die Lager, vorbei an Militärtransportern, die sich in Richtung Front voranquälten. Ich weiß nicht, warum Krieg immer mit Morast einhergeht. Wenn die Jungs in den Schützengräben den Schlamm auch nur annähernd so deprimierend fanden wie ich, dann mußten sie total niedergeschlagen sein. Ich habe oft gedacht, wieviel leichter meine Arbeit war und wieviel Schwein ich hatte. Manche Leute haben einfach Glück, und ich zählte zu diesen Glückspilzen. Zehn Kilometer war ich von der Front entfernt, aber ich mußte mit den Deutschen nur sprechen und nicht in einem nassen, kalten Morastloch hocken und mit der Waffe gegen sie kämpfen. Wenn Joe manchmal murrte, daß er den schweren Geländewagen fahren müsse, der in diesem schlammigen Boden besonders gern versank und schwer zu lenken war, erklärte ich ihm, daß er besser dran sei als die anderen Jungs, was er mit dem Kommentar »Ich sag' ja nur« quittierte. Dann wies ich ihn darauf hin, daß unsere Arbeit, er in seiner bescheidenen Eigenschaft als Fahrer, und ich in meiner bescheidenen Rolle als Vernehmer, nicht ohne Bedeutung für den Kriegsverlauf sei. Indem wir uns in das Innere des Feindes versetzten, erführen wir etwas über ihn, und auf diese Weise könne man ihn wirkungsvoller bekämpfen. »Joe«, sagte ich, »vielleicht wird unsere Arbeit den Krieg um sechzig Sekunden verkürzen. Sechzig Sekunden sind vielleicht nicht viel, aber es bedeutet, daß vielleicht tausend Menschen nicht sterben müssen.«

Dann straffte Joe die Schultern, und es ging ihm gleich etwas besser. Und ich selbst fühlte mich bei diesen Worten auch besser.

Und so verbrachte ich den Tag im Gespräch mit vielen Deutschen, um herauszufinden, was in ihnen vorging. Meine Berichte, die ich abends schrieb, gingen durch »Kanäle« an das Hauptquartier der 1. Armee und der 12. Heeresgruppe, an das Oberkommando der Alliierten, nach London und Washington. Gelesen wurden sie von den zuständigen Leuten der BBC, im amerikanischen Sender in Europa und in Luxemburg. Sie wurden in den Propagandaabteilungen gelesen und von hochrangigen Politkern.

▮ Hans König war ein Aachener Immobilienmakler. Er wirkte nervös und angespannt während unseres Gesprächs, redete aber nicht groß um die Dinge herum, im Gegenteil, fast schien es, als wollte er sein Gewissen erleichtern. Acht »Abwesenheitspfleger« hatte es in Aachen gegeben, König war der wichtigste.

1933 trat er in die NSDAP ein – ein überaus nützlicher Schritt, denn König hatte jüdische Klienten, auf deren Häuser die Nazis scharf waren. Er selbst bezeichnete sich nicht als Antisemit. In Aachen sei Antisemitismus erst mit den Nazis aufgekommen. »Es gab nur wenige Juden in der Stadt, und sie waren kolossal beliebt, weil sie feine Menschen waren.« Als die Nazis anfingen, die Juden zu verfolgen und jüdischen Besitz zu beschlagnahmen, war das eine ausgezeichnete Gelegenheit für König, sich an den »feinen Menschen« zu bereichern.

Das Ganze sei juristisch überaus korrekt abgewickelt worden, meinte König. Die Stadtverwaltung übernahm jüdisches Eigentum und setzte den Wert fest. »Wie?« König zögerte erst, räumte dann aber ein: »Der Wert wurde so niedrig wie möglich festgesetzt.« Und selbst davon bekamen die jüdischen Eigentümer nur sieben oder acht Prozent. »Der Rest fiel dem Staat beziehungsweise der Partei zu.« Und welche Rolle habe er dabei gespielt? Er fungierte als Vermittler und verdiente bei jeder Transaktion vier Prozent. Zusätzlich erhielt er eine »Arisierungsgebühr« von fünf Prozent. Außerdem konnte er günstig Grundstücke erwerben.

Ohne Frage ein Pfundsgeschäft. Ich bat König, mir zu schildern, wie die Zusammenarbeit mit den Nazis ausgesehen habe. Er war ganz offen.

»Wer als Geschäftsmann etwas erreichen wollte, brauchte Freunde im Staatsapparat. Direkte Bestechung war aber zu gefährlich. Man mußte indirekt vorgehen. Man lud den jeweiligen Dezernenten, vielleicht auch seine Familie, zu einem guten Essen ein und ließ die besten Weine auffahren. Das machte man ein paarmal, bis derjenige mürbe wurde und man sein Wohlwollen gewonnen hatte. In meiner Branche besuchte man zweckmäßigerweise die Lokale, in denen die Parteifunktionäre mit ihren Frauen oder Freundinnen verkehrten. So wurde man dort bekannt. Wochenlang ging ich täglich in das Lokal, wo der Aachener Kreisleiter Stammgast war. Das kostete mich eine Stange Geld, aber am Ende schlossen wir Bekanntschaft.«

Über seine Kneipenkontakte verschaffte sich König den Auftrag, Grundstücksverkäufe zu vermitteln. Die Geschäfte gingen gut. Die Beamten wurden fett, die Makler wurden reich. Dann kam die Katastrophe.

»Die Aachener Textilfabriken«, sagte König traurig, »gehörten Juden. Die Fabriken wurden arisiert. Dann kam der Krieg, die Fabriken warfen rechnerisch großen Gewinn ab. Dann kamen die alliierten Bomber und zerstörten die Fabriken. Dann kam die Wehrmacht und plünderte den Rest. Jetzt liegt alles in Schutt und Asche.«

Verzweifelt warf König die Hände in die Luft.

Er bedauerte das Ganze, er bedauerte die Arisierung, er bedauerte seine eigene Rolle dabei, er bedauerte sich selber. Die Zukunft sehe düster für ihn aus, wie überhaupt für alle Deutschen. Schon 1941 sei es bergab gegangen. Seitdem habe er kein einziges Grundstück mehr verkauft. Die Leute klammerten sich an handfeste Dinge. Bargeld sei letztlich wertlos. Er kenne Aachener, die Diamanten für das Fünfundzwanzigfache des normalen Preises gekauft hätten und überzeugt seien, ein gutes Geschäft gemacht zu haben.

Für die Zerstörung der Häuser und Fabriken machte König nicht die Allierten, sondern Hitler verantwortlich. Wenn er auf die Nazis zu sprechen kam, bebte seine Stimme vor Empörung. Sie hätten eine »Zwangsherrschaft« über Deutschland gebracht und das Land zugrunde gerichtet. Oh, wie er sie verabscheute! Welche Rolle er selbst in jenem Horrorstück namens Nationalsozialismus gespielt hatte, war ihm nicht klar.

Er räumte ein, von den Greueltaten gehört zu haben, die die Deutschen an Polen und Juden verübt hatten. »Zuerst konnte ich es nicht glauben, aber später hörte ich Einzelheiten von Erschießungen, Vergasung und Massenmord, und ich begriff, daß es die Wahrheit war.« Er schüttelte den Kopf, als wollte er einen schlechten Traum loswerden. Noch immer wollte er die Realität nicht wahrhaben. Die Deutschen, sagte er, seien unschuldig. Auch die deutschen Generäle trügen keine Schuld. »Sie sind Berufssoldaten, keine

Politiker. Sie beschäftigen sich nicht mit Politik. Sie führen Befehle aus.« Auch den Geschäftsleuten, die Hitler unterstützt und vom Regime profitiert hatten, komme keine Schuld zu.

»Wir sind alle unschuldig«, sagte König mit matter Stimme. »Man darf das deutsche Volk nicht bestrafen.«

## 13

»Joe«, sagte ich eines Tages, als ich mich besonders deprimiert fühlte, »ich glaube, Hitler ist der größte Mann aller Zeiten. Die Deutschen scheinen gar nicht so falsch zu liegen.«

»Soll das ein Witz sein?«

»Es ist mein voller Ernst, Joe. Seit zwei Monaten sind wir hier zugange, wir haben mit vielen Menschen gesprochen, wir haben jede Menge Fragen gestellt, und wir haben keinen einzigen Nazi gefunden. Jeder ist ein Nazigegner. Alle Leute sind gegen Hitler. Sie sind schon immer gegen Hitler gewesen. Was heißt das? Es heißt, daß Hitler die Sache ganz allein, ohne Hilfe und Unterstützung irgendeines Deutschen durchgezogen hat. Er hat den Krieg angefangen, er hat ganz Europa erobert, den größten Teil Rußlands überrannt, fünf Millionen Juden ermordet, sechs bis acht Millionen Polen und Russen in den Hungertod getrieben, vierhundert Konzentrationslager errichtet, die größte Armee in Europa aufgebaut und dafür gesorgt, daß die Züge pünktlich fahren. Wer das ganz allein schaffen will, muß schon ziemlich gut sein. Ich kenne nur zwei Menschen in der ganzen Welt, die so etwas können. Der andere ist Superman.«

»Verstehe«, sagte Joe nachdenklich. »Einen Moment dachte ich, Sie machen Witze.«

»Aber wo findet man die Nazis, Joe? Unter den Nazis offensichtlich nicht. Wo würdest du denn suchen?«

»Vielleicht unter den Roten? Im Camp sind ein paar.«

Ich hatte mir schon überlegt, was aus den mächtigen Linksparteien unter Hitler geworden war. Daß die Führung von KPD und SPD liquidiert worden war, wußte ich, aber wo war die Basis? Schließlich hatten im Jahre 1932 ungefähr 14 Millionen Wähler, unter ihnen viele aufrechte Demokraten und Antifaschisten, ihre Stimme diesen beiden Parteien gegeben. Warum hörten wir nie von einem deutschen Untergrund? Warum hörte man nicht einmal gerüchteweise von Widerstand? Ich konnte nicht glauben, daß Millionen klassenbewußter Arbeiter, Millionen von Sozialisten und Demokraten, in der Nazi-Maschinerie untergegangen waren.

Dem Gespräch mit Georg Thesen sah ich daher mit besonderem Interesse entgegen. Thesen war in der Eifel mit wichtigen militärischen Informationen zu unseren Verbänden übergelaufen. Jetzt befand er sich im Lager Hombourg. Ich bestellte ihn zu mir.

▌Georg Thesen war eine Überraschung, und noch heute denke ich mit Hochachtung und Bewunderung an ihn zurück. Ich bin nur zwei Deutschen begegnet, die nicht vor Selbstmitleid troffen, die nicht jammerten und sich nicht als unschuldig und völlig bedeutungslos hinstellten. Einer der beiden war Thesen. Thesen war ein ganzer Mann, ein Mensch, wie man ihn selten in Deutschland findet. Er besaß ein Gewissen, er hatte ein moralisch geprägtes Politikverständnis, er bewies Mut und hatte Humor. Als mir klar wurde, von welchem Kaliber dieser Mann war, schüttelte ich ihm, trotz Fraternisierungsverbot, die Hand.

Thesen, siebenundvierzig Jahre alt, war eine schmächtige Erscheinung mit einem sensiblen Gesicht. Obwohl er wie ein Intellektueller sprach, war er von Beruf Geschäftsmann. Er stammte aus der Nähe von Trier, hatte aber in den meisten Gegenden Deutschlands gelebt, kannte viele Menschen und hatte in den unterschiedlichsten Bereichen gearbeitet. In Saarbrücken hatte er ein Lebensmittelgeschäft und in Saarburg eine Weinhandlung geführt. Bei Kriegsausbruch zog er nach Danzig, arbeitete dort ein Jahr in der Hafenverwaltung und ein weiteres Jahr in einer Strumpffabrik. Später wurde er Abteilungsleiter in der Haupttreuhandstelle

Ost in Dirschau. Kurz vor Kriegsende zog er wieder in seine Heimat, wo er eine Stelle als Personalchef in einer Bitburger Motorenfabrik bekommen hatte, in der hundertfünfzig Arbeiter, darunter fünfundsechzig Russinnen, beschäftigt waren.

Als die Amerikaner auf die Eifel vorrückten, verteilte er, mit Hilfe eines holländischen Arbeiters, Nahrungsmittel und Decken an die russischen Arbeiterinnen seiner Fabrik und half ihnen, in die Wälder zu entkommen. Dann floh er selbst.

Manchmal bebte seine Stimme vor Erregung, beispielsweise wenn er von dem Los der KZ-Häftlinge sprach. Er selbst hatte drei Jahre in einem Konzentrationslager im Emsland gesessen, und ein Bruder von ihm, Matthias, war seit 1933 in Sachsenhausen. Thesens Geschichte ist im Grunde die Geschichte zweier Brüder, die aneinander hingen und ihr Leben lang, jeder auf seine Weise, für ihre Ideale kämpften.

Georg und Matthias, Söhne eines katholischen Kaufmanns, kamen schon in jungen Jahren zur Sozialdemokratie. 1919 trennten sich ihre Wege. Matthias trat in die KPD ein und war bis 1933 kommunistischer Reichstagsabgeordneter. Georg konnte das Dogma von der Diktatur des Proletariats nicht akzeptieren.

»Jahrelang haben wir darüber diskutiert. Als Sozialdemokrat habe ich an die Demokratie und an demokratische Methoden geglaubt. Matthias und ich wollten ja im Grunde dasselbe erreichen, aber er war überzeugt, daß unser Sozialprogramm sich nicht auf demokratischem Weg erreichen ließ. Heute bin ich gar nicht so sicher, ob Matthias unrecht hatte, auch wenn ich noch immer gegen jede Form von Diktatur bin. Meiner Ansicht nach müssen gegen die Nazis diktatorische Mittel angewendet werden. Und ich bin schließlich zu der Überzeugung gelangt, daß ein demokratisches Deutschland unmöglich ist.«

Seines Wissens, meinte Georg, existierten keine sozialdemokratischen oder kommunistischen Organisationen mehr in Deutschland. Es gebe zwar noch Millionen alter Sozialisten, aber jeder sei isoliert, für sich allein, jeder mißtraue dem Nächsten.

»Die Sozialdemokratie hat keine Zukunft in Deutschland. Allerdings halte ich die Behauptung, die Deutschen seien unfähig, sich selbst zu regieren oder einer Gewaltherrschaft Widerstand zu leisten, für grundfalsch. Unsere Politiker sind in den Konzentrationslagern ermordet worden, doch ich bin überzeugt, daß aus der Jugend eines Tages neue Politiker hervorgehen werden.«

In erster Linie komme es jetzt darauf an, den Faschismus zu zerschlagen. »Ich kenne keine Deutschen«, sagte Georg. »Ich kenne nur Nazis und Nazigegner. Jeder Nazi ist mein Feind, und jeder Kämpfer gegen die Nazis ist mein Verbündeter.«

Ich fragte, wie man die Nazis bekämpfen könne, wo es doch keine Nazis in Deutschland gebe. Thesen lachte.

»Das ist nicht schwer«, sagte er. »Man muß nur fragen, wie jemand zu der sozialen Frage steht. Sie werden feststellen, daß ein wahrer Nazi keine sozialen Ideale hat. Fragen Sie ihn, was er von Konzentrationslagern wußte und der Behandlung der Juden. Sie werden merken, daß ein wahrer Nazi jedes Wissen oder jede Verantwortung leugnet. Wenn er es leugnet, dann fragen Sie ihn, warum er sich nicht für seine Mitmenschen interessiert. Gibt er sich als unpolitisch aus, dann wissen Sie, daß er lügt – unter den Nazis konnte niemand unpolitisch sein.«

Thesen blickte keineswegs pessimistisch in die Zukunft. Die Deutschen, sagte er, müßten ihr Haus gründlich säubern. Die Nazifunktionäre, angefangen bei Blockleitern wie Fritz Jansen, müßten interniert wrden. Wer Verbrechen begangen habe, müsse rigoros bestraft werden. Die Jugend müsse umerzogen werden.

Ich äußerte mich skeptisch über die Fähigkeit oder den Willen der Deutschen, ein solches Programm durchzuführen. Thesen ballte die Hände zu Fäusten und rief: »Sie werden mit vielen Menschen sprechen und viele Meinungen hören. Aber vergessen Sie nicht: Es gibt einen gesunden Kern in

Deutschland. Es gibt gute Menschen. Helfen Sie den Guten in ihrem Kampf gegen das Böse.«

Trotz seines Alters und seiner angegriffenen Gesundheit (Dr. Vieujean, die ihn untersucht hatte, erzählte mir, er sei unterernährt) wollte er unbedingt nach Deutschland zurückgeschickt werden und dort im Untergrund kämpfen.

Er stand auf. Er war ärmlich gekleidet, sah müde und erschöpft aus. Zum Schluß bat er mich um einen Gefallen. Ich dachte, er würde etwas zu essen oder eine Zigarette haben wollen. Er fragte: »Könnte ich wohl ein englisches Lehrbuch bekommen?«

■ Der zweite »Rote« in Hombourg hatte mit Thesen nur eines gemeinsam: die sozialistische Überzeugung. Im übrigen bestand keine Ähnlichkeit zwischen den beiden. Josef Minden war ein älterer Elektriker aus Haaren, einer kleinen Industriestadt von 6000 Einwohnern, die bei vielen Leuten nur »Klein-Moskau« hieß. Minden war stolz darauf, aus einer Stadt zu kommen, die als rot verschrieen war. »Wie, keine Nazis in Haaren?« fragte ich. »Nein, keine Nazis«, antwortete Minden.

Vielleicht sollte ich nicht »antwortete« sagen, denn Minden redete nicht wie ein normaler Sterblicher. Er sprach dröhnend laut und unterstrich seine Worte, indem er heftig auf den Tisch schlug. Er ließ keinen Zweifel daran, wo er stand. Er war Sozialdemokrat, und was auch geschehen mochte, er würde immer Sozialdemokrat bleiben. Stolz berichtete er, daß er schon 1916 in Berlin am Hungerstreik der Sozialdemokraten teilgenommen hatte, der ihrer Forderung nach einem raschen Kriegsende Nachdruck verleihen sollte. Seitdem hatte er treu zur SPD gehalten, war für sie und gegen die KPD eingetreten. Die Kommunisten habe er immer bekämpft. »Warum? Weil ich als Mensch die KPD menschenfeindlich fand. Die Kommunisten waren gegen die Ehe, das war unmoralisch.«

Nach dem letzten Krieg ließ er sich in Haaren nieder, wurde in den Stadtrat gewählt, bekämpfte weiterhin die

Kommunisten und predigte seinen altmodischen proletarischen Antifaschismus. Seinen Sohn erzog er nach sozialistischen und antifaschistischen Grundsätzen. »Denk dran, mein Junge«, sagte der Vater, »daß du mit Hitler nichts zu schaffen hast. Hitler, das ist Faschismus. Und Faschismus, das ist das Ende des Menschseins.« Der Sohn wuchs zu einem guten Antifaschisten heran.

Nach Hitlers Machtergreifung verlor Minden seine Arbeit. Er weigerte sich, für die Nazis zu arbeiten. »Lieber wäre ich gestorben«, rief er und donnerte mit der Hand auf den Tisch, »als für Hitler zu arbeiten.« Dann brach der Krieg aus. Sein Sohn, der erst einundzwanzig war, wurde eingezogen und kam nach Rußland, um dort für eine Sache zu kämpfen, die nicht die Sache der Mindens war. Der Junge schrieb vorsichtig, aber seine Briefe rochen nach Tod. Eines Tages schrieb er aus der Nähe von Sewastopol einen merkwürdigen Brief. »Liebe Eltern, bitte schickt mir keine Päckchen mehr... Meine Todesstunde ist nahe... Ich sterbe für meine Frau und mein Kind, nicht für das Regime.« Und dann kam die Nachricht von seinem Tod. Mindens Stimme zitterte, und Tränen traten ihm in die Augen. Er sagte: »Es hat meiner Frau das Herz gebrochen, aber sie sagte, mir ist es zehnmal lieber, er stirbt so, als daß er sein Leben für die Faschisten gibt.« Minden bedauerte, daß sie überhaupt einen Sohn in die Welt gesetzt hatten, denn so hatte er der deutschen Kriegsmaschine ein Stück Kanonenfutter geliefert. Eigentlich hatten sie nie ein Kind haben wollen, denn die politischen Verhältnisse waren ihnen nie anders als düster erschienen. Bereits 1921 war Minden davon überzeugt, daß es zu einem neuen Krieg kommen würde, und als Hitler 1939 im Radio den Kriegsbeginn bekanntgab, hatten sich seine dunklen Ahnungen leider bewahrheitet.

Mindens Haß richtete sich gegen die Nazis, weniger gegen den Soldatenstand. Obwohl leidenschaftlicher Antifaschist, brachte er den Generälen jene eigentümlich deutsche Hochachtung entgegen. Für die Naziführer, diese »Lumpen«, hatte er jedoch nur blanken Haß. »An den Galgen mit ihnen!« rief er. »Hängt sie alle auf!« Ob das nicht ein wenig hart sei? Minden schlug auf den Tisch: »Hängt sie, hängt sie alle auf! Sie haben es verdient. Sie haben ihre eigenen Brüder aufgehängt. Sie haben die Besten, die Edelsten unter uns liquidiert. Sie haben die Generäle aufgehängt – die Besten in Deutschland.«

Minden erregte sich so sehr, daß ihm fast das Gebiß aus dem Mund flog. Er sprang hoch und nieder, schlug sich auf die Knie und rief, daß er nicht länger einem Land angehören wolle, in dem so etwas passieren könne. »Ich habe meinen Patriotismus verloren«, rief er, »ich schäme mich, ein Deutscher zu sein.« Deutschland sollte geteilt und das Rheinland von den Amerikanern verwaltet werden. »Ich werde jeden umbringen, der sich gegen eine amerikanische Besatzung wendet«, dröhnte er.

Ich fragte ihn, was er konkret gegen die Faschisten, gegen den Krieg unternommen habe. Während des Kriegs, sagte er, sei er in einer Fabrik beschäftigt gewesen, die Motoren für U-Boote hergestellt habe. Sabotage sei unmöglich gewesen. »Der Terror der Gestapo war viel zu groß.« Wenn auf der Straße ein Umzug stattfand, hat Minden das Fenster zugemacht. Außerdem trug er tapfer zu Hitlers Sturz bei, indem er sein Geld nicht zur Sparkasse brachte. »Jeder gesparte Pfennig nützte dem System, und lieber wäre ich krepiert, als daß ich diese Verbrecherbande unterstützt hätte.« Und so kam es, daß der Sozialdemokrat Josef Minden, dieser glühende Antifaschist, der den Krieg und Hitler verfluchte, treu und unermüdlich und gewissenhaft Motoren für Hitlers Kriegsmaschinerie baute.

## 14

Bisweilen gingen mir die Betrachtungen der Gellers und Königs und Jansens und Mindens ziemlich auf den Geist. Ich hatte das Gefühl, daß diese Männer, ungeachtet ihrer politischen Standpunkte, in ihrer wenig charakterfesten Haltung einander merkwürdig ähnlich waren. In ihrer Unterwürfigkeit vermittelten sie manchmal den Eindruck, als würden sie einen gnadenlos an die Wand stellen, wenn sie die Macht dazu hätten. Irritiert ahnte man, welches Chaos in ihnen herrschte, ein ungezügeltes Chaos, das sich für fast alle Zwecke dienstbar machen ließ. Ihre Hoffnungslosigkeit entsprang nicht dem Augenblick. Gab es vielleicht einen Zusammenhang zwischen einer Philosophie (wie derjenigen Schopenhauers), die an der Menschheit verzweifelte, und einem Vernichtungslager, in dem Menschen verbrannt wurden? War es ein Zufall, daß Schopenhauer und Nietzsche, tiefunglückliche Menschen, die keinen Seelenfrieden fanden, begabte, doch liebesunfähige Männer, in Deutschland geradezu kulthafte Verehrung genossen? Und wo es keine Liebe gibt, kann es da Stolz, Gerechtigkeit oder Frieden geben? Langsam kam mir der Verdacht, daß ich es nicht mit »Nazis« oder »Antinazis« zu tun hatte, sondern mit den Ergebnissen einer tausendjährigen Geschichte, einer Geschichte, in der es nie einen Jefferson, einen Lincoln oder Mazzini gegeben hatte, einer Geschichte, deren Helden Könige und Feldherren waren.

Das ist natürlich keine Frage von Erbsünde oder dem, was im Jargon der Nazis »Rasse« heißt. Vielleicht haben die Deutschen etwas mehr von der Erbsünde abbekommen und etwas weniger von jener stabilen Homogenität, die sich aus einer gelungenen ethnischen Verschmelzung ergibt, doch mit der aktuellen Situation in Deutschland hatte das nichts zu tun. Es hat immer junge Deutsche gegeben, die nach einem besseren Leben strebten, die sich von jenem Zwangsregime befreien wollten, das in der Schule begann und auf dem Kasernenhof Früchte trug. Soweit ich sehe, haben diese jungen Menschen ihr Ziel auch nicht annähernd verwirklicht, weder im Kaiserreich oder in der Weimarer Republik noch unter Hitler.

Während der Belagerung von Aachen hörte ich zum erstenmal von einer mehr oder weniger organisierten Revolte deutscher Jugendlicher. Mein Informant war Bernhard Thal, der lange Zeit in der deutschen Jugendbewegung aktiv gewesen war und mir nun, im Alter von dreißig Jahren, wie die personifizierte Verzweiflung erschien.

Ich lernte Thal im Haus seiner Schwester in Henri-Chapelle kennen. Er war kurz zuvor aus dem umkämpften Aachen geflohen und sprach verbittert über die sinnlose Opferung der historischen Stadt. Er hörte sich wie ein Strafprediger an. Er hatte ein hohlwangiges Gesicht und stechende Augen, die mich aus tiefen Höhlen ansahen. Er beugte sich vor, und seine Worte waren kalt vor Haß.

Er war zunächst Mitglied der katholischen Jugendbewegung gewesen, hatte sich in den zwanziger Jahren aber den Nazis angeschlossen, deren Idealismus ihn anzog. Doch in der Hitlerjugend fand Thal keinen Idealismus. Man trank und hurte herum, statt für ein besseres Deutschland zu kämpfen. Als Siebzehnjähriger wandte er sich enttäuscht von den Nazis ab und ging zur linksstehenden »Freien Jugend«. Als Hitler an die Macht kam, schloß Thal die Augen vor der Politik und trat in das väterliche Geschäft ein.

Solange er konnte, hielt er Verbindung zu Mitgliedern der demokratischen Jugend, die aber allmählich im Dschungel des Nationalsozialismus versanken oder in den Konzentrationslagern verschwanden. Das ganze Volk unterwarf sich den neuen Machthabern, und Thal, der enttäuschte Idealist, konnte nur mit Verbitterung reagieren. Als er sah, wie sich die Deutschen bei Kriegsausbruch verhielten, kam zu seiner Verbitterung noch Verachtung.

»1940 waren sie so begeistert«, sagte er mit leiser Stimme. »Die Wehrmacht schaffte Waggonladungen Beute aus allen Teilen Europas heran, den geraubten Besitz der Unterjochten und Ermordeten, und das deutsche Volk jubelte. Die ganze Nation beteiligte sich an der Plünderei. Oh, wie sie Hitler seinerzeit geliebt haben! Nun, da sich das Blatt gewendet hat und sie ein wenig leiden – freilich nicht annähernd so viel wie unsere Opfer –, sind sie auf einmal Nazigegner. Als Hitler seine Siege feierte, habe ich nie gehört, daß irgendein Deutscher Anteil am Los der Unterdrückten genommen hätte. Im Gegenteil: die Deutschen reagierten mit Schadenfreude. Als die Wehrmacht in Holland einmarschierte, haben meine Nachbarn gesagt: ›Ihnen ging es gut, als wir arm waren und am Boden lagen. Sollen sie ruhig lernen, was es heißt, arm und notleidend zu sein.‹«

»Die Deutschen sind hart geworden«, fuhr Thal fort. »Hart und gefühllos. Die Verluste an der Front werden immer katastrophaler, aber niemand spricht über den Blutzoll. Von dreiundvierzig Jungen, mit denen ich beim Wandervogel war, sind vierundzwanzig auf den Schlachtfeldern gefallen. Unsere Jugend wird geopfert, aber die Leute zu Hause denken nur an sich, reden nur vom Überleben. Sie stürzen sich ins Vergnügen, amüsieren sich, wollen das Leben bis zum letzten Zug genießen und vergessen ihre soziale Verantwortung oder ihre Christenpflicht. Für sein Ego wird der Deutsche alles opfern, seine Familie, seine Ehre, sein Vaterland.«

Thal wurde kein einziges Mal laut. Er sprach, ohne zu stocken, als hätte er lange über seine Worte nachgedacht und sie ausgewendig gelernt. Man hatte den Eindruck, daß er diese Dinge oft zu sich selbst gesagt oder vielleicht auch in einem Kreis enger Freunde vorgetragen hatte.

»Unsere Nation ist beispiellos verdorben. Mindestens achtzig Prozent der Deutschen haben sich gegen die Juden versündigt, nicht aus Überzeugung, sondern aus Eigennutz, der schlimmsten Sünde. Jetzt plagt sie das Gewissen, und sie haben Angst. Sie fürchten die ›Rache der Juden‹, wie Goebbels gesagt hat. Was für eine Lüge! Als ob Juden imstande wären, sich zu rächen – als ob die Juden, wie wir Deutschen, an Vergeltung glauben!

Wir haben keine ethischen Grundsätze wie die Juden. Moralisch sind wir völlig auf den Hund gekommen. Der Nationalsozialismus hat das Volk derart vergiftet, daß weder Ehe noch Keuschheit geachtet werden. Soldatenfrauen haben Liebhaber. Verheiratete Frauen sind ihren Männern untreu. Ehemänner zeigen sich öffentlich mit ihren Gespielinnen. Und von so einem Volk erwarten Sie eine Revolution?«

Mittlerweile hatte leichter Schneefall eingesetzt. Thal schaute mit düsterer Miene zum Fenster hinaus. Es war kalt im Zimmer, und die Hoffnungslosigkeit war fast mit Händen zu greifen. Was konnte man diesem pessimistischen Menschen sagen? Die Jugend konnte doch nicht ganz verloren sein. Ich erkundigte mich nach den jungen Leuten in Deutschland. Thal löste sich aus seiner Trance und erzählte mir von den »Edelweißpiraten«, der einzigen »Aufstandsbewegung« in Deutschland. Von Aufstand konnte zwar nicht direkt die Rede sein, aber in einem flachen Land, wo jeder Hügel wie ein hoher Berg erscheint, und in Anbetracht der Passivität der Deutschen war es immerhin etwas.

Bei den Edelweißpiraten, die hauptsächlich in den großen Städten des Rheinlands (Düsseldorf und Krefeld, Mönchengladbach und Aachen) aktiv waren, handelte es sich um junge Leute, die den Zwang und die Reglementierung von HJ und BDM verabscheuten. Die Bewegung war weder katholisch (obwohl sie in den großen Städten des katholischen Rheinlands verbreitet war) noch kommunistisch, obgleich einige Führer offenbar von der »Freien Jugend« herkamen, und weder strikt politisch noch straff organisiert. Was die Jugendlichen verband, war ihr Haß auf die Nazis, vor allem auf die Hitlerjungen, und auch eine gewisse Abenteuerlust. Man prügelte sich mit den jungen Nazis, griff gelegentlich auch zum Messer. In Köln versuchten einige Edelweißpiraten, Revolver aus einem Militärdepot zu stehlen. In Eschweiler beschädigten sie einen Güterwaggon. In Aachen schlitzten sie Fahrradreifen von Hitlerjungen auf. In Krefeld malten sie Parolen an Häuserwände. Auch wenn sie von der Gestapo überwacht wurden, haben sie das Regime nie wirklich gefährdet.

»Die Aktionen der Edelweißpiraten«, schloß Thal, »sind eher Ausdruck von Aufsässigkeit als echter Widerstand. Es sind Kindereien, denen man keine allzu große Bedeutung schenken sollte.«

Ein paar Tage später lernte ich im Lager Hombourg zwei »Edelweißpiraten« kennen. Thea war siebzehn, Jenny achtzehn, die eine arbeitete in einer Fabrik, die andere als Verkäuferin in einem Fleischerladen. Theas Vater war in Rußland schwer verwundet worden und lag in Bonn im Lazarett. Jenny war die Tochter eines Lokomotivführers, den sie seit fünf Jahren, seit Beginn ihrer Lehre, nicht mehr gesehen hatte.

Die beiden Mädchen waren noch ganz aus dem Häuschen, weil sie kurz zuvor von amerikanischen Offizieren verhört worden waren, die alles über die Edelweißpiraten wissen wollten. Die Amerikaner, riefen Thea und Jenny, seien freundlich und aufmerksam gewesen, richtige Kavaliere. »Können Sie sich einen deutschen Oberst oder Major vorstellen, der sich mit jungen Arbeiterinnen abgibt?« fragten sie atemlos. Unglaublich! Sie beschlossen, unbedingt einen Amerikaner zu heiraten.

Thea, die energischere von beiden, erzählte mir die Geschichte der Edelweißpiraten, während Jenny von Zeit zu Zeit Einzelheiten beisteuerte. Mit vierzehn lernte Thea einen Sechzehnjährigen kennen, der ihr verriet, daß er einer geheimen Gruppe angehöre, die sich Edelweißpiraten nenne. Fasziniert von dem Wort »Piraten« beschloß Thea, dort mitzumachen. Besonders gut verstand sie sich mit dem Anführer, einem jungen Mann namens Klaus. Klaus war ein »patenter Mensch«, ein »richtiger Führer«, der »alles genau geplant hat«. Als Klaus eingezogen wurde, brach die Gruppe auseinander.

Die zweiundzwanzig Mitglieder, fünfzehn Jungen und sieben Mädchen, waren im Durchschnitt siebzehn Jahre alt. Dreimal in der Woche traf man sich in einem verlassenen Schuppen oder in einer Vorstadtkneipe und vergnügte sich. Sie seien richtige Kumpel gewesen, warf Jenny ein, und hätten sich geschworen, »gemeinsam durch dick und dünn zu gehen«. Im Grunde haben sie nicht »für« etwas gekämpft, sondern »gegen« – gegen Nazis, gegen die Hitlerjugend. Wenn über Politik gesprochen wurde, dann nur in Form von Naziwitzen.

Im Sommer machten die Piraten aufregende Ausflüge, sie fuhren hinaus aufs Land, wo die Hitlerjungen zelteten, und überfielen sie. Sie rissen die Hakenkreuzfahne herunter, und wenn sie einen Hitlerjungen erwischten, fesselten sie ihn an einen Baum und beschmierten sein Gesicht mit Schuhwichse. »Das war ein Mordsspaß«, erzählte Jenny. Einmal wurden sie von der Gestapo verhaftet, bekamen eine Tracht Prügel und mußten versprechen, ihre Aktivitäten einzustellen.

Ich konnte kaum glauben, daß sich der Widerstand des deutschen Volkes gegen das Terrorregime auf derlei Aktionen beschränkte.

## 15

Roetgen, eine kleine Stadt von etwa 2600 Einwohnern, versank im Schlamm. Die 1. US-Armee hatte den unzerstörten Ort im September eingenommen, war dann aber nicht mehr weitergekommen. Die Deutschen hatten gerade noch Zeit gehabt, die Nazifunktionäre in Sicherheit zu bringen und alle jungen Burschen zum Ausheben von Panzergräben abzutransportieren. Der Großteil der Einwohner (Bauern und Arbeiter) war in Roetgen geblieben, so daß wir die Chance hatten, die Bevölkerung in ihrer vertrauten Umgebung befragen zu können.

Zunächst fuhren wir zum Büro der US-Kommandantur, um uns höflichkeitshalber anzumelden. Obwohl wir uns im gesamten Operationsbereich der 12. Heeresgruppe frei bewegen durften, empfahl es sich natürlich, Kontakt mit dem jeweiligen Befehlshaber vor Ort aufzunehmen. Ein Major, der nicht recht wußte, ob er uns die Hand geben, sitzenbleiben oder höflich sein sollte, erhob sich halb hinter seinem Tisch. Er bat um unsere Papiere, wollte wissen, was wir in seiner Stadt suchten. Wir erklärten es ihm. Schließlich rief er mit dröhnender Stimme: »Jungs, hier in der Gegend ist es ziemlich windig. Ich sage euch, es ist windig. Und wenn ich windig sage, dann heißt das: es regnet. Es regnet Granaten. Jeden Tag regnet es hier Granaten, und zwar genau vor meinem Fenster.« Er schlug mit der Faust auf den Tisch, erhob sich zu seiner vollen Größe und funkelte uns böse an, als seien wir für die Artillerieangriffe auf »seine« Stadt verantwortlich. Wir versicherten ihm, daß wir den Kanonendonner hören konnten und keineswegs bezweifelten, daß gelegentlich Granaten vom Himmel fielen, daß wir aber unserer Arbeit nachgehen müßten. Er starrte uns an, als wollte er im nächsten Moment explodieren, und meinte, daß wir ihm zuvor die Genehmigung aller zuständigen Abteilungen vorlegen müßten. »Ich sage euch, es ist windig hier.« Wir wußten nicht recht, ob er Spaß machte oder irgend etwas verbergen wollte. Den Rest des Tages verbrachten wir jedenfalls mit der Suche nach den diversen Dienststellen. In einem Ort namens Rott war es tatsächlich sehr »windig«, und fast wären wir draufgegangen. Schließlich hatten wir alle erforderlichen Genehmigungen beisammen und kehrten tags darauf nach Roetgen zurück, wo unser Major, dem wir längst den Spitznamen »Major Windy« verpaßt hatten, uns feindselig anstarrte und dann brummte: »Okay, ihr könnt in meiner Stadt operieren. Psychologische Kriegsführung, hmmm!«

Wir richteten uns im Rathaus ein und baten den Bürgermeister um seine Unterstützung, das heißt, uns möglichst detaillierte Angaben über die Bevölkerung zu machen. Bürgermeister Schleicher, ein kleiner Buchhalter eines katholischen Wohlfahrtsverbands, war ausgesprochen diensteifrig. Er schien ein wenig ängstlich, war aber bemerkenswert aufgeweckt. Er stellte uns das größte Zimmer und außerdem seinen Laufburschen zur Verfügung. Der Junge, zwölf Jahre alt, mit einem verkrüppelten Fuß, war ein Glücksfall für uns. Er kannte jeden im Ort und war so etwas wie ein wandelndes Lokalarchiv. Er haßte die Nazis, da er wegen seiner Behinderung nicht in die Hitlerjugend aufgenommen worden war, und hatte gelernt, seinen Verstand zu gebrauchen. Er arbeitete gern für uns. Es bereitete ihm großes Vergnügen, loszugehen und irgendwelchen Nazis eine Vorladung der »Kommandantur« zu überbringen. Und da er so gut Bescheid wußte, waren wir ziemlich sicher, daß uns – solange er für uns arbeitete – niemand etwas vormachen konnte.

Mit Hilfe von Bürgermeister Schleicher stellten wir eine Liste derjenigen Personen zusammen, die wir befragen wollten. Wir beschlossen, mit möglichst unterschiedlichen Menschen zu sprechen – mit Parteimitgliedern und Leuten, die nicht in der Partei waren, mit Geistlichen, Ärzten, Anwälten, Arbeitern, Beamten, Bauern, Lehrern, Schülern, Hausfrauen und Kaufleuten. Damit war das Spektrum erschöpft. Wir baten Schleicher auch, uns die Namen ehemaliger Sozialdemokraten, Kommunisten und Zentrumsanhänger zu nennen. »Sie werden hier keine Kommunisten und nur wenige Sozialdemokraten finden«, sagte Schleicher. »Hier in Roetgen haben die Leute überwiegend Zentrum gewählt, aber viele sind dann zu den Nazis übergelaufen. Ungefähr dreißig Prozent der Bevölkerung sind in der NSDAP.«

»Hat der US-Kommandant wegen der Nazis denn nichts unternommen?« fragten wir erstaunt.

Der Bürgermeister schüttelte den Kopf. »Nein, ich verstehe das selber nicht. Die Amerikaner sind seit mehreren Wochen hier, und noch immer treiben sich die Nazis herum, manche so arrogant wie eh und je. Und wenn für Ihre Soldaten Quartier gesucht wird, müssen immer die armen Leute Platz machen, die keine Nazis sind, und die Nazis verschont man. Ich verstehe das alles nicht. Die Leute fragen mich, warum das so ist, und ich verspreche, daß ich mich bei dem Herrn Major danach erkundigen werde. Wenn ich bei dem Herrn Kommandanten vorspreche, sagt er nur, daß ich seine Befehle zu befolgen habe. Ich bin der Bürgermeister«, sagte Schleicher mit einem dünnen Lächeln, »vielleicht könnten Sie mit ihm reden. Es ist nicht recht, daß Unschuldige leiden und die Schuldigen ihrer Strafe entgehen.«

Schleicher empfahl uns, mit Martha Knott zu reden, wenn wir wissen wollten, wie es um die jüngere Generation in Deutschland bestellt sei. Über Martha wollte er nicht mehr sagen, als daß sie einundzwanzig und die Tochter eines

Bauern sei. »Sie werden schon sehen«, sagte er hintersinnig. Wir schickten nach ihr.

Ich weiß nicht, was ich erwartet hatte, aber bei Marthas Anblick war ich doch etwas erstaunt. Sie trug flache, schlammverkrustete Schuhe und hatte einen männlich kraftvollen Gang. Beim Betreten des Zimmers warf sie uns einen trotzigen Blick zu. »Ihr könnt mit mir machen, was ihr wollt«, besagte dieser Blick, »ich habe keine Angst vor euch.« Ihr Gesicht, eine mürrische Maske, wurde eingerahmt von blonden, streng zu einem Dutt gekämmten Haaren. Sie musterte uns mit kalten, wachsamen, feindseligen Augen.

Mit flacher Stimme sagte sie: »Ich weiß nicht, was Sie von mir wollen. Ich interessiere mich nicht für Politik. Ich arbeite den ganzen Tag auf dem Hof meines Vaters. Für andere Dinge habe ich keine Zeit. Ich kenne niemanden.«

Dann verfiel sie in Schweigen, saß reglosen Gesichts da. Auf jede Frage reagierte sie mit einem starren Blick. Wenn wir die Frage wiederholten, brummte sie eine knappe Antwort.

»Lesen Sie Bücher?«

»Nein.«

»Lesen Sie Zeitungen?«

»Nein.«

»Gehen Sie ins Kino?«

»Nein.«

»Hören Sie Radio?«

»Nein.«

»Haben Sie Freunde?«

»Nein.«

»Kennen Sie sich in deutscher Geschichte aus?«

»Ein bißchen.«

»Wer war Bismarck?«

»Irgendein Deutscher.«

»Wer war Wilhelm II.?«

»Ein früherer Führer.«

»Was wissen Sie über die Weimarer Republik?«

»Ich erinnere mich nicht mehr.«

»Was verstehen Sie unter Nationalsozialismus?«

(Schweigen.)

»Was ist Nationalsozialismus?«

»Eine Partei.«

»Was ist Kommunismus?«

(Schweigen.)

»Kommunismus, Fräulein Knott?«

»Rußland ist Kommunismus.«

»Was ist Rußland?«

»Ein unzivilisiertes Volk.«

»Was wissen Sie von Amerika?«

»Amerika ist groß.«

»Ist das alles, was Sie von Amerika wissen?«

(Schweigen.)

»Wie sehen Sie die Zukunft Deutschlands?«

»Interessiert mich nicht, was aus Deutschland wird.«

»Was, Sie lieben Ihr Vaterland nicht?« (Plötzlich stiegen Tränen in ihre Augen.)

»Ein Bruder von mir ist in Rußland gefallen.«

»Haben Sie seinen Tod nicht bedauert?« (Sie wischte sich die Tränen ab.)

»Es war doch Krieg.«

»Wieso ist es zum Krieg gekommen?«

(Schweigen.)

»Wer hat den Krieg angefangen?«

(Schweigen.)

»Wer wird den Krieg Ihrer Meinung nach gewinnen?«

(Schweigen.)

»Was halten Sie von Hitler?«

Sie warf uns einen eisigen Blick zu, kniff die Lippen zusammen. Sie hatte beschlossen, weitere Fragen nicht mehr zu beantworten.

Wir sagten, daß sie gehen könne, worauf sie wortlos das Zimmer verließ. Irritiert fragten wir Bürgermeister Schleicher, warum er uns ein Mädchen empfohlen hatte, das entweder sehr schlau oder aber sehr dumm war. Schleicher lachte leise in sich hinein, als amüsierte ihn ein Gedanke. »Ja, unsere Martha ist eine ganz Schlimme. Ich hatte gedacht, Sie könnten sie interessant finden. Sie ist nämlich die einzige Katholikin in der Gemeinde, die sich mit dem Pfarrer angelegt hat. Vielleicht ist sie dumm, wie Sie sagen, aber ich bezweifle es. Die Nazis haben keine Dummköpfe genommen, wenn sie Jugendführer gesucht haben. Martha war nämlich Jungmädelführerin in Roetgen.« Schleicher lächelte, als er unsere verdutzten Mienen sah.

Am nächsten Morgen bestellten wir Martha noch einmal. Sie schien wie verwandelt, ahnte offenbar, weshalb wir sie ein zweitesmal sprechen wollten, und war bereit, zu reden. Kaum hatte sie das Zimmer betreten, sprudelte es aus ihr hervor. »Gestern habe ich meiner Mutter erzählt, was hier passiert ist. Da meinte sie, ich würde Schwierigkeiten mit der amerikanischen Militärpolizei bekommen, weil ich die Wahrheit verschwiegen habe. Ich bin nämlich Jungmädelführerin gewesen. Mutter meint, ich soll alles sagen. Ich habe aber nichts verschwiegen. Ich habe nur nichts gesagt, weil Sie mich nicht danach gefragt haben. Wenn Sie mich gefragt hätten, hätte ich es Ihnen gesagt.«

Zu Martha konnte man einfach nicht höflich sein. Wir erklärten, daß sie eine prinzipienlose, typische Nazi-Lügnerin sei und daß sie mit Gefängnis noch gut wegkomme. Harte Worte schienen ihr nichts auszumachen. »Also gut, ich sage jetzt die Wahrheit.«

Vier Jahre lang sei sie Jungmädelführerin gewesen. »Ich mußte«, sagte sie mit unbeteiligtem Gesicht.

Niemand sei gezwungen worden, ein solches Amt zu übernehmen.

Sie zuckte gleichgültig die Achseln. »Ich habe nur die Befehle der Bannmädelführerin in Monschau befolgt.«

»Name?«

»Christine Huppertz.«

»Wie sahen diese Befehle aus?«

»Das Übliche. Einmal monatlich bekam ich eine Propagandabroschüre, die ich in der Gruppe verlesen sollte.«

»Was stand in diesen Broschüren?«

»Weiß ich nicht, ich habe nie reingeschaut.«

»Sie lügen.«

»Na schön, dann habe ich sie eben gelesen.«

»Und, was stand drin?«

»Kann ich Ihnen nicht sagen.«

»Die amerikanischen Militärbehörden werden mir dankbar sein, wenn ich sie darauf aufmerksam mache, daß Sie uns die Wahrheit verschweigen.«

»Ich verschweige überhaupt nichts. Ich erinnere mich nur, daß es in einer Broschüre um das Leben des Führers ging.«

Im weiteren Verlauf unserer Befragung stellte sich heraus, daß viele Roetgener Eltern es ablehnten, ihre Töchter zu den Jungmädels zu schicken, daß sich die Gruppe einmal wöchentlich für zwei Stunden traf, daß die Treffen nicht beliebt waren und daß sie Fernbleiben bestrafen mußte.

»Wir haben nichts Schlimmes getan. Wir waren unpolitisch. Im Winter haben wir gespielt und aus Grimms Märchen vorgelesen. Im Sommer haben wir Sport getrieben. Wieviel Geld mir die Partei bezahlt hat? Nichts. Ich habe zwölf Mark monatlich bekommen, weil ich die Sportgruppe geleitet habe.«

Wir fragten sie, ob sie Schwierigkeiten mit dem Pfarrer gehabt habe.

»Ich?« rief sie. »Niemals. Ich bin eine fromme Katholikin.«

»Wir wissen aber, daß Sie eine Auseinandersetzung mit dem Pfarrer hatten.«

»Es war nichts Wichtiges. Es ging um die Messe. Ich habe ihn gebeten, die Messe auf einen früheren Zeitpunkt zu verlegen, damit die Mädchen zum Treffen kommen konnten. Das war doch nicht zuviel verlangt. Aber er hat sich geweigert. Er hat gesagt, die Kirche ist wichtiger als diese Treffen. Das war alles.«

»Was haben Sie daraufhin unternommen?«

»Nichts. Ich bin eine gute Katholikin. Wenn ich gegen die Kirche gewesen wäre, hätte ich die Mädels sehr viel strenger rangenommen. Ich war immer nachsichtig.«

»Haben Sie den Pfarrer denunziert?«

Sie funkelte mich einen Moment an, dann platzte es aus ihr heraus: »Ich habe ihn nicht denunziert. Ich habe ihm nur gedroht. Es war meine Schwester. Sie hatte Streit mit ihm. Sie hat ihn bei der Gestapo angezeigt. Warum, kann ich Ihnen nicht sagen. Sie können Sie ja selber fragen.«

Unerklärlicherweise waren die Schleusen jetzt geöffnet, es sprudelte nur so heraus aus ihr. Sie denunzierte Verwandte, sie denunzierte Freunde, die in der NS-Jugendbewegung aktiv waren, sie denunzierte alle, die ein höheres Amt bekleideten.

Nach Martha bestellten wir Erika Schneider, deren Namen sie uns genannt hatte. Erika war ebenfalls Jungmädelführerin in Roetgen, und ich erwartete eine fanatische Nazianhängerin. Statt dessen erschien eine schüchterne kleine Person mit dunkelblonden Zöpfen. Nervös knetete sie die Hände. Selbst nachdem ich ihr versichert hatte, daß sie keine Angst haben müsse, daß sie nicht wegen ihrer BDM-Tätigkeit verhört werde, knetete sie immerfort ihre zitternden Finger.

Erika war siebzehn, ihr Vater Eisenbahner, und im Gegensatz zu den meisten anderen Roetgenern waren ihre Eltern evangelisch. Sie war acht Jahre zur Volksschule gegangen und dann zwei Jahre auf die Handelsschule und interessierte sich hauptsächlich für Handarbeiten, Kochen und Sport. Über den Sport war sie zu den Jungmädels gekommen. Auf die Frage, was sie und die anderen Mädchen bei den JM so gemacht hätten, antwortete sie: »Wir haben Märchen erzählt und uns einfach amüsiert.«

»Gibt es eine evangelische Kirche in Roetgen?« Ja, sie gehe regelmäßig zum Gottesdienst und sei sehr fromm. Ob sie die Bibel kenne? Ja, natürlich. Sie selbst lese in der Bibel, und beim Gottesdienst werde ja auch aus der Bibel vorgelesen. Erika fühlte sich inzwischen etwas sicherer, ihre Nervosität ließ nach, sie lächelte sogar ein wenig.

»Zu welcher Rasse beziehungsweise zu welchem Volk hat Jesus gehört?« (Sie guckte verdutzt.)

»Oh, das weiß ich nicht, darüber hab' ich nie nachgedacht.« Darüber hat uns niemand was erzählt.

»Wer war König David?«

(Verständnisloser Blick.)

»König Salomo? König Saul? Paulus?«

Erika errötete und entschuldigte sich für ihre Unwissenheit.

»Haben Sie von den Juden gehört?«

»O ja, das sind auch Christen.«

»Wenn Juden Christen sind, wo ist dann der Unterschied?«

»In der Schule haben sie uns erzählt, daß die Juden artfremd sind und Ehen zwischen ihnen und Deutschen verboten sind, weil sie ein Mischvolk sind.«

»Haben Sie schon mal einen Juden gesehen?«

»Nein, aber ich glaube nicht an das, was sie uns in der Schule erzählt haben. Die Juden sollen ja schlecht behandelt worden sein, das finde ich nicht gut. Schließlich waren sie Christen wie alle anderen auch, sie haben die Feiertage geachtet und sind zur Kirche gegangen. Sie wurden schlecht behandelt, weil sie gute Positionen hatten und erfolgreich waren. Der Staat hat sie hinausgeworfen, weil sie zu schlau waren und nicht so ordentlich wie die Deutschen. (Und dann, erstaunlich scharfsinnig:) Die Juden sind mächtige Leute. Es war ein Fehler, daß Deutschland sie sich zu Feinden gemacht hat.«

Allmählich taute Erika auf. Sie sprach offener und wirkte nicht mehr so ängstlich. Rasse? O ja, das hätten sie in der Schule durchgenommen. »Wir Deutschen«, sagte sie, »sind reinrassig, wir gehören zur nordischen Rasse. Wir wollen uns nicht mit anderen Rassen vermischen. In der Schule hatten wir Rassenkunde, da haben wir gelernt, daß Rassenmischung der Tod eines Volkes ist. Ob ich einen nichtgermanischen Ausländer heiraten würde, etwa einen Franzosen oder einen Juden? Klar, wenn er ein guter Mensch ist und ich ihn liebe.«

Was Erika über Politik und Geschichte wußte, hatte sie in der Schule gelernt. Ob sie wisse, was eine Republik sei?

»Wenn ein Land in viele Staaten zerrissen ist, wie Deutschland nach dem Dreißigjährigen Krieg, das ist eine Republik.«

»Was wissen Sie von den Russen?«

»In der Schule haben wir von ihnen gehört. Die Russen haben Greueltaten gegen die Deutschen begangen. Sie sind ein unzivilisiertes Volk. Massenmörder.«

»Und die Franzosen?«

»Von denen weiß ich nichts.«

»Haben Sie schon mal den Begriff Demokratie gehört?«

(Sie schüttelte den Kopf.)

»Wie ist es zum Krieg gekommen?«

»Zum Krieg ist es gekommen, weil die Polen ganz viele Deutsche ermordet haben und weil Deutschland mehr Boden brauchte. Hitler wollte Deutschland größer machen, weil Deutschland ein Volk ohne Raum ist. Deutschland hat keine Kolonien und nicht genug Geld, um Lebensmittel einzuführen. Daher brauchen wir Lebensraum.«

Erika, deren Nervosität sich inzwischen völlig gelegt hatte, vertraute uns an, daß Hitler den Krieg verloren habe, was für Deutschland vielleicht nicht so schlecht sei. Die Nazis hätten immer gesagt, daß die Amerikaner brutal seien und das deutsche Volk schlecht behandeln würden. Sie finde die Amerikaner aber human. Niemand werde mißhandelt und niemand bestraft, nicht einmal Leute, die in der Partei oder in der Hitlerjugend waren. »Hitler«, sagte sie zutraulich, »ist hart und unerbittlich. Die Amerikaner sind freundlich. Mir ist es lieber, daß die Amerikaner hier sind.« Wir beendeten das Gespräch. Erika machte einen Knicks und ging mit einem Lächeln auf ihrem jungen Gesicht hinaus.

## 16

Die Erwachsenen, mit denen wir in Roetgen sprachen, unterschieden sich kaum von den jungen Leuten ihres Ortes und auch nicht von den Erwachsenen, denen wir in den Lagern begegneten. Wenn überhaupt, dann waren sie noch brauner, noch selbstgerechter, noch überheblicher. Tatsächlich bemerkten wir hier erstmals jenes Phänomen, das wir in Deutschland noch sehr oft vorfinden sollten: der Grad an Skepsis und Defätismus stand in direktem Bezug zu dem Leid, das die Menschen erlebt hatten. In schwer zerstörten Städten waren regimekritische und defätistische Haltungen sehr verbreitet, während unversehrte Orte von Faschismus und Siegesgewißheit erfüllt waren. In dem kleinen, unzerstörten Roetgen bestand etwa ein Drittel der Bevölkerung aus überzeugten bis fanatischen Nationalsozialisten. Die übrigen waren Mitläufer. Dies ging aus einer Liste hervor, die wir im Rathaus fanden und auf der die Namen sämtlicher Angehörigen von NS-Organisationen nebst persönlichen Angaben standen. Allerdings verzichteten wir darauf, Major Windy von unserem Fundstück in Kenntnis zu setzen, da er uns wegen Herumschnüffelns in »seiner« Stadt ganz sicher die Hölle heiß gemacht hätte. Immerhin hatte er nachdrücklich erklärt, daß in »seiner« Stadt keine Nazis seien und daß es ihm wurscht sei, falls doch. Wir verwendeten diese Namensliste als Orientierungshilfe bei unseren eigenen Nachforschungen.

Ein Name erregte unsere besondere Aufmerksamkeit: Oskar Stollwerk, 40 Jahre alt, Tischler von Beruf, seit 1940 Unteroffizier in der Waffen-SS. Unser Laufbursche erzählte, daß Oskar Stollwerk sich nicht in Roetgen aufhalte, daß es aber andere Stollwerks im Ort gebe, Verwandte, den Vater etwa und die Ehefrau. Da wir uns unbedingt ein genaueres Bild vom Vater und der Gattin eines SS-Killers machen wollten, baten wir den Jungen, sie zu holen.

Johann Stollwerk, Oskars Vater, war ein kleiner alter Mann mit einem zerknitterten Gesicht und knorrigen Händen, ein Proletarier, nicht zu hell und nicht zu dumm, der sprichwörtliche kleine Mann, der nicht viel wußte und nicht gern redete. Er saß kerzengerade da, legte die gefalteten Hände in den Schoß und wartete. Seine Haltung signalisierte: Ich habe nichts getan, ihr seid die neuen Herren, ihr könnt mich fragen, was ihr wollt, ich werde antworten, was ich weiß, und das ist ohnehin nicht viel.

Johann Stollwerk erklärte, daß er Tischler sei und zwei Söhne habe – der eine, Oskar, sei in der SS, der andere, Johann, in der SA. Er wisse nicht, wo sich Oskar gegenwärtig aufhalte, Johann liege mit einer Verwundung, die er sich in Rußland geholt habe, im Lazarett. Ob seine Söhne Nazis seien? Nun ja, vielleicht, vielleicht auch nicht. Er selbst sei kein Nazi. Er sei Katholik. Hitler interessiere ihn nicht. In der Weimarer Republik sei es besser gewesen. »Damals konnte man wenigstens tun, was man wollte, aber unter den Nazis bekam man immer vorgeschrieben, was man zu tun und zu lassen hat.«

Stollwerk sprach verächtlich über Politik. »Ich habe immer meine Arbeit getan und mich nie um Politik gekümmert.« Er habe SPD gewählt, weil das die anderen Arbeiter getan hätten, die Sozis lehne er aber genauso ab wie die anderen Parteien. »Ich habe immer gesagt, Politik ist ein Scheißspiel. Am liebsten würde ich das ganze verlogene System kurz und klein schlagen. Das sind doch alles Gauner, ganz egal, in welcher Partei sie sind. So ist es doch!«

Vaterland? Stollwerk lachte zynisch. »Noch so ein Schwindel. 1918 habe ich gesagt, ihr könnt Deutschland aufteilen und an Frankreich oder Belgien geben oder sonstwas damit machen. Das sage ich heute noch. Meinetwegen könnt ihr alle Nazis nehmen und sie totschlagen und Deutschland im Ozean versenken.«

Ob er seinen Söhnen, dem SS-Mann und dem SA-Mann, diese Ideen nahegebracht habe? Stollwerk warf nur resigniert die Hände in die Luft. Ob er von den Greueltaten der Waffen-SS gehört habe? Er nickte. Ob er glaube, daß sich sein Sohn Oskar an der Vernichtung unschuldiger Menschen beteiligt habe? Wieder diese hilflose Handbewegung. Ob Oskar ein Verbrecher sei? Der alte Mann brummte: »Wenn er schuldig ist, dann soll man ihn hinrichten. Ich habe meinen Söhnen immer gesagt, sie sollen sauber bleiben. Ich habe ihnen gesagt, daß diese ganze Nazisache ein Betrug ist. Aber sie haben nur mit den Schultern gezuckt. Jetzt sollen sie die Suppe auslöffeln, die sie sich eingebrockt haben.«

Anschließend ließen wir Oskar Stollwerks Frau kommen. Sie war eine kleine, grauhaarige Person, ein schüchterner Typ, sichtlich verängstigt, vorzeitig gealtert. Kaum zu glauben, daß dies die Frau eines Angehörigen der Waffen-SS war, eines Elitesoldaten, dessen Aufgabe darin bestand, durch massenhafte Liquidierung von Zivilisten die führende Stellung der Herrenrasse zu sichern. Die Frau saß auf der Stuhlkante und hielt ihre Lederhandtasche fest umklammert. Ihre panikerfüllte Miene sagte: Diese Männer sind von der amerikanischen Gestapo, sie werden mir antun, was Oskar all diesen Leuten im Osten angetan hat, aber ich bin unschuldig, ich flehe euch an, habt Mitleid mit mir!

Mit zitternder Stimme beantwortete sie unsere Fragen. Sie und Oskar waren seit zwanzig Jahren verheiratet und hatten vier Kinder, von denen eines in der Wehrmacht war. Wann sie ihren Mann das letzte Mal gesehen habe? Anfang September, da habe er Heimaturlaub gehabt, und kurz bevor die Amerikaner in Roetgen auftauchten, sei er abgereist. Was er ihr gesagt habe? Sie und die Kinder sollten bleiben, ganz egal, was passiert. Womit er rechne? »Das weiß ich nicht. Über Politik hat er nie geredet. Über die Zukunft auch nicht. Er hat über nichts anderes geredet als sein Zuhause und die Familie.«

Ihr Mann, sagte sie, sei als Unterscharführer in Posen stationiert, und die Arbeit mache ihm Spaß. Er verdiene gut. Es sei ihnen während des Krieges gut gegangen. Sie bekomme zweihundert Mark monatlich, davon könne man anständig leben und obendrein noch etwas auf die hohe Kante legen. Man habe gut gelebt, bis die ersten Zweifel am Sieg aufkamen. Sie befürchte mittlerweile, daß Deutschland den Krieg nicht gewinnen könne, worüber sie sehr traurig sei. Sie wagte es sogar, zaghaft Kritik am Führer zu üben. »Das hätte er uns nicht antun dürfen«, rief sie mit zitternder Stimme. Gemeint war die Einnahme von Roetgen durch die Amerikaner und die Aussicht auf eine deutsche Niederlage.

Von den Greueltaten und vom Ruf der SS, speziell dem der Waffen-SS, hatte sie gehört. Ihr Oskar, meinte sie, sei jedoch

»anders«. Sie beschwor uns, ihren Mann nicht mit den anderen in einen Topf zu werfen. Oskar sei immer ein anständiger Mensch gewesen, ein guter Ehemann und Vater. Warum ein solches Muster an Güte freiwillig zur Waffen-SS gegangen sei? Die Frau war plötzlich irritiert. Er könne nichts dafür, ihn treffe keine Schuld, er habe bestimmte Charaktereigenschaften, die einfach stärker seien.

»Er ist schon immer ein begeisterter Schütze und Jäger gewesen – im Grunde seine einzige Schwäche. Einmal wurde er beim Wildern erwischt, da haben sie ihn für ein Jahr ins Gefängnis gesteckt und ihn anschließend gezwungen, in die SS einzutreten. Seine Großväter waren ebenfalls begeisterte Jäger und Schützen. Bei den Stollwerks liegt das im Blut.«

Finden Sie nicht, Frau Stollwerk, daß es einen Unterschied gibt zwischen der Jagd auf Hasen und der Jagd auf Menschen?

Sie knetete die Hände. »Bitte glauben Sie mir. Wenn Sie ihn kennen würden, er würde Ihnen bestimmt gefallen. Er ist ein herzensguter Mensch.«

Auf dem Weg zur Tür seufzte die kleine graue Frau: »Ach, wir hatten so gehofft, daß die V-2 uns den Sieg bringt. Und jetzt das!«

## 17

Karl, der humpelnde Botenjunge, der unsere »Klienten« ins Rathaus holte, grinste. »Hier in Roetgen werden Sie keine Nazis finden, nie und nimmer! Seit die Amerikaner da sind, wollen sie alle Mußnazis sein, alle mußten in die Partei eintreten. Muß – daß ich nicht lache! Sie hätten sie früher sehen sollen – wie sie auf den Führer geschworen haben! Muß – haha. Genau wie meine alte Lehrerin, Frau Pernitz. Haben Sie schon mit ihr gesprochen? Bestimmt auch so ein Mußnazi, haha!« Der Junge ging mir mit seinem Zynismus manchmal auf die Nerven, aber was die Roetgener betraf, so wußte er, wovon er redete.

Es bereitete ihm eine besondere Freude, seine Lehrerin aufs Rathaus zu schleppen. Als sie das Zimmer betrat, zwinkerte er uns zu und machte hinter ihrem Rücken eine Kopfbewegung, die wohl besagen sollte: »Hier, ich habe einen ziemlich großen Fisch für euch geangelt, seht zu, was ihr mit ihm anfangt.«

Agnes Pernitz, ein großmütterlicher Typ mit Brille und einem breitkrempigen Strohhut, auf dem ein großer Strauß künstlicher Kirschen prangte, kam selbstsicher hereingerauscht, setzte sich mit einem Seufzer der Erleichterung, strich sich das Kleid glatt, legte die Handschuhe auf den Tisch, schenkte uns ihr liebenswürdigstes Lächeln und hätte im nächsten Moment vermutlich »So, liebe Kinder...« gesagt, doch da fiel ihr wieder ein, wo sie war. »Ach ja«, rief sie fröhlich, »in meinem Alter vergesse ich manchmal, daß ich nicht im Klassenzimmer bin, besonders in Gegenwart von jungen Männern.« Ihre Schmeichelei war so feinsinnig wie eine Granate, aber ihre unbekümmerte Art nötigte uns ein Schmunzeln ab.

Sie habe vierzig Jahre lang als Volksschullehrerin gearbeitet und sei unpolitisch. »In politischen Dingen«, sagte sie und strahlt über das ganze Gesicht, »bin ich wie ein Kind, wie ein richtiges Kind. Was ich über diese komplizierte Materie weiß, habe ich alles von meinem Mann.« Ihr Mann sei nicht berufstätig. Aus gesundheitlichen Gründen könne er keine schweren Arbeiten verrichten. Daher verdiene sie das Geld, während ihr Mann sich um den Haushalt kümmere. Er sei vor vielen Jahren in die NSDAP eingetreten – man habe ja gemußt – und gehe regelmäßig zu den Parteiversammlungen, und wenn er nach Hause komme, erzähle er ausführlich, was dort besprochen worden sei. Sie selbst, sagte sie fröhlich, sei natürlich kein Nazi.

Es war ein Vergnügen, Frau Pernitz zu verhören, weil sie nichts verheimlichte. Ihre Sprache war klar, sie kleidete ihre Gedanken in simple Sätze, wie jemand, der sein Leben lang einfachen Kindern einfache Dinge erklärt hat. Als Lehrerin gewohnt, auf Fragen immer eine Antwort zu bekommen, hätte Frau Pernitz nicht im Traum daran gedacht, auf unsere Fragen nicht zu antworten. Im Gegenteil – wir bekamen jedesmal eine umfassende, detaillierte, um nicht zu sagen weitschweifige Antwort in wohlformulierten Sätzen, und es schien, als würde sie die Interpunktionszeichen mitdenken.

In gewisser Hinsicht war Frau Pernitz unsere beste »Klientin«, geradezu eine Fundgrube in Sachen NS-Ideologie. Sie hatte, ohne es selber zu wissen, das Gedankengut der Nazis komplett und mit allen Fasern aufgesaugt. Und da ihr dieser Umstand nicht bewußt war, wäre ihr nie eingefallen, ihre Gedanken für sich zu behalten. Sie war wie ein offenes Buch, aus dem sich das perfekte Bild einer Lehrerin im Dritten Reich ergab.

Ob sie politische Fächer unterrichtet oder ihren Schülern von politischen Begebenheiten erzählt habe? »Um Gottes willen, wo denken Sie hin!« rief Frau Pernitz wie schockiert. »Ich habe nur Lesen und Rechnen unterrichtet. Vorgelesen habe ich einfache, unpolitische Kindergeschichten, etwa aus dem Leben unseres Führers. Sie wollen wissen, was ich über den Führer erzählt habe?« Frau Pernitz strahlte. »Ich habe von der Kindheit des Führers erzählt und von seinen ersten Lebensjahren. Ich habe erzählt, daß er in einem kleinen Ort in Österreich geboren wurde, daß er sich schon als Kind für unsere deutsche Geschichte interessiert hat, daß er davon träumte, Künstler zu werden, und daß sein strenger Vater ihm nicht erlaubte, auf die Akademie zu gehen. Das war ja sein größter Herzenswunsch. Ich habe erzählt, daß er, nach dem Tod des Vaters, mit Unterstützung der Mutter studierte, dann aber feststellte, daß seine wahre Begabung doch nicht auf dem Gebiet der Malerei lag, daß er nach dem Tod der Mutter sein Studium aufgeben und Anstreicher werden mußte und daß er, dank einer schicksalhaften Fügung, nach Deutschland ging.«

Frau Pernitz' Augen leuchteten bei der Erinnerung an die Kindheit des Führers. Kein einziges Mal kam ihr das Wort Hitler über die Lippen, stets verwendete sie »der Führer« und sprach die Worte ehrfurchtsvoll und verzückt aus.

Hat die Partei in irgendeiner Weise Einfluß auf den Lehrplan genommen? »Keineswegs. Niemand hat uns Lehrern Vorschriften gemacht. Natürlich wurden nach dem Machtantritt des Führers die Schulbücher ausgetauscht, aber wir Lehrer hatten völlige Freiheit. Wir konnten aus dem Lehrmaterial, das uns zur Verfügung gestellt wurde, ganz nach Belieben die verschiedensten Themen auswählen, und niemand hat uns in irgendeiner Weise kontrolliert.«

Ob Frau Pernitz die Lehrbücher für den Geschichtsunterricht kenne und, ob sie uns etwas über den Inhalt erzählen könne? »Selbstverständlich«, rief sie, »ich kenne sie alle. Soll ich etwas über unsere jüngste Geschichte erzählen?« Wir baten sie darum, und schon begann sie, flüssig vorzutragen: »Wilson hat sich nicht an die Vierzehn Punkte gehalten. Deutschland brauchte einen Retter. Da kam Ebert, das war ein Sozialist, und alles wurde schlimmer. Dann kam die Inflation, und die Verhältnisse verschlechterten sich noch mehr. Das deutsche Volk sehnte sich nach besseren Zeiten, und dann kam der Feldmarschall Hindenburg. Der wurde immer älter, und plötzlich trat der Führer hervor. Er versprach den Arbeitern ein besseres Leben. Hindenburg ernannte ihn zum Reichskanzler, und nach Hindenburgs Tod wurde er Führer des Deutschen Reiches. Er gewann die Menschen, weil er ihnen Arbeit gab und sie mit der Organisation ›Kraft durch Freude‹ verreisen konnten. Die Masse des deutschen Volkes begeisterte sich für den Führer. Und als die Industriellen erkannten, daß der Führer den Arbeitern zu einem besseren Leben verhalf, schlossen auch sie sich den Arbeitern an und machten sich die neuen Ideen zu eigen. Am Ende stand das ganze Volk hinter dem Führer.«

Wir schwiegen. Mit einem leisen Seufzer fügte Frau Pernitz hinzu: »Nun ja, ich weiß natürlich nicht, ob das alles stimmt, aber so haben sie es uns gesagt.« Das war ihre Standarderklärung. »Sie« – das waren die Nazis, die Bücher, ihr Mann – die Obrigkeit.

Da Frau Pernitz über so gute historische Kenntnisse zu verfügen schien, baten wir sie, mit ihrem Vortrag fortzufahren und uns etwas über den Hintergrund des gegenwärtigen Krieges zu erzählen. »Gern«, sagte sie strahlend. »Gern. 1935 beschloß der Führer, die Wehrmacht aufzubauen. Er wollte ein großes Deutschland schaffen. Das gefiel den deutschen Arbeitern so gut, daß sie beschlossen, keine Klassenkämpfe mehr zu führen. Wenn Sie meine persönliche Meinung hören wollen: ich glaube nicht an Klassenkampf. Meiner Ansicht nach muß es Unterschiede zwischen den Menschen geben, auch wenn wir in einer Volksgemeinschaft leben. In diesem Punkt stimme ich nicht mit dem Führer überein. Er wollte alle Unterschiede beseitigen, aber ich glaube, daß sich dieses hehre Ideal nicht verwirklichen läßt.

Jedenfalls kam es zum Krieg. Wir waren enttäuscht. Wir befürchteten, daß die Sache für uns nicht siegreich, sondern schrecklich enden würde. Manche Leute haben gesagt: ›Der Führer konnte den Hals nicht voll kriegen.‹ Aber die meisten waren anfänglich voller Begeisterung. Unsere Wehrmacht stürmte von Sieg zu Sieg. Dann kam Stalingrad. Wir verloren allmählich das Vertrauen. Wir dachten, der Krieg geht vielleicht doch nicht gut aus. Alle schimpften auf die Italiener, die unsere Verbündeten waren, uns aber nicht halfen. Die Front war viel zu groß für Deutschland allein. Armes Deutschland, immer auf sich selbst gestellt!«

Frau Pernitz, die darunter zu leiden schien, daß dem armen Deutschland von allen Seiten so übel mitgespielt wurde, sah uns mitleidheischend an. Wir nickten ihr zu und baten sie, fortzufahren. Vor allem über die Gründe, die zum Krieg geführt hatten, wollten wir mehr erfahren. »Das ist ganz einfach«, sagte Frau Pernitz. »England hat mit dem Krieg angefangen. Die Engländer wollten Deutschland seinen rechtmäßigen Platz in Europa streitig machen. Sie selbst haben ein großes Kolonialreich, aber wenn Deutschland versucht, Lebensraum zu erwerben, legen sie uns immer wieder Hindernisse in den Weg.«

Und wieso kam es zum Krieg gegen Rußland? »Die Russen«, sagte sie düster, »hatten schon seit langem aufgerüstet, weil sie Deutschland überfallen wollten. Also haben wir uns verteidigt, indem wir sie angegriffen haben. Die Bolschewisten sind uns schon immer ein Greuel gewesen, sie haben auf deutschem Boden nichts zu suchen. Daher haben wir sie angegriffen, bevor sie uns angreifen konnten.«

Und Polen? »Das war ein reiner Verteidigungskrieg. Deutschland mußte sich vor den Polen schützen.«

Traurig schüttelte sie den Kopf. »Jetzt ist alles verloren.« Ich fragte sie, warum sie so pessimistisch sei. Mit einem feinsinnigen Lächeln antwortete sie: »In Deutschland gibt es ein Sprichwort: Viele Hunde sind des Hasen Tod.«

Hunde?

»Na ja, das ist bloß so eine Redensart. Es sind nicht wirklich Hunde gemeint, sondern Feinde. Deutschland hat einfach zu viele Feinde. Vor allem Amerika. Amerika ist zu groß und zu reich für uns. Als Amerika in den Krieg eintrat, haben wir alle Hoffnungen auf einen Sieg aufgegeben.«

Sie war so betrübt, daß wir zu einem Thema übergingen, das weniger deprimierend für sie war. Greueltaten beispielsweise. Ob sie wisse, was die Deutschen den Juden angetan haben? »Ach, Sie meinen, die Erschießungen in Polen? Ich bin ganz sicher, daß die SS zu derart übertriebenen Handlungen imstande war. Ich persönlich fand das aber nicht gut.« Vor einigen Jahren habe sie in Aachen miterlebt, wie die Nazis die alte Synagoge niedergebrannt hätten. Das habe sie doch sehr erschüttert. »Es war nicht recht, das Heiligtum der Juden zu zerstören. Was einem nicht gehört, darf man nicht kaputtmachen.«

Was sie von den Juden halte?

»Die Juden sind die Feinde des deutschen Volkes und der Menschheit«, erwiderte sie prompt. Und dann: »Ich weiß nicht, ob das stimmt. Das haben wir immer so gehört.«

Ob sie Juden kenne?

»O ja. Ich hatte eine jüdische Bekannte, Selma Bloch, sie war die Tochter eines Dirigenten. Eine patente Dame. Die Juden haben viel Gutes für das deutsche Volk getan, aber der Partei waren sie ein Dorn im Auge, und deshalb wurden sie vernichtet.«

Was sie dagegegen unternommen habe?

»Ich fand es nicht richtig, sie so zu behandeln. Ich glaube an das biblische Gebot, Du sollst nicht töten. Außer im Krieg. Die Juden haben nicht Krieg gegen uns geführt, also hatten wir nicht das Recht, sie zu vernichten.«

Ob sie diese Ansicht im Klassenzimmer, vor den Schülern zum Ausdruck gebracht habe?

»Ach was. Ich bin ein unpolitischer Mensch. Ich spreche nie über Politik, schon gar nicht in der Schule.«

Wie sie über die Zukunft denke?

»Ich denke, daß wir neue Führer brauchen. Man hat uns belogen und betrogen. Unsere jetzigen Politiker haben uns mit ihren Siegesversprechungen getäuscht. Ich glaube nicht an den Endsieg. Ich glaube daher, daß sich das deutsche Volk neue Führer suchen sollte.«

»Wie bitte, selbst Hitler soll abtreten?«

Sie machte ein unglückliches Gesicht. »Jawohl, selbst der Führer sollte zurücktreten und einem fähigeren Feldherrn Platz machen. Unser Führer ist sehr eigensinnig. Wenn er eine Entscheidung getroffen hat, rückt er nicht mehr davon ab. Er ist ein Mann von eisernem Willen. Aber jetzt, wo er doch sehen muß, daß er den Krieg nicht gewinnen kann, warum opfert er sich nicht für das deutsche Volk? So eine Halsstarrigkeit!«

Frau Pernitz war überzeugt, daß sie einen tiefen Eindruck auf uns gemacht hatte. Zum Abschied streckte sie die rechte Hand aus und sagte mit liebenswürdigster Miene: »Darf ich Ihnen freundschaftlich die Hand reichen?«

## 18

Der kleine Karl fragte, ob wir noch mehr Mußnazis verhören wollten. »Es gab zwei Ärzte in Roetgen«, sagte er. »Einer von ihnen war der Bürgermeister, ein Nazi, er ist abgehauen. Jetzt ist nur noch Dr. Koerten da. Auch so ein Mußnazi, genau wie meine alte Lehrerin.« Wir schenkten ihm eine Tafel Schokolade und baten ihn, Dr. Koerten zu holen.

Theodor Koerten hatte einen kugelrunden Kopf, ein hartes Gesicht und mißtrauische Augen. Zehn Jahre war er als praktischer Arzt in der blühenden Industriestadt Stolberg tätig gewesen, jetzt war er in Roetgen. Während des Krieges, sagte er, habe er einen langen Arbeitstag gehabt und im Monat durchschnittlich zweitausend Mark verdient (zum Vergleich: der Monatslohn eines Fabrikarbeiters lag bei hundertachtzig Mark), aber als Arzt könne man in Deutschland nicht reich werden. Vor dem Krieg habe er sich in Batavia niederlassen wollen, doch die Holländer hätten ihm keine Genehmigung erteilt. »In Fernost hat man als Geschäftsmann freie Hand, und ein Arzt kann viel Geld verdienen. In Deutschland wird das Einkommen eines Arztes durch Vorschriften und von seiten der Krankenkassen begrenzt.« In seinem elegant geschnittenen, gut gepolsterten schwarzen Überzieher bot er das Bild eines erfolgreichen Mannes.

1933, sagte er kalt, sei er in die Partei eingetreten. »Ich mußte es nicht, aber es war zweckmäßig. Es bedeutete gute Geschäfte und die Garantie, daß man mir beruflich keine Schwierigkeiten machen würde. In Stolberg sind elf von dreizehn Ärzten in die Partei eingetreten. Die anderen beiden? Nun ja, ich muß zugeben, daß sie auch weiterhin praktizieren durften, obwohl sie nicht in der Partei waren.«

Ob er ein überzeugter Nazi sei? Dr. Koertens finsteres Gesicht bekam etwas Höhnisches. »Ich bin kein politischer Mensch. Diese Dinge interessieren mich nicht. Nazis sind wie alle anderen Menschen auch. Manche sind anständig, manche sind Gauner. Es gibt viele Lumpen unter den Nazis, und es gibt auch feine Menschen. Nationalsozialismus hat nichts mit Nationalismus zu tun. Ein Nationalsozialist muß nicht unbedingt ein guter Deutscher sein, und das gilt auch umgekehrt. Ich bin eben ein guter, nationalbewußter Deutscher.«

Was er als Naturwissenschaftler von den NS-Rassentheorien halte?

Koerten rief: »Ach, Unsinn! Dummes Zeug. Ammenmärchen für das gemeine Volk. Kein wissenschaftlich denkender Mensch akzeptiert diesen Stuß von wegen höherer und minderwertiger Rasse. Alle Rassen, auch die Deutschen, sind gemischt.«

Seien die deutschen Ärzte also nicht besser als die nichtdeutschen?

»Mein Gott«, rief er, »wir haben so viel vom Ausland gelernt, besonders von russischen Forschern.«

Und die russischen Zwangsarbeiter – hat man sie denn nicht nach Deutschland geholt, weil sie minderwertige Menschen seien?

»Warum man sie nach Deutschland geholt hat, interessiert mich nicht. Fabrikbesitzer haben mir gesagt, daß die Russen hervorragende Arbeiter sind, und ich weiß von meinen eigenen Untersuchungen her, daß sie körperlich prächtige Exemplare sind. Soweit ich das beurteilen konnte, waren sie, vor allem die russischen Frauen, den Deutschen überlegen. Sie waren gesünder und intelligenter. Übrigens haben wir festgestellt, daß mindestens fünfundneunzig Prozent der jungen russischen Arbeiterinnen unberührt waren.«

»Weshalb wurden sie von den Deutschen so brutal behandelt?«

»Dafür bin ich nicht zuständig. Ich bin Arzt und kein Politiker.«

Ob denn die Auseinandersetzung mit moralischen Fragen wie Recht und Unrecht nur die Politiker angehe?

»Ich bin Arzt. Solche Dinge überlasse ich anderen. Ich habe keine Zeit, mich damit herumzuschlagen.«

»Haben Sie von Greueltaten gehört?«

»Ich habe nie Radio gehört. Weder deutsche noch ausländische Sender. Jemand hat mal gesagt, wie viele Menschen angeblich von Deutschen umgebracht wurden. Eine völlig absurde Zahl. Ich kann nicht glauben, daß die Deutschen zu solchen Grausamkeiten fähig sind.«

Ob er die Zahl glauben würde, wenn er eindeutige Beweise sähe?

Dr. Koerten schüttelte den Kopf. »Mein Verstand weigert sich, so etwas zu begreifen.«

Ob er uns erklären könne, weshalb es zum Krieg gekommen sei?

»Für mich steht zweifelsfrei fest«, antwortete er kühl, »daß Deutschland den Krieg angefangen hat. 1940 waren die Deutschen voller Begeisterung. Dieser allgemeine Taumel hat mich immer kaltgelassen. Als junger Mann war ich Schiffsarzt, ich bin in der ganzen Welt herumgekommen. Deshalb wußte ich, daß Deutschland bei seinem Kampf um die Weltherrschaft es mit unüberwindbaren Gegnern zu tun haben würde. Man darf Deutschland aber keine Schuld geben. Man muß es philosophisch sehen. Es ist Deutschlands Schicksal, daß es gemäß seiner historischen Bestimmung immer wieder in den Krieg zieht und seine besten Söhne opfert. Man darf auch nicht vergessen, daß der Krieg eine Epidemie ist. Dieses Kreuz der Menschheit wird von übernatürlichen Kräften regiert. Keine Nation und kein Einzelner kann für etwas verantwortlich gemacht werden, was außerhalb des menschlichen Einflusses steht. Wenn ich davon nicht überzeugt wäre, würde ich am Leben verzweifeln.«

Ob das darauf hinauslaufe, daß Deutschland wieder Krieg führen werde?

»Was zum Teufel geht hier vor, verflucht noch mal?«

Erschrocken sprangen wir von unseren Stühlen. Major »Windy« stand mit blutunterlaufenen Augen und geballten Fäusten in der Tür. »Was zum Teufel geht hier hinter meinem Rücken vor?« brüllte er. »Was schnüffeln Sie hier herum? Diese Stadt gehört mir! Der Bürgermeister gehört mir, nehmen Sie das gefälligst zur Kenntnis! Diese Stadt gehört mir... sie gehört mir, mir, mir...!« Mit beiden Händen bearbeitete er seinen Brustkorb, als wollte er sie darin vergraben. Einen Moment war ich sprachlos. Dann sah ich das feine Lächeln auf Dr. Koertens Gesicht, die unverhohlene Schadenfreude. Dr. Koerten verstand Englisch, und er genoß die häßliche Szene. In meiner Empörung fauchte ich den überspannten Major an: »Wenn Sie Anschuldigungen zu machen haben, dann bitte unter vier Augen und nicht in Gegenwart eines Deutschen!« Er wich erstaunt zurück, bearbeitete noch immer seinen armseligen Brustkorb und murmelte: »Die Stadt gehört mir, mir, mir...« Schließlich ging er hinaus.

Wir folgten ihm in sein Büro. Der Sturm in seiner Seele hatte sich gelegt, aber seine Augen waren noch immer blutunterlaufen. Wütend starrte er uns an. Wir fragten ihn, ob er vergessen habe, daß wir seine persönliche Erlaubnis hätten, in Roetgen zu arbeiten. Er habe damit nicht gemeint, daß wir hinter seinem Rücken arbeiten sollten. »Sie können hier arbeiten, dürfen die Leute aber nur in meiner Gegenwart verhören.« »Aber Herr Major, Sie sprechen doch gar kein Deutsch!« »Ist mir schnuppe. Ich will sehen, was Sie tun. Ich will über alles Bescheid wissen, was in meiner Stadt vorgeht!«

▮ An diesem Tag kamen wir nur mühsam nach Eupen zurück, denn die Straßen waren von Militärfahrzeugen verstopft, die sich Stoßstange an Stoßstange in Richtung des Eifelflüßchens Rur voranquälten. Hätte Göring noch eine Luftwaffe gehabt, hätte er dieser Karawane den Garaus gemacht, aber die Lastwagen und Panzer und Krankenwagen fuhren so ungefährdet und sorglos dahin wie auf einem amerikanischen Highway. Wir selbst mußten von der Straße runter und auf schmale Wege ausweichen, die auf keiner Karte verzeichnet waren.

Auf den Feldern ringsum herrschte geschäftiges Treiben, das allerdings nicht landwirtschaftlicher Natur war. An den Hecken stand getarnte Artillerie, GIs in verdreckter Arbeitsmontur schleppten Granaten und bauten Zelte auf. Die Mündungen schwerer Geschütze wiesen weit über den Horizont hinaus, und jedesmal, wenn eines dieser langen glänzenden schwarzen Rohre losspuckte, hob sich die braune Erde und sackte dann wie mit einem Seufzer zusammen, und aus der metallischen Öffnung trat eine dünne Rauchfahne. Der Himmel war grau und kalt, und über uns, unsichtbar in den Wolken, dröhnten unablässig unsere Flugzeuge. Die Offensive war in vollem Gang.

# 19

Tagelang war der Himmel von Lärm erfüllt, auf den Straßen staute sich der Verkehr, und wir konnten nirgendwo hinfahren. Eupen, dieses kleine Provinzstädtchen mit seiner unfreundlichen deutschen Bevölkerung und seinen schwarzen Nächten ging uns auf die Nerven. Frustriert schlugen wir die Zeit tot – Stein machte sich in der Küche zu schaffen, Bensen hörte Radio, Sweet bearbeitete seine Schreibmaschine, Joe reinigte seinen Karabiner. Eines Nachmittags stand ich bei Sweet im Zimmer vor dem großen Fenster und beobachtete den endlosen Strom von Armeefahrzeugen. Plötzlich gab es einen ohrenbetäubenden Krach, die Fensterscheiben klirrten, das Haus erzitterte, Bensen brüllte, er habe etwas Schwarzes durch die Luft fliegen und dann einen Blitz gesehen und eine Explosion gehört. Wir stürzten sofort hinaus. Ein paar hundert Meter weiter stieg eine schwarze Rauchsäule auf. Als wir dort ankamen, bot sich uns ein Bild furchtbarer Verwüstung. Häuser lagen in Trümmern, und mitten auf der Straße öffnete sich ein riesiger Krater, in dem offenbar Teile eines abgestürzten Flugzeugs steckten. Doch es war kein Flugzeug, sondern ein Fluggeschoß.

Eupen hatte seine V-1 abbekommen.

Von nun an hatten wir keine Ruhe mehr, weder tags noch nachts. Fluggeschosse, die irgendwo hinter den Hügeln jenseits der Stadt aufgestiegen waren, jagten über unsere Dächer hinweg und verschwanden hinter dem Horizont, um Tod und Vernichtung nach Lüttich, Antwerpen oder Verviers zu bringen. So ging es, in unregelmäßigen Abständen, den ganzen Tag. Und nachts sausten diese Dinger, deren Geräusch an ein knatterndes Motorrad erinnerte, wie schwarze, wütende Teufel mit glühenden Schwänzen in einem wahnwitzigen Tempo durch die Luft. Wir haben uns nie an sie gewöhnt. Das Schreckliche war, daß man nie wußte, wo sie einschlugen. Manchmal flogen sie so niedrig, daß sie die Dächer fast zu schrammen schienen. Wir wußten, daß nichts zu befürchten war, solange man sie hörte, denn unmittelbar vor dem todbringenden Moment verstummten sie. Wie gebannt lauschten wir dem Gedonner der Todesboten und atmeten erst dann erleichtert auf, wenn sie vorbeigeflogen waren. Eines Abends, wir saßen gerade beim Essen, hörten wir das Geräusch, es wurde lauter, kam immer näher, als wollte sich die Bombe genau auf unser Dach herabstürzen, und für den Bruchteil einer Sekunde war es totenstill – die fliegende Höllenmaschine schien genau über uns zu sein. Wir ließen Messer und Gabeln fallen, Stein und Bensen warfen sich geistesgegenwärtig zu Boden, wir anderen blieben wie gelähmt sitzen. Doch die Bombe schlug nicht in unserem Haus ein, sondern flog noch ein kleines Stück weiter. Ich stelle fest, daß mir die Worte fehlen, meine Empfindungen zu beschreiben. Ich erinnere mich nur an einen Gedanken, der mir blitzartig durch den Kopf schoß: es wird ganz schnell und schmerzlos gehen.

In dieser Nacht donnerten die Fluggeschosse fast viertelstündlich über uns hinweg. Irgendwo in Belgien war die Hölle los: In Lüttich stürzten Häuser ein, in Antwerpen starben Frauen und Kinder, doch in Eupen passierte nichts mehr in dieser Nacht.

Wir gingen zu Bett. Schon seit einiger Zeit kannten wir keine Ruhe. Manche von uns zogen sich nicht einmal aus, denn wenn der Tod ständig über einen hinwegdonnert, möchte man nicht unvorbereitet erwischt werden. Wenn wir uns auf unseren Feldbetten ausstreckten, wußten wir nie, ob wir den nächsten Morgen noch erleben würden. Wir lagen direkt in der Flugbahn infernalischer Bomben, und eine von ihnen mußte uns einfach erwischen. Das, sagte ich mir beim Einschlafen, war keine düstere Vorahnung, sondern entsprach dem Gesetz der Wahrscheinlichkeit.

Ich erwachte mit rasendem Herzen und registrierte wie aus weiter Ferne ein lang anhaltendes Dröhnen. Ich hatte das Gefühl, als wäre mir ein Haufen Teller und Gläser auf den Kopf gefallen. War es ein Alptraum? Ich hörte seltsame Geräusche, klirrende Fensterscheiben, splitterndes Holz, schreiende Kinder. Was träumte ich nur? Sekunden vergingen, bis ich zu mir kam. Ich befand mich noch immer in meinem Schlafsack, aber der Schlafsack lag nicht auf dem Feldbett, sondern auf der Erde, übersät mit Glas, Gips, Holzsplittern. Ich rührte mich, stellte fest, daß alle meine Glieder sich bewegten. Ich befreite mich von dem Schutt, sprang hoch und rief nach den anderen. Gott sei Dank antworteten alle. »Was ist passiert? Was ist los?« brüllte ich. Paul antwortete: »Ich glaube, eine Flugbombe hat uns getroffen.« Es war sieben Uhr früh.

Unser Haus war ein einziges Chaos. Die Fenster waren kaputt, die Läden zersplittert und verbogen, die Türen hingen schief in den Angeln. Wir zogen uns rasch an und liefen hinaus. Der ganze Block bot ein Bild der Verwüstung. Eine V-1 hatte das Eckhaus getroffen und seine Bewohner unter den Trümmern begraben. Die Wucht der Explosion war so stark, daß noch mehrere Straßen weiter Fenster zersprangen. Die meisten Dächer waren abgedeckt, in vielen Häusern waren die Decken eingestürzt. Ein halbes Dutzend solcher Bomben, und Eupen wäre unbewohnbar gewesen.

## 20

Ende November 1944 schrieben wir einen zusammenfassenden Bericht über unsere Arbeit. Meines Wissens war das die erste umfassende, während des Krieges erstellte Studie über die Deutschen, die auf unmittelbarer Befragung basierte.

Im Vorwort hieß es: »Wir haben mit zahlreichen Einzelpersonen gesprochen – Männern und Frauen, Jungen und Mädchen, Nazis und Nazigegnern, ehemaligen Wehrmachtsoldaten, Schülern, Lehrern, Schriftstellern, Fabrikarbeitern, Polizisten, Werkzeugmachern, Bergarbeitern, Ingenieuren, Zahnärzten, Friseuren, Ärzten, Bauern, Priestern, Beamten, Kaufleuten, Stenotypistinnen, Handelsreisenden, Fabrikanten, Hausfrauen. Viele von ihnen wohnen in kleineren Orten wie etwa Roetgen, Haaren, Monschau, Kalterherberg und Lammersdorf. Andere kommen aus Aachen, Köln,

Stolberg, Essen, Düsseldorf, Wiesbaden, Krefeld, Danzig, Breslau und Berlin.

Wir behaupten nicht, daß die Haltung dieser Personen repräsentativ für alle Deutschen ist. Bei unseren Gesprächen haben wir uns auf den Charakter und die Anschauungen des Einzelnen konzentriert und Verallgemeinerungen vermieden. Wir haben festgestellt, daß die meisten unserer ›Versuchspersonen‹ unbedingt reden wollten. Viele haben seit Jahren auf eine Gelegenheit gewartet, offen sprechen zu können. Andere wiederum stellten sich dumm und beschränkten sich auf Äußerungen, von denen sie annahmen, daß sie dem Eroberer genehm wären.«

Ich gebe die in unserem Bericht enthaltenen Beobachtungen hier in komprimierter Form wieder, weil sie mir für ein Verständnis der Deutschen relevant und notwendig erscheinen. Nichts deutet darauf hin, daß sich die Mentalität der Deutschen in der Zwischenzeit grundsätzlich verändert hat.

▮ *Die Katholiken:* Im Rheinland wird immer wieder erklärt, besonders gegenüber Amerikanern, daß die Rheinländer keine Nazis seien, weil sie Katholiken sind.

In der Regel hat die Konfession keinen Einfluß darauf gehabt, ob jemand für oder gegen Hitler war. Mehrere hohe katholische Würdenträger waren zwar gegen Hitler, aber viele Mitglieder der NSDAP sind katholisch. Hitler und Goebbels kommen aus katholischen Familien und einer katholisch geprägten Umgebung.

Wir stellten fest, daß in der mehrheitlich katholischen Stadt Roetgen (2600 Einw.) etwa ein Drittel der Bevölkerung Nazis waren. Viele sind noch immer Nazis, trotz der amerikanischen Besatzung. 1932, vor Hitlers Machtantritt, gab fast die Hälfte der katholischen Bevölkerung ihre Stimme den Nazis. Bei den Kommunalwahlen im selben Jahr errangen die Nazis fünf von zwölf Sitzen im Stadtrat.

Wenn das Rheinland den Alliierten möglicherweise größere Sympathie entgegenbringt als das übrige Deutschland, dann hauptsächlich deswegen, weil diese Region von der

Schwerindustrie lebt und in einem besiegten Reich keine wirtschaftliche Zukunft für sich sieht. Unmittelbare Nachbarn des Rheinlands sind Holland, Belgien und Frankreich, drei bedeutende Handels- und Kolonialnationen, die allesamt auf der Seite der siegreichen Alliierten stehen. Viele Rheinländer hätten gegen eine Loslösung vom Reich daher nichts einzuwenden. Auf diese Weise hofft man, um Vergeltung und Bestrafung für die von Deutschen in Europa begangenen Kriegsverbrechen herumzukommen und sich eine wirtschaftliche Zukunft sichern zu können.

▌ *Die Juden:* Trotz der beispiellosen antisemitischen Hetze der Nazis konnten wir selbst unter denjenigen, die sich die nationalsozialistische Weltanschauung teilweise oder ganz zu eigen gemacht haben, erstaunlicherweise keinen Antisemitismus feststellen. In bezug auf die Juden herrscht anscheinend ein eigentümliches Schuldgefühl vor, man ist verunsichert und gesteht häufig ganz offen ein, daß großes Unrecht verübt wurde. Man hat Angst vor Rache und scheut sich, das ganze Ausmaß der Greueltaten zu erfahren, die an den polnischen Juden begangen wurden. Die Deutschen haben einfach nicht den Mut, sich der grauenhaften Wahrheit zu stellen.

Die Angriffe auf die Juden waren Hitlers »größter Fehler«. Alle Schuld wird auf den Führer abgewälzt, damit man selbst keine moralische Verantwortung tragen muß. Ein junger Geschäftsmann vertrat die Ansicht, daß sich achtzig Prozent der Deutschen aus Habgier an den Juden versündigt hätten und nun zutiefst irritiert seien. Viele sagen, daß die Juden anständige Menschen seien und daß sie ihre deutschen Angestellten gut behandelt hätten.

Die nationalsozialistisch erzogene Jugend weiß nichts über die Juden. Einen Juden haben sie noch nie gesehen, für sie gibt es keine »Judenfrage«, und das Wort »Jude« löst bei ihnen keine besonderen Gefühle aus. Eine Jungmädelführerin erklärte, noch nie einen Juden gesehen zu haben. Sie wisse von ihnen nur, daß sie eine Art christliche Sekte seien.

Der Bumerangeffekt von Propaganda beweist sich an der gängigen Behauptung, daß den Juden früher, bevor Hitler Deutschland »von den Juden befreit hat«, alle Geschäfte gehörten. Jetzt, da es in den Läden praktisch nichts zu kaufen gibt, sagen die Leute verbittert, daß es ein furchtbarer Fehler gewesen sei, die Juden zu vertreiben. Als es die Juden noch gab, habe man alles kaufen können, was das Herz begehrte, und zwar zu reellen Preisen.

▌*Die Russen:* Bis auf altgediente Marxisten sind alle Deutschen von einer Russenphobie befallen. Dies gilt für Proletarier und Bürgerliche, für Jung und Alt. Diese Russenphobie ist mehr als Nazipropaganda, mehr als die alte teutonische Feindschaft gegenüber den Slawen, ja sogar mehr noch als die übliche Angst vor einem Feind, der an den Grenzen steht.

Die Furcht vor den Russen scheint Ausdruck einer Furcht vor Vergeltung zu sein. Nur eine Person (ein Arzt) bestritt, etwas von deutschen Greueltaten in Rußland gehört zu haben. Alle anderen räumten ein, »etwas darüber gehört« zu haben, meistens von »Soldaten, die von der Ostfront heimkehrten«. Deutsche wissen offenbar sehr viel mehr von dem, was in Rußland passiert ist, als sie zugeben, und sie verstecken ihre Angst und ihr schlechtes Gewissen, indem sie die Russen voller Verachtung als »unzivilisiert«, »barbarisch« und »dreckig« bezeichnen. Ein Junge erklärte, daß Deutschland nur eine Hoffnung habe, nämlich zusammen mit den Amerikanern die Russen zu vernichten.

Haß auf die Russen, Schmeicheleien für die Amerikaner – das ist die Methode, die von den Deutschen gegenwärtig praktiziert wird. Ihre einzige Hoffnung sind die Amerikaner. Indem sie einen Keil zwischen die Allierten treiben, hoffen sie, ihrer Bestrafung zu entgehen. Man glaubt, daß sich die Amerikaner auf milde Strafen beschränken und keine harten Vergeltungsmaßnahmen ergreifen. Je tiefer wir nach Deutschland vorstoßen, desto öfter werden wir diese Haltung (Liebedienerei gegenüber den Amerikanern, Haß auf die Russen) finden. Dies könnte die tödlichste Falle sein, der wir bislang begegnet sind.

▮ *Rassismus:* Rassismus, Rassenstolz oder Rassenüberheblichkeit sind kaum festzustellen. Nur ein junger Mann erklärte, daß die Deutschen anderen Völkern überlegen seien, und erstaunlicherweise war der Betreffende ein überzeugter Kommunist (allerdings kein orthodoxer, geschulter Kommunist, sondern eher einer der gefühlsmäßigen Sorte – er hatte beispielsweise noch nie von Marx oder Engels gehört). Ein gebildeter Mann meinte zum Thema »Rassenschande« nur: »Nazipropaganda«. Ein einfacher Arbeiter sagte: »Quatsch.« Unverheiratete junge Frauen sagten, daß sie jeden Mann heiraten würden, den sie lieben. Zwei junge Arbeiterinnen erklärten mit Nachdruck, daß sie jeden heiraten würden, nur keine Nazis, denn das seien Egoisten.

▮ *Die Jugend:* Es hat den Anschein, als seien die jungen Deutschen nicht vollständig vom Geist des Nationalsozialismus vergiftet. Viele sind der herrschenden Ideologie überdrüssig und stehen dem System, in dem die Arbeit, die Schule und überhaupt das ganze Leben von Zwang bestimmt wird, ablehnend gegenüber. Sie möchten tun können, was normale junge Leute gern tun. Die Mitgliedschaft in der Hitlerjugend ist, da Pflicht, nicht beliebt.

Die jungen Leute wissen nichts von dem, was in der Welt um sie herum passiert, und kennen sich nicht einmal in der eigenen Geschichte aus. Sie wissen nichts von der Weimarer Republik – Parlament, Sozialismus, Bolschewismus – und wissen nicht, was Demokratie ist. Ein heller Vierzehnjähriger erklärte, daß Bismarck ein Dichter sei. Ein anderer hielt Goethe für einen Komponisten. Eine BDM-Führerin (21 Jahre) meinte, daß Karl der Große ein deutscher König sei, der in der Steinzeit gelebt habe.

Unter den Jugendlichen fanden wir nur wenige, die von Deutschlands Größe überzeugt waren oder den Wunsch hatten, die Welt zu beherrschen, oder glaubten, daß der Deutsche über den anderen stehe, oder andere Völker haßten (einmal abgesehen von den Russen). Manche sprachen begeistert von Amerika und den Amerikanern. Ein aufgeweckter Vierzehnjähriger schwärmte für Amerika, weil er über Gangster gelesen hatte, die viel Geld und jede Menge Frauen haben. Ein anderer sagte, er würde gern eine amerikanische Uniform anziehen und gegen die Deutschen kämpfen. Eine Achtzehnjährige erbot sich, gemeinsam mit ihren Freundinnen in ihrem Heimatort darauf zu achten, wer etwas gegen die Amerikaner sagte oder unternahm.

Die Indoktrination war so gründlich und die Darstellung historischer und gesellschaftlicher Verhältnisse so verzerrt, daß die jungen Deutschen politisch völlig abgestumpft sind. »Vaterland?« rief ein Sechzehnjähriger. »Vaterland ist das, was die Partei will.« Daß junge Deutsche bei einer alliierten Besatzung aktiv Widerstand leisten, erscheint kaum vorstellbar. Das nationalsozialistische Schulsystem hat ihnen systematisch jedes Wissen über die historische Größe Deutschlands vorenthalten. Daher gibt es niemanden, mit dem sie sich identifizieren oder in dessen Namen sie kämpfen können. Hitler ist ein sterbendes Symbol. Er wird persönlich und ganz allein für den verlorenen Krieg verantwortlich gemacht. »Was soll man von einem Führer halten«, meinte ein Junge, »der einen Krieg anfängt und ihn verliert?«

Die Edelweißpiraten, die in mehreren Städten des Rheinlands aktiv sind, beschränken sich darauf, Mitglieder der Hitlerjugend zu verprügeln. Sie sind keine demokratische Bewegung. Sie folgen dem Führerprinzip und orientieren sich nicht an aufgeklärten politischen Parteien oder Grundsätzen. Sie haben kein positives politisches Programm. Die Edelweißpiraten sind nur insofern interessant, als sie der Feind unseres Feindes sind. Unsere Freunde sind sie nicht.

Das eigentliche Problem sind die Heranwachsenden um die zwanzig. In dieser Altersgruppe gibt es echte, aufrichtige Nazis. Bei manchen hat man den Eindruck, daß sie hoffnungslos verloren sind. Sie weisen all die bekannten Nazi-

Charakteristika (Falschheit, Untreue, Lügen und Feigheit in Krisenzeiten) auf. Vielfach sind es Problemkinder, und niemand würde es bedauern, wenn man drastisch mit ihnen verführe. Ältere Deutsche schlagen oft selbst vor, solche Nazis, sofern schuldig, in Arbeitsbataillone zu stecken, die beim Aufbau der von den Deutschen zerstörten Länder mithelfen sollen.

Ältere Nazigegner (Sozialdemokraten, aber auch katholische Zentrumsanhänger) sind überzeugt, daß viele der jungen Deutschen zu bekehren seien. Sie weisen darauf hin, daß die Mitgliedschaft in den NS-Jugendorganisationen Pflicht war. Deutsche Jungen und Mädchen sind nicht schon deswegen Nazis, bloß weil sie in HJ, JM oder BDM waren. Vielleicht kann man die Jugendlichen tatsächlich von der Nazi-Ideologie wegführen. Sie brauchen neue Ideen, demokratische Ideen, denn von Vorschriften und Zwang haben sie genug.

▌ *Sozialisten und Kommunisten:* Es gibt weiterhin Sozialisten und Kommunisten im Reich, an ihren Argumenten und Einstellungen hat sich nichts geändert. Manche sind noch vehementere Nazi-Gegner als zuvor, auch wenn ihre Vehemenz rein verbaler Natur ist. Keiner hat von Untergrundgruppen gehört oder mit ihnen Verbindung aufgenommen. In all den Jahren der Unterdrückung haben die älteren Sozialisten an ihren Überzeugungen festgehalten und ihre Kinder im Geiste des Antifaschismus erzogen.

Diese Leute sind jetzt in mittlerem Alter. Die Sozialdemokraten, schwach, isoliert und passiv, sind gleichwohl die besten, vielleicht die einzigen Freunde, die die Alliierten in Deutschland haben. Sie wissen, wer ein Nazi ist, wer Karriere gemacht hat, wer zuverlässig und wer unzuverlässig ist. Viele von ihnen sind gebildete Menschen mit einem europäischen Horizont. Sie könnten als demokratische Lehrer der Jugend eingesetzt werden (es sind die einzigen demokratischen Lehrer, die es im Reich gibt) und den Besatzungsbehörden mit Rat und Tat zur Seite stehen.

▌ *Widerstand:* Von allen befragten Personen äußerten nur zwei den Wunsch, mit der Waffe in der Hand gegen die Nazis zu kämpfen. Der eine war ein siebenundvierzigjähriger altgedienter Sozialdemokrat, der andere ein junger Kommunist von vierundzwanzig Jahren. Alle anderen, die sich als vehemente Nazigegner äußerten, verhielten sich untätig und konnten sich aktiven Widerstand nicht einmal vorstellen. Diejenigen, die sich bitter über die Nazis beklagten, meinten zu diesem Thema: »Widerstand ist unmöglich. Der Terror ist viel zu groß. Für die kleinste Geschichte kommt man ins Konzentrationslager oder wird erschossen.« Wenn man diese Personen darauf aufmerksam machte, daß in Frankreich genauso großer Terror geherrscht habe und Hunderttausende von Franzosen zu den Waffen gegriffen und jahrelang Widerstand geleistet hätten, hörten wir unweigerlich die Antwort: »Ja, die Franzosen! Wir Deutschen sind anders. Wir sind keine Revolutionäre.«

Fast alle, die dem Naziregime ablehnend gegenüberstehen, klagen darüber, wie schwer sie es hatten. Sie fließen über vor Selbstmitleid. Diese Larmoyanz ist eine mehr oder weniger unbewußte Methode zur Rechtfertigung des eigenen Mitläufertums. In all den Kriegsjahren waren die Deutschen die wohlgenährtesten Leute in Europa, und bis auf die Ausgebombten und Flüchtlinge haben sie weniger gelitten als alle anderen europäischen Völker. Trotzdem klagen sie unablässig.

Dieses Selbstmitleid und dieser Egoismus ist eng verknüpft mit der Weigerung (oder psychologischen Unfähigkeit), sich gegen das NS-Regime zu wenden, gar Sabotageakte zu verüben. Ganz gleich, aus welchem Grund – ob durch den Gestapo-Terror, den Verlust kämpferischer Elemente an der Front oder infolge der Liquidierung der führenden Oppositionellen in Konzentrationslagern: erwachsene Deutsche wirken wie geduckte Menschen, die zu selbständigem Handeln ebenso unfähig sind wie zu couragiertem Widerstand. Diese Verallgemeinerung gilt für die Zivilbevölkerung, nicht für das Militär. Eines Tages könnten deutsche

Zivilisten aufbegehren, allerdings nur, wenn sie sicher sind, daß alliierte Bajonette sie stützen. Es klingt absurd, aber man hat den Eindruck, daß viele Deutsche die Alliierten, offen oder insgeheim, als »Befreier« begrüßen werden.

▮ *Kriegsschuld:* Selbst Parteigenossen und andere Nazis stimmen darin überein, daß Hitler den Krieg angefangen hat. Als Begründung liefern sie die gängigen Propagandaargumente. Eine BDM-Führerin sagte, daß der Krieg deswegen begann, weil deutsche Staatsangehörige in Polen schlecht behandelt wurden – »deswegen mußten wir in Polen einmarschieren«. Und die Russen hätten einen Angriff auf Deutschland vorbereitet, »deswegen haben wir sie zuerst angegriffen«. Und: »Amerika mußten wir den Krieg erklären, weil die Amerikaner die mit uns verbündeten Japaner angegriffen haben.« Niemand bestreitet, daß Deutschland den Krieg angefangen hat.

Nazigegner machen ausschließlich Hitler und die Partei verantwortlich, weniger das deutsche Volk insgesamt. Immer wieder hörten wir: »Der Krieg brach aus, weil Hitler nicht genug bekommen konnte.« Hätte Hitler sich nur mit dem Rheinland, der Saar, dem Sudetenland und Österreich zufriedengegeben! Doch er war unersättlich. Manche übten indirekt Kritik an den Alliierten, weil sie ihn zum letzten Schritt gewissermaßen ermuntert hätten. Niemand erklärte die gegenwärtige Situation in Deutschland mit der historischen Neigung der Deutschen zu organisierter Aggression und ihrem ausgeprägten Respekt vor militärischen Leistungen. Hitler und die Nazis sind die einzigen Sündenböcke, auf die man den Krieg schiebt, einen Krieg, der aus Sicht aller Deutschen in einer Katastrophe enden wird und den die meisten passiv oder aktiv unterstützt haben oder noch immer unterstützen.

Kritik an den deutschen Generälen wird nicht geübt. Entweder haben die Generäle es klugerweise so eingerichtet, daß die militärischen Katastrophen in Rußland, Afrika, Italien und Frankreich ausschließlich Hitler angelastet werden, oder aber das Schicksal hat es wieder einmal gut mit den Junkern gemeint. Kein Deutscher war von sich aus der Ansicht, daß die Generäle für irgend etwas verantwortlich seien. Die Generäle gelten als »Fachleute«, die lediglich Befehle ausführen. Als Militärs wird ihnen Hochachtung, wenn nicht Ehrfurcht entgegengebracht. Der Aufstand vom 20. Juli wird als Beispiel ihrer Klugheit und Vaterlandsliebe angeführt (»Sie wußten, daß der Krieg verloren ist, deshalb wollten sie weiteres sinnloses Blutvergießen verhindern«). Dieser Haltung stellt man diejenige Hitlers und der hohen Nazifunktionäre gegenüber, die den Krieg weiterführen wollen, obwohl jedes Kind weiß, daß Deutschland nicht mehr gewinnen kann. »Wäre Hitler ein wahrer deutscher Patriot, würde er den Krieg und damit das sinnlose Blutvergießen jetzt beenden. Aber er denkt nur an sein eigenes Ansehen und daran, wie er den Kopf aus der Schlinge ziehen kann.«

Diese Neigung, alle Schuld und Verantwortung auf Hitler zu schieben, sollte aufmerksam registriert werden. Psychologisch gesehen, wollen sich die Deutschen Strafe und moralischer Verantwortung entziehen, indem sie der Welt einen Schuldigen präsentieren, den sie noch vor kurzer Zeit als Halbgott angehimmelt haben. Die meisten Deutschen gaben zu, daß sie 1939 den Krieg widerstandlos akzeptiert und die Siege von 1940 mit großer Begeisterung begrüßt haben. Der Krieg brachte Wohlstand und Beute. Hitler wurde als Held verehrt. Zum entscheidenden Bruch kam es mit dem traumatischen Schock von Stalingrad. Sobald die Rote Armee alle Siegeshoffnungen der Wehrmacht begrub, wandte man sich, natürlich passiv, von Hitler ab und begann, die Weisheit seiner Entscheidungen in Zweifel zu ziehen. Die Rote Armee zerstörte nicht nur Hitlers Armeen, sondern auch sein Ansehen. Die Deutschen stellten die militärischen Fähigkeiten des Führers in Frage und schenkten ihr Vertrauen den Generälen.

In dieser Neigung, sich vom auserwählten Führer abzuwenden und das Schicksal der Nation anderen Leuten in die Hand zu legen, entdeckt man nicht den Schimmer eigenen

Schuldbewußtseins, kein Bewußtsein, daß Krieg an sich verwerflich ist, daß die Deutschen einen falschen Weg eingeschlagen haben. Niemand kritisierte die Aggression als solche. Kritisiert wurde die gescheiterte Aggression. Hitler wird vorgeworfen, den Krieg verloren, und nicht, ihn begonnen zu haben. Es ist ein beunruhigender Gedanke, daß selbst schwere Niederlagen nicht zu einem Sinneswandel geführt haben. Man darf wohl zu Recht vermuten, daß die deutsche Nation, in der militärischer Geist bewundert und erfolgreiche Kriegsführung als legitimes staatliches Handeln akzeptiert wird, durchaus bereit ist, bald wieder loszuschlagen.

## 21

Hin und wieder hatten wir Besuch. Am längsten blieb Jack Belden von *Life*, der eine Story über die Deutschen schreiben wollte. Er war eine Woche lang unser Gast, was vermutlich weniger auf unsere Gespräche als vielmehr auf unseren Koch zurückzuführen war. Belden, der in Europa und Asien jahrelang Kriege und Gewalt miterlebt hatte, war sichtlich gezeichnet von seinen Erfahrungen. Er war melancholisch und nervös, schweigsam und skeptisch. In China hatte sich ein leichter Singsang in seine Aussprache eingeschlichen und seit der Landung alliierter Verbände bei Anzio (im Januar 1944) ein leichtes Hinken in seinen Gang. Er wußte nicht sehr viel über Deutschland, war aber neugierig und hatte eine erfrischend unkonventionelle Sichtweise.

Er sagte, daß er unsere allgemeinen Urteile über die Deutschen anhand von persönlichen Beobachtungen überprüfen wolle. Welchen Ort wir für geeignet hielten? Wir schlugen Roetgen vor, da wir glaubten, daß »Windy« die Presse mehr respektvoller behandeln würde als uns, und gaben ihm Stein als Dolmetscher mit. Noch am selben Abend kehrte er in düsterer Stimmung zurück. »Warum zum Teufel habt ihr mich nach Roetgen geschickt?« klagte er. »Der Militärkommandant dort tickt ja nicht ganz richtig.« Jack berichtete, daß Windy ihn angeschnauzt habe, weil er nicht ordentlich dagestanden, sondern sich an seinen Schreibtisch gelehnt und weil er seinen Presseausweis nicht schnell genug vorgezeigt habe.

Ein paar Tage später wurde Roetgen durch die Offensive vom 16. November wieder Frontstadt, eine provisorische Militärverwaltung quartierte sich dort ein, und Windy verlor seine kleine Feudalherrschaft. Eines Tages fuhren wir nach Roetgen und stellten uns dem neuen Kommandanten vor. Auf Windys Stuhl saß ein bemerkenswerter Charakter. Ich würde gern seinen Namen nennen, da ich aber nicht möchte, daß er Schwierigkeiten mit engstirnigen Vorgesetzten bekommt, werde ich ihn hier »Major Y« nennen.

Er nuschelte, seine tiefe Stimme klang kalt und gefährlich, und er sprach wie eine Figur aus einem Roman von Dashiell Hammett.

Wir sagten, daß wir uns in seiner Stadt gern mit ein paar Deutschen unterhalten würden. Er nickte. »Okay, wenn's euch glücklich macht. Schaut euch ruhig um. Falls ihr Hilfe braucht, sagt Bescheid, dann schicke ich einen von meinen Burschen. Sind prima Kerle, meine Jungs, tun alles, wenn man sie darum bittet – Türen eintreten, Nazis verprügeln, was immer ihr wollt. Die Stadt gehört euch.«

Wir waren so beeindruckt von diesem außergewöhnlichen Offizier, der da auf Windys Stuhl saß, daß wir ins Rathaus gingen, die Schublade mit den Karteikarten sämtlicher Parteimitglieder nahmen und sie ihm überreichten. Major Y wäre über den Kopf Hitlers nicht glücklicher gewesen. »Jetzt können wir endlich aufräumen in diesem gottverdammten Ort.« Ich bemerkte, daß das in der Tat notwendig sei.

Y warf mir einen raschen Blick zu. »Ich weiß. Kennen Sie meinen Vorgänger? Dann wissen Sie ja, was für ein Heini das war. Meine Jungs sind ihm schon seit ein paar Tagen auf den Fersen. Haben eine ganze Menge rausgefunden. Er war dick befreundet mit dem führenden Nazi hier, einem Kerl namens Kraup, Kreip, Krapp, was weiß ich, nennen wir ihn einfach

Krapp. Ich würde ihn liebend gern vors Kriegsgericht bringen, und falls ich lange genug hier bleibe, könnte sogar was draus werden. Leider sind wir eine Aushilfstruppe. Heute hier, morgen dort. Wir gehen mit der Front, und ich weiß nicht, wie lange ich noch bleiben werde.

Also zu diesem Krapp. Als ich hier ankam, stellte ich fest, daß mein Vorgänger ihn gerade in seinem Jagdhaus besuchte. Jagdhaus, daß ich nicht lache. Es war ein richtiges Schloß, vollgestopft mit Kunstwerken und Büchern mit scharfen Bildern, wie man sie in Paris angeboten bekommt. Dieser Krapp war der reichste *Kraut* hier in der Gegend, irgend so ein Stahl- oder Kabelfabrikant, der sich solche Dinge leisten konnte. War ein richtiger Perverser. Meine Jungs fanden heraus, daß er wilde Gelage in seinem Schloß gab, mit Weibern und Schampus, er selbst hat bei den Orgien aber nicht mitgemacht. Hat nur zugeschaut. So ein Typ war das.

Ich bin kein doller Philosoph, aber ich weiß, daß es nur zwei Sorten Menschen auf der Welt gibt, die Großen und die Kleinen, und ich bin gegen die Großen. Dieser Krapp war der reichste Arsch hier in der Gegend, er war wirklich stinkreich und dirigierte eine Clique von Leuten, die hier in dieser Stadt unter meinem Vorgänger Einfluß hatten. Ich weiß nicht, ob mein Vorgänger zu dieser Clique gehört hat, aber ich weiß, daß alle hier Angst vor Krapp und seiner Nazi-Bande hatten und sich nicht trauten, das Maul aufzumachen. Gleich nach meiner Ankunft habe ich als erstes diesen Naziring aufgedeckt. Mein Vorgänger, der Major, wurde ins Hauptquartier zurückbeordert, vermutlich wartet er dort auf einen neuen Einsatzbefehl. Und dann habe ich seinem Kumpel Krapp die Hölle heiß gemacht. Hab' da so meine Methoden. Ich wußte, daß man den Anführer erwischen muß, wenn man den Ring knacken und die Leute zum Reden bringen will. Also habe ich Krapps Bude durchsuchen lassen, und natürlich fanden wir jede Menge Zeug von der US-Armee. Unter den Dielen waren Zigaretten und Armeerationen versteckt. Krapp sagte, er habe sie von den Amerikanern geschenkt bekommen. Ich erklärte ihm, daß für Deutsche der Besitz von amerikanischen Armeesachen verboten ist. In den Schränken fanden wir jede Menge Seidenkleider und Pelzmäntel – bestimmt bei den Franzosen geklaut. Ich sagte, wer so viele Seidenkleider und Pelzmäntel hat, während andere Leute frieren, besonders in Frankreich, muß ein ganz mieses Schwein sein. Und dann habe ich ihn eingelocht.

Sie hätten ihn sehen sollen, als er vor Gericht erschien. So wie er sich aufführte, hätte man denken können, daß er den Krieg gewonnen hat und nicht wir. Er versuchte, den Richter mit seiner Knete zu beeindrucken. Der Richter war nicht beeindruckt und schickte ihn wegen unerlaubten Besitzes von Armeesachen für sechs Monate hinter Gitter. Der alte Krapp war natürlich stinksauer. Er sagt zum Richter: ›So was können Sie mit mir nicht machen. Ich habe Freunde in London und Washington.‹ Stellen Sie sich vor, dieser unverschämte *Kraut* will den Vorsitzenden eines amerikanischen Militärgerichts einschüchtern! Der Richter sagt: ›Wiederholen Sie das bitte.‹ Und natürlich war der *Kraut* so blöd, das mit den einflußreichen Freunden in London und Washington zu wiederholen. Da sagt der Richter: ›Sechs Monate Gefängnis für den unerlaubten Besitz von Armeematerial, zuzüglich sechs Monaten für Mißachtung des Gerichts.‹ Wissen Sie, wer der Richter war? Ich.

Kaum saß der Alte im Kittchen, fing er an zu meckern. Die Zelle gefiel ihm nicht, die Luft sagte ihm nicht zu, und er beschwerte sich, daß es nur einen Kübel und keine richtige Toilette gab. Klar, der Knast hier ist natürlich kein San Quentin, aber was bildet dieser Typ sich eigentlich ein, solche Ansprüche zu stellen. Habe ich den Knast etwa gebaut? Ich habe ihn so vorgefunden, wie die Deutschen ihn hinterlassen haben. Am meisten hat dieser Krapp wegen der schlechten Luft rumgemosert. Er sagt, er braucht ein offenes Fenster und gute Lüftung. Meine Jungs haben ihm erklärt, daß es im Dezember schweinekalt ist, wenn man die Fenster öffnet, aber er hat immer weiter genörgelt. Da haben sie ihm das Fenster eingeworfen und gesagt: ›So, jetzt brauchst du dich über Mangel an frischer Luft nicht mehr zu beklagen!‹ Und jetzt fängt dieser Arsch an rumzuzicken, weil es ihm zu kalt ist. Manche Leute sind einfach nie zufrieden.

Natürlich ist er nur nachts im Knast. Tagsüber ist er mit Hacke und Schippe auf der Straße. Bestimmt das erste Mal in seinem Leben, daß er richtig arbeitet. Für die Leute ist es eine Mordsgaudi, wenn sie ihn auf der Straße sehen. Ihr werdet ihn sehen, wenn ihr dort entlangfahrt. Ein dicklicher Alter, humpelt ein bißchen. Hat angeblich was an der großen Zehe. Werde sie ihm wohl abschneiden müssen.«

Zum erstenmal erfüllte mich der Gedanke an eine Besetzung Deutschlands mit unglaublichem Optimismus. Y mag ein etwas exzentrischer Mensch gewesen sein, aber er war abgebrüht und willensstark, und vor allem wollte er prinzipiell nichts mit Nazis zu tun haben. Wenn unter den regulären Besatzungsoffizieren auch nur ein halbes Dutzend Ys war, dann bestand gute Aussicht, Deutschland vom Faschismus säubern zu können. Allerdings hatte ich den Verdacht, daß Major Y ein Einzelfall war und daß ich nie wieder einem Menschen wie ihm begegnen würde. So war es auch.

Ich erzählte Y, daß ich es ermutigend fände, einen so kämpferischen Besatzungsoffizier zu sehen, worauf er erwiderte, daß daran nichts Besonderes sei. Jeder Feind der Nazis würde sich so verhalten. Er sei in der Normandie dabeigewesen und habe gesehen, was die Deutschen in Frankreich angestellt hätten, und so habe sich in ihm ein tiefer, leidenschaftlicher Haß auf alles entwickelt, was mit dem Dritten Reich zu tun habe. »Ich traue diesen Leuten einfach nicht über den Weg«, sagte er leise. Ich fragte ihn, wie lange er den stellvertretenden Bürgermeister, einen Nazi, im Amt behalten wolle. Ich hatte gedacht, daß diesen knallharten Burschen nichts überraschen konnte, doch in seinen Augen zuckte es. Er sah mich mit kaltem, ausdruckslosem Gesicht an und fragte: »Habe ich Sie richtig verstanden? Wollen Sie behaupten, daß in dieser Stadt ein Nazi ein Amt ausübt?« Wir versicherten ihm, daß der Zweite Bürgermeister ein alter Parteigenosse sei.

Y stand wortlos auf, ging zur Tür und rief den Wachposten herein. »Der Bürgermeister soll kommen, aber ein bißchen fix!« Er setzte sich wieder an seinen Schreibtisch und fragte, ob wir warten wollten. »In fünf Minuten müßte er da sein.«

Bürgermeister Schleicher trat ein und verbeugte sich, unterwürfig wie immer, lächelnd, händereibend. Y hielt sich nicht mit Präliminarien auf. Er spießte den Bürgermeister mit seinem Blick auf und sagte mit zusammengekniffenem Lippen: »Warum haben Sie mir nicht gesagt, daß Ihr Stellvertreter ein Nazi ist?«

»Aber Herr Kommandant«, antwortete Schleicher in passablem Englisch, »der Herr Major, Ihr Vorgänger, wußte doch Bescheid, und er hat gesagt, daß er nichts dagegen hat, solange ich mich für den Mann verbürge.«

Y sagte mit unveränderter Stimme: »Ich weiß nichts davon, und ich habe etwas dagegen. Niemand kann sich für einen Nazi verbürgen. Niemand kann sich für eine Klapperschlange verbürgen. Setzen Sie ihn vor die Tür, aber ein bißchen dalli!«

Schleicher guckte fassungslos. »Herr Kommandant, der Zweite Bürgermeister ist ein anständiger Mensch! Er war doch nur ein Mußnazi! Er mußte in die Partei eintreten, wenn er seine Stelle behalten wollte.«

Y hob den linken Arm und blickte auf seine Uhr. »Es ist jetzt fünfzehn Uhr dreißig. Um siebzehn Uhr haben Sie ihn an die Luft gesetzt. Sie haben noch anderthalb Stunden.«

»Aber Herr Kommandant, bitte, verstehen Sie doch, der Mann ist ein überaus tüchtiger Beamter, ein außerordentlich fähiger Mensch.«

Wieder sah Y auf seine Armbanduhr. »Schön, Sie haben mich überzeugt, Herr Bürgermeister. Ich glaube Ihnen, daß er ein tüchtiger Mann ist. Wenn er so fähig ist, wie Sie sagen, dann braucht er nur eine Stunde zum Packen. Ich gebe Ihnen Zeit bis sechzehn Uhr dreißig.«

»Bitte, Herr Kommandant«, rief Schleicher weinerlich, »der Zweite Bürgermeister ist ein Fachmann für Finanzfragen. Ich bin auf diesem Gebiet nicht sehr firm. Er ist unentbehrlich für mich.«

Y hob langsam den rechten Arm und wies mit einem dikken Daumen auf den erregten Bürgermeister. Seine Stimme war völlig ruhig. »Herr Bürgermeister, ich will Ihnen mal was sagen. Vergessen Sie nicht: Niemand ist unentbehrlich. Ihr unentbehrlicher Mann geht heute abend nach Hause. Er legt sich ins Bett. Er kratzt im Schlaf ab, vielleicht weil seine Pumpe nicht mehr richtig mitmacht oder weil er ein schlechtes Gewissen hat, was weiß ich. Jedenfalls krepiert er. Am nächsten Morgen haben Sie keinen Stellvertreter mehr, keinen Fachmann für Finanzfragen. Sie haben nur einen Toten. Sie sehen also, Mister, wenn er tot ist, ist er nicht mehr unentbehrlich.«

Er schaute auf seine Armbanduhr und sagte ruhig. »Es ist jetzt Viertel vor vier. Sie haben noch eine Dreiviertelstunde.«

Bürgermeister Schleicher nahm seinen Hut und verschwand eilig.

## 22

Anfang Dezember kam Ray Craft eines Nachmittags mit Post vom Hauptquartier der 1. Armee in Spa. Außerdem berichtete er uns, daß der militärische Geheimdienst die Erlaubnis zum Betreten von Aachen erteilt habe. Es würde sich auch niemand aufregen, sagte er mit einem wissenden Lächeln, wenn wir uns gründlich mit den politischen Verhältnissen in der Stadt beschäftigten. »Wir haben viel Zeit«, sagte er. »So wie ich die Sache sehe, sind wir nicht vor Weihnachten in Köln. Vermutlich werden wir Weihnachten immer noch hier hocken. Wir können uns also Zeit lassen.« Statt blitzartig zum Rhein vorzustoßen, wie es das Ziel der Offensive vom 16. November gewesen war, kämpften sich unsere Truppen an der Rur und im verschneiten Hürtgenwald mühsam, Meter um Meter, voran. Viel amerikanisches Blut wurde vergossen, aber die Schale des Dritten Reichs wollte nicht aufbrechen.

Die Fahrt nach Aachen führte uns durch Henri-Chapelle, wo ein neuer Militärfriedhof in der harten, braunen Erde angelegt wurde. Schwarze GIs der Versorgungstruppen hoben Gräber aus, ein Sternenbanner flatterte im Wind, während die Toten unter Wolldecken und Mänteln reihenweise dalagen, die blaugefrorenen Zehen himmelwärts zeigend. Diese jungen Amerikaner waren drei-, vier-, fünftausend Meilen von zu Hause entfernt auf deutschem Boden gestorben und wurden nun in belgischer Erde bestattet. Die schwarzen GIs sangen beim Graben einen alten Song, der irgendwie von Herzen kam und dem routinemäßigen Verscharren der Gefallenen etwas ergreifend Würdevolles gab. Der Himmel war metallisch grau und das Feld übersät mit kleinen, weißen Kreuzen, die sich in schnurgeraden Linien bis an den Horizont verloren. Joe hielt den Wagen an, beobachtete die Szene und murmelte: »Mein Gott, die armen Kerle.«

Den Rest des Weges legten wir schweigend zurück, und unsere Stimmung hob sich auch nicht, als wir Aachen erreichten. Mich verließ der Mut beim Anblick der ersten großen Stadt, die völlig tot wirkte. Saint-Lô, Coutances, Périers und andere zerstörte Orte in der Normandie waren kleine Provinznester gewesen, und ohnehin waren überall Menschen unterwegs gewesen. In Aachen dagegen: kein einziges Lebenszeichen. Wir fuhren vorbei an ausgebombten, brennenden Häusern; es gab keine Bürgersteige, nur Berge von Trümmern und Holzmasten und Telefonleitungen. Befahrbar war nur die Mitte der Straße, eine schmale Gasse, die Armeebulldozer freigeräumt hatten. Selbst die Bäume am Straßenrand waren zersplittert, entlaubt, verkohlt. Nach den Alleen und den imposanten Gebäuden zu urteilen, mußte Aachen eine schöne Stadt gewesen sein, eine wohlhabende, kultivierte Stadt. Ich entsann mich, daß Karl der Große hier, in der altehrwürdigen Kaiserstadt, residiert hatte. Jetzt lag sie wie tot da. Nichts, niemand bewegte sich. Unheimlich war mir vor allem, daß die Außenwände der Häuser unbeschädigt waren und oft auch die Dächer, aber keine Menschen in diesen hohlen Gehäusen wohnten.

Wäre die Stadt völlig dem Erdboden gleichgemacht worden, der Eindruck wäre nicht so schrecklich gewesen. Ich empfand das gleiche Kribbeln wie damals, als ich 1940 die jahrhundertealten indianischen Höhlenwohnungen von Mesa Verde besuchte, stumme Zeugen eines unangekündigten Todes, die ihre Bewohner unerklärlicherweise und urplötzlich verlassen hatten.

Im Regierungsgebäude, wo sich die Militärverwaltung einquartiert hatte, bemerkte ich zu meiner Erleichterung Leben. Ein paar Deutsche, die unvermeidliche Aktentasche unter dem Arm, gingen raschen Schritts aus und ein. Der Grund für diese Geschäftigkeit war mir nicht klar. Wer keine Aktentasche dabei hatte, trug eine weiße Armbinde mit der Aufschrift POLIZEI. Die Männer hatten keine Waffe, nicht einmal einen Schlagstock, und wirkten ebenso verloren wie hilflos. Ich sah weder GIs noch irgendwelche Armeefahrzeuge, nur Militärpolizisten, die den Eindruck machten, als würden sie erst schießen und dann fragen. Sie schauten wachsam und mißtrauisch, denn Aachen war noch immer Frontstadt, und sie wollten kein Risiko eingehen.

Major Jack Bradford, der stellvertretende Stadtkommandant, war freundlich und hilfsbereit. Er gab uns Ausweise, mit denen wir uns zu jeder Tages- und Nachtzeit in Aachen bewegen und Zivilpersonen befragen durften. Er ließ uns völlig freie Hand, wollte nur einen abschließenden Bericht haben. Er hatte soviel Verwaltungskram um die Ohren, daß ihm keine Zeit blieb, herauszufinden, was in Aachen passierte. Die Stadt, sagte er, sei nicht so leblos, wie es den Anschein habe. Von den 165 000 Einwohnern seien etwa 11 000 geblieben, die in Kellern und Bunkern hausten, seines Wissens seien keine bekannten Nazis darunter. Parteimitglieder, Funktionäre und sonstige Pronazis seien entweder geflohen oder evakuiert worden. Wer geblieben sei, zum größten Teil handle es sich um Hitlergegner, tue das auf eigene Gefahr.

Wir stellten unser Auto in der Nähe ab und machten einen ersten Rundgang durch die Stadt. Das war, wie wir bald merkten, weder leicht noch ungefährlich. Manche Straßen waren Krater, manche Trümmerberge, und immer riskierte man, in ein Loch oder auf eine Mine zu treten. An fast jeder Straßenecke stand ein finster dreinblickender Militärpolizist, der nach Papieren fragte und besonders nervös mit seiner Waffe zu hantieren begann, wenn er uns mit einem Deutschen reden sah. Der Passierschein, den wir von Major Bradford bekommen hatten, erwies sich als unschätzbar.

Wir machten uns auf die Suche nach dem Gebäude der *Aachener Nachrichten* – Pressehäuser waren ja die besondere Spezialität der Abteilungen für Psychologische Kriegsführung –, das wir erstaunlich unversehrt vorfanden. Jedes andere Haus in der Straße war schwer beschädigt oder zerstört, doch bei den *Aachener Nachrichten* war nicht einmal eine Tür kaputtgegangen. Die Druckmaschinen waren tadellos in Ordnung, Rollen von Zeitungspapier standen auf dem Fußboden und warteten auf ihre Verwendung. Wir stiegen die Treppe hoch, suchten uns das schönste Zimmer (es war natürlich das Büro des Verlegers) und setzten uns mit einem Büchsenfleischsandwich auf einen gepflegten Mahagonischreibtisch. Das Gebäude wirkte völlig verwaist.

Dann hörten wir Schritte auf dem Korridor. Wir sahen einen älteren, etwas gebeugten Mann mit Spitzbart, einer schwarzen Mütze auf dem Kopf und einer Nickelbrille auf der Nase. Er winkte uns fröhlich zu, woraufhin wir ihn baten, einzutreten, sich zu setzen und uns zu erzählen, wer er sei. Trotz seiner gebeugten Haltung hatte er einen energischen Gang, und er sah aus wie eine Mischung aus Anatole France und einem gutmütigen Waldschrat. Der Mann hieß Heinrich Hollands, war gelernter Buchdrucker und kümmerte sich um das Gebäude, damit, wie er sagte, die Amerikaner es tipptopp vorfänden und sofort in Betrieb nehmen könnten.

Er setzte sich, stopfte seine Pfeife mit einem stinkenden Kraut – »Tabak ist rar, wissen Sie« – und warf uns dabei über den Rand seiner Brille einen verschmitzten Blick zu. Er strahlte unbewußt Autorität aus und sprach, obschon kein

Intellektueller, gewandt und in wohlformulierten Sätzen wie ein erfahrener Redner. Dieser alte Mann, dachte ich, konnte kein Feind, konnte unmöglich ein Nazi sein.

Als hätte er meine Gedanken gelesen, begann er, leise in sich hineinzulachen. »Die Amerikaner«, sagte er schmunzelnd, »fragen mich immer: Sind Sie Mitglied der Partei? Und ich antworte immer, selbstverständlich bin ich ein Mitglied der Partei – allerdings nicht der Nazipartei!« Schelmisch streckte er den Zeigefinger in die Höhe und wartete auf die unvermeidliche Frage.

»Welcher Partei dann, Herr Hollands?« fragte ich.

»Der Sozialdemokratischen Partei!« rief er und lächelte triumphierend.

1933, nach Hitlers Machtantritt, hatte er seine Arbeit verloren. Als seine Ersparnisse aufgebraucht waren, erkundigte er sich bei der Arbeitsfront nach einer Stelle. Die Nazis, sagte er, hätten ihn nur ausgelacht. Später, als qualifizierte Drucker gesucht wurden, habe man ihm eine Stelle beim *Westdeutschen Beobachter* angeboten, dem offiziellen Naziorgan im Rheinland, doch habe er sich bald unter Hinweis auf eine Lähmung im rechten Arm arbeitsunfähig schreiben lassen. Mit einer Rente von monatlich einhundertzwei Mark sei er über die Runden gekommen, da er keine besonderen Ansprüche hatte. Beim Tod seiner Frau zahlte ihm die Versicherung tausendzweihundert Mark aus, davon konnte er neun Jahre leben. Er hatte ein kleines Häuschen, und um seine Rente ein wenig aufzubessern, vermietete er ein Zimmer. In seiner Freizeit kümmerte er sich um seinen Garten. So verbrachte Hollands die Jahre der Unterdrückung.

Er erzählte, daß die meisten seiner sozialdemokratischen Freunde, die nicht im Konzentrationslager säßen, genauso zurückgezogen wie er lebten. Solange sie nicht auffielen, wurden sie von der Gestapo verschont. Wer in Nazideutschland überleben wolle, bezahle dafür mit dem politischen Tod. Seines Wissen sei kein Sozialist zu den Nazis übergelaufen. Die Nazis hätten ihre Anhänger unter den »Liberalen« rekrutiert. Er bestätigte, daß weder Sozialdemokraten noch andere linke Gruppierungen wirksam Widerstand geleistet hätten. Ihre Organisationen seien zerschlagen gewesen, sie selbst hilflos und natürlich auch eingeschüchtert. Untereinander habe man Kontakt gehalten, allerdings nur privat. Während des Krieges habe man BBC gehört. »Die BBC war unsere Hoffnung, sie hat uns ermutigt, durchzuhalten.«

Was er zu dem zerstörerischen Konflikt zwischen Sozialdemokraten und Kommunisten sage, der den Aufstieg Hitlers erleichtert habe? »Wir haben aus der Vergangenheit gelernt«, sagte Hollands. »Jetzt würden wir mit den Kommunisten zusammenarbeiten, wenn sie dazu bereit sind.« Er habe Vertrauen in die Russen.

Anders als die meisten seiner Landsleute brach er nicht vor lauter Pessimismus zusammen. Ob ein freies, demokratisches Deutschland möglich sei? »Unter gewissen Bedingungen ja«, sagte er.

»Die Deutschen sind durch eine Schule des Zwangs und der Unterdrückung gegangen wie kein anderes Volk auf Erden. Vielleicht sind sie jetzt politisch reif. Sie haben mit dem Blut von Millionen ihrer Söhne Lehrgeld gezahlt. Manchmal bin ich, was die Möglichkeit demokratischer Verhältnisse in Deutschland angeht, genauso skeptisch wie Sie, aber man darf den Glauben nicht verlieren.«

In unserem Bericht über Hollands empfahlen wir, ihn zum Chef der Zeitung zu machen, die wir in Aachen veröffentlichen wollten. Ein paar Wochen später kam ein PWD-Team (mit Eugene Jolas, Cedric Belfrage u. a.) nach Aachen, um hier die erste deutsche Zeitung unter amerikanischer Ägide zu organisieren. Als Herausgeber wurde Hollands berufen. Es war wunderbar, die Veränderungen an ihm zu beobachten. Verschwunden waren die derben Stiefel, die Schirmmütze und das kragenlose Hemd. An seinem ersten Tag als Herausgeber erschien der alte Buchdrucker korrekt gekleidet im Büro. Er trug spiegelblank geputzte Schuhe, eine tadellos gebügelte Hose, ein weißes Hemd nebst Krawatte und, man höre und staune, sogar einen Gehstock. Als Bill Wilkow, der junge PWD-Sergeant, der im Haus Dienst tat, die wundersame Verwandlung des alten Mannes bemerkte, fragte er ihn respektlos, ob er in die Kirche gehen wolle. Hollands zwinkerte ihm zu und grinste: »Wo denken Sie hin, Herr Feldwebel Willkoff, ich bin kein Arbeiter mehr, ich bin jetzt Herausgeber einer Zeitung, ein Herr!«

## 23

Hollands nannte uns die Namen anderer Sozialdemokraten. Wir beschlossen, sie uns genauer anzusehen. Ich war mir der beklagenswerten Tatsache bewußt, daß Sozialdemokraten und Kommunisten keinen Widerstand geleistet, nichts gegen den Krieg unternommen und die Kriegswirtschaft nicht sabotiert hatten und daß die Legenden von Widerstand, eifrig verbreitet von Emigranten in New York und London, nichts als Hirngespinste waren. Dennoch hatte ich den Eindruck, daß die linken Arbeiter, trotz ihrer geradezu kriminellen und moralisch verwerflichen Passivität, als die einzigen nichtmilitaristischen und nichtfaschistischen Elemente Deutschlands einzige Hoffnung waren. Mir schien, daß sich ein anständiges und friedfertiges Deutschland, wenn überhaupt, nur mit Hilfe der Linken aufbauen ließe. Ich hielt es deshalb für sinnvoll, sich genauer mit einzelnen Sozialisten zu beschäftigen, und, sofern greifbar, natürlich auch mit Kommunisten.

Unsere Arbeit trug bereits Früchte. Dank unserer Gespräche mit einzelnen Deutschen hatte das Hauptquartier ein genaueres Bild von der deutschen Mentalität gewonnen. Hohe Offiziere in Planungs- und Propagandastäben erklärten anerkennend, daß unsere Berichte ihnen zu größerer Klarheit verholfen hätten. Statt den Feind nur als abstrakte Nazis zu sehen, konnten unsere Propagandaleute in Luxemburg, London und Paris sich nunmehr konkrete, lebendige Menschen vorstellen und ihre Arbeit sehr viel präziser gestalten als zuvor. Die politische Informationsbeschaffung, die ich entwickelt habe und gemeinsam mit meinen Kollegen praktizierte, hat die Deutschland-Propaganda der Amerikaner wesentlich geprägt und den Krieg möglicherweise um ein paar Sekunden verkürzt. Ich sage das nicht aus Eitelkeit, es war einfach so.

Meine Vorgehensweise war immer gleich. Für mich war jeder Deutsche ein Mikrokosmos, den es zu studieren galt, ein Bruchstück des Feindes, den man verstehen mußte, wenn man ihn besiegen wollte. Es ging um den Charakter und die Verhaltensweise des einzelnen Deutschen. Mich interessierte, wie es in seinem Innern aussah, was die Beweggründe seines Handelns oder Nichthandelns waren. Ich suchte nach seinen moralischen Empfindungen und politischen Ansichten, um seine Schwächen, aber auch seine Stärken herauszufinden. Trotz meines tiefen Abscheus vor den Nazis und meiner grenzenlosen Verachtung für Hitler und seine Anhänger war ich stets bemüht, persönliche Gefühle und objektive Fakten auseinanderzuhalten. In der hochkomplexen Welt der modernen Kriegführung leistete ich einen kleinen Beitrag. Ich hatte mich freiwillig für diese Aufgabe zur Verfügung gestellt und wußte sehr wohl, daß ich, indem ich geduldig mit Deutschen sprach und ihre Gedanken, ihre Gefühlswelt sorgfältig freilegte, eine Art Krieg führte, einen Krieg ohne Waffen.

▌Anna Sittard war gewissermaßen das einzige Mannsbild unter den Sozialisten, denen ich in Aachen begegnete, denn sie hatte wenigstens versucht, etwas für die Sache zu tun, an die sie glaubte. Sie war etwa fünfzig Jahre alt, ein rotwangiger, fröhlicher Typ, in dem man sich leicht täuschen konnte. Sie schien nur eine Hausfrau zu sein, war aber eine richtige Kämpferin.

Politisch aktiv war sie seit 1919. Die Tochter eines wohlhabenden Gastwirts verstand wenig von Politik, sah aber mit eigenen Augen, wie schlecht es den Leuten nach dem Ersten Weltkrieg ging. »Es gab viele Arbeitslose, die Wohnungsnot war groß und die Leute hungerten.« Also beschloß sie, sich zu engagieren. Über ihren Mann kam sie zur USPD, der späteren KPD, und wurde von ihr in das Aachener Stadtparlament entsandt. Sie konnte mit der orthodoxen Parteilinie wenig anfangen und stimmte oft mit ihren sozialdemokratischen Kollegen. 1929 wurde sie aus der Partei ausgeschlossen, zog sich aus der Politik zurück und widmete sich völlig ihrem kleinen Milchgeschäft. 1932, bei den letzten freien Wahlen in Deutschland, wählte sie SPD.

Nachdem die Nazis an die Macht gekommen waren und alle Parteien aufgelöst hatten, schloß sie sich dem antifaschistischen Widerstand an. Das war 1933, als deutsche Sozialisten noch immer glaubten, daß das Regime bald zusammenbrechen werde. Frau Sittards Gruppe traf sich einmal in der Woche, man sammelte Geld für politische Gefangene und schrieb Flugblätter, die in Köln gedruckt, von einem Kurier nach Aachen gebracht und in den Briefkästen verteilt wurden.

Anna Sittard stand unter ständiger polizeilicher Überwachung. Dreimal wöchentlich mußte sie sich auf dem Revier melden, und nach 21 Uhr durfte sie nicht mehr auf die Straße. Knapp drei Jahre lang blieb ihr KZ-Haft erspart. Weihnachten 1935 wurde sie schließlich verhaftet und zu dreißig Monaten Gefängnis verurteilt. Die ersten sechs Monate verbrachte sie in Aachen, die restliche Zeit in Ziegenhain bei Kassel und Lübeck. Im Lübecker Gefängnis saßen fünftausend weibliche Häftlinge, ausschließlich Politische. Sie mußte hart arbeiten und wurde oft geschlagen, das Essen war miserabel, doch sie ließ sich nicht unterkriegen. »Wenn ich nicht daran geglaubt hätte, daß Hitler irgendwann beseitigt wird«, sagte sie, »hätte ich mich umgebracht.«

Als sie schließlich nach Hause entlassen wurde, fand sie ihr Geschäft geschlossen und ihren Mann gebrochen vor. Dann brach der Krieg aus, und ihr Mann wurde eingezogen. Vor seiner Abreise flehte er sie an, sich nicht mehr politisch zu engagieren, es sei in ihrem eigenen Interesse. Anna Sittard lächelte gequält. »Ich sagte ihm, daß das unmöglich sei, völlig unmöglich. Es sei mir egal, wenn ich im antifaschistischen Kampf mein Leben ließe.«

1941 wurde sie abermals verhaftet und gefoltert. 1943 kam sie aufgrund einer Denunziation zum drittenmal ins Gefängnis. Sie hatte sich in ihrer Wohnung mit einem Cousin getroffen, der im Konzentrationslager gesessen hatte. Sie selbst bekam drei Wochen, ihr Cousin wurde zu fünf Jahren KZ verurteilt. Als Frau Sittard uns ihre Geschichte erzählte, saß er noch immer.

Nach ihrer Entlassung mußte sie feststellen, daß ihr Haus in der Zwischenzeit bei einem amerikanischen Luftangriff zerstört worden war. Sie nahm es gelassen. Die Amerikaner kämpften gegen die Faschisten, ihr Haus sei ein kleiner Beitrag für die gerechte Sache.

Frau Sittard vertrat in bezug auf Krieg und Faschismus die üblichen linken Positionen. »Deutschland ist für den Krieg verantwortlich«, sagte sie. Sie wußte von den Verbrechen, die die Deutschen vor allem an den Juden begangen hatten. Deutsche Soldaten hatten ihr oft Geschichten erzählt, die von einer unfaßbaren Brutaltiät waren. Die Soldaten sagten: »Was konnten wir machen? Wenn wir nicht gehorcht hätten, wären wir ebenfalls erschossen worden.« Frau Sittard war jedoch nicht bereit, das unmoralische Verhalten der Soldaten hinzunehmen. Sie wußte von einem SS-Mann, der sich geweigert hatte, eine Jüdin mit ihren vier Kindern zu erschießen. Er habe einfach nicht abdrücken können. Und ihm sei nichts passiert. Er sei lediglich verwarnt worden.

»SS- und Gestapoleute zum Tod zu verurteilen wäre eine viel zu einfache Lösung. Die Behauptung, sie hätten nur auf Befehl gehandelt, ist schlicht Feigheit. Sie hätten so mutig sein sollen, den Befehl zu verweigern. Sie sind alle schuldig. Sie haben Verbrechen begangen. Man könnte sie in Bergwerke stecken, in Sibirien vielleicht, aber nie wieder, nie wieder sollen sie unter Menschen leben dürfen.«

Und die Zukunft? Frau Sittard vertrat die Position einer Sozialdemokratin, die mit den Kommunisten und Rußland sympathisierte. Sie war überzeugt, daß Sozialdemokraten und Kommunisten eine blutige Lektion erteilt worden sei und daß die beiden Linksparteien in Zukunft zusammenarbeiten würden. »Aber um Gottes willen keine Diktatur! Wir hatten lange genug Diktatur. Es reicht. Geben Sie uns irgendeine Staatsform, solange wir Freiheit haben. Sie können Deutschland aufteilen, machen Sie, was Sie wollen, wir wünschen nur eines – Schluß mit dem Faschismus!«

Als wir sagten, daß sie gehen könne, stand sie auf und bat – ganz schüchtern, als wäre das etwas ganz Verwegenes –, uns die Hand schütteln zu dürfen.

»Ist es nicht verrückt, daß wir Deutschen zu Ausländern sagen müssen: Ihr seid unsere Befreier?«

## 24

Anna Sittard war keine typische, normale Aachenerin. Trotzdem waren die Aachener Frauen interessanter als die Männer, oftmals richtige Persönlichkeiten. Man muß jedoch berücksichtigen, daß alle tauglichen Männer eingezogen und nur noch die alten und kranken übrig waren. Die Frauen, die dort geblieben waren, waren auf sich selbst gestellt, im Laufe der Zeit oft abgestumpft und hart geworden und hatten ihre eigene Moral. Es gab auch andere.

Auf der Straße vor mir ging eine Frau mit einem Korb voller Hausrat. Als wir auf gleicher Höhe waren, sprach ich sie an.

»Na, wie geht's?« sagte ich,

»Ganz gut«, antwortete sie und fügte bedeutungsvoll hinzu: »Inzwischen.«

»Was meinen Sie denn damit?«

»Jetzt ist alles gut, weil ihr da seid.«

»Aber wie können Sie, eine Deutsche, so etwas sagen? Wir sind doch Ausländer.«

»Mein Gott«, rief sie, »ich dachte, Sie sind Amerikaner.«

Daran kaute ich noch immer, als ich das Gebäude der Militärverwaltung betrat. Die junge Deutsche am Empfang machte einen aufgeweckten Eindruck. Zum Scherz sagte ich, daß Amerikaner bei den Aachenerinnen offenbar recht populär seien. »Sicher nicht umsonst«, erwiderte sie ohne die Spur eines Lächelns.

Es klang, als hätte sie etwas zu sagen, so daß ich sie in ein längeres Gespräch verwickelte. Sie hieß Maria Küttgens, war einundzwanzig Jahre alt und Lehrerin für Schreibmaschine und Stenographie gewesen. Ihr Vater, höherer Angestellter in einem Metallbetrieb, war ein fanatischer Nazi, die Mutter, eine gebildete Frau, war eine entschiedene Nazigegnerin. Die Tochter stellte sich am Ende auf die Seite der Mutter und reifte unter dem Druck des elterlichen Konflikts schon früh heran.

Wenn zu Hause politische Fragen aufkamen, versuchte Vater Küttgens die Sache mit einem höhnischen »Davon verstehen Frauen nichts« sofort abzubrechen. Mutter Küttgens las anspruchsvolle Literatur, und Tochter Maria hörte BBC, sooft der Vater nicht zu Hause war. Ihren Klassenkameradinnen erklärte sie, daß in der Nazipresse nicht die Wahrheit stehe.

Welche Bücher ihre Mutter lese? Bücher über geschichtliche Themen, sagte Maria, oft über Rußland, über die Zarenzeit. Jedesmal, wenn über kommunistische Greueltaten geredet werde, entgegnete sie, daß auch unter den Zaren Greueltaten begangen worden seien. Wenn die Nazis behaupteten, daß die Bolschewisten die russische Kultur zerstört hätten, erwiderte Frau Küttgens, daß die russische Kultur unter den diversen Alexandern und Nikoläusen auf einem noch niedrigeren Niveau gestanden habe. Vater Küttgens, Parteimitglied, regte sich über solche Ansichten, die im Widerspruch zu der offiziellen Lehre standen, immer furchtbar auf, während Maria das Urteil ihrer Mutter respektierte und von ihr die Kunst des rationalen Argumentierens lernte.

Manchmal habe sie Soldaten, die frisch von der Ostfront heimgekehrt seien, zu diesem Thema befragt. Wenn einer behauptete, daß die Russen in »primitiven« Verhältnissen lebten, fragte sie ihn, ob das für alle Russen gelte. Daraufhin druckste der Soldat herum und gab zu, daß er russische Städte gesehen habe, »die wie unsere aussehen«. Worin dann also der Unterschied zwischen Russen und Deutschen bestehe? Am Ende würde der Soldat nachdenklich einräumen, daß es keinen Unterschied gebe. In jedem Land gebe es Arme, meinte Maria. In manchen Gegenden Deutschlands, wie etwa in der Eifel, lebten die Leute teilweise unter genauso primitiven Verhältnissen wie die Bauern in Rußland. Armut und niedriger Lebensstandard, sagte sie, seien kein Monopol der Russen.

Marias Antifaschismus war emotional. Auf unsere Frage, weshalb sie gegen Hitler sei, nannte sie vor allem zwei Gründe: Die Verfolgung der Kirche und die Vernichtung der Juden. »Die Juden sind doch Menschen wie wir, was die Nazis ihnen angetan haben, ist abscheulich.« Sie sprach von den Gaskammern in Lublin und anderen Konzentrationslagern und sagte lakonisch: »Ich bin nicht stolz darauf, Deutsche zu sein.« Die Nazis seien brutal und habgierig. »Sie haben die Juden vernichtet, um sich zu bereichern. Die Nazis wollen immer nur haben, haben, haben. Gibt man ihnen den kleinen Finger, nehmen sie die ganze Hand. Sie sind unersättlich. So ist es doch zum Krieg gekommen. Hitler konnte einfach nicht genug bekommmen. Er hat andere Länder überfallen, um sich ihre Reichtümer anzueignen. In der Ukraine und sonstwo.«

Maria machte eine interessante Bemerkung aus weiblicher Sicht. »Viele deutsche Frauen sind tatsächlich oder potentiell Nazigegnerinnen, weil der Nationalsozialismus eine Männerangelegenheit ist. Ich weiß das von meinem Vater. Er ist oft mit anderen Männern zu Parteiversammlungen gegangen, hat Reisen für die Partei unternommen und war längere Zeit nicht zu Hause. Die Familien, besonders die Frauen und Töchter, haben unter dieser Situation gelitten und die Partei dafür verantwortlich gemacht. Und außerdem finden die Nazis, daß Frauen nur dazu da sind, ihnen ein angenehmes Leben zu bereiten.«

Trotz ihrer guten Absichten und ihrer antifaschistischen Gefühle hatte Maria nicht die Möglichkeit, sich eine fundierte politische Meinung zu bilden. Sie war abgeschnitten von der Außenwelt, von Büchern und anderen Ideen. Sie wußte nichts von der Weimarer Republik und vom Kaiserreich. Bismarck hielt sie für einen »bedeutenden deutschen General«, war aber nicht ganz sicher. Als sie uns lächeln sah, fügte sie rasch hinzu: »Es ist mir wirklich peinlich, daß ich so wenig weiß.«

Ob sie sich unter Demokratie etwas vorstellen könne? Nach einem Moment des Zögerns meinte sie, daß darunter »mehrere Parteien« zu verstehen seien. Und Kommunismus? »Das ist auch eine Partei. Es gibt einen Führer und eine Idee. Die Kommunisten sind der Ansicht, daß alle Menschen gleich viel haben sollten.«

Auf die Frage, was mit den Nazis geschehen solle, reagierte sie unsicher. Trotz ihres Hasses auf die Nazis wollte sie keine Maßnahmen gegen sie ergreifen. Es gebe da einen fanatischen Nazi, der sie beleidigt habe, aber sie bringe es einfach nicht fertig, ihn anzuschwärzen. »So etwas tut man nicht.« Außerdem wolle sie der Familie des Betreffenden kein Leid zufügen. Allerdings sei sie dafür, daß die Amerikaner die Schmutzarbeit erledigen und durchgreifen. »Wer ein Verbrechen begangen hat, sollte hingerichtet werden, ohne Rücksicht auf seinen Rang.« Und von wem hingerichtet? Von den Amerikanern natürlich. Was die anderen Nazis angehe, Leute wie ihren Vater beispielsweise, so sei es zwar zu spät, wenn diese Leute ihre Vergangenheit bereuen, aber sie wisse nicht, was man mit ihnen machen solle. Ihr Vater sei denunziert und vom CIC verhört worden, aber schließlich sei er kein Verbrecher. Sie habe kein Mitleid mit ihm. »Man kann nicht alle Parteimitglieder bestrafen. Dann wären ja keine Deutschen mehr übrig.«

## 25

Heinrich Hollands brachte uns mit einem Mann zusammen, der in seinem altmodischen Mantel wie eine Geistererscheinung durch die zerstörte Stadt irrte und inmitten der Ruinen über den verlorenen Glanz der Stadt nachsann. Sein Gesicht war schmal und blaß, die Augen hohl, die aschblonden, ergrauenden Haare fielen ihm auf die Schultern. Das war Peter Mennicken, Professor für Philosophie und Kunstgeschichte an der Technischen Hochschule Aachen.

Sein Hauptwerk war eine Monographie mit dem Titel *Die Seele des Aachener Münsters*, und offenbar wußte er alles, was es über diesen bedeutenden Sakralbau zu wissen gab. Ich gewann schon bald den Eindruck, daß Professor Mennicken sich mehr für Karl den Großen als für Adolf Hitler interessierte und daß ihm das Jahr 844 näher war als das Jahr 1944.

Mennicken war kein Freund von Hitler, auch wenn er ihn 1933 gewählt hatte und selbstverständlich in die NSDAP eingetreten war. Nicht aus Überzeugung, sondern »weil alle das getan haben«. Ich fragte ihn, ob er als Professor der Philosophie nicht einen logischen Zusammenhang sehe zwischen Leuten wie seinesgleichen, die Hitler unterstützt hätten, und der Tatsache, daß Aachen sich in eine Ruinenlandschaft verwandelt habe. Verwundert schüttelte er den Kopf.

»Von Politik«, murmelte er, »verstehe ich nichts. Ich bin Professor für Kunstgeschichte und Philosophie. Ich beschäftige mich mit dem Schönen und dem Wahren.« Er habe einen jüdischen Freund gehabt, einen Dichter, der ihm politischen Nachhilfeunterricht geben wollte, doch dieser Mann sei vertrieben worden, und jetzt komme er sich ganz hilflos vor. Die Nazis, sagte er, hätten sich nicht in seine Lehrtätigkeit eingemischt, und fügte mit einem leicht entschuldigenden Lächeln hinzu: »Ich hatte aber nur wenige Studenten, die meisten haben sich für solche Dinge wie Philosophie nicht interessiert.« Der Studentenführer, der im Auftrag der Partei Studenten und Dozenten beobachtete, habe ihm keine Schwierigkeiten gemacht. Gelegentlich sei bei den Vorlesungen ein Unbekannter aufgetaucht, der mitschrieb, was der Herr Professor alles von sich gab, doch sei die Gestapo offenbar nicht beunruhigt gewesen, denn man habe ihn nie behelligt.

Was er seinen Studenten so erzählt habe?

Er habe über die großen Denker gesprochen, von denen einige keine Deutschen waren. Einmal im Jahr habe er sich mit Männern wie Bacon, Berkeley, Locke und Voltaire beschäftigt. »Ich sagte, daß Johann Locke den Grundstein der demokratischen Welt gelegt habe und Voltaire der Repräsentant des europäischen Geistes sei.« Was demokratische Welt oder europäischer Geist sei, blieb jedoch verschwommen. Manchmal war Professor Mennicken so kühn und kam auf Spinoza zu sprechen. »Natürlich mußte ich erwähnen, daß er Jude war.«

Seine Bemühungen, die Studenten der Technischen Hochschule in die Welt der Philosophie einzuführen, seien nie gestört worden. Einmal habe er bei Fliegeralarm zusammen mit den Studenten den Luftschutzraum aufsuchen müssen. Doch es habe sich als falscher Alarm herausgestellt, und daraufhin habe er zu seinen Studenten gesagt: »So, und jetzt sprechen wir über Leibniz.«

Die jungen Studenten, sagte Mennicken, seien nicht sehr kultiviert, sie besäßen kaum Kenntnisse in Geschichte und noch weniger in Latein. In Geschichte interessiere sie nur die germanische Vorzeit, weil die germanische Rasse in dieser Zeit rein gewesen sei. Er persönlich hielt dies für eine unnötig eingeschränkte Geschichtsauffassung. Schließlich gebe es hervorragende Deutsche, die auch nach der germanischen Vorzeit hervorgetreten seien. Ich fragte ihn, welche dieser historischen Figuren er als Vorbild für die deutsche Jugend wählen würde. »Das ist eine schwierige Frage, die reiflicher Überlegung bedarf.«

Er stützte das Kinn auf seine verschränkten Hände und grübelte. »Nun ja«, sagte er schließlich, »es gibt viele große Deutsche, die unserer Jugend als geistige Leitbilder dienen könnten. Beispielsweise Goethe. Oder Leibniz. Eichendorff. Oder Schlegel, der Shakespeare-Übersetzer. Oder Maria Theresia, an der ich eine große Menschlichkeit entdecke. Oder auch der Freiherr vom Stein, oder Karl der Große, der Erbauer des Aachener Münsters, jener Herrscher, der in seiner Person Macht und Geist vereinte. Oder Albertus Magnus, der große Philosoph, der im Jahre 1280 starb. Aber es gibt noch andere.«

Er schloß die Augen in Gedanken an diese erhabenen Repräsentanten der deutschen Kultur. »Ja«, sagte er, »das sind große Geister, edle Geister, aber den größten von ihnen allen habe ich noch gar nicht erwähnt. Ich meine Nikolaus von Kues, den ich für den bedeutendsten Mann unserer Geschichte halte, einen Mann, der unserer Jugend als Vorbild dienen könnte. Ach ja, der Kusaner, welch schöner Geist! Laßt uns die Jugend nach dem Kusaner formen!«

Ich erinnerte mich aus meiner Studentenzeit an den Namen Nikolaus von Kues, konnte aber nichts damit verbinden. Monatelang ging mir sein Name nicht mehr aus dem Kopf, und ich fragte meine Kollegen, ob sie von ihm gehört hätten. Manche glaubten, daß ich sie auf den Arm nehmen wollte, und niemand wußte, wo Kues war. Wir überschritten den Rhein, wir marschierten in das Ruhrgebiet ein, wir kamen durch Thüringen und erreichten Bayern, doch nirgends entdeckte ich einen Hinweis auf Nikolaus von Kues. Fündig wurde ich erst nach meiner Rückkehr in die USA, als ich in der *Columbia Encyclopedia* nachschlug.

## 26

Leo Kalff wirkte sehr bekümmert, als er unser Zimmer betrat. Ich hatte den Eindruck, als sei er krank, stellte aber bald fest, daß es der Gedanke an die Zukunft war, der ihn so bedrückte. Zwölf Jahre zuvor hatte er alles auf eine scheinbar todsichere Karte gesetzt, war in die Partei eingetreten, hatte seine berufliche Zukunft völlig von den Nazis abhängig gemacht. Jetzt lag Aachen in Ruinen, und es sah nicht so aus, als würde Hitler den Krieg gewinnen. Kalff war sechsundfünfzig und mußte damit rechnen, daß ihm, wenn die Nazis den Krieg verloren, die Rente gestrichen würde.

Für seinen Eintritt in die Partei hatte es keinen unmittelbaren Grund gegeben, da er als höherer Beamter im Finanzdienst ohnehin aufgestiegen wäre. Was also hatte ihn zu seinem Schritt veranlaßt? Es sei wichtig für seine Karriere gewesen, erklärte er. Außerdem vertraten die Nationalsozialisten Ideen, die ihn ansprachen.

»Ich sage Ihnen ganz offen, welche Gründe ich hatte. In der Weimarer Republik herrschte Anarchie. Alle paar Wochen fanden Wahlen statt. Die Linksparteien wurden zunehmend mächtiger und gefährlicher. Um ein völliges Auseinanderbrechen des Staates zu verhindern, berief Hindenburg Hitler zum Reichskanzler. Auf diese Weise bewahrte Hitler Deutschland vor der linken Gefahr. Das ist keine Nazipropaganda, sondern die pure Wahrheit. Damals waren die Nazis noch nicht gegen die ganze Welt. Sie wollten Deutschland retten, mehr nicht. Daß sie unsere Freiheit einschränken wollten, haben sie natürlich verschwiegen. Ich habe ihre Ideologie akzeptiert, deswegen bin ich in die Partei eingetreten.«

Dafür machten sie ihn zum Steueroberinspektor im Bezirk Aachen. Eine große Karriere blieb ihm allerdings verwehrt, weil er erst spät zur Bewegung gestoßen war und für eine wirklich herausragende Position wie etwa Gauleiter oder Kreisleiter nicht in Frage kam. Das empfand Kalff als Zurücksetzung.

»Zuerst ging alles ganz gut, denn Hitler gelang es, die Gefahr einer Revolution in Deutschland abzuwenden. Er sorgte für Ruhe und Ordnung. Er beseitigte die Arbeitslosigkeit, kurbelte die Wirtschaft an und baute Autobahnen. Ich muß zugeben, daß schon damals Kritik am Regime geübt wurde. Mit gewissen Dingen, etwa dem Winterhilfswerk und den Parteiversammlungen, waren die Leute nicht einverstanden. Auch von der Presse war man nicht sonderlich angetan, und ich muß sagen, die Zeitungen waren stinklangweilig.«

Doch in einem wohlgeordneten Land mit einer arbeitsamen und zufriedenen Bevölkerung war das eher nebensächlich. Als der Krieg ausbrach, waren die Leute ruhig und vertrauten dem Führer, zu Recht. Immerhin konnte er 1940 überwältigende Siege verzeichnen, die enorme Begeisterung auslösten. Dann machte er seine ersten »Fehler«.

»Sein erster Fehler war Mussolini. Unser Volk hat diese sonderbare Freundschaft zwischen dem Führer und dem *Duce* nicht begriffen. Wir konnten mit ihm genausowenig anfangen wie mit den anderen Italienern. Sie hatten uns schon einmal verraten. Jetzt kamen sie an und setzten sich an den reichgedeckten Tisch und aßen all die guten Sachen, die dort standen. Sie machten sich an *unserem* Tisch über *unsere* Sachen her. Wir hätten Mussolini zum Teufel jagen sollen. Ohne die Italiener hättet ihr Amerikaner nie einen Fuß auf afrikanischen Boden gesetzt. Die Italiener haben uns in das afrikanische Abenteuer hineingezogen, dadurch wurden unsere Armeen zerstreut. Es war der reinste Wahnsinn.«

Kalff hatte sich immer mehr in seinen Haß auf die Italiener hineingesteigert.

»Hitlers zweiter Fehler war Rußland. 1941 bat Molotow den Führer, die Dardanellen, Bulgarien und Bessarabien an Rußland abzutreten. Der Führer weigerte sich, und Molotow fuhr unverrichteter Dinge nach Hause. In dieser Situation blieb Deutschland nicht viel anderes übrig, als in Rußland einzumarschieren. Hitler hätte auf Molotows Vorschlag aber ruhig eingehen sollen. Es gab keinen Grund für einen Konflikt zwischen den Sowjets und uns, da sich Nationalsozialismus und Kommunismus nicht groß unterscheiden. Die beiden Staaten hätten an ihrer jeweiligen Ideologie festhalten und das freundschaftliche Verhältnis auf einer soliden Basis fortführen können.«

Der Angriff auf die Sowjetunion sei schlimm genug gewesen, fuhr Kalff fort, doch dann habe Hitler seinen dritten und wirklich entscheidenden Fehler begangen, als er General von Brauchitsch entließ und selber das Oberkommando übernahm.

»Ein guter Staatsmann ist noch lange kein guter Stratege. Bei allem Respekt vor der Größe unseres Führers muß man doch sagen, daß er kein begabter Feldherr war. Er ließ sich von den Russen in die Weite ihres Landes locken, bis an die Wolga, wo unsere Armeen aufgerieben wurden.«

Kalff empörte sich über die Russen. Es sei nicht anständig, einen Gegner in einen Hinterhalt zu locken und dann die Falle zuschnappen zu lassen. So etwas dürfe man mit Deutschen einfach nicht machen. Aber was sei von den Russen schon anderes zu erwarten! Kalff ärgerte sich auch über den deutschen Generalstab, der nicht erkannt habe, welch tüchtige Soldaten die Russen seien, und über das Oberkommando der Wehrmacht, das nichts von diesen gigantischen Industriestädten im Ural gewußt habe, die auf keiner Karte verzeichnet seien. Er, Kalff, wisse von diesen großen neuen Industriekomplexen, weil er ein Buch mit dem Titel *Wetterzonen der Weltpolitik* von einem Mann namens Pahl gelesen habe. »Ich verstehe nicht, warum der Führer dieses Buch nicht gelesen hat, bevor er in die Weiten Rußlands einfiel«, jammerte Kalff.

»Deutschland ist ein armes Land. Wir haben kaum Bodenschätze. Vor der Eroberung Frankreichs hatten wir kein Eisen. Rußland dagegen ist ein unendlich reiches Land. Deutschland hatte das Recht, in Rußland einzumarschieren, um am Reichtum dieses Volkes teilzuhaben. Die Russen haben zuviel und wir zuwenig. Das ist nicht gerecht.«

Deutschlands Armut sei der Hauptgrund für den Zweiten Weltkrieg gewesen.

»Der Führer mußte seine Expansionspolitik durchsetzen, weil Deutschland wenig Bodenschätze und wenig Raum besaß. Er wollte Europa einigen. Doch die anderen Staaten wollten nicht mitmachen. Jedes Land hielt an seiner Souveränität fest. Deutschland beharrte jedoch auf seinem Führungsanspruch, der 1938 von Chamberlain und Daladier im Münchner Abkommen auch akzeptiert wurde. Sie ließen Hitler freie Hand in Europa.«

Dergestalt abgesichert, habe der Führer die Polen ersucht, einen ungehinderten Verkehr im Polnischen Korridor zu gewährleisten und Danzig an das Reich abzutreten. Das sei eine faire, gerechte Forderung gewesen. Die Polen lehnten ab. In dieser Situation sei Deutschland nichts anderes übriggeblieben, als einen militärischen Schlag zu führen. »Natürlich hat das deutsche Volk den Polenfeldzug vorbehaltlos unterstützt.«

»Und weshalb der Krieg gegen Frankreich?«

»Wir Deutschen haben ein altes Sprichwort«, meinte Kalff. »Angriff ist die beste Verteidigung.«

»Und Amerika?«

»Amerika hat uns den Krieg erklärt.«

Er hoffe, sagte Kalff, daß Amerika den westlichen Teil Deutschlands besetzen und Geld zum Wiederaufbau zur Verfügung stellen werde. »Ohne eine solche Finanzhilfe können wir nicht überleben.« Für ihn stand fest, daß Deutschland mit amerikanischer Hilfe wieder erstarken werde. Sorgen machte er sich nur um seine eigene Person. Würde er, ein prominentes Parteimitglied, seinen Posten behalten können und später eine Pension beziehen?

Es war faszinierend, Kalff zuzuhören, seinen Halbwahrheiten, seinen ideologischen Klischees und verstiegenen Großmachttheorien. Seine Ausführungen zeichneten ein ziemlich gutes Porträt eines hochrangigen Nazifunktionärs.

Beim Abschied flüsterte er sorgenvoll: »Sagen Sie bitte, ist Hitler tot?« und übergab uns ein Blatt Papier, eng beschrieben in Sütterlinschrift, die ich nur mit Mühe entziffern konnte. Es war eine persönliche Rechtfertigung. Kalff flehte uns an, seine Erklärung zu lesen und diesen Beweis für die Aufrichtigkeit seines Sinneswandels dem amerikanischen Geheimdienst zuzuleiten.

Kalffs Erklärung hatte folgenden Wortlaut:

▌Warum ich ein Gegner des Nationalsozialismus bin

1. Hitler betrieb eine Expansionspolitik, weil Deutschland arm an Bodenschätzen und die Versorgung der Bevölkerung nicht gesichert war, das heißt, er wollte ein autarkes Großdeutschland, das nicht auf andere angewiesen war. Meiner Meinung nach ist das der Grund für den gegenwärtigen Krieg. Um dieses Ziel zu verwirklichen, wurden mehrere

europäische Staaten besetzt. In der deutschen Propaganda hieß es immer, daß nach dem Sieg Europa unter deutscher Führung vereint würde. Der Kriegsverlauf hat jedoch gezeigt, daß sich die besetzten Länder dem deutschen Hegemonialanspruch verweigerten. Alle hielten an ihrer Eigenstaatlichkeit fest. In dieser Situation entstand bei Hitler der Wunsch, sie zu unterwerfen und zu annektieren. Eine Politik, die darauf abzielt, sich andere Länder einzuverleiben, kann nur auf Gewalt gründen. Eine solche Politik wird von mir uneingeschränkt abgelehnt. Nur ein friedlicher Warenaustausch kann Frieden und Wohlergehen gewährleisten.

2. Der Nationalsozialismus ist ein Zwangsregime. Die Bevölkerung wird in allen Belangen reglementiert. Alles ist vorgeschrieben. Man muß Geld spenden und hohe Steuern entrichten (die der Finanzierung des Krieges dienen), man muß an Parteiversammlungen teilnehmen, darf nur offiziell genehmigte Zeitungen, Zeitschriften und Bücher lesen (es gibt keine anderen). Als Beamter mußte ich mich all diesen Vorschriften unterwerfen. Wer eine unabhängige Meinung äußerte, mußte mit Konzentrationslager rechnen.

3. Ich lehne den Nationalsozialismus aber auch aus persönlichen Gründen ab. Die Entscheidung darüber, wer welche Stelle bekam, hing nicht von der Eignung oder Leistung des Bewerbers ab, sondern von seiner Mitgliedsnummer. Beispielsweise wurde ein ehemaliger Buchhalter zum Bürgermeister von Aachen ernannt. Der Gauleiter von Köln-Aachen war ein kleiner Angestellter gewesen. Dr. Ley, vormals Chemiker bei den Leverkusener Farbwerken, soll wegen Unfähigkeit entlassen worden sein. Die systematische Stellenvergabe auf der Grundlage von Parteimitgliedschaft führte zu Inkompetenz und Leerlauf in der staatlichen Bürokratie.

4. Dieser aufgeblähte und kostspielige Apparat war verantwortlich für die strenge Wirtschaftskontrolle und Rationierung.

5. Ich verurteile die schreckliche Behandlung der Juden auf das schärfste. Sie ist brutal und menschenunwürdig.

6. Ich lehne das Führerprinzip ab, weil der Nationalsozialismus nur so sein Programm verwirklichen konnte.

7. Ich sehe in der Ausmerzung des Nationalsozialismus die unabdingbare Voraussetzung für künftigen Frieden. Nur eine deutsche Regierung, die friedlich mit allen Nationen der Welt zusammenarbeitet, kann eine glückliche Zukunft für alle gewährleisten.

8. Ich bin bereit, mit den amerikanischen Behörden beim wirtschaftlichen Wiederaufbau in Deutschland zusammenzuarbeiten. Ich betone noch einmal, daß ich als Beamter gezwungen war, in die NSDAP einzutreten.

■ Dieses Dokument habe ich vollständig wiedergegeben, weil es ein wichtiges Element der deutschen Mentalität erkennen läßt. Es zeigt, daß Dogma und Autorität akzeptiert werden, solange sie unangefochten sind, und abgelehnt werden, sobald ihre Macht ins Wanken gerät. Kalffs später Sinneswandel irritiert in seiner plötzlichen Unterwürfigkeit und typisch deutschen Unbedingtheit. Kalff war einer der intelligenten Deutschen in verantwortlicher Position, die Hitler zur Macht verhalfen und treu und unbeirrt zu ihm standen, trotz aller Verbrechen. Dann scheitert Hitler, und Kalff ruft: »Tut mir leid, ich habe mich geirrt.« Die Kalffs lehnen ein erfolgloses Regime ab, ohne auch nur einen Finger gerührt zu haben. Morgen werden sich alle Kalffs wieder so verhalten. Wir dürfen nicht vergessen, daß es jede Menge Kalffs in Deutschland gibt und daß sie es sind, mit denen viele unserer Besatzungsoffiziere vertrauensvoll zusammenarbeiten.

## 27

Oberschulrat Josef Burens war der ranghöchste in Aachen verbliebene Beamte. Ihm unterstanden alle Grundschulen im Kreis Aachen mit insgesamt etwa eintausend Lehrern. Der Mann besaß Kraft und Autorität und strahlte, obschon katholischer Rheinländer, etwas Preußisches aus. Er betrat mit energischen Schritten unser Zimmer, schlug die Hacken zusammen, verbeugte sich knapp und blieb in strammer Haltung stehen. Nachdem wir ihn aufgefordert hatten, Platz zu nehmen, setzte er sich mit einem förmlichen »Gestatten Sie?« steif hin. Trotz seines befremdlichen Auftritts bewies er eine überraschende Umgänglichkeit und die Bereitschaft, offen und ausführlich auf unsere Fragen zu antworten. Ich staunte nicht schlecht, als er sein Alter mit neunundsechzig angab, denn er sah mindestens fünfzehn Jahre jünger aus.

Burens stellte sich als ein Erzkonservativer wilhelminischer Prägung heraus, der von arrogantem Stolz auf die deutsche Kultur durchdrungen war. Bereits eine Generation vor Hitler war er Schulrat gewesen, und zumindest auf den ersten Blick hätte man angenommen, daß ihn nichts mit den ungehobelten Nazis verband. Doch für Oberschulrat Burens war der Nationalsozialismus nichts Abwegiges. Als Hitler die Macht ergriff, trat dieser Ehrenmann sofort in die NSDAP ein.

Was mochte einen Menschen wie ihn zu diesem Schritt veranlaßt haben? Burens nannte zwei, allerdings nicht sehr überzeugende Gründe. Erstens hätte er den Dienst natürlich quittieren können, doch wären seine Pensionsbezüge nicht sehr hoch gewesen, und so sei er gezwungen gewesen, im Amt zu bleiben. Später räumte er jedoch ein, daß er durchaus Vermögen besaß. Außerdem hatten seine beiden Töchter wohlhabende und einflußreiche Männer geheiratet. Ein Schwiegersohn war Baron Karl von Broech, der in der Nähe von Aachen ausgedehnten Grundbesitz hatte und in einem Schloß (Schönau) wohnte. Der andere Schwiegersohn arbeitete als bekannter Chirurg in einem großen Krankenhaus. Geld dürfte im Fall Burens also keine Rolle gespielt haben.

Der zweite Grund sei der Wunsch gewesen, seine Untergebenen zu schützen. »Ich wollte sie nicht im Stich lassen, und als Parteimitglied konnte ich ihnen nützlich sein.« Die älteren Lehrer seien keine Nazis gewesen und hätten daher einer schützenden Hand bedurft. In Wahrheit haben sich die

Lehrer angepaßt und wurden infolgedessen nicht belästigt. Und wenn die Nazis ihnen zugesetzt hätten, Oberschulrat Burens wäre nicht der Mann gewesen, der seine Stimme zu ihrer Verteidigung erhoben hätte. »Ich bin ein rechtschaffener Bürger«, sagte er stolz, »und habe mir nie etwas zuschulden kommen lassen. Ich bin nie aufgefallen.«

Offenbar war er deswegen in die Partei eingetreten, weil die Nazis viele Dinge propagierten, an die er glaubte. Manches fand nicht seinen Beifall, aber mit den wesentlichen Zielen der Bewegung war er einverstanden. Im Grunde verkörperte der Hitlerismus uralte nationale Bestrebungen der Deutschen, und deshalb konnte Burens, der wilhelminische Beamte, ihn akzeptieren, ohne seinem Gewissen oder seinen Überzeugungen Zwang anzutun. Und über den extremen Fanatismus der Nazis, der ihn ohnehin nicht traf, konnte er hinwegsehen, solange es um das nationale Interesse ging.

Seine freimütigen Äußerungen zu Krieg und Politik waren die des ewig unzufriedenen, aggressiven Deutschen, der erst Ruhe gibt, wenn er um jeden Preis seinen Platz an der Sonne erobert hat. Burens war ganz offen zu uns.

Ob er den Krieg, den die Deutschen begonnen hatten, für gerechtfertigt halte?

»Der Krieg war unvermeidlich. Früher oder später wäre es in jedem Fall dazu gekommen, auch ohne die polnische Frage. Polen war nur ein Vorwand, der unmittelbare Auslöser, nicht der wahre Grund. Der Krieg, bei dem es im wesentlichen um Lebensraum und Rohstoffe ging, war unausweichlich, und er wäre rasch zu Ende gewesen, wenn England sich nicht eingeschaltet hätte. Wir hätten den Krieg nach der Unterwerfung Polens ganz schnell beenden können. Aber wie immer haben sich die Engländer den Bestrebungen der Deutschen entgegengestellt.«

Demnach seien die Engländer für den Zweiten Weltkrieg verantwortlich?

»Im Grunde war dies ein Krieg gegen unseren Erzfeind England«, antwortete Burens kühl.

Hitler treffe also keine Schuld?

»Hitler war nur eine Randerscheinung in diesem jahrhundertealten geschichtlichen Konflikt. Auch ohne Hitler wäre es in jedem Fall zum Krach gekommen. Ein Volk, das sich nicht zerstören lassen will, schlägt zu. Wir Deutschen lassen uns nicht kaputtmachen.«

Ob er damit sagen wolle, daß Deutschland immer wieder Krieg führen werde?

»Kriege sind keine einseitige Angelegenheit. Dazu gehören immer zwei. Vielleicht hätte Deutschland den Krieg vermeiden können, aber aus wirtschaftlicher Sicht war das nicht möglich.«

Ob das bedeute, daß Deutschland ohne den Krieg Hunger gelitten hätte?

»Nun ja, nicht ganz«, räumte er ein. »Schlimmstenfalls könnten wir von dem leben, was wir selbst produzieren, aber das würde heißen, daß wir uns einschränken müßten. Und für uns gibt es keinen Grund, unseren Lebensstandard zu reduzieren.«

Wenn man ihn mit kriegerischen Mitteln aufrechterhalten kann, fügte ich in Gedanken hinzu.

»Aber das ist nicht alles«, sagte Burens. »Deutschlands Streben nach Lebensraum und Bodenschätzen war nur ein Grund. Ein anderer war weltanschaulicher Natur. Uns war völlig klar, daß die Franzosen uns vernichten wollten. Jacques Bainville, der bekannte französische Autor, hat in seinem Buch ja die These aufgestellt, daß Deutschland durch den Versailler Vertrag nicht gründlich genug zerstört worden sei und daß man das Reich in einem nächsten Krieg ein für allemal beseitigen und die Grenzen Frankreichs bis an den Rhein ausdehnen müsse.«

Ob das ein Grund für den »weltanschaulichen« Charakter des Krieges sei?

»Mein Gott«, explodierte Burens, »ich bin Deutscher. Sie können von mir nicht erwarten, daß ich eine Amputation meines Vaterlandes hinnehme. Sie können von mir nicht erwarten, daß ich unsere Kinder einer feindlichen Nation ausliefere.«

Das, sagte ich, erinnere mich an all die Dinge, die die Deutschen in anderen europäischen Ländern getan hätten. Ob Herr Burens gehört habe, was beispielsweise in Polen passiert sei?

Kalt antwortete er: »Mir sind Gerüchte zu Ohren gekommen, wonach dort Greueltaten begangen wurden, und ich vermute, es stimmt. Ich bedaure das.«

Ich fragte ihn, weshalb er das bedaure.

»Weil sich der Deutsche mit solchen Dingen einen schlechten Namen macht.«

Menschlich oder moralisch tue es ihm also nicht leid?

»Ich habe nichts damit zu tun«, brummte er unwirsch. »Ich war nicht dort, also trifft mich auch keine Schuld.«

Ob er sich für Verbrechen, die seine Landsleute begangen hätten, denn nicht moralisch verantwortlich fühle?

»Ich habe immer anständig gelebt«, erwiderte er steif. »Ich habe mich nie auf gefährliche Abenteuer eingelassen. Wenn ich es gewagt hätte, den Staat zu kritisieren, wäre ich im Konzentrationslager gelandet.«

Ob das heiße, daß er, ein hoher Beamter, Verbrechen gegen die Menschlichkeit stillschweigend hingenommen und damit gebilligt habe?

Seine Stimme war kalt. »Ich wiederhole: Mit diesen Dingen hatte ich nichts zu tun. Ich war nicht zuständig. Wenn die SS Menschen umgebracht hat, dann nur auf Befehl einer höheren Stelle. Befehl ist Befehl.«

Ob er, ein Mann, der für die Schulbildung Tausender junger Deutscher verantwortlich sei, nicht begriffen habe, daß es hier auch um Moral gehe?

»Vielleicht«, räumte Burens nachdenklich ein. »Vielleicht hätten die SS-Leute bei dem Befehl, Unschuldige zu töten, ein wenig zögern sollen. Pech. Es gibt ein deutsches Sprichwort: Mitgefangen, mitgehangen.«

Auf die Frage, wie er die weitere Entwicklung beurteile, sagte Burens, der kühle politische Analytiker: »Ich habe nie groß über Politik nachgedacht, ich habe dazu keine Meinung.«

Wie solle Deutschland seiner Meinung nach politisch organisiert sein?

»Weiß ich nicht, aber ich glaube, es sollte keine Demokratie sein. Demokratien erreichen nichts. In Deutschland wird Demokratie außerdem mit dem verlorenen letzten Krieg in Zusammenhang gebracht, als Demokraten das besiegte Land übernahmen und Schande auf sich luden.«

Aufrecht saß er da. Plötzlich fragte er, ob er die Beine übereinanderschlagen dürfe, er sei ein alter Mann und ermüde schnell. Selbstverständlich, sagten wir, woraufhin er die gestiefelten Beine übereinanderschlug. Der Anblick seiner Stiefel erinnerte mich an etwas ... ich fragte ihn, was er von den deutschen Generälen halte?

»Ich bringe ihnen die allergrößte Hochachtung entgegen«, sagte er unerwartet scharf. »Im letzten Krieg war ich selbst Offizier, Hauptmann im Generalstab.«

Unser Gespräch war zu Ende. Burens stand auf und sagte nach kurzem Zögern: »Ich möchte Ihnen einen freundschaftlichen Rat geben. Eines Tages werdet ihr Amerikaner merken, daß ihr euch die falschen Verbündeten ausgesucht habt. Die Russen sind kein richtiges Volk, sondern ein Durcheinander verschiedener Rassen. Mit ihnen werdet ihr nie zurechtkommen. Aber euer größter Irrtum sind die Engländer. Sie sind hart, zynisch, egoistisch. Sie haben nur ihr eigenes Interesse im Sinn. Eines muß ich ihnen allerdings zugute halten: Wenn sie sich ein Ziel gesetzt haben, halten sie unbeirrbar daran fest und drängen jeden beiseite, der ihnen im Weg steht.« Burens machte eine heftige Armbewegung. »Eines Tages werdet ihr das zu eurem Leidwesen noch erkennen.«

Und als ich darauf nicht reagierte, fügte er hinzu: »Ihr Amerikaner versteht Europa nicht.«

Er schlug die Hacken zusammen, verbeugte sich knapp und ging hinaus.

Später, als wir den Leutnant der Spionageabwehr (CIC) besuchten, der das deutsche Personal durchleuchtete, rief zufällig Oberbürgermeister Oppenhoff an und bat, einen alten

Bekannten einstellen zu dürfen, einen erfahrenen und kompetenten Verwaltungsbeamten im Schuldienst. Der Betreffende heiße Burens. Der Leutnant fragte uns, ob wir von dem Mann gehört hätten, worauf wir ihm ein kurzes Porträt von Burens lieferten. Oppenhoff wurde knapp beschieden: »Sie müssen sich einen anderen Schulinspektor suchen.«

## 28

Am 9. Dezember schrieben wir unsere gesammelten Eindrücke von Aachen nieder und schickten den Bericht an das PWD-Hauptquartier. Das Bild einer deutschen Stadt sieben Wochen nach der Eroberung: Mehr als 11000 Einwohner leben in der Stadt, überall herrscht emsige Betriebsamkeit. Das Gebäude, in dem sowohl die Militärkommandantur als auch die zivile Stadtverwaltung untergebracht sind, ähnelt einem Bienenkorb. Überall stehen die Leute nach Informationen und Papieren an, Boten eilen die Flure entlang, die Büros sind voll von Personen, die sich registrieren lassen oder irgendwelche Anträge stellen.

Auf den Straßen sind nur wenige Menschen unterwegs. Sie sind erstaunlich gut gekleidet, oft besser als die Engländer. Überall hört man Hämmern. Leicht beschädigte Häuser werden instandgesetzt. Die Leute sind freundlich und grüßen jeden, der eine amerikanische Uniform trägt, sind wegen des Fraternisierungsverbots aber zurückhaltend. Sie machen einen munteren Eindruck.

Neben der Militärkommandantur gibt es eine deutsche Zivilverwaltung. Jeder amerikanische Offizier hat einen deutschen Kollegen. Der deutsche Dezernent arbeitet einen Plan aus, den er dann seinem amerikanischen Vorgesetzten unterbreitet. Dieser prüft und diskutiert den Plan und akzepiert ihn oder lehnt ihn ab.

Es gibt etwa einhundertfünfzig deutsche Polizisten. Sie haben weder Waffen noch Uniformen und sind einzig an ihrer Armbinde mit der Aufschrift POLIZEI zu erkennen.

Keiner von ihnen war zuvor Polizist, alle sind über fünfundvierzig Jahre alt. Nachts tun sie keinen Dienst, da sich Deutsche nach Einbruch der Dunkelheit nicht auf der Straße aufhalten dürfen. Tagsüber patrouillieren sie auf den Straßen. Bei ernsthaften Problemen rufen sie die Militärpolizei.

Bislang konnten die Angestellten der Zivilverwaltung nicht bezahlt werden, da die Stadt kein Geld hatte. Die Nazis haben die Bankunterlagen mitgenommen oder vernichtet, die Bankgebäude wurden zerstört, und die Beschäftigten wurden evakuiert. Inzwischen wurde ein Geldinstitut (die Deutsche Bank) wieder geöffnet, allerdings nur zum Einzahlen von Sparguthaben. In den ersten drei Tagen nach Eröffnung haben 1000 Aachener insgesamt 200000 Mark eingezahlt. Die Stadt wird sich dieses Geld leihen und aus den Steuereinnahmen zurückzahlen.

In Aachen hofft man, innerhalb eines Jahres alle reparablen Häuser (etwa 3000 von insgesamt 15000) reparieren und damit Wohnraum für 40000 Einwohner bereitstellen zu können. Ein Wiederaufbau der gesamten Stadt würde schätzungsweise zwanzig Jahre dauern, vorausgesetzt, »daß Rußland und England uns nicht die Arbeiter wegnehmen und sie zum Wiederaufbau ihrer eigenen zerstörten Städte einsetzen« (Zitat Leiter des Bauamtes).

Die medizinische Versorgung ist adäquat. Es gibt zwanzig Ärzte, sieben Zahnärzte und zwei Apotheker. Das städtische Krankenhaus verfügt über fünfhundert Betten und hat nur vier Patienten mit ansteckenden Krankheiten. Seit Beginn der amerikanischen Besatzung sind viele Kinder geboren worden. Das erste dieser Kinder wurde nach dem Militärarzt getauft, der Geburtshilfe geleistet hatte.

Die Stadt hat zwanzig Lebensmittelgeschäfte, zwanzig Bäckereien und siebzehn Fleischereien. Die Preise werden streng kontrolliert und sind seit der Nazizeit unverändert. Brot, Fleisch und Fette sind rationiert, aber Gemüse steht reichlich zur Verfügung und ist billig. Ein Pfund Kartoffeln kostet 6 Pfennig, ein Pfund Rüben 10 Pfennig.

Geld ist in Aachen praktisch wertlos. Da es außer Lebensmittelgeschäften keine anderen Läden gibt und die Preise kontrolliert werden, kann man im Monat nicht mehr als etwa zwanzig Mark ausgeben, meist für Lebensmittel.

Die Wohnungen, die wir besichtigt haben, waren gut möbliert und mit den üblichen Vorrichtungen und Küchengeräten ausgestattet. Mindestens ein Zimmer, gewöhnlich die Küche, ist gut geheizt und dient als Aufenthalts- und Arbeitsraum. Dies gilt für Arbeiter- und Bürgerwohnungen gleichermaßen.

Die Menschen sind freundlich und aufgeschlossen. Wenn sie das Fraternisierungsverbot ablehnen, so zeigen sie es nicht. Sie wirken lebhaft und sind entschlossen, neu anzufangen. Alle denken an den Wiederaufbau und wollen mit den Amerikanern zusammenarbeiten.

Das Leben geht weiter. Ein Anwalt hat eine Lizenz erhalten. Zehn Männer bringen Ordnung in die Gerichtsakten. Zwei Dutzend Musiker wollen ein Orchester gründen. Ein homosexueller Bühnen- und Filmstar, schick und parfümiert, hat sich bereiterklärt, vor US-Truppen amerikanische Lieder zu singen. Ein Kammerjäger macht sich Sorgen über die anwachsende Rattenpopulation.

Amerikaner genießen hohes Ansehen unter den Deutschen. Für einige ist es das Ansehen des starken Eroberers. Ein junger Werkzeugmacher erklärte: »Wir Deutschen sind schwach, wir brauchen einen ausländischen Staat, der das Volk vor den Militaristen schützt. Wenn die Amerikaner abziehen, fallen wir wieder den Kriegstreibern in die Hand.« Für andere ist Amerika die Großmacht, die das Freiheitsideal verkörpert.

## 29

Würselen war noch schlimmer zugerichtet als Aachen. Um diese Industriestadt (nordöstlich von Aachen gelegen, mit etwa 16000 Einwohnern) wurde eine der erbittertsten Schlachten des Feldzugs geführt. Die völlig zerstörte Stadt bot einen trostlosen

Anblick, denn hier stand kaum noch ein Stein auf dem anderen. Die Häuser, meist aus rotem Backstein, hatten unter dem Granatbeschuß sehr viel mehr gelitten als die massiver gebauten Häuser in Aachen. Kaum ein Haus, das nicht komplett zerstört oder schwer beschädigt war. Bäume und Telegraphenmasten waren wie Streichhölzer zersplittert. Man konnte nur in der Straßenmitte gehen, da die Bürgersteige vermint und die Hausruinen mit Sprengladungen versehen waren. Pioniereinheiten der US-Armee hatten überall Warnschilder aufgestellt. Jeden Tag wurden deutsche Zivilisten in Stücke gerissen.

Hauptmann Louis Tyroler, der Ortskommandant, war ein sympathischer und zupackender Mann, der sich mit seiner Truppe, einem Leutnant und drei Mannschaftsdienstgraden, bemühte, ein wenig Ordnung in dieses unglaubliche Chaos zu bringen. In Würselen befanden sich noch etwa viertausend Menschen, die sich den Evakuierungsaufrufen der SS hartnäckig widersetzt hatten. Sonst gab es so gut wie nichts. Die Kommandantur war in zwei zerschossenen Gebäuden untergebracht, den besterhaltenen in ganz Würselen, und dort wurden wir empfangen und über die Lage informiert. Hauptmann Tyroler tat sein Möglichstes, aber auch er hatte keinen Kaffee, keine Zigaretten, keine Lebensmittelrationen. Die Kommandantur ernährte sich von Büchsenfleisch und Crackern.

»Meine vordringlichste und schwerste Aufgabe«, erzählte der Hauptmann, »bestand darin, die Leute aus den Kellern zu holen. Sie hatten wochenlang in unterirdischen Behausungen gelebt und sich an ein maulwurfartiges Dasein gewöhnt. Meine zweite Aufgabe bestand darin, die wenigen noch vorhandenen Lebensmittelvorräte zu organisieren. Innerhalb von drei Tagen hatte ich eine Verteilstelle eingerichtet, sie funktioniert ganz gut. Bald werden wir fließend Wasser haben, und sobald die Minen um das Transformatorenhäuschen beseitigt sind, gibt es auch Strom.«

Mit Hauptmann Tyrolers Genehmigung durften wir ein paar Tage bleiben und mit den Würselnern Gespräche führen.

Wenn wir durch die Straßen gingen und gerade überlegten, wann uns eine Mine in die Luft jagen würde, hörten wir oft eine Explosion, und das bedeutete jedesmal ein Menschenleben. Joe blieb immer mit wahrer Engelsgeduld in seinem Wagen sitzen. Einmal sah er, wie ein US-Sergeant aus seinem Jeep kletterte und auf eine Hausruine zuging. Joe rief ihm zu: »Würde ich an deiner Stelle nicht tun, Alter. Alles vermint hier.« Doch der Sergeant, der ein dringendes Geschäft oder etwas anderes zu erledigen hatte, schlug die Warnung in den Wind. Kurz darauf gab es eine Explosion, und von dem Sergeant war nicht mehr viel übrig.

▮ Die Leute erzählten uns die Geschichte von Würselen.

Anfang September, als die Amerikaner quer durch Frankreich in Richtung Rhein vorstießen, begannen die Nazis damit, die Bevölkerung zu evakuieren. SS-Leute sagten: »Wir wollen dem Feind nur Ruinen hinterlassen. Der Amerikaner soll ein entvölkertes Land vorfinden.« Junge Burschen im Alter zwischen vierzehn und siebzehn wurden zum Ausheben von Panzergräben nach Brand abtransportiert. Dann mußten sich die Leute abmarschbereit versammeln. Viele wurden ohne Gepäck auf Lastwagen zusammengepfercht und fortgeschafft. Andere weigerten sich. SA und SS beschränkten sich zunächst auf Drohungen, dann benutzten sie die Fäuste und schließlich ihre Revolver. Die Leute schrien: »Verbrecher! Mörder!« Die SS begann, systematisch alle Häuser zu durchsuchen. Die Bewohner versteckten sich in Bergwerksschächten und Kellern. Wer entdeckt wurde und Widerstand leistete, wurde erschossen.

Während die US-Armee sich nach Aachen vorkämpfte und immer weiter auf Würselen vorrückte, plünderten SS und Wehrmacht die leerstehenden Häuser. Sie nahmen alles mit, Wertgegenstände, Kleidungsstücke, Bettwäsche, Radios und Konserven, luden die Beute auf Lastwagen oder schickten das Zeug per Feldpost nach Hause. Ein Arbeiter beklagte sich bitter über diese Plünderung von Deutschen durch Deutsche: »Seit den Luftangriffen herrscht überall in

Deutschland Mangel. Die Leute bitten ihre Angehörigen, die in der Wehrmacht sind, ihnen etwas zu schicken. Und so rauben unsere Soldaten die eigene Bevölkerung aus, damit ihre Familien zu Hause zufrieden sind.« Deutsche Soldaten verrichteten in Schränken und Kommoden ihre Notdurft. Sie sagten: »Wir lassen den Amerikanern nur Scheiße da.«

Dann fingen sie an, im ganzen Ort Minen und Sprengladungen zu legen – über Türen, in Kellern, auf dem Gehsteig, in Küchen, Öfen, Brunnen. Diese Maßnahme richtete sich nicht nur gegen amerikanische Soldaten, sondern auch gegen diejenigen deutschen Zivilisten, die Würselen nicht verlassen wollten.

Die viertausend Personen, die sich dem Räumungsbefehl widersetzt hatten, lebten unter der Erde, ernährten sich von Kartoffeln und gelegentlich einem Stückchen Fleisch, das von Kühen und Pferden stammte, die achtlos über die Minen stolperten. Nachts schlüpften diese Höhlenbewohner aus ihren Verstecken, um in den Gärten und in den verwaisten Läden nach etwas Eßbarem zu suchen. Zwei Metzgereien machten in dieser Zeit gute Geschäfte, denn auf den Feldern lagen genügend Tierkadaver herum.

Es wurde ein Rund-um-die-Uhr-Wachdienst eingerichtet. An jeder Straßenecke stand ein Posten, der sofort pfiff, sobald sich eine Militäruniform zeigte, so daß die Leute ihre Verstecke aufsuchen konnten. Und so führten, während Würselen mit Granaten beschossen wurde, mehrere tausend Zivilisten, größtenteils Nazigegner, rund sieben Wochen lang eine seltsame unterirdische Existenz »in Gesellschaft von Mäusen«, wie es einer von ihnen ausdrückte.

Als sie eines Morgens während einer Kampfpause aus ihren Kellern spähten und die ersten Amerikaner sahen, brachen alle in Freudentränen aus.

Drei Würselner erzählten von diesem Moment.

Ein städtischer Angesteller hatte gerade Wachdienst in seinem Viertel, als er eine anrückende Abteilung sah. Das war am 17. November vormittags um halb zehn. Er rannte in den Keller, in dem sich seine Familie aufhielt, rief: »Ich glaube, ich habe Amerikaner gesehen« und lief sofort wieder hinaus. Er war ziemlich sicher, daß die Soldaten keine deutsche Uniform trugen. »Das sind doch Amis«, sagte er zu einem Nachbarn. »Stimmt«, antwortete der. Da lief er wieder in den Keller und brüllte: »Amerikaner!« Alle weinten vor Freude. »Laßt euren Tränen freien Lauf!« sagte er. Eine alte Frau, der die Tränen über das Gesicht liefen, sagte: »Schade, daß wir keine Blumen für unsere Befreier haben.« Dann schauten sie alle hinaus und sahen die ersten amerikanischen Panzer durch die Stadt rumpeln. Er rief: »Kinder, wir haben gewonnen! Der Krieg ist aus!« Und alle feierten mit einer Flasche Rotwein, die sie für eine besondere Gelegenheit aufgehoben hatten.

In einer anderen Straße kam eine siebzehnjährige Stenotypistin, Angehörige des BDM, aus ihrem Keller und überlegte, wie sie die Amerikaner auf die Sprengladungen aufmerksam machen könne. Mit Kreide schrieb sie auf ihre Haustür: »ATTENTION! MINEN!«. Den Amerikanern, die sich ihrem Haus näherten, erklärte sie mit wenigen Worten und vielen Gesten, daß an der Tür eine Sprengladung angebracht sei. »Ich habe ein paar Amerikanern das Leben gerettet«, sagte sie.

Ein junger Bergarbeiter sah einen Panzer. Als er sicher war, daß es kein deutscher war, nahm er die Weinflasche, die er für eine besondere Gelegenheit aufgehoben hatte, und trank auf die »amerikanischen Befreier«.

Es war völlig still, als die »Befreier« die Stadt betraten. Zivilisten kamen aus ihren Verstecken hervor und musterten neugierig die US-Soldaten. Es gab keine Willkommensrufe auf der einen und keinerlei Reaktion auf der anderen Seite. Die Soldaten hatten Fraternisierungsverbot, waren kalt und mißtrauisch. Die Leute standen einfach da, trauten sich nicht, etwas zu tun, weil sie nicht wußten, wie sich die Sieger verhalten würden.

So endete die Schlacht um Würselen, die fast sieben Wochen gedauert und von der Stadt nichts mehr übriggelassen hatte.

**30** Würselen ist typisch für viele Industriestädte in Deutschland. Der Nationalsozialismus kam 1928 nach Würselen. Die Bewegung bestand ursprünglich aus neun Personen, die wenig angesehen waren – einem Fuhrmann, einem Kaminbauer (einschließlich seiner drei Söhne), einem Maurer und zwei Malergesellen. Diese Leute waren also kleinbürgerliche Gewerbetreibende und keine proletarischen Industriearbeiter. Alle traten aus der Kirche aus, was weder ihrem persönlichen Renommee noch dem Ruf ihrer Partei förderlich war.

1933 waren aus den neun Parteigenossen schon fünfzig geworden. Bezeichnenderweise kamen die meisten von ihnen aus dem Baugewerbe, denn Hitler hatte umfangreiche staatliche Arbeitsprogramme versprochen. Nach der Machtergreifung traten zahlreiche Würselner in die Partei ein. Aus welchen Bevölkerungsschichten kamen diese neuen Nazis?

Wie fast überall, waren es ehemalige Zentrumswähler. Vor 1933 hatte ein Drittel der Würselner für die Zentrumspartei gestimmt, die anderen zwei Drittel waren Sozialdemokraten, christliche Sozialisten und Kommunisten. Der Nationalsozialismus fand zwar ein gewisses Echo in den Arbeiterparteien, aber nicht in nennenswertem Maße. Von den Bergarbeitern blieben etwa zwei Drittel bei der Linken. Ein Sozialist bemerkte: »Die schwachen Genossen wurden ausgesiebt, indem sie den Faschisten in die Falle gingen, die starken blieben ihren sozialistischen Überzeugungen und der Arbeiterbewegung treu.«

Von der Zentrumspartei konnte man das nicht sagen. Zentrumsanhänger, hauptsächlich kleine Kaufleute, Gewerbetreibende und Angestellte, liefen nach 1933 in Scharen zu den Nazis über, und zwar aus einem ganz simplen Motiv: Die Angestellten wollten ihre Arbeitsplätze behalten, und die Geschäftsleute hofften, sich ihrer ärgsten Konkurrenz, der Genossenschaften, entledigen zu können. Diese Leute waren das Rückgrat des Nationalsozialismus, und sie sind bedingungslos für den Krieg eingetreten.

Das gilt auch für die antifaschistischen Arbeiter. Es ist eine der Tragödien Deutschlands, daß die entschiedensten Gegner Hitlers zugleich seine größten Helfer waren. Die proletarischen, klassenbewußten Grubenarbeiter von Würselen haben auch während des Kriegs Kohle gefördert und, wenn überhaupt, nur ganz selten Sabotageakte verübt. Obwohl sie wußten, daß ihr Produkt von großer Bedeutung für einen Krieg war, der nicht der ihre war, und für ein System, das sie ablehnten, haben sie weiterhin ihre Arbeit getan und die Nazis still verflucht.

Die Bergleute waren wortkarge, ausgemergelte Gestalten. Überraschend viele von ihnen hatten einen Arm verloren, andere litten an Silikose. Meistens kamen sie aus alten Bergarbeiterfamilien. Elf Jahre Hitler hatten ihrem Klassenbewußtsein nichts anhaben können, es eher noch verschärft. Einer unserer Informanten erzählte uns eine charakteristische Geschichte. Er zeigte uns die Ruine einer Villa, die bei einem amerikanischen Luftangriff in Flammen aufgegangen war. Als die Feuerwehrleute die Porträts von Hindenburg und Hitler an der Wand sahen, rollten sie die Schläuche wieder ein und fuhren davon. »Sollen die beiden das Feuer löschen«, riefen sie.

▌Und so kam Würselen unter der amerikanischen Besatzung zu seinem Bürgermeister:

In der Stadt lebte ein gewisser Herr Reuters, achtundfünfzig Jahre alt, alleinstehend, Lohnbuchhalter in einem lokalen Bergwerk. Er trug einen Gehrock und fand, daß er meilenweit über den Arbeitern stand. Ihm war noch nie etwas Spektakuläres passiert. Er verdiente zweihundertvierzig Mark im Monat – etwa vierzig Mark mehr als ein Kumpel – und führte das langweilige Leben eines Kleinbürgers. 1937 beging er den, wie sich später zeigte, größten Fehler seines bis dahin ereignislosen Lebens. Er erhielt die Aufforderung, die Gebühr für die Aufnahme in die Nazi-Partei sowie die monatlichen Mitgliedsbeiträge zu entrichten. Er sollte gar nicht eintreten, sondern nur zahlen. Herr

Reuters bezahlte regelmäßig seine Beiträge, sieben Jahre lang, ohne ein einziges Mal an einer Parteiversammlung teilzunehmen oder sich sonstwie um diese Dinge zu kümmern. Als es schließlich zur Schlacht von Würselen kam, versteckte sich Herr Reuters in einem Keller und überlebte dort.

Eines Morgens schlug seine historische Stunde. Er war zufällig auf der Straße, als die Amerikaner die Stadt betraten, und zwar genau dort, wo ein US-Major, der einen Bürgermeister suchte, seinen Jeep anhielt. Der Major erblickte den grauhaarigen, etwas rundlichen Herrn in seinem eindrucksvollen Gehrock und erklärte ihm, daß er nach einem Bürgermeister suche. Ein kriegsversehrter Kumpel, der in diesem Moment vorbeikam, meinte, daß Herr Reuters einen guten Bürgermeister abgäbe. Vielleicht war das scherzhaft gemeint, doch der Major nickte bloß und erkundigte sich bei anderen Passanten über Reuters. Sie bezeichneten ihn als anständig und harmlos. Reuters dachte sich nichts weiter dabei, bis am nächsten Tag ein GI an seiner Tür klingelte und ihm ein Papier aushändigte, auf dem stand, daß er kraft Anordnung des US-Militärbefehlshabers zum Bürgermeister von Würselen ernannt sei.

Kaum hatte der verwirrte Mann sein Amt angetreten, murrten die Leute und protestierten bei dem Major. Alle wußten, daß Reuters zwar harmlos, aber eben doch ein respektierter Parteigenosse gewesen war (»Er hat regelmäßig seine Mitgliedsbeiträge entrichtet, nicht wahr?«). Außerdem waren der Polizeichef und andere hohe, von Reuters ernannte Kommunalbeamte – welch merkwürdiger Zufall – ebenfalls alte Nazis. Die Würselner Antifaschisten wollten wissen, was von dieser »Befreiung« zu halten sei.

Der CIC schaltete sich ein und ermittelte achtzehn Tage lang. Dann stand offiziell fest, daß der Bürgermeister und seine Mitarbeiter tatsächlich in der NSDAP gewesen waren. Daraufhin zitierte der Militärkommandant Reuters und Kollegen zu sich und erklärte ihnen, die in strammer Haltung vor ihm standen, in väterlich strengem Ton: »Aufgrund unserer Ermittlungen haben wir Kenntnis von Ihrer Parteimitgliedschaft. Wenn wir Sie im Amt beließen, würden wir gegen unsere Grundsätze verstoßen und das Vertrauen all jener Menschen verlieren, die sich den Nazis widersetzt und mit denen wir keine Probleme haben. Es bleibt mir also keine andere Wahl, als Sie zu entlassen. Ich möchte jedoch hinzufügen, daß ich weder an Ihrer Arbeit etwas auszusetzen habe noch an der Art und Weise, wie Sie sich seit unserem Eintreffen hier verhalten haben. Meine Maßnahme erklärt sich ausschließlich aus der Tatsache, daß Sie Mitglied der Nazi-Partei waren. Sofern Sie sich weiterhin ordentlich verhalten, wird diese Entlassung keineswegs als Stigma an Ihnen hängenbleiben.«

So endeten Herrn Reuters' allzu kurze Tage des Ruhms. Es war die schwärzeste Stunde seines Lebens. »Ich hatte so gehofft«, sagte er seufzend, »die letzten Jahre meines Lebens den amerikanischen Herren dienen zu können.«

Reuters' Nachfolger, Herr Jansen, wurde aus zwei Gründen ernannt – er war kein Nazi, und er war harmlos. Er war aus dem besten Grund nicht in die Partei eingetreten: sein Chef hatte es nicht verlangt. Jansen, vor 1933 ein kleines, unauffälliges Mitglied der Volkspartei, brachte keinerlei Qualifikationen für das Amt mit. Die Antinazis im Ort verachteten ihn.

Wirklich qualifiziert waren Personen, die zur Linken gehörten, aus Sicht der Militärregierung also nicht besonders attraktiv waren. Trotzdem bewunderten sie Amerikaner und arbeiteten mit ihnen zusammen. »Politisch«, sagte mir ein intelligenter Bergarbeiter, »ist Amerika das beste für uns. Amerika ist das Land der Freiheit. Die Amerikaner wollen genau dasselbe wie wir. Wir wollen nur Brot und Freiheit.«

## 31

Max Kampf war ein alter Sozialdemokrat. Zehn Jahre Naziregime hatten an seiner politischen Haltung nichts geändert. Er war gegen Hitler, gegen Krieg, gegen Nationalismus. Um künftige Kriege zu verhindern, sagte er, müsse man Deutschland zerschlagen.

»Aus tiefstem Herzen wünsche ich mir ein kleines Deutschland, das nie mehr in der Lage ist, einen Krieg zu beginnen.«

Leidenschaftlich wandte er sich gegen die These der Nazis, daß Deutschland Lebensraum und Kolonien brauche. »Wenn wir welche brauchen, was ich bezweifle, könnten wir sie auf friedlichem Weg, durch Verhandlungen erwerben, nicht durch Krieg. Keine Kolonie ist es wert, die Welt in Feuer und Flammen zu stürzen, wie Hitler es getan hat. Hitlers Parole lautete: Unser Lebensraum ist der Osten. Also hat er Rußland überfallen, um sich die Ukraine, die Kornkammer Europas, unter den Nagel zu reißen.«

Jetzt könnten die Russen über die Deutschen lachen, meinte Kampf. »Die Russen sind ein fleißiges Volk. Mit dem Fünfjahresplan, über den die Deutschen sich lustig gemacht haben, hat Rußland große Dinge erreicht. Stalin, der Rußland mächtig gemacht hat, ist nicht nur ein Staatsmann, sondern auch ein Stratege.«

Ob er keine Angst habe, daß die Russen nach Deutschland kommen?

»Ich glaube nicht, daß sie bis zum Rhein kommen«, antwortete er. »Aber wenn, dann habe ich als Sozialist nichts zu befürchten. Sicher werden sie Ostdeutschland besetzen. Damit bin ich einverstanden. Es ist nur von Vorteil, wenn die Preußen von den Russen regiert werden.«

Wenn wir mehr über die Russen wissen wollten, fügte er hinzu, sollten wir mit Franz Eschweiler reden, einem Kollegen, der in dem von den Nazis besetzten Teil der Sowjetunion gearbeitet habe. Eschweiler war ebenfalls Sozialdemokrat, aber Kampf wollte sich weder positiv noch negativ über ihn äußern.

▮ Da deutsche Sozialisten sich immer als Freunde Rußlands und der Russen bezeichneten, war ich neugierig auf einen, der in der besetzten Sowjetunion gearbeitet hatte. Ich erinnerte mich an Aussagen von Russen, daß alle Deutschen schlecht seien und daß deutsche Sozialisten sich genauso brutal verhielten wie die Faschisten. Junge russische Zwangsarbeiter, die im letzten September aus Deutschland nach Luxemburg geflüchtet waren, berichteten, daß ihnen niemand in Deutschland, abgesehen von einer Handvoll Kommunisten, Mitgefühl entgegengebracht oder geholfen habe.

Eschweiler (schlank, einunddreißig Jahre alt, mit einem listigen Gesicht und honigsüßen Worten) biederte sich sofort an, als wir ihn im Arbeitsamt antrafen. Er drosch antifaschistische Phrasen und schwelgte in Sympathiebekundungen für die Alliierten, besonders für die Russen. Kampf hatte uns erzählt, daß Eschweiler Bergarbeiter sei, so daß ich ganz überrascht war, daß er blankpolierte Stiefel und ein weißes, gestärktes Hemd (allerdings ohne Krawatte) trug. Sein Vater, erklärte er, sei ein einfacher Kumpel gewesen, er selbst habe es bis zum Fahrhauer gebracht, dem zwölf Mann unterstehen, und dann zum Steiger, der hundertfünfzig Mann führt. Als Steiger, sagte er wegwerfend, habe er ungefähr vierhundert Mark im Monat verdient, zweimal soviel wie ein einfacher Kumpel, aber nicht so viel wie ein Fahrsteiger, sein Vorgesetzter. »Ich war nur die Marionette des Fahrsteigers, der ein Nazi war.« Eschweiler ärgerte sich, daß ihn die Betriebsleitung nicht zum Fahrsteiger befördert hatte.

Mit selbstzufriedener Miene erzählt er, daß er und seine zwölf Mann Sabotageakte in den Stollen durchgeführt hätten. Sooft sie auf eine gute Ader stießen, hätten sie sie unbrauchbar gemacht. »Nur erfahrene Bergleute wissen, wie das geht.« Statt sieben oder acht Waggons Kohle hätten sie aus einer solchen Ader nur zwei oder drei herausgeholt. Ob sie dadurch nicht finanzielle Einbußen erlitten hätten? Sie hätten ohnehin nur den Mindestlohn erhalten, erwiderte Eschweiler. Und wie haben die Bergleute die ganze Zeit unten im Stollen verbracht, wenn sie nicht gearbeitet haben? »Wir haben Karten gespielt«, sagte er. Und welcher Widerstandsgruppe habe er angehört? »Es gab keine Organisation. Das hätte den Tod bedeutet oder mindestens zwanzig Jahre KZ.«

Seine Sabotage lief also auf ein schlichtes Betrugsmanöver hinaus.

Als die Nazis im Jahre 1942 erfahrene Bergleute zum Einsatz in Rußland suchten, meldete sich Eschweiler, der Sozialdemokrat, dessen Vater ebenfalls Sozialdemokrat war, auf der Stelle. »Für mich war das die Chance, die Sowjetunion mit eigenen Augen kennenzulernen«, sagte er, als wir ihn nach dem Grund für seine Entscheidung fragten. (Ein kommunistischer Bergmann, mit dem wir später sprachen, bezeichnete Eschweiler verächtlich als einen der wenigen Sozialisten, die den Nazis geholfen hätten, andere Länder auszubeuten.)

Eschweiler wurde ins Donezbecken entsandt, in das Dorf Schistjakowo, das er als Repräsentant der Besatzungsmacht ganz allein verwaltete. Die zweihundertfünfzig russischen Arbeiter habe er anständig behandelt. Deswegen sei er sehr beliebt bei ihnen gewesen. Nach Eschweilers Darstellung muß es Liebe auf den ersten Blick gewesen sein. Er zeigte den Russen, wie man Kohle förderte, und sie zeigten dem Deutschen die Vorzüge des Kommunismus.

Die Nazis bezahlten ihm ein Gehalt von jährlich siebentausend Mark plus Trennungszulage, so daß er insgesamt etwa das Doppelte dessen verdiente, was er in Würselen verdient hatte. So wurde Eschweiler zu einem Freund des Kommunismus, wie er in Schistjakowo praktiziert wurde. Er habe, sagte Eschweiler, ein herrliches Leben geführt. Erstens fand er eine russische Freundin, eine zwanzigjährige Lehrerin mit Namen Vera, zweitens fand er eine komfortable Unterkunft, und drittens aß er, wie er es sich in Deutschland nie vorzustellen gewagt hätte. Seine Augen glänzten bei der Erinnerung an die lukullischen Genüsse.

»Gleich am ersten Tag setzte mir Vera zum Frühstück zehn gekochte Eier vor. Ich dachte, das ist die ganze Wochenration, aber ich hatte einen solchen Appetit auf Eier, daß ich ganz schnell drei Stück verschlang. Als Vera wieder ins Zimmer kam und die übrigen sieben sah, fragte sie erstaunt, ob der deutsche Herr – ich trug ja Wehrmachtsuniform – krank sei. Ich sagte, keineswegs, worauf sie wissen wollte, weshalb ich die Eier nicht aufesse. Russische Männer, sagte sie in gebrochenem Deutsch, essen zehn Eier. Was mit den deutschen Männern los sei.«

Eschweiler, der neue Herr im Dorf, besuchte die Leute in ihren Häusern, um zu zeigen, daß er ein anständiger Kerl war. Überall wurde er gastfreundlich empfangen und mit reichlich Eiern und Huhn bewirtet. Als man sich besser kennengelernt hatte, wurde auch über Politik diskutiert. Einige Leute waren Mitglieder der Kommunistischen Partei, viele von ihnen kluge Menschen. »Der intelligenteste Bursche, den ich dort kennengelernt habe, war Nikolai Lubtschik, der Leiter des Bergwerks. Ich habe ihm anvertraut, daß ich Sozialdemokrat bin.« Die Russen hätten direkt vor seiner Nase Sabotageakte ausgeführt, doch er habe so getan, als hätte er nichts bemerkt. Er konnte es vertuschen, weil er die Produktionsziffern selbständig festsetzen konnte, und er habe sie bewußt niedrig festgesetzt, sagte Eschweiler.

Als im September 1943 die Rote Armee auf Schistjakowo vorrückte, mußte Eschweiler, der Freund russischer Frauen und russischer Eier, seine Sachen packen. Die Dorfbewohner hätten ihn, mit Tränen in den Augen, gebeten zu bleiben, und obwohl er ihnen den Gefallen gern getan hätte, ahnte er, daß die Rote Armee den Grund für seine Anwesenheit in der Sowjetunion mißverstehen würde. »Ich befürchtete«, sagte er mit einem glatten Lächeln, »daß die Sowjets keine Fragen stellen, sondern mich auf der Stelle erschießen würden.«

Er kehrte nach Würselen zurück und wurde dort Aufseher über die fünfhundert russischen Zwangsarbeiter, die im Bergwerk schufteten. Diese Sklaven wurden brutal behandelt, sie bekamen nur die Hälfte der Verpflegung, die ihnen eigentlich zustand, und hatten überhaupt keine Rechte. Diese Leute seien mit ihren Problemen zu ihm gekommen, und er habe so viel für sie getan, daß sie ihn mit »Franz« anredeten statt mit dem üblichen »Herr Eschweiler«.

Als die Amerikaner nach Würselen kamen, bot er den neuen Herren seine Dienste an. Der Kommandant habe ihm Arbeit gegeben, doch er wollte etwas Besseres. »Die Amerikaner«, sagte er, »sind unsere Herren. Was sie bestimmen, wird getan. Ich fände es gut, wenn Deutschland geteilt und das Rheinland von den Amerikanern übernommen wird. Eine amerikanische Besetzung ist das Beste, was uns passieren kann.« Er wollte wissen, wie er uns helfen könne – er sei bereit, jede bessere Stelle anzunehmen.

Als wir etwa einen Monat später mit Max Lerner, der für *Pacific Mail* aus Deutschland berichtete, zu einem Interview mit jungen russischen Arbeitern gingen, hatte ich Eschweiler schon ganz vergessen. Während wir noch vor dem Büro der US-Kommandantur von Würselen standen und mit den Russen sprachen, kam Eschweiler heraus und fing sofort an, sich bei der Gruppe einzuschmeicheln. Die Russen machten eine eisige Miene. Eschweiler legte den Arm um eine junge Russin. Sie wehrte sich. Er versuchte es noch einmal, sie stieß ihn heftig und mit angewidertem Gesicht von sich. Dann sprach er Russisch zu ihr, aber wieder bekam er eine Abfuhr, und schließlich entfernte er sich. Ich fragte Valentin, den lebhaften Anführer der Gruppe, ob Eschweiler ein Freund der Russen sei. Der junge Mann lachte verächtlich. »Er nix gut. Die meiste Deutsche nix gut. *Streljat Njemzew.*«

▌Am Abend besuchten wir mit Max Lerner ein Fest, das die jungen Russen uns zu Ehren gaben. Wir brachten Essenspäckchen und Zigaretten mit, und die befreiten jungen Leute sangen und tanzten für uns. Es war ein faszinierender Abend, und tags darauf schrieb ich in einem Brief:

*Anwesend waren fünfunddreißig junge Leute im Alter zwischen siebzehn und einundzwanzig. Die meisten sind schon drei Jahre hier, das heißt, viele von ihnen wurden als Vierzehnjährige aus Rußland verschleppt. Ich fungierte als eine Art Dolmetscher, während Max ihre Geschichten und Erfahrungen notierte. Nur wenige sprachen deutsch. Die meisten kamen aus der Ukraine – aus Kiew, Charkow, Nikolajew.*

*In Deutschland mußten sie hart arbeiten und wurden miserabel verpflegt. Keine Kleidung, keine Schuhe, keine Rechte. Sie durften nicht mit Deutschen sprechen, keine Privatwohnungen betreten, nicht ins Kino, nicht ins Restaurant und nicht in die Kirche gehen. Auf der linken Schulter trugen sie in großen Buchstaben das Kennzeichen OST. Selbst die Mädchen haben in den Bergwerken und Fabriken Schwerarbeit geleistet. Eine Achtzehnjährige (sie hieß Alexandra, aber wir durften Schuroschka zu ihr sagen) zeigte uns Prügelnarben an Füßen und Beinen. Eine Neunzehnjährige aus Saporoschje, sehr sensibel und melancholisch und still und zart (die anderen waren robust und kräftig), erzählte, daß sie Pädagogik studiert habe. Dann seien die Deutschen einmarschiert, hätten ihren Vater ermordet und die Mutter verschleppt. Zwei Brüder von ihr seien in der Roten Armee. Die Deutschen haben sie nach Deutschland verschleppt, aber sie hatte noch Glück. Sie mußte nicht in einer Fabrik arbeiten, sondern wurde einem Aachener Hotel als Zimmermädchen zugeteilt. Sie arbeitete von sechs Uhr früh bis Mitternacht, achtzehn Stunden täglich. Im Gegensatz zu den anderen russischen Arbeiterinnen bekam sie (aus der Hotelküche) genug zu essen, aber Rechte hatte sie keine. Mit ruhiger, bitterer Stimme sagte sie: »Auf der Straße – jeden Sonntagnachmittag hatten wir ein paar Stunden frei – haben die Deutschen über uns gelacht und uns als russische Dreckschweine verspottet.« Dieser öffentliche Hohn hat sie vermutlich noch mehr verletzt als die körperlichen Strapazen.*

*Ich fragte sie, was man ihrer Meinung nach mit den Deutschen tun solle. Überrascht sah sie mich an: »Wieso? Natürlich kaputtmachen.« Ich fragte: »Auch die Frauen und Kinder?« Mit erschreckend ruhiger Stimme sagte sie: »Wissen Sie, was die mit unseren Frauen und Kindern gemacht haben? Haben sie unsere Frauen und Kinder verschont?«*

*(Niemand wird verstehen, was die Europäer von den Deutschen halten, solange man nicht mit Belgiern, Franzosen oder Russen gesprochen hat. Für sie ist nur ein toter Deutscher ein guter Deutscher.)*

*Was die jungen Russen angeht, so sind sie prachtvolle Burschen. Was für eine Generation! (Die Mädchen sind auch kräftig, aber melancholischer.) Obwohl sie so viel durchgemacht haben, kennen sie keine Neurosen, keine Angst, keine Sorgen. Sie singen und tanzen und lachen – und wollen Deutsche töten. Sie haben ein einziges Ziel: in der Roten Armee mitzukämpfen. Der kleine Valentin mit seiner Knubbelnase und den fröhlichen Augen bat uns inständig, ihm eine Waffe zu geben und ihn vorerst an eine amerikanische Einheit zu vermitteln. Mit großen Gesten führte er vor, was er mit den* Niemzy *machen würde. Er hatte mit der Gestapo viel Ärger gehabt, war geflohen, hatte einem Gestapoagenten die Augen ausgestochen, einen zweiten zu Boden geschlagen. Seine Freunde erzählten voller Bewunderung, daß er, ein ausgezeichneter Mechaniker, in einer Düsseldorfer Munitionsfabrik als Kranführer gearbeitet habe und daß alle zwei, drei Stunden der Kran kaputtging. Dann sei der Vorarbeiter gekommen, habe sich die Haare gerauft und ihn angebrüllt, Valentin habe aber nur mit einem gespielt hilflosen »Nix verstehn« reagiert. Irgendwann wurde es den Deutschen zu bunt, daß seine Kräne dauernd kaputtgingen, und sie schickten Valentin ins Bergwerk, bis er schließlich entfloh, sich in den Wäldern versteckte und dann zu uns überlief. Er hängte sich an mich und wollte irgendeine Aufgabe bekommen, ganz egal was. Da er meinen Namen nicht aussprechen konnte, bot ich an, daß er Paul zu mir sagen könne, doch auch das war ihm zu kompliziert. Schließlich einigten wir uns auf Pawel, und fortan hieß ich* towarischtsch Pawel.

*Nachdem alle mit aufgeregter Stimme ihre Geschichten erzählt hatten (die Jugendlichen waren nicht zu bremsen), griffen die Mädchen zur Balalaika, und die Burschen tanzten. Welch geballte Energie! Dann sangen alle. Max gewann ihre Herzen, als er amerikanische Volkslieder sang. Alle umringten ihn voller Sympathie und Bewunderung. Die Jungen hatten den Arm um die Mädchen gelegt. (Die jungen Russinnen, durchweg sehr sittsam, sehr spröde, haben die Deutschen, das sexuell hemmungsloseste Volk Europas, mit ihrem puritanischen Verhalten vor den Kopf gestoßen. Ein deutscher Arzt erzählte mir, daß fünfundneunzig Prozent der Russinnen, die in seiner Fabrik arbeiteten, unberührt seien.)*

*Dann bildeten etwa zwölf Jungen einen Kreis und schmetterten russische Lieder. So etwas hatte ich noch nicht erlebt. In einem Lied kamen die Worte* sowjetski narod *(Sowjetvolk) vor. Beim*

Anblick der Jungen, die so begeistert und hingebungsvoll sangen, sagte Max: »Es sind diese stahlharten Männer, an denen Hitler sich die Zähne ausgebissen hat. Diese Männer haben den Faschismus zerschlagen.«

Ein Junge war sehr witzig. Irgendwie hatte er sich eine sowjetische Uniform besorgt, die er die ganze Zeit mit unglaublichem Stolz trug. Er brauchte unbedingt noch ein Gewehr. Er strich über Joes Karabiner, konnte die Hände nicht davon lassen, flehte Joe an, ihm die Waffe nur für einen Moment zu leihen. Ich lachte und fragte ihn, was er damit machen wolle. Er grinste über das ganze Gesicht und rief: »Streljat Njemzew!« Er wollte die Waffe nur für ein paar Stunden haben, in die Stadt gehen und den erstbesten Deutschen, der ihm unter die Augen kam, über den Haufen schießen.

Da ich nicht wollte, daß er Schwierigkeiten machte, bat ich Joe, der zuviel Verständnis für den Jungen hatte, seinen Karabiner nicht aus den Augen zu lassen.

All diese jungen Russen hatten etwas gemeinsam: Kraft und ein ungebrochenes Selbstbewußtsein. Wo der amerikanische Soldat unsicher sagt: »Hoffentlich finde ich einen Job, wenn der Krieg aus ist«, sagen diese Russen wie selbstverständlich: »Ich werde dieses oder jenes tun.« Nicht der leiseste Zweifel an der Zukunft. Genau das macht sie zu einem so widerstandsfähigen Volk, zu so starken Kämpfern.

Und noch etwas: Trotz der furchtbaren Dinge, die sie erlitten haben, ließen sie nicht das geringste Selbstmitleid erkennen. Die Deutschen, ob jung oder alt, jammern und klagen. Diese jungen Russen sind ganz anders. Sie kommen aus einer harten Schule, sie sind wirklich Männer aus Eisen. Vielleicht gehört ihnen die Welt. Vielleicht haben solche Menschen das verdient.

Weit nach Mitternacht ging unser Fest zu Ende. Valentin schenkte jedem von uns eine Pelzmütze. Er begleitete seinen neuen Freund, »towarischtsch Pawel«, zum Auto und verabschiedete sich mit einer kameradschaftlichen Umarmung und einem fröhlichen »Do swidanja«.

## 32

Ich fand, daß die Minen und Sprengladungen, die jeden Tag durchschnittlich drei Menschen in Würselen das Leben kosteten, ein gutes Thema für eine Radiosendung an die deutsche Bevölkerung waren, und wandte mich wegen näherer Einzelheiten an den amerikanischen Ortskommandanten. Der wußte nicht viel. Für Minen und Leichen, sagte er, sei ein Bursche zuständig, der bei allen nur »der Totengräber« hieß. »Ein junger Deutscher, merkwürdiger Typ, arbeitet sich durch die Minenfelder, entschärft Minen und holt die Leichen heraus. Er ist der einzige, der den Nerv für diese Arbeit hat, und er macht es umsonst. Ich habe keine Ahnung, warum.« Ein Bote wurde losgeschickt, nach dem Totengräber zu suchen.

Während ich gerade zu Mittag aß, klopfte es an der Tür, ein kräftig gebauter junger Mann trat ein, nickte mir kurz zu und sagte: »Ich bin Josef Mohren, der Minenentschärfer. Sie wollen mich sprechen?«

Er trug dreckige Stiefel und einen zerschlissenen Rollkragenpullover und hielt eine graue Schirmmütze in der derben Hand. Ich bat ihn, sich zu setzen, und fragte, ob er schon gegessen habe, was er verneinte. Ich bot ihm ein Sandwich an. »Warum tun Sie das?« fragte er.

»Sie haben doch gesagt, Sie haben noch nicht gegessen.«

»Aber wissen Sie denn nicht, daß ich Deutscher bin?«

»Essen Deutsche nicht?«

Er schüttelte den Kopf. »Darum geht es nicht. Ein Deutscher würde einem Ausländer nie etwas anbieten.«

Sein Tonfall verblüffte mich ebenso wie seine Worte. Er sprach langsam, mit klangvoller Stimme und so sorgfältig, als wollte er jedes einzelne Wort wie Munition benutzen. Ich hatte ihm zuerst nur einen raschen Blick zugeworfen, doch jetzt musterte ich sein Gesicht. Es paßte zu seiner Stimme. Sensibel, kräftig, die Augen halb geschlossen, nachdenklich. Ich war irgendwie beeindruckt, auch wenn ich nichts über ihn wußte.

Die nächsten zwei Tage verbrachte ich in seiner Gesellschaft, und so lernte ich einen Menschen kennen, der mir heute als die erstaunlichste Persönlichkeit erscheint, der ich in Deutschland je begegnet bin. Mohren wäre überall aufgefallen, aber hier war er einzigartig. Er hatte eine Art ungezügelten Mut, eine nüchterne, rationale Denkweise und einen ausgeprägten Sinn für Gerechtigkeit und Moral. Von ihm erfuhren wir die wahre Geschichte von Würselen, er führte uns durch ein grauenhaftes Schlachtfeld, das übersät war von toten Deutschen, er begleitete uns durch die Bunker, in denen amerikanische Soldaten hinter ihren Maschinengewehren gestorben waren. Und stets machte er Bemerkungen, die beißend und bitter waren und manchmal auch so brutal wie die Umgebung.

Ungewöhnlich war auch seine eigene Geschichte. Der Vater, Bergarbeiter und Kommunist, war ihm sowohl beruflich als auch politisch Vorbild. Im Alter von vierzehn Jahren verließ Josef das Elternhaus und wanderte durch Deutschland. In Berlin nahm er an den Barrikadenkämpfen teil, die vom sozialdemokratischen Polizeipräsidenten mit Waffengewalt niedergeschlagen wurden. Voller Bitterkeit erinnerte sich Mohren an den »Blutmai« des Jahres 1929. Neben der Heftigkeit der Klassenkämpfe schockierten ihn vor allem die Elendsviertel und die Armut in der Reichshauptstadt.

Mit sechzehn kehrte er nach Würselen zurück und gründete dort die Ortsgruppe des Kommunistischen Jugendverbandes, die im Jahre 1933 sechzig Mitglieder hatte. Die Nazis lösten die Organisation auf und steckten den jungen Mohren, wie zuvor schon seinen Vater und eine Tante, ins Konzentrationslager. In Anbetracht seiner Jugend wurde er nach vier Monaten entlassen, setzte seine Widerstandstätigkeit aber fort. Im nahegelegenen Aachen schloß er sich dem Kampfbund gegen den Faschismus an. Jeden Abend hörte er mit seinen Freunden ausländische Radiosender (Moskau, Basel) und verteilte Exemplare der *Roten Fahne*, die in Belgien gedruckt wurde. Wenige Monate später hatte die Gestapo den Kampfbund aufgespürt und aufgelöst und die führenden Köpfe verhaftet.

Das war 1934, und die Gestapo verfügte inzwischen über so effiziente Methoden, daß Widerstandsgruppen fast schon im Moment ihres Entstehens zerrieben wurden. So kam es, daß Hitlergegner bald nichts anderes taten, als ausländische Sender zu hören. Mohren hörte am liebsten London, nicht Moskau. Er war voll des Lobes für die BBC.

»Die Engländer«, sagte er, »wußten, wie man die Leute anspricht. Ihre Nachrichtensprecher waren immer ruhig und besonnen und vertrauenerweckend. Die BBC hat besonders während der Kriegsjahre viel bewirkt. Besonders interessant waren die Radioansprachen von Thomas Mann an die Deutschen. So jemand fehlt uns heutzutage in Deutschland, eine aufrichtige Persönlichkeit. Gut fand ich auch Peter Peterson. Bei ihm hatte ich das Gefühl, daß er in meinem Zimmer saß und zu mir sprach. Die amerikanischen Sender haben mir und meinen Freunden nicht so gut gefallen. Sie waren zu aufgeregt und haben keine politischen Analysen gebracht. Wir Deutschen hatten die Nase voll von Propaganda, wir wollten Tatsachen und Anregungen. Nur die Engländer haben unsere Bedürfnisse verstanden.«

Mohren wußte aus dem Radio erstaunlich gut Bescheid über die wichtigsten politischen Ereignisse der Kriegszeit. Ausführlich zitierte er Roosevelt, Churchill und Stalin. Die Konferenzen von Moskau und Teheran waren ihm ebenso vertraut wie die Atlantische Charta und die Vier Freiheiten.

Bis zum Kriegsausbruch verzichtete die Wehrmacht auf Mohren, der als »politisch unzuverlässig« galt. Später gab man ihm die Möglichkeit, sich in die »Wehrgemeinschaft des deutschen Volkes« einzureihen, doch als Bergarbeiter konnte er Zurückstellung beantragen. Um nicht Kohle für Hitlers Kriegsmaschinerie fördern zu müssen, arbeitete er über Tage in der Materialausgabe. Sabotage im Bergwerk, sagte er, sei unbekannt gewesen. Um in diesem Überwachungsstaat Sabotageakte zu verüben, brauchte es mehr Mut, als die Deutschen, ja selbst deutsche Kommunisten, besaßen.

»Es war eine schwierige Situation. Die ganze Zeit wurde man bespitzelt. Ein kranker Kumpel, der auf Anraten des

Arztes zwei Wochen im Bett blieb, bekam drei Monate Arbeitslager. Ein paar Kollegen haben die Aufrufe der BBC, langsamer zu arbeiten, befolgt, aber ein bißchen passiver Widerstand hier und da bringt nicht viel. Die deutschen Kumpel haben für Hitlers Krieg Kohle gefördert. Warum? Weil sie Deutsche sind. Die Deutschen sind wirklich schäbig und niederträchtig.«

Sooft er von den Deutschen sprach, bekam seine Stimme etwas Verächtliches, Abfälliges. Es war offensichtlich, daß in der Verachtung für die Landsleute, die seine Ideale verraten hatten, auch eine Art Selbsthaß steckte. Er verabscheute die Deutschen wegen ihres Selbstmitleids, ihrer Feigheit und ihres Untertanengeistes. »Es gibt keine guten Deutschen«, sagte er immer wieder. »Selbst die Arbeiter sind korrumpiert und schwach.«

Er wußte von den Verbrechen, die die Deutschen in Europa verübt hatten. Die Deutschen, sagte er, müßten für ihre Verbrechen zur Verantwortung gezogen werden und leiden, ehe man sie wieder in den Kreis der zivilisierten Nationen aufnehmen könnte. Seine Stimme zitterte vor Scham und Abscheu, wenn er davon sprach, was sie in Polen angerichtet hatten – »sie«, das waren die Deutschen ganz allgemein, nicht bloß Gestapo oder SS. Soldaten hatten ihm von Folterzellen, Gaskammern und Mordfabriken berichtet. Ein Cousin von ihm, der als Soldat in Warschau gewesen war, hatte beobachtet, wie SS-Leute zwei jüdische Kinder erschossen und sie dann mit dem Gewehrkolben zu Brei schlugen.

»Das sind keine Menschen mehr«, sagte er mit Zornestränen in den Augen. »Sie haben kein Recht, als Menschen betrachtet zu werden. Diese viehischen Schlächter! Nur ein Deutscher kann solche Brutalitäten verüben. Die Amerikaner, die Engländer und die Russen dürfen niemals vergessen und vergeben. Ich kenne die Deutschen, ich weiß, wie schlimm sie sind. Ich schäme mich, ein Deutscher zu sein. Ich kenne kein Vaterland, das Deutschland heißt. Das deutsche Volk muß den letzten Blutstropfen geben, damit wiederaufgebaut werden kann, was elf Jahre Hitlerei zerstört haben.«

Um sich bei den Amerikanern einzuschmeicheln, behaupteten die Deutschen jetzt, daß sie schon immer gegen Hitler und höchstens »Mußnazis« gewesen seien. Die reinste Heuchelei, sagte Mohren. Typisch deutsche Unterwürfigkeit. »Muß?« rief er. »Man muß nur eines: sterben. Die Behauptung, die Nazis hätten alle Leute gezwungen, in die Partei einzutreten, ist einfach eine Lüge. Wer in die Partei eingetreten ist, hat das freiwillig getan, weil er sich davon etwas versprochen hat. Ich kenne einen Schmied, er war Mitglied der Zentrumspartei, katholisch, kein Kommunist, er hat sich geweigert, Nazi zu werden, jahrelang hat er gehungert. Vor ihm ziehe ich den Hut. Er hat vom Faschismus nicht profitiert, und er hat auch nicht seine Seele verkauft.«

Wenn er und seine Kameraden über die »Brutalität der Faschisten« sprachen, seien sie ausgelacht worden, sagte Mohren. Doch nun begriffen die Deutschen allmählich, daß Faschismus Tod und Zerstörung bedeute. »Sie sehen, daß Würselen ein Trümmerhaufen ist, der von der Wehrmacht zerstört wurde, und ihnen wird klar, welcher Verbrechen die Deutschen fähig sind. Jetzt müssen die Unschuldigen mit den Schuldigen leiden. Jede deutsche Stadt soll zerstört werden, genau wie Würselen. Dann werden die Menschen lernen, sich von diesem üblen Militarismus und diesem brutalen Faschismus innerlich loszusagen.« Wir sollten ihn zum Ravelsberg begleiten, dem Schlachtfeld am Stadtrand von Würselen, das von toten deutschen Soldaten übersät sei. Dort könnten wir die »Endprodukte des Faschismus« sehen. Mohren machte uns darauf aufmerksam, daß das ganze Gelände vermint sei und ein einziger unvorsichtiger Schritt den sofortigen Tod bedeuten könne. Eines trüben Morgens, der Boden war noch gefroren, begleiteten wir ihn hinaus zum Ravelsberg, dicht hinter ihm, immer in seinen Fußstapfen. Mohren war der einzige Mensch, der dieses Feld lebend durchquert hatte. Er hatte jede Mine und jede Leiche lokalisiert. Und während wir hinter ihm hertrotteten, erzählte er uns die grauenhafte Geschichte der Schlacht vom Ravelsberg. Es war keine große Sache, nur eines von diesen kleineren Gefechten, die in den Geschichtsbüchern selten erwähnt werden, aber viele Menschenleben kosten und viel Leid verursachen.

Wir erreichten die höchste Stelle des ansteigenden Geländes und kamen zu einem Betonbunker, einem Bestandteil des Westwalls, wie ich vermutete, von wo aus man auf die roten Dächer von Würselen hinunterschauen konnte. Amerikanische Infanteristen, die aus Aachen vorgestoßen waren, hatten diesen Bunker gestürmt, Granatwerfer in Position gebracht und die Stadt unter Beschuß genommen. Mit ihren Maschinengewehren beherrschten sie das völlig freie Gelände. Da es aber vermint war, kamen sie nicht weiter voran. Der Ravelsberg wurde erbittert umkämpft. Immer wieder versuchten deutsche Infanteristen, den ungeschützten Hang zu erstürmen, wurden aber von amerikanischen MGs niedergemäht. Schließlich erhielt eine SS-Abteilung den Befehl, die Anhöhe einzunehmen, und die Männer stürmten auch tatsächlich vor – allerdings spürten sie dabei die Waffe ihrer Offiziere im Rücken. So oder so würden sie sterben.

Mohren führte uns über das Feld, auf dem die »Endprodukte des Faschismus« lagen, junge deutsche Soldaten, deren Leichen schon verwesten. In einer bewundernswerten Geste hatte er, unter Einsatz seines Lebens, insgesamt zweiunddreißig gefallene Amerikaner geborgen, um ihnen ein würdiges Begräbnis zu ermöglichen. Daß die deutschen Soldaten noch immer unbestattet und namenlos dort herumlagen und vor sich hinrotteten, betrachtete Mohren als Schicksal, das Faschisten verdient hatten. Wir stapften hinter ihm her, blieben vor den Toten stehen und lauschten seinen Worten, und das Ganze kam mir ziemlich vor wie eine Szene aus einem bitterbösen Theaterstück, wie ein Alptraum, einigermaßen unwirklich. Mohren kannte viele der jungen Burschen, die dort lagen, zum Teil übereinander, in verrenkter Haltung, die einen auf dem Rücken, andere auf dem Bauch. Alle hatten den Mund weit aufgerissen zu einer schrecklichen Grimasse, sie müssen im Moment ihres Todes geschrieen haben. Viele von ihnen hatten die Finger in die Erde gebohrt, als wollten sie vor Schmerzen in den Boden kriechen. Auf einer Fläche von ein paar Quadratmetern lag eine ganze deutsche Kompanie, die im Feuer schwerer Maschinengewehre aufgerieben worden war. Mohren wies mit einer Handbewegung über das Gelände. »Sehen Sie«, sagte er, »Faschistenschweine.«

Vor einem Leichenberg blieb er stehen und zeigte auf die SS-Abzeichen. »Geschieht ihnen recht – im Morast krepiert.« Ein junger Offizier lag mit weit ausgestreckten Armen da. Mohren kannte ihn. Er packte ihn am Kragen, hob ihn ein wenig in die Höhe und sagte grimmig: »Der hier war ein besonders mieses Schwein. Hat immer mit seinem Führer geprahlt.« Und mit angewiderter Miene ließ er den Toten wieder zu Boden fallen. »Scheißkerl.«

Bei Mohren war das kein Ausdruck von Hartherzigkeit, sondern genau das Gegenteil. Er war ungewöhnlich empfindsam für Schmerz und Leid, seine Sensibilität war überdeckt von einer noch nicht hinreichend verhärteten ideologischen Schicht. Alle Ungerechtigkeit und alle Grausamkeit der Welt verband er mit dem Begriff »Faschismus«, den er als das mörderischste aller Verbrechen und die schlimmste aller Krankheiten betrachtete. Wenn Deutschland dieser Krankheit auch erlegen war, so wehrte er sich doch gegen den Gedanken, daß diese Krankheit unheilbar sei.

Selbst in den dunkelsten Stunden, als Hitler fast ganz Europa beherrschte, gab Mohren nie die Hoffnung auf, daß das Regime irgendwann beseitigt würde. In all den Jahren verlor er nur ein einziges Mal den Glauben, nämlich 1939, als Hitler und Stalin ihren ominösen Pakt schlossen. Das war die schwärzeste Stunde in Mohrens Leben. »Bei dieser Nachricht war ich völlig fertig. Ich dachte, jetzt ist alles aus.«

In seiner Verzweiflung sprach er mit seinem Vater, der gerade aus dem KZ entlassen worden war. »Junge«, sagte der alte Kommunist, »du hast keine Ahnung. Du hast noch nicht die nötige Reife, um die Situation einschätzen zu können. Du bist nur ein Staubkörnchen im Geschichtsprozeß. Wenn du Vertrauen hättest, würdest du wissen, daß sich die Russen schon etwas dabei gedacht haben.«

Von nun an hielt der junge Mohren an seinem Vertrauen zu den Sowjets fest. Selbst die Tatsache, daß Stalin mit den Generälen vom Komitee Freies Deutschland zusammenarbeitete, konnte seinen Glauben nicht erschüttern. Er war überzeugt, daß Paulus und Seydlitz im Kampf gegen den Faschismus nur benutzt und anschließend beseitigt würden. Mohren hatte einen solchen Haß auf die deutschen Generäle, daß er Hitler einmal sogar Beifall spendete, als er die Attentäter vom 20. Juli 1944 hinrichten ließ. »Die Generäle«, sagte Mohren verächtlich, »haben Hitler bei all seinen Abenteuern unterstützt. Sie sind in Polen einmarschiert, haben Frankreich zerstört und Rußland verwüstet. Hitler hat ihnen Eiserne Kreuze und goldene Orden umgehängt. Damals war Hitler gut genug für sie. Jetzt, wo sie wissen, daß sie nicht mehr gewinnen können, wenden sie sich von ihm ab. Und solche Schweine reden von einem freien Deutschland!«

Mohren hatte für die meisten deutschen Heroen – von Karl dem Großen bis Bismarck – nur Hohn und Spott übrig. Ein Held war für ihn nur jemand, der für seine Ideale, vor allem für ein besseres Leben der Menschen, kämpfte und starb. Obwohl überzeugter Kommunist, lehnte Mohren jede Diktatur ab. »Elf Jahre Diktatur sind genug«, sagte er bitter. »Für mich persönlich ist geistige Freiheit wichtiger als Brot. Das ist kein deutsches Ideal, ich weiß. Man gebe einem Deutschen etwas zu essen, und er brüllt sofort ›Heil Hitler‹. Ein Deutscher weiß nicht, was Freiheit ist, und selbst wenn er es wüßte, würde er nicht dafür kämpfen.«

In dem Maße, wie er die Nazis verabscheute, bewunderte er die Amerikaner. Er war den Amerikanern so dankbar dafür, daß sie gekommen waren, der faschistischen Tyrannei ein Ende zu bereiten, daß er uns helfen wollte, wo es nur ging, und am liebsten eine Uniform angezogen hätte, um mit uns gegen die Faschisten zu kämpfen. Er bestätigte, daß die Würselner sehnsüchtig auf die Befreiung durch die Amerikaner gewartet hätten. »Wie auf den Messias haben sie gewartet. Während der Kämpfe hieß es tagtäglich: ›Wo ist der Amerikaner? Warum kommt er nicht? Warum ist er nicht da?‹« Am Morgen des 17. November war Mohren mit seinen Freunden im Keller, als seine Mutter rief, daß deutsche Panzer auf der Straße seien. Im selben Moment kamen Nachbarn herbeigelaufen und berichteten, daß es amerikanische Panzer seien. Mohren öffnete eine Flasche Schnaps und stieß mit seinen Freunden auf die Befreier an.

Sobald sich die Militärverwaltung etabliert hatte, bot Mohren seine Dienste an. Er sagte nur, daß er die Toten aus den Minenfeldern holen und die Sprengladungen entschärfen wolle. Der Offizier hielt ihn wahrscheinlich für einen Spinner, ließ ihn aber gewähren, da für die gefährliche Arbeit noch keine US-Pioniere da waren. Mohren wollte kein Geld. Er entwickelte seine eigene Technik zum Entschärfen der Minen und Sprengladungen. »Nicht jeder kann das«, sagte er mit überraschendem Stolz in der Stimme. In den ersten drei Wochen barg er die Leichen von hundertzweiunddreißig deutschen und zweiunddreißig amerikanischen Soldaten. Aus den Häusern holte er vierzehn deutsche Zivilisten heraus, von denen nur noch acht identifizierbar waren. Bislang hatte er Glück gehabt und sich noch nicht selber in die Luft gejagt. Auf meine Frage, weshalb er sein Leben freiwillig gefährde, sagte er: »Ich will unseren Befreiern ein wenig Dankbarkeit erweisen. Und was heißt schon Lebensgefahr«, meinte er achselzuckend, »man stirbt nur einmal.«

Mohren fand, daß dieses Jahrhundert den Amerikanern gehöre. Es wäre gut, »das Volk geistig zu amerikanisieren«. Seiner Ansicht nach waren die Amerikaner keine Eroberer, sondern wahre Demokraten, die aus Idealismus gegen die Faschisten kämpften. Zugegeben, er wußte wenig von amerikanischer Mentalität und Literatur, aber er hatte einen immensen Wissensdurst. Seine Lieblingsschriftsteller waren übrigens zwei Amerikaner, Upton Sinclair und Zane Grey (den er »Tzahne Grai« aussprach). Die Romane von Grey hätten ihm klargemacht, daß Amerikaner Gentlemen seien. »Selbst unter den primitivsten Bedingungen behandeln sie eine Frau ritterlich.«

Josef Mohren verriet uns all seine Gedanken. Er war ein lebendiger, emotionaler Mensch voller Widersprüche – ein Kommunist, der gegen Diktatur war, ein Sozialist, der noch nie Marx gelesen hatte, und ein Deutscher, dem alles Deutsche zuwider war. Mit seinem Gerechtigkeitssinn hob er sich merklich von seinen Landsleuten ab. Die Verbitterung, die aus seinem Haß auf die Deutschen sprach, rührte von seiner Enttäuschung her und dem Wissen, daß die Deutschen einen Weg gegangen waren, der in Selbstzerstörung endete und ihnen die Verachtung der zivilisierten Welt eintrug. Seine Antriebskraft war das ausgeprägte Bedürfnis, für die Dummheit und die Verbrechen seiner Landsleute zu büßen.

Als ich ein paar Monate später zufällig wieder durch Würselen kam, hielt ich Ausschau nach Mohren. Er trug die Armbinde der deutschen Hilfspolizei. Unser Gespräch dauerte nicht sehr lange. Er zeigte auf die Armbinde und sagte, daß er nun die Möglichkeit habe, Nazis und potentielle Faschisten im Auge zu behalten. Ich fragte ihn, wie die Situation in Würselen sei. »Nicht anders, als zu erwarten war«, sagte er geheimnisvoll. »Haben die Leute genug zu essen?« fragte ich. Überrascht entgegnete er: »Warum sollen sie essen?«

## 33

In der Nacht nach unserer Besichtigung des Schlachtfeldes vom Ravelsberg wurde ich von Alpträumen geplagt. Die Toten hatten die Gesichter von Freunden und Verwandten. Ich stolperte über sie hinweg, war einer von ihnen, schoß auf sie, wurde von ihnen beschossen, es war ein wüstes Gemetzel. Ich erwachte mit rasendem Herzen, sah aber keine Leichen, hörte nur das unablässige Dröhnen der V-1.

Fast hatte ich vergessen, daß Krieg war. In unserer Situation – wir befanden uns an einem abgelegenen Ort und waren täglich viele Stunden zwischen Städten und Camps unterwegs – hatten wir weder die Zeit noch die Gelegenheit, zu erfahren, was draußen in der Welt passierte. Unser launisches Funkgerät war nicht besonders aufschlußreich, und Zeitungen gab es natürlich auch nicht. Manchmal trieben wir ein (gewöhnlich völlig veraltetes) Exemplar der Armeezeitung *Stars and Stripes* auf, und wenn uns eine Ausgabe von *Time* in die Hände fiel, lasen wir sie eher zum Vergnügen als zur Befriedigung unseres Informationshungers, da auch sie meist schon mehrere Wochen alt war. Was die aktuelle Nachrichtenlage anging, lebten wir also, obwohl nur wenige Kilometer von der Front entfernt, ziemlich hinter dem Mond.

Eine Woche vor Weihnachten beschloß ich, PWD-Kollegen im Hauptquartier der 1. Armee in Spa zu besuchen. Ich dachte, daß es mir gut täte, neue Gesichter zu sehen. Spa selbst wirkte ganz normal, überhaupt nicht kriegsmäßig. Der Nachrichtenoffizier im Hauptquartier strafte diesen Eindruck Lügen. Mißmutig stand er vor einer großen Wandkarte. Ich fragte ihn, weshalb er so schlechte Laune habe. »Sie rücken noch immer vor«, brummte er. Wer, wollte ich wissen, Patton oder Hodges oder Simpson? »Rundstedt!« explodierte er. Ich hatte keine Ahnung, wovon er redete. Er erklärte mir, daß die Deutschen zwei Tage zuvor mit einer Offensive begonnen hätten. Niemand wußte, wie viele Divisionen Rundstedt hatte, wo sie standen, in welcher Richtung sie vorstießen oder wie weit sie schon vorgedrungen waren. »Wir wissen nur, daß sie sich vorwärts bewegen«, sagte er mißmutig.

Kaum hatte ich mich von diesem Schock erholt, als Leutnant Salvatori, der Chef der PWD-Einheit, verdrossenen Gesichts das Zimmer betrat. Er komme gerade von einer Besprechung mit dem militärischen Nachrichtendienst, die Lage sei nicht sehr rosig. »Generäle und Oberste«, sagte er trocken, »laufen aufgeregt herum wie kopflose Hühner.«

Und fast beiläufig fügte er hinzu: »Wir müssen langsam packen. Die Deutschen stehen kurz vor Spa.«

»Rückzug?« fragte ich. Dieses Wort war fremd und hatte einen häßlichen Klang.

Er nickte. »Sie stoßen zwischen Malmedy und Monschau vor. Ich glaube nicht, daß ihr in Eupen noch lange sicher seid.«

Wir kehrten über Verviers zurück, wo wir amerikanische Panzer sahen, die in beruhigend großer Zahl und in so hohem Tempo durch die Stadt rasselten, daß die Pflastersteine flogen und die Fenster klirrten. Die 1. Armee, dachte ich bewundernd, war schon zur Gegenoffensive übergegangen, doch bei näherem Hinsehen verflüchtigte sich meine optimistische Einschätzung. Auf den Panzern stand nicht »I A«, sondern »IX A«, und sie fuhren nicht ostwärts in Richtung Malmedy, sondern südwärts in Richtung Luxemburg. Offenbar wurde General Simpsons 9. Armee, die in Holland zur Offensive bereitstand, zur Unterstützung der 1. Armee nach Belgien verlegt. Binnen achtundvierzig Stunden hatten die Deutschen das gesamte strategische Konzept der Amerikaner erschüttert.

In Eupen wimmelte es von Militärfahrzeugen: Panzer fuhren in Richtung Monschau, das dem Gerücht nach von den Deutschen eingekesselt war, schwerbeladene LKWs fuhren in die entgegengesetzte Richtung, weiter nach Belgien hinein. Da über die ganze Operation eine Nachrichtensperre verhängt worden war, konnten wir nur vermuten, daß Nachschub evakuiert wurde. An diesem Nachmittag sah ich mein erstes deutsches Flugzeug. Ein Kampfbomber erschien in niedriger Höhe über der Stadt, versuchte, einige Fahrzeuge auszuschalten, spuckte ein, zwei Salven aus und verschwand genauso schnell, wie er aufgetaucht war. Er hatte kaum Schaden angerichtet, aber sein Aussehen gefiel mir ebensowenig wie seine Keckheit. Es bedeutete, daß die Luftwaffe ihre Deckung verließ und ihre Reserven in den Kampf warf. Offenbar setzten die Deutschen jetzt alles auf eine Karte.

Nach Einbruch der Dunkelheit war auf den Hügeln rings um Eupen der Widerschein von Artilleriefeuer zu sehen, das näherzukommen schien. Wir hatten keine Ahnung, was jenseits dieser Hügel los war, und inmitten des tosenden Geschützlärms wahrte unser Funkgerät ein geradezu enervierendes Schweigen. An Schlaf war nicht zu denken. Im Morgengrauen rissen uns heftige Explosionen von den Feldbetten. Nach einer Weile hörten wir schrille Alarmglocken. In der Nähe des großen Militärhospitals war vermutlich ein Feuer ausgebrochen. Später erfuhren wir, daß sich einige deutsche Panzer im Schutz der Dunkelheit in die Stadt vorgewagt hatten, mehrere Häuser (zufällig von Deutschen bewohnt) beschossen und sich ohne Verluste wieder zurückgezogen hatten.

Den ganzen Tag fuhren Militärtransporter in die eine und Panzer in die andere Richtung. Sämtliche Einheiten hatten Eupen verlassen, das *Recreation Center* war geschlossen, das Büro für Zivilangelegenheiten war noch geöffnet, aber es herrschte eine beklemmende Atmosphäre dort. Niemand konnte uns sagen, wo die Front verlief oder ob wir die Stadt verlassen sollten. Wir überlegten, wegzufahren, wußten aber nicht, wohin. Hartnäckig hielten sich Gerüchte, daß die Deutschen bereits einige der Hauptverbindungswege nach Belgien abgeschnitten hätten. So verbrachten wir auch den zweiten Tag in Eupen und kamen uns vor wie auf einer Insel, die unerbittlich eingekreist wird.

Nachts tauchten deutsche Flugzeuge auf und warfen ihre Bomben ab. In Eupen gab es keine Luftschutzbunker. Wir liefen in den Keller und gaben uns der Illusion hin, daß die dünne Decke halten würde. Die zwei Kinder des Hausbesitzers wimmerten, das Dienstmädchen stöhnte, und der Mann rang die bleichen Hände. Aus Gründen der Moral bewahrten wir fünf Amerikaner eine Ruhe, die keiner von uns empfand. Der Keller war genaugenommen nutzlos, vielleicht sogar eine tödliche Falle. Schließlich hörten wir ein Geschoß in unsere Richtung anrauschen, es verfehlte uns um wenige Meter und schlug in einem nahegelegenen Feld ein.

Als es heller wurde, öffnete ich die Fensterläden, um zu sehen, was draußen los war. Die ganze Nacht hatte ich mich gefragt, ob wir die Stadt überhaupt noch hielten. Ich befürchtete nun, als erstes einen deutschen Panzerspähwagen zu sehen. Doch es rührte sich nichts auf der Straße. Nach einer Weile tauchte ein Fahrzeug auf, Gott sei Dank ein US-Jeep. Die Stadt gehörte also noch immer uns.

Wir gingen wieder in das Büro für Zivilangelegenheiten, das diesmal eine handfeste Nachricht für uns hatte. Hunderte deutscher Fallschirmjäger seien im Laufe der Nacht in der Umgebung abgesprungen und streiften wahrscheinlich durch die Stadt. Einige seien bereits festgenommen, andere erschossen worden. Wir sollten keinesfalls unbewaffnet auf die Straße gehen.

Am Vormittag erfuhren wir von einem Melder, daß in Henri-Chapelle, zehn Minuten von Eupen entfernt, frische Gefangene eingetroffen seien, darunter einige Fallschirmjäger, die man in den letzten vierundzwanzig Stunden geschnappt habe. Ich machte mich auf den Weg, obwohl mir der Sinn nicht nach Verhören stand. Das Lager war ein stacheldrahtumzäuntes Areal, vollgepfercht mit grauuniformierten Männern. Tags zuvor, noch in der Nacht hatten diese Soldaten ihre Waffen gehabt und waren voller Siegeshoffnung gewesen. Jetzt standen sie ohne ihre Waffen in der Kälte herum, starrten zum Himmel und überlegten wohl, ob sie noch lange auf ihre Befreiung warten mußten. Sie wußten wie wir, daß die Wehrmacht in der Nähe war. Der Himmel war voller Kampfflugzeuge, die Jagd aufeinander machten. Es war, zumindest für einen so unerfahrenen Beobachter wie mich, unmöglich zu erkennen, wer wen beschoß. Die deutschen Gefangenen reckten unruhig die Hälse.

In einem Zelt, das von einem Öfchen kaum erwärmt wurde, befragten wir zwei frisch eingelieferte Kriegsgefangene, einen Fallschirmjäger und einen Artillerieleutnant. Der Fallschirmjäger war ein junger Bursche von achtzehn Jahren, ein fanatisierter Hitlerjunge, der sechs Jahre lang in einem militärischen Internat erzogen worden war, eine völlig entmenschlichte, perfekt gedrillte Tötungsmaschine. Noch am Morgen hatte er einen der beiden Militärpolizisten erschossen, die ihn am Stadtrand von Eupen gestellt hatten. Er bekannte, daß es eine ungeheure Schmach für ihn sei, dem Feind in die Hände gefallen zu sein. Er hätte auf dem »Feld der Ehre« sterben sollen. Ich fragte mich, warum man ihm diesen Wunsch nicht erfüllt hatte, zumal nachdem er den Militärpolizisten über den Haufen geschossen hatte. Sie hatten ihn nur zusammengeschlagen. Dieser Junge, mit seinen harten Augen und dem starren Gesicht, war von einer unglaublichen Arroganz. In mir stieg ein Wunsch auf, den ich hoffentlich nie wieder verspüren werde – der Wunsch, zu töten. Ich hätte ihn umbringen können, kaltblütig, bedenkenlos, wie man eine Wanze zerquetscht. Es war ein schreckliches Gefühl, weil es kein Mitleid erlaubte. Für mich war dieser junge Bursche kein Mensch mehr.

Der andere Gefangene war weniger brutalisiert und folglich interessanter. Er hieß Rudolf Kohlhoff, war einundzwanzig und benahm sich genauso unwirsch wie der Fallschirmjäger, was aber weniger ein Zeichen von Bösartigkeit als vielmehr Ausdruck seines Unglücks war. Er kam mir vor wie ein junger Mensch, der ein ganz und gar freudloses Leben geführt hatte und weder lächeln noch ein normales Gespräch führen konnte. Sein Gesicht hatte etwas Maskenhaftes, und er sprach zögernd, aber nicht gewollt, sondern aus Unerfahrenheit. Er besaß keine Phantasie, und soweit ich das beurteilen konnte, kannte er auch kein Mitleid. Er war eine Gehorsamsmaschine.

Bruchstückhaft erzählte er seine Geschichte. Als Achtzehnjähriger war er eingezogen worden, und ein Jahr lang, bis zum Februar 1944, hatte er an der Ostfront gedient. Anschließend besuchte er einen Offizierslehrgang und wurde zum Leutnant der Artillerie befördert. Im Dezember wurde ihm das Kommando über einen befestigten Bunker bei Monschau übertragen. Er und seine sechzig Mann befanden sich in dem Betonbunker, als die Lüftungsanlage durch amerikanische Granaten zerstört wurde. »Wir wollten nicht ersticken. Lieber haben wir uns ergeben«, sagte er düster. Ob er als deutscher Offizier nicht verpflichtet sei, bis zur letzten Kugel zu kämpfen? Er schaute verdrossen, und ich glaubte schon, daß er im nächsten Moment in Tränen ausbrechen würde. »Im Bunker zu krepieren war sinnlos. Dem Vaterland hätte das nichts genützt.« Es klang, als wäre er am liebsten tot.

Leutnant Kohlhoff kam aus einfachen Verhältnissen. Die Nazis hatten ihm eine Aufstiegschance geboten, und er war ihnen dankbar dafür. Sein Vater war Tischler, in der Weimarer Republik lange Zeit arbeitslos gewesen und wahrscheinlich Kommunist. In seiner Kindheit in Neukölln, dem roten Stadtteil von Berlin, hatte der junge Rudolf erfahren, was Hunger ist. Er brummte, daß er nichts von einer Republik halte, in der die Menschen hungern müßten.

Plötzlich brach es aus ihm heraus: die Amerikaner hätten ihn bei seiner Gefangennahme schlecht behandelt, hätten ihm die Knöpfe und die Abzeichen von der Uniformjacke gerissen. »Das war nicht anständig!« sagte er erregt. Ich fragte ihn, ob die Deutschen andere Völker schlecht behandelt hätten. »Niemals!« rief er. Ob ihm bekannt sei, was die Deutschen mit russischen Kriegsgefangenen, mit polnischen Zivilisten, mit den Juden angestellt hätten. Seine Erregung legte sich sofort. »Nein«, sagte er zögernd. Er habe nie gesehen, daß Russen schlecht behandelt worden seien. Er war kein besonders guter Lügner und besaß jedenfalls soviel Anstand, den Blick zu senken.

Er habe doch an der Ostfront gedient. Welchen Eindruck er von den Russen habe? In dem ganzen Jahr in Rußland, sagte er, habe er nie Kontakt zu Russen gehabt. Trotzdem hatte er feste Meinungen über sie.

»Rückzug kennen sie nicht. Sie sind stur. Sie kämpfen bis zum Tod. Machen nicht viel Worte. Die Russen sind Bauern, die keine Angst vor dem Sterben haben. Sie wissen nicht, warum sie in die Schlacht gehen. Sie haben einen anderen Begriff von Vaterland als wir Deutschen. Ich habe russische Kriegsgefangene erlebt, die sahen stumpfsinnig aus, fatalistisch. Es war ihnen egal, was mit ihnen passierte. Deutsche Gefangene denken immer an ihre Angehörigen und haben menschliche Empfindungen. Russen sind nicht menschlich, aber wir sind die besseren Soldaten, wir werden sie an den Grenzen abwehren.«

Was die Behandlung von Polen und Juden anging, so gab Kohlhoff zögernd zu, daß er von Greueltaten gehört habe, die in Polen angeblich begangen worden seien. Er billige solche Dinge nicht. Zuerst habe er das nicht glauben können. Dann dachte er, daß Leute, die solche schlimmen Dinge tun, »gemein« seien, er habe sie verachtet. Ein wahrer deutscher Offizier, sagte er, würde niemals den Befehl geben, »wehrlose Menschen« zu töten. SS-Offiziere vielleicht – »aber mit denen hatte ich nie etwas zu tun, und ich weiß auch nichts über sie.« Ob er bei entsprechendem Befehl Zivilisten erschießen würde? Leutnant Kohlhoff schwieg eine lange Zeit und starrte auf seine Stiefel. Ich wiederholte meine Frage. »Auf hilflose Frauen und Kinder würde ich nicht schießen«, murmelte er unbeteiligt.

Was er von Hitler halte?

»Der Führer hatte die richtige Idee«, sagte er langsam. »Jeder sollte Arbeit haben, und niemand sollte Hunger leiden. Leider hatte er keine Leute, die ihm halfen, diese gute Idee zu verwirklichen. Der Führer ist ein anständiger Mensch. Er würde nie den Befehl geben, Frauen und Kinder zu erschießen. Reichsmarschall Göring und die Herren Reichsminister Himmler und Goebbels auch nicht. Ich habe gehört, daß solche Befehle erteilt wurden, bin aber sicher, daß sie nicht vom Führer kamen.«

Ob er das Wort »Demokratie« schon einmal gehört habe?

Er dachte eine Weile nach und sagte dann in gemessenen Worten: »Demokratie unterscheidet sich nicht von Nationalsozialismus oder Kommunismus. Es ist eine Idee. Was für eine Idee? Ich persönlich habe sie nicht erlebt, also kann ich es nicht sagen. Vor 1933 gab es Demokratie in Deutschland. In Amerika gibt es Demokratie. In Deutschland hat die Demokratie zu schwierigen Verhältnissen geführt, aber vielleicht lag es auch an der wirtschaftlichen Situation. Ich weiß, daß es in Deutschland nicht funktioniert hat. All diese großen Begriffe – Nationalsozialismus, Kommunismus, Demokratie – sind im Grunde dasselbe. Ich weiß nie, worum es genau geht. Aber was macht das schon. Solange die Menschen Brot und Arbeit haben.«

Es wäre ihm also egal, wenn Deutschland kommunistisch würde? Kohlhoff starrte mich an und verzog den Mund. »Unter den Russen«, sagte er mürrisch, »wären wir ein Sklavenvolk.«

Und unter den anderen Alliierten?

Er schüttelte den Kopf. »Wenn wir den Krieg verlieren, wird es noch jahrelang Armut geben. Aber ich sage Ihnen: Deutschland wird nicht besiegt. Ich weiß nicht, wie lange es noch dauert, aber wir werden siegen. Ich bin überzeugt davon, sonst hätte ich nicht gekämpft. Ich habe nie die Möglichkeit in Betracht gezogen, daß wir verlieren könnten. Ich kann Ihnen nicht sagen, wie es zum Sieg kommen wird, aber kommen wird er. Unsere Generäle kämpfen aus gutem Grund weiter. Sie glauben an den Endsieg. Sonst würden sie nicht deutsches Blut opfern.«

Wie er sich dann das Attentat vom 20. Juli erkläre?

»Das verstehe ich nicht. Ich habe mich gefragt, wie deutsche Generäle so treulos sein können, daß sie einen Anschlag auf den Führer verüben. Nichts gegen die Generäle, aber es ist immerhin möglich, daß sie eine private Meinungsverschiedenheit mit dem Führer hatten.«

Auch zu den anderen Generälen, die von Moskau aus zum Kampf gegen Hitler riefen, wollte er sich nicht kritisch äußern (ein Leutnant kann schließlich nicht einen General attackieren). Er stellte jedoch klar, daß er Paulus und Seydlitz und das Nationalkomitee Freies Deutschland nicht billige. »Möglicherweise ist General Paulus wegen Stalingrad verbittert, wo er so viele deutsche Soldaten geopfert und trotzdem nicht gewonnen hat.«

Bis auf einige wenige Generäle, sagte Kohlhoff, werde das Militär niemals kapitulieren. »Im letzten Krieg haben wir auch nicht aufgegeben. Nur die Zivilbevölkerung hat aufgegeben und die Wehrmacht verraten. Ich sage euch, ihr Amerikaner werdet nie bis zum Rhein vorstoßen. Wir werden bis zum Ende kämpfen. Wir werden um jede Stadt und um jedes Dorf kämpfen. Wenn nötig, werden wir dafür sorgen, daß das Reich restlos in Schutt und Asche gelegt und die Bevölkerung getötet wird. Als Artillerist weiß ich, daß es keine schöne Vorstellung ist, deutsche Häuser und deutsche Zivilpersonen töten zu müssen, aber im Interesse des Vaterlandes könnte es notwendig sein.«

## 34

Wie zur Bestätigung von Leutnant Kohlhoffs trotzigen Durchhalteparolen griff die Luftwaffe in dieser Nacht abermals an. Unser Sperrfeuer klang wenig überzeugend. Die V-1 in der Stratosphäre, die Jagdflugzeuge am Himmel, die Artillerie und die Flugabwehrkanonen auf der Erde erfüllten die ganze Nacht – die fünfte oder sechste seit Beginn der deutschen Gegenoffensive – mit einem höllischen Lärm. An Schlaf war nicht zu denken. Am Morgen waren wir erschöpft und müde, aber glücklich, daß wir noch immer nicht in Gefangenschaft geraten waren. Es gab Gerüchte, daß Eupen eingekesselt war.

Im Büro für Zivilangelegenheiten, unserer einzigen Verbindung zur Außenwelt, taten nur noch ein Sergeant und zwei Gefreite Dienst. Sie wußten auch nicht, wie lange noch. Gegen Mittag erschien eine Kompanie und begann, in den umliegenden Gärten Gräben auszuheben und Maschinengewehre in Stellung zu bringen. Der Hauptmann rief: »Kinders, was wollt ihr denn hier, ohne Waffen? Hier ist die Front!«

Wir fingen an, zu packen. Irgendwann klopfte es an der Tür, und ein großer, kräftig gebauter Mann trat ein. Seine Augen waren gerötet. »Bitte!« rief er und rang verzweifelt die Hände, »retten Sie mich. Ich bitte Sie, nehmen Sie mich mit!« Wir hatten den Mann noch nie gesehen und erklärten ihm ungeduldig, daß er an die falsche Adresse geraten sei.

Er beschwor uns, ihm zuzuhören. Er sei ein Deutscher, Hitlergegner, von Beruf Lehrer, Sozialdemokrat. Sein Bruder, ein Kommunist, sei von der Gestapo gefoltert und ermordet worden. Er selbst habe im Gefängnis gesessen und sei geschlagen worden. Als die Amerikaner nach Eupen kamen, habe er sie als Befreier begrüßt und Briefe an Radio Luxemburg geschickt, in denen er die Namen von Nazis bekanntgegeben habe. Sein eigener Name sei von den alliierten Sendern verbreitet worden, sein Schicksal daher besiegelt. Unter Tränen beschwor er uns, ihn mitzunehmen. Es gehe um Leben und Tod. »Mein Gott, man wird mich foltern, man wird mich umbringen. Ich kenne diese Leute und ihre Methoden. Bitte, lassen Sie mich nicht zurück! Sie sind Amerikaner, Sie wird man als Kriegsgefangene behandeln, aber mein Gott, der Gedanke an die brutale Folter ist mir unerträglich. Ich weiß, was sie mit meinem Bruder und meinen Kameraden gemacht haben.«

Er wurde von Schluchzern geschüttelt.

Ich erklärte ihm, daß die Lage nicht hoffnungslos sei, daß die Deutschen keinesfalls bis nach Eupen kämen, doch er ließ sich nicht beruhigen, und ich konnte es ihm nicht verdenken. Überdies straften unsere gepackten Seesäcke meine Worte Lügen. Er streckte uns – diese uralte Unterwerfungsgeste – beide Hände entgegen. Wir versprachen ihm, unser Möglichstes zu tun.

Paul Sweet und ich trugen die Angelegenheit im Büro für Zivilangelegenheiten vor. Wir wiesen darauf hin, daß die Vereinigten Staaten moralisch verpflichtet seien, solche Leute, deren Hilfe wir zuvor in Anspruch genommen hatten, nicht im Stich zu lassen. Der Sergeant reagierte verständnisvoll, konnte aber nichts tun. Es gebe eine ganze Reihe ähnlicher Fälle in Eupen, sagte er und fügte dann mit verschmitzter Miene hinzu, daß in den Planungen der Armee ein Rückzug nicht vorgesehen sei, was insbesondere auch für die Evakuierung kooperationswilliger Deutscher gelte. Sollte eine Evakuierung jedoch absolut unumgänglich sein, wolle er versuchen, dem Mann in letzter Minute einen Platz auf einem Lastwagen für Antinazis zu verschaffen.

Als die Dämmerung einsetzte, verließen wir Eupen. Unser erstes Ziel war Heerlen, ein holländisches Städtchen, das unseres Wissens noch sicher war. Die Straße führte durch Aachen, das in der Dunkelheit sehr gespenstisch wirkte. Am späten Abend erreichten wir Heerlen und hatten einige Mühe, uns zu orientieren. Schließlich fanden wir das Büro für Zivilangelegenheiten und bekamen Privatquartiere zugewiesen, da sämtliche Hotels belegt waren. Mitten in der Nacht, unter den mißtrauischen Augen wachsamer Patrouillen, in einer unbekannten, völlig verdunkelten, frontnahen Stadt drei verschiedene Adressen sowie eine Garage zu finden, ist nicht besonders lustig.

Die Holländer nahmen uns freundlich auf. Sie sprachen etwas Englisch und sehr viel besser Deutsch, bombardierten uns mit merkwürdigen Fragen und beurteilten die Chancen der Alliierten durchaus pessimistisch. Mein Quartier war, genau wie das meiner Kollegen, vollgestopft mit Möbeln und Nippes. Mein Zimmer, in dem ein sagenhaft weiches Bett stand, war ein richtiger Schrein. Überall hingen Kruzifixe, über dem Bett, neben dem Bett, um das Bett herum. Ich zählte die vielen gerahmten Heiligenbilder, und als ich bei fünfundsiebzig angekommen war, heulte eine Alarmsirene. Komischerweise störte mich der Alarm nicht. Umgeben von so vielen Schutzheiligen, fühlte ich mich merkwürdig sicher, und trotz der Bombeneinschläge schlummerte ich ein.

Da wir uns vorgenommen hatten, Weihnachten in Paris zu sein, brachen wir am nächsten Morgen frühzeitig in Richtung Luxemburg auf. Um deutschen Vorausabteilungen aus dem Weg zu gehen, beschlossen wir, einen großen Bogen zu schlagen und über Lüttich, die Maas entlang und durch die Ardennen zu fahren. Unsere Odyssee begann mit Schwierigkeiten. Erst Nebel, dann Kontrollposten. Kurz hinter

Heerlen setzte Nebel ein. Die Sichtweite betrug kaum fünf Meter. Uns selbst machte es nicht so viel aus, aber der Armee paßte es überhaupt nicht. Nebel bot Fallschirmjägern hervorragend Deckung, und deshalb standen überall schwerbewaffnete Posten, die Passanten und Fahrzeuge kontrollierten. Alle paar Minuten rief eine Stimme »Stop!« aus dem Nebel, und man blickte in eine bedrohliche Gewehrmündung. Die Kennzeichen des Fahrzeugs wurde ebenso sorgfältig geprüft wie die Papiere des Fahrers, unsere Marschbefehle und Erkennungsmarken. Selbst das reichte den Posten nicht. Sie wollten das Kennwort wissen und stellten Fragen, die nur ein Amerikaner beantworten konnte.

»Woher kommen Sie?«

»Aus Detroit.«

»In welchem Staat liegt das?«

»Michigan.«

»Wie heißt die Hauptstadt von Michigan?«

»Lansing.«

»Wie heißt die größte Straße in Detroit?«

»Woodward Avenue.«

»Wo geht man in Detroit Schlittschuhlaufen?«

»In der Arena.«

»Wo ist das?«

»An der Grand River Avenue, in der Nähe des Grand Boulevard.«

»Okay.«

Bei so ungewöhnlichen Fragen, dachte ich, würde ein durchschnittlicher deutscher Spion vermutlich passen. Ich fand es beruhigend, daß unsere Jungs ihre Sache so geschickt machten.

Lüttich war übel zugerichtet. Wochenlang hatten V-1 systematisch und gnadenlos ihr Zerstörungswerk angerichtet. Da die Stadt nicht gerade einladend wirkte, fuhren wir weiter, obwohl es rasch dunkel und der Nebel immer dichter wurde. Wir übernachteten in einer kleinen belgischen Ortschaft und machten uns am nächsten Morgen in aller Frühe auf den Weg in Richtung Ardennen.

Die Fahrt war ein Alptraum. In Aywaille wurden wir von einer starken Konzentration von Panzern und Panzerabwehrgeschützen aufgehalten. Ein Militärpolizist erklärte uns, daß sich deutsche Patrouillen in der Umgebung herumtrieben, daß seines Wissens die Hauptverbindungsstraße durch die Ardennen aber noch passierbar sei. Sein Chef wußte auch nicht viel mehr. Wir holten unsere Karabiner und Revolver heraus und fuhren weiter bergan, in Richtung Houffalize und Bastogne. Es wurde immer nebliger und kälter, und dann konnten wir überhaupt nichts mehr sehen. Die Straße war unberechenbar – einmal tiefer Schnee, dann eine Eisschicht und dann wieder Matsch. Irgendwann gerieten wir in einen Lastwagenkonvoi mit Infanteristen, die an die Front gebracht wurden, deren Verlauf niemandem bekannt war, nicht einmal den Offizieren. Die schwerbewaffneten Soldaten mit ihren Helmen und Wintermänteln schauten verfroren und düster drein.

Als wir in Stavelot einen Militärpolizisten nach dem Weg fragten, riet er uns ab, nach Bastogne weiterzufahren, da letzten Informationen zufolge deutsche Panzer bereits in der Stadt oder kurz davor seien. Er selbst sei der letzte MP-Posten, und seine Einheit würde jeden Moment verschwinden. In den Wäldern, sagte er, wimmele es von Deutschen, und die Straßen seien nicht mehr sicher.

Wir bogen sofort nach Westen ab, in Richtung Marche. Der Nebel wurde immer undurchdringlicher, so daß wir nur im Schneckentempo vorankamen. Einmal stießen wir auf eine Luftlandedivision, die nach Bastogne verlegt wurde. Die Jungs machten einen beruhigend zähen Eindruck, aber der Nebel hielt auch sie auf. Unweit von Marche blieb ein Panzerspähwagen, der eine Weile vor uns hergefahren war und uns zeitweilig ein Gefühl der Sicherheit vermittelt hatte, plötzlich stehen. Der Soldat im Turm winkte uns zu. »Viel Glück, Jungs«, rief er, »wir fahren nicht weiter. Ist uns zu riskant.« Und die schwankende Funkantenne verschwand um die nächste Kurve. Wir waren jetzt allein, und ich hatte richtig Angst. Meine Muskeln verkrampften sich, das Herz schlug schneller. Ringsum Nebel und Deutsche. Ich fragte mich, welches Wunder uns vor Tod oder Gefangenschaft bewahren würde.

Doch irgendwie kamen wir voran, und irgendwie umgingen wir die Chaussee nach Marche und gelangten auf einer Seitenstraße in nordwestlicher Richtung nach Namur. Wir hatten einen sehr verschlungenen Umweg gemacht. Von Namur fuhren wir entlang der Maas bis Dinant, das von einer britischen Panzerdivision verteidigt wurde. Eine unglaubliche Ansammlung von Panzern stand in fast ununterbrochener Linie von Dinant über Virton bis nach Arlon. Im offenen Gelände, in Wäldern, an Brücken und Kreuzungen warteten alle möglichen gepanzerten Fahrzeuge, Tausende von Geschützen waren auf die vorrückenden Deutschen gerichtet. Rundstedt sollte sich in einem riesigen stählernen Fangnetz verrennen. Der Anblick dieser machtvollen Maßnahme erfüllte mich mit tiefer Befriedigung. Vermutlich gehörten wir zu den wenigen lebenden Personen, die zufällig das Privileg hatten, das komplette Waffenarsenal der Alliierten zu sehen, das die ahnungslosen Deutschen empfing. Und so kritisch die Lage auch sein mochte, in diesem Moment wußte ich, daß Rundstedt es niemals schaffen würde.

Immer neue Verbände rollten aus westlicher und nördlicher Richtung heran, tage- und nächtelang, ein endloser, ehrfurchtgebietender Strom von Selbstfahrlafetten, Lastwagen, Panzern, Sturmgeschützen, Panzerwagen, Ambulanzfahrzeugen und Munitionstransportern. Es schien, als wäre die gesamte Produktion von Michigan in die Ardennen geworfen worden.

In Arlon, vierzig Kilometer vor Luxemburg, gab dummerweise unser einziger Scheinwerfer den Geist auf, so daß wir in der Dunkelheit nur aufreibend langsam vorankamen. Zum Glück rasselten die Panzereinheiten in der entgegengesetzten Richtung an uns vorbei, sonst wären wir in dem Konvoi bestimmt plattgefahren worden.

In Luxemburg herrschte eine bedrückte Atmosphäre. Die Deutschen, hieß es, seien nicht mehr weit vom Sender entfernt, und nach Ansicht einiger PWD-Kollegen würde die Wehrmacht unbedingt versuchen, die Radiostation zu erobern, und sei es nur aus Prestigegründen. Die Stadt befand sich im Alarmzustand, aber niemand glaubte, daß sie gegen einen entschlossenen deutschen Angriff zu halten sei. Immerhin gab es keine Panik.

Die Fahrt nach Paris verlief unspektakulär, abgesehen davon, daß wir uns, noch auf luxemburgischem Gebiet, im Schneetreiben verirrten. Hauptmann Hans Habe, ein PWD-Kollege, der sich uns angeschlossen hatte, weil er ebenfalls Weihnachten in Paris sein wollte, schwor, daß wir den deutschen Linien gefährlich nahe seien. In diesem Moment sah ich zufällig einen Wegweiser und merkte, daß wir tatsächlich in der falschen Richtung fuhren. Das Schneegestöber hörte auf, und jenseits der Marne wurden auch die Straßenverhältnisse besser. Ab Verdun folgten wir der historischen Route von Ludwig XVI. und Marie-Antoinette, kamen durch Orte mit so romantischen Namen wie Clermont, Sainte-Menehould, Pont Somme-Vesle, Châlons. Still und ruhig floß die Marne dahin. Nirgends waren militärische oder sonst irgendwelche Fahrzeuge unterwegs, so daß wir die Straße für uns hatten. Westlich der Argonnen empfing uns milderes Klima und ein blauer Himmel, und in der friedlichen Landschaft konnte man für einen Moment vergessen, daß Krieg war.

Heiligabend trafen wir in Paris ein. Es war eines der traurigsten Weihnachten in all den Kriegsjahren. Ich meldete mich im OSS-Büro (Office of Strategic Services) unweit der Champs-Elysées und fand dort festlich uniformierte, Weihnachtslieder singende Freunde und Kollegen vor. Ungewaschen, unrasiert und in Felduniform, muß ich ihnen wie ein Geist aus einer anderen Welt erschienen sein. Harold Deutsch, der Chef des Pariser Büros, entbot mir ein herzliches Willkommen und einen gigantischen Drink. Trotz der freundlichen Begrüßung und der heiteren Stimmung fühlte ich mich furchtbar einsam und unbeschreiblich elend. Inmitten dieser weihnachtlichen Atmosphäre brach ich plötzlich zusammen. Nach einer Weile löste sich die Anspannung, ich ging in mein Hotel, legte mich hin und schlief einmal rund um die Uhr.

Paris war pessimistisch und deprimiert, die Franzosen mehr als die Amerikaner. Rundstedts Gegenoffensive war noch immer in vollem Gang, und man befürchtete, er würde an der Maas die alliierten Linien überwinden und nach Antwerpen vorstoßen. Nie werde ich die düstere Stimmung vergessen, die in unserem Hauptquartier im Hotel Astor herrschte. Am 26. Dezember überbrachte uns Richard Crossman beim abendlichen Festessen die schockierende (jedoch unzutreffende) Nachricht, daß deutsche Truppen die Maas überschritten hätten und daß in Dinant gekämpft werde. Josette, meine Tischnachbarin, eine junge Französin aus bürgerlichem Haus, wurde hysterisch. Sie knetete die Hände und sagte mit bebenden Lippen: »*Mon Dieu, ce n'est pas possible, pas possible, mon Dieu* ...« Immer wieder erklärte sie, daß sie sich das Leben nehmen werde, wenn diese grauen Horden jemals wieder den Fuß auf französischen Boden setzen würden. »Allmächtiger Gott«, flüsterte sie, »alles, nur das nicht.« Ihr war der Appetit vergangen. Ich erzählte ihr von den vielen Panzerverbänden, die ich in den Ardennen gesehen hatte, und daß, solange amerikanische Soldaten in Belgien und Frankreich stünden, die Wehrmacht nichts ausrichten könne. Josette weinte still vor sich hin und sagte kein Wort.

Es war ein bitteres Weihnachten. Zum letztenmal rächten sich die Deutschen an einem Europa, das sie haßte.

Ich blieb ein paar Tage in Paris und sprach mit den Kollegen im Alliierten Hauptquartier, namentlich Richard Crossman, Michael Balfour und Leutnant Murray Gurfein, über die Lage in Deutschland. Ich erklärte, und die anderen schienen mir zuzustimmen, daß eine Politik der Härte gegenüber den Deutschen nicht auf einer realistischen Einschätzung der Situation beruhe und daher gefährlich sei. Die Kollegen baten mich, ein vertrauliches Memorandum zu formulieren. (Ob meine Überlegungen, die ich am 27. Dezember 1944 niederschrieb, etwas genützt haben, enzieht sich meiner Kenntnis.)

▌Die Politik der Härte gegenüber den Deutschen – keine Lebensmittellieferungen, Fraternisierungsverbot, keine Erleichterungen und keine materielle Wiederaufbauhilfe – gründet auf einem falschen Bild, das wir von ihnen haben. Ihr liegt die Annahme zugrunde, daß alle Deutschen gleich seien, daß sie allesamt Nazis und nicht zu retten seien.

Besonders unter den deutschen Bergarbeitern haben wir Sozialdemokraten, Kommunisten und christliche Sozialisten gefunden, die Hitler und sein Regime ablehnen. Viele haben sich lange gegen eine Evakuierung gewehrt. Andere weinten vor Freude, als ihre Stadt von den Amerikanern befreite wurde.

In ganz Deutschland gibt es Sozialisten und christliche Sozialisten und Liberale, die das Hitlerregime verabscheuen. Diese Leute sind vereinzelt, führungslos und nicht organisiert. Sie sind unsere besten Freunde – wenn nicht gar die einzigen Freunde, auf die wir in Deutschland zählen können.

Angesichts der vielen Deutschen, die den Nationalsozialismus ablehnen und vor 1933 für eine demokratische Republik eingetreten sind, ist eine undifferenzierte Politik der Härte sinnlos. Nach elf Jahren Terror sind alle führenden Oppositionellen vernichtet oder anderweitig ausgeschaltet. Doch es gibt Widerstandskräfte, kleine Gruppen antifaschistischer Männer und Frauen. Sie bedürfen unseres Beistands, unserer Unterstützung. Es wäre ein Fehler, ihnen die kalte Schulter zu zeigen. Eine Politik der Härte würde diese Antifaschisten nur entmutigen und sie Hitler und Himmler in die Arme treiben. Bliebe ihnen denn eine andere Wahl?

Es gibt in Deutschland eine starke und skrupellose Minderheit, die 1) den Krieg will, 2) den Krieg verherrlicht und 3) nicht eher ruhen wird, bis Deutschland sich Europa und die ganze Welt unterworfen hat. Es ist diese kleine Gruppe, die ausgelöscht werden muß. Es sind diese Leute, die wir hart anfassen sollten, nicht die einfachen Leute, die werktätige Bevölkerung. Immer wieder haben Arbeiter uns erklärt: »Wir wollen Brot, Arbeit und ein kleines bißchen Freiheit.«

## 35

Den ersten Tag des Jahres 1945 verbrachten wir in Brüssel. Wir meldeten uns im PWD-Hauptquartier der 21. Heeresgruppe, wo wir die Anweisung erhielten, uns sofort nach Luxemburg zu begeben. In Luxemburg bat uns Oberst Powell, einen Sonderauftrag zu übernehmen. Es ging um Aachen. Im Hauptquartier hatte man schon lange den Eindruck, daß in Aachen etwas nicht in Ordnung war. Man wollte wissen, was dort passierte, denn gewisse Gerüchte beeinträchtigten die öffentliche Meinung. Die 1. Armee hatte eine Untersuchung abgelehnt. Allerdings war Aachen im Verlauf der deutschen Gegenoffensive von der 9. Armee übernommen worden, die gegen eine Ermittlung nichts einzuwenden hatte. Im Gegenteil, man wollte die Angelegenheit unbedingt aufklären. Ich sollte also nach Aachen fahren und gründlich ermitteln. Die Kollegen Sweet und Gittler begleiteten mich.

Aachen, die erste deutsche Großstadt, die die Amerikaner besetzt hatten, war zugleich das erste Experiment in Sachen Militärverwaltung. Die Lehren des Aachener Experiments, die Versäumnisse und die Erfolge, waren überaus bedeutsam, besonders für uns PWD-Offiziere, die wir einen Kampf um die öffentliche Meinung in Deutschland führten. Anderen militärischen Abteilungen, besonders der Abteilung für Zivilangelegenheiten, konnte eine objektive Analyse ebenfalls nützen. Unsere Aufgabe bestand darin, die Militärverwaltung, die zivile Verwaltung sowie die Reaktion der Öffentlichkeit genau unter die Lupe zu nehmen.

Als wir in Aachen eintrafen, lag tiefer Schnee über den Trümmerbergen, so daß die Ruinen nicht ganz so schroff und häßlich wirkten. Zuallererst mußten wir uns eine Unterkunft besorgen und Verpflegung organisieren. Im Gebäude der Stadtkommandantur waren keine Zimmer frei. Aber wir wollten ohnehin ein eigenes Quartier haben, um unsere Arbeit frei von Beeinflussung durchführen zu können. Aachen hatte keine funktionierende Infrastruktur, und ohne die Militärpolizisten, die in der Stadt stationiert waren, hätten wir gehungert oder uns von kalten Rationen ernähren müssen. In der MP-Kantine, die sich in einer düsteren Ruine befand, wurden wir großzügig durchgefüttert. Eine Unterkunft aufzutreiben war schon schwieriger. Wir fanden ein Haus, das Wände, Fußboden, Decken und ein Dach hatte. Allerdings gab es kein Gas, keinen Strom, kein fließendes Wasser und keine funktionierenden Toiletten, und überall roch es muffig.

Unser Quartier war besser als ein verschneiter Schützengraben, und in den ersten Tagen ertrugen wir es mehr oder weniger stoisch. Doch dann setzte Frost ein. »Ungewöhnlich«, sagten die Leute, wie man das immer tut – und arktische Winde pfiffen durch das Gemäuer. Wir hatten ein kleines Öfchen, aber um auch nur ein bißchen Wärme abzukriegen, hätte man sich daran pressen müssen. Besonders unangenehm waren die Nächte. Gegen fünf Uhr nachmittags wurde es dunkel, und wir hatten nur eine einzige Lampe, in deren trübem Schein man arbeiten oder lesen konnte. Im Haus zu bleiben hieß, in der Düsternis zu frieren, und nach draußen zu gehen bedeutete, sich in Lebensgefahr zu bringen. Um halb sechs begann die Ausgangssperre für die Deutschen, und dann lag die verdunkelte Stadt totenstill da. Alles, was sich bewegte, wurde von nervösen Militärpolizisten angehalten, und da die Front nahe war, schossen sie oft, ohne auf eine Antwort zu warten. Es empfahl sich daher nicht, das Haus zu verlassen – wenn es denn etwas gegeben hätte, wo man hätte hingehen können, was nicht der Fall war. Von halb sechs bis zum nächsten Morgen acht Uhr fühlte man sich wie lebendig begraben.

Als es unerträglich wurde, packten wir unsere Sachen und fuhren im Schneegestöber los, um im nahegelegenen Belgien oder Holland ein Quartier zu finden. In Vaals, gleich hinter der holländischen Grenze, trugen wir dem Bürgermeister unser Anliegen vor. Der stämmige Mann hörte uns freundlich zu. Schließlich sagte er: »Für die amerikanischen Herren werde ich mein Möglichstes tun«, ging mit uns hinaus, die Hauptstraße hinunter, blieb vor dem größten Haus stehen und klingelte. Ein ebenso jovialer Mann kam heraus, die beiden wechselten ein paar unverständliche Worte, dann wurden wir hereingebeten und bekamen eine ganze Etage – jeder ein eigenes Zimmer und außerdem noch eine Küche. Das Haus war wunderbar warm und natürlich blitzsauber. Die Betten waren frisch bezogen, die Matratzen weich, und in den Zimmern gab es elektrisches Licht. Nur einen einzigen Makel hatte dieses Paradies, und das war die Toilette. Unerklärlicherweise hatte sie eine Tür mit einer völlig durchsichtigen Glasscheibe. Wir bemühten uns, nicht daran zu denken, und bedankten uns überschwenglich. Der Bürgermeister strahlte. »Für die amerikanischen Herren«, wiederholte er, »ist nur das Beste gut genug.«

So bezogen wir unweit von Aachen unser Winterquartier und pendelten täglich in die Stadt. Wir hatten nicht weit zu fahren, aber abends, wenn Nebel war und eine dicke Eisschicht die Windschutzscheibe bedeckte, war die Rückfahrt mitunter recht ungemütlich.

In Aachen legte man uns keine Hindernisse in den Weg. Major Jones, der amerikanische Stadtkommandant, war ebenso freundlich und hilfsbereit wie sein Stellvertreter, Major Bradford. Major Jones, der die Stadt von zwei militärischen Vorgängern übernommen hatte, fühlte sich für die Situation nicht verantwortlich. Er begrüßte unsere Untersuchung, die ihn, wie er sagte, in die Lage versetzen würde, die notwendigen Entlassungen und Entscheidungen anzuordnen. Wir bekamen offizielle Ausweise, mit denen wir uns überall frei bewegen und Zivilpersonen verhören durften.

Wir verbrachten fünf Wochen in Aachen und sprachen mit den führenden Beamten der zivilen Stadtverwaltung, mit Offizieren der Militäradministration, mit Arbeitern, Polizisten, Angestellten, Geschäftsleuten, Hausfrauen, mit einfachen Leuten und Jugendlichen. Unser Abschlußbericht löste in den verschiedenen Stäben einen Sturm der Empörung, aber auch viel Zustimmung aus und hatte weitreichende Folgen. Hier wird zum erstenmal die ganze Geschichte der US-Militärverwaltung in Aachen dargestellt.

Aachen war eine verrückte Stadt. Die wichtigste Person war nicht der US-Stadtkommandant, sondern der von ihm ernannte deutsche Oberbürgermeister. Den größten Einfluß hatte ein Mann, der überhaupt kein politisches Amt bekleidete – der Bischof. Nicht die amerikanischen Eroberer bestimmten, wo es langging, sondern die Deutschen, die zu einer Clique von Rüstungsproduzenten gehörten. Die herrschende Ideologie war nicht von Demokratie geprägt, sondern von einem autoritären Faschismus. Die Offiziere der Militärverwaltung, von denen nur ein einziger deutsch sprach, hatten nur die allerblasseste Ahnung von dem, was sich in der Stadt abspielte. Aachen war offensichtlich ein höchst interessantes Untersuchungsobjekt. Den ganzen Winter über hockten Hunderte von Kriegsberichterstattern in den Pressecamps von Spa und Maastricht herum, in nächster Nähe also, und verpaßten eine der erstaunlichsten Kriegsstorys. Viele von ihnen fuhren nach Aachen, schauten sich ein bißchen um und reisten genauso klug wieder ab, wie sie gekommen waren. Eine Ausnahme war Max Lerner, der Korrespondent der *Pacific Mail*.

## 36

In den letzten drei Monaten [so begann unser Bericht] hat sich in Aachen eine neue Elite herausgebildet, die aus Technikern, Anwälten, Ingenieuren, Geschäftsleuten, Industriellen und Kirchenleuten besteht. Diese Elite ist raffiniert, willensstark und aggressiv. Sie besetzt jeden wichtigen Verwaltungsposten. An ihrer Spitze steht Oberbürgermeister Oppenhoff. Fast alle Schlüsselpositionen in der Stadtverwaltung hat er mit Männern seines Vertrauens besetzt, die genauso denken wie er. Hinter Oppenhoff steht der mächtige Bischof von Aachen, der geschickt seine eigenen Interessen und die der Kirche vertritt. Alle diese Männer kennen sich seit langem. Drei Bürgermeister wohnen in einem Haus, zwei weitere in einem anderen Haus. Oppenhoff war u. a. als Rechtsanwalt für den Bischof und die Diözese tätig. Seine engsten Mitarbeiter, Faust und Op de Hipt, sind leitende Angestellte in der Rüstungsfabrik Veltrup. Die Bürgermeister Hirtz und Schefer sind alte Schulfreunde. Keiner dieser Männer war in der NSDAP, die meisten hatten direkt mit den führenden Aachener Rüstungsbetrieben (Veltrup und Talbot) zu tun.

Ihre Stärke, die sie besonders gegenüber den Amerikanern herausstreichen, ist der Umstand, daß sie keine Nazis sind, weil sie eben nicht in der Nazipartei waren. Wie kamen diese Männer um einen Parteieintritt herum? Oppenhoff erklärt, er und seine Freunde seien nicht auf die Partei angewiesen gewesen, weil man in den freien Berufen tätig gewesen sei oder eng mit der Kirche zu tun hatte und deshalb nicht eintreten konnte. Bürgermeister Schefer, heute Polizeidirektor, blieb der Eintritt in die Partei erspart, weil er als Assessor für das Oberkommando der Wehrmacht arbeitete. Bürgermeister Mies war Direktor einer großen Rüstungsfabrik, die für die Nazis so wichtig war, daß er 1943 das Kriegsverdienstkreuz bekam. Bürgermeister Hirtz konnte nicht Parteimitglied werden, weil er angeblich eine jüdische Mutter hatte (er räumt ein, daß er andernfalls eingetreten wäre). Und Bürgermeister Breuer konnte nicht in die Partei eintreten, weil er päpstlicher Legat war.

Diese hohen Persönlichkeiten wurden auch nicht zur Wehrmacht eingezogen, weil sie wertvolle Dienste für die Kriegswirtschaft leisteten. Oberbürgermeister Oppenhoff und seine Assistenten Faust und Op de Hipt fanden in den Veltrup-Werken »Unterschlupf«. Dieser Rüstungsbetrieb unterstand juristisch dem Wehrkreiskommando, und da die Wehrmacht an Rüstungsgütern interessiert war, blieb diesen Fachleuten ein Parteieintritt erspart.

Es fällt auf, daß die Angehörigen dieser neuen Aachener Elite vergleichsweise jung sind (zwischen 33 und 50 Jahre).

Sie gehören zur oberen Mittelschicht und haben in den letzten zehn Jahren unter Hitler gut verdient (Jahreseinkommen zwischen 7000 und 200000 Mark, durchschnittlich ca. 30000 Mark). Niemand hat unter dem Naziregime gelitten oder in Wort oder Tat Widerstand geleistet. Es ist ihnen nachweislich gut gegangen.

Die Männer um Oberbürgermeister Oppenhoff sind nicht demokratisch gesinnt. Sie äußern sich ausgesprochen abfällig über die Weimarer Republik und ein Mehrparteiensystem, sie lehnen Gewerkschaften ab und betrachten liberale Tendenzen mit Mißtrauen. In unterschiedlicher Weise wiederholt der eine oder andere von ihnen die Schlagworte der Nazis und Deutschnationalen – daß der Versailler Vertrag eine Schmach gewesen sei, daß Frankreich der Erbfeind der Deutschen sei, daß die Nichteinhaltung der Vierzehn Punkte ein Verrat an Deutschland gewesen sei, daß das »arme« Reich ein Land ohne Raum sei und expandieren müsse. Sie begründen den Krieg mit diesen »Mißständen« und beschuldigen die Arbeiter, Hitlers Hauptstütze zu sein.

Die führenden Männer dieses Kreises haben ihr Berufsleben unter den Nazis verbracht, sind in dieser Zeit wohlhabend geworden und haben kaum etwas anderes kennengelernt. Ihr Staatsverständnis ist antidemokratisch, und auch das Wirtschaftsleben sollte aus ihrer Sicht nach dem Führerprinzip organisiert sein. Bürgermeister Faust (Ingenieur, Mitte dreißig) berichtete uns, daß ein Arbeiter auf einer Betriebsversammlung es gewagt habe, ihm zu widersprechen. »Ich war dermaßen schockiert und verlegen, daß ich zu Boden blickte. So etwas habe ich noch nie erlebt. In der Arbeitsfront hat es das nicht gegeben.«

Oberbürgermeister Oppenhoff und seine Freunde verfolgen politisch und wirtschaftlich weitreichende Ziele. Diese Ziele, von denen die Stadtkommandantur wenig wußte und die sie noch weniger interessierte, sind ein aufschlußreicher Hinweis, was wir von ähnlichen Gruppierungen in Deutschland zu erwarten haben. Sie streben die Errichtung eines autoritären Ständestaates (à la Dollfuß) an, der sich vor allem auf kleine Industriebetriebe, auf das Handwerk und eine hierarchisch organisierte, rechtlose Arbeiterschaft stützt. Oppenhoffs Ziel war ein kleinstaatlicher Klerikalismus und ein dezentralisiertes Reich. Gegen eine Loslösung des Rheinlands hatte er nichts einzuwenden, sofern es Belgien, Frankreich, Holland oder England zugeschlagen würde, denn nur so könnte es wirtschaftlich überleben. Oppenhoff und seine Freunde sind entschiedene Gegner von Wahlen, Parteien und Gewerkschaften. Für sie ist der »Stolz auf die eigene Leistung« und die wohlwollende Anerkennung patriarchalischer Arbeitgeber die Antwort auf Parteienzwist und Klassenkampf. Politisch wache Arbeiter verachten sie. »Der Arbeiter ist schon zufrieden, wenn man ihm ein Glas Bier und einen Laib Brot gibt«, meinte ein Bürgermeister spöttisch. Ein anderer sagte, daß deutsche Arbeiter »komisch im Kopf« seien. Ein dritter bezeichnete die Sozialdemokraten als »undeutsch«. Kurzum, Oppenhoff errichtete unter den Augen der US-Militärverwaltung die Strukturen eines autoritären, hierarchischen, bürokratischen Ständestaates, wie ihn selbst die Nazis abgelehnt hatten.

Diese Gruppe sitzt mit neun Bürgermeistern, siebenundsechzig Dienststellen und siebenhundertfünfzig Verwaltungsangestellten fest im Sattel. Jeder fünfzehnte Aachener arbeitet in der Stadtverwaltung. Ein Bürgermeister war Parteimitglied. Einer der führenden Männer war ein bekannter Gestapospitzel, von zweiundsiebzig Personen in »Schlüsselpositionen« (nach Oppenhoffs Definition) waren zweiundzwanzig Nazis. Als wir die Militärregierung davon in Kenntnis setzten, berief man sich darauf, daß Oppenhoff diese Männer als »unentbehrlich« bezeichnet habe.

## 37

Alle möglichen Leute kamen in unser Büro, um uns ihre Überlegungen mitzuteilen. Einer unserer gesprächigsten Besucher war Felix Bücken, ein kaninchengesichtiger kleiner Mann, der, zur Zeit stellungslos, vom Einkommen seiner Frau lebte, die als

Dolmetscherin für einen US-Major arbeitete (und später entlassen wurde, als sich herausstellte, daß sie einer NS-Frauenorganisation angehört hatte). Bücken redete pausenlos und meist im Flüsterton, als wollte er uns wichtige Geheimnisse anvertrauen. Als Zuträger von Gerüchten und Klatschgeschichten war er, zumal in einer Stadt ohne Zeitungen und Radios, sehr wertvoll. Er hatte viel Zeit, so daß er sich umhören und die unwahrscheinlichsten Behauptungen, aber auch berechtigte Kritik aufschnappen konnte, die er dann genüßlich erzählte.

Der Nationalsozialismus hatte Bücken anfangs zugesagt. Erst als sich eine Massenbewegung daraus entwickelte, legte sich seine Leidenschaft. »Ich lasse mich nicht als Massenmensch behandeln. Dafür bin ich ein viel zu großer Individualist.« Endgültig zu einem Gegner des Regimes wurde er nach den Säuberungen vom Juni 1934. »Seitdem fühle ich mich nicht mehr als Deutscher.«

Während unserer Ermittlungen kam Bücken einmal in unser Büro und erklärte: »Die Leute sagen, daß die Stadt von einer Clique beherrscht wird und daß es Wahnsinn ist, neun Stadträte und siebenhundertfünfzig Beamte für elftausend Einwohner zu haben.«

Wir stellten fest, daß Bücken nicht übertrieben hatte. Die Leute murrten, wußten nichts Genaues, hatten aber das Gefühl, daß irgend etwas faul war und daß die alte Clique an der Macht war. In der Stadt zirkulierte ein Flugblatt mit der Überschrift »Was sich die Aachener erzählen«, und da es auch die Militärverwaltung kritisierte, reagierte man dort einigermaßen verärgert.

Oberstleutnant S., der für die Ernennung Oppenhoffs und seiner Truppe verantwortlich war, forderte, den Verfasser des Flugblatts als »gefährlichen Agitator« zu internieren. Major Bradford, der einsame Liberale in der Kommandantur, wandte sich erfolgreich gegen einen solchen Schritt. Es sei doch ein gutes Zeichen, sagte er, daß die Deutschen so viel Interesse an politischen Dingen zeigten und ihre Meinung äußerten.

Wir stellten fest, daß die Unzufriedenheit der Bevölkerung im wesentlichen vier Gründe hatte: 1) die Arbeitseinsätze, 2) die Weiterbeschäftigung von Nazis in der Verwaltung, 3) die Tatsache, daß die Stadtverwaltung wie ein Herrenclub funktionierte und vom Bischof Rückendeckung erhielt, und 4) die Existenz eines aufgeblähten, privilegierten Beamtenapparats.

Zwei junge Frauen, deren Vater im Konzentrationslager war, sagten: »Es sind dieselben Schieber. Aber was kann man schon machen. Die Deutschen sind seit jeher so, und daran wird sich nie etwas ändern. Wir fragen uns, warum eine Stadt mit elftausend Einwohnern neun Bürgermeiser braucht. Vor der Ankunft der Amerikaner hatten wir nur einen Bürgermeister und einen Assessor. Jetzt, wo die Amerikaner da sind, fahren die Herren im Dienstwagen herum, obwohl nicht einmal Benzin für die Versorgung der Bevölkerung mit dem Allernötigsten zur Verfügung steht. Es ist das alte Lied.«

Ein deutliches Indiz von Unzufriedenheit fand sich am Eingang des Arbeitsamtes. Bürgermeister Carl, der Leiter des Amtes, war der einzige, der seine Berufung nicht Oppenhoff verdankte. An der Tür seiner Dienststelle hatte er folgenden Hinweis angebracht: »Wer der Meinung ist, ihm sei Unrecht geschehen, und glaubt, eine berechtigte Beschwerde vortragen zu müssen, wende sich bitte an Herrn Carl, Zimmer 7, 1. Etage. Wir haben für jeden ein offenes Ohr und ein freundliches Wort.«

Die Unzufriedenheit der Bevölkerung entzündete sich in erster Linie an den öffentlichen Arbeitseinsätzen (z.B. Straßenreinigung, Trümmerbeseitigung, Kartoffelernte), zu denen sich trotz dringender Appelle niemand meldete. Die Arbeiter weigerten sich, weil die Bürgerlichen sich nicht beteiligten, die über Nahrungsmittelreserven und Geld verfügten oder ihre Betriebe wieder aufbauen wollten oder im Dienst der Stadtverwaltung standen. Empört fragten die einfachen Leute, warum sie die einzigen sein sollten, die zu öffentlichen Arbeiten herangezogen werden. Sie wollten wissen, warum nicht alle Aachener, unabhängig von ihrem gesellschaftlichen Stand, gezwungen würden, ihren Anteil beizutragen. Bürgermeister Carl erklärte uns ganz offen, daß die Arbeiter recht hätten, daß er aber keine Möglichkeit habe, die Bürgerlichen zur Arbeit zu zwingen. Als er mit Zwangsmaßnahmen drohte, beschimpfte man ihn als »undemokratisch«, als »Freiheitsräuber« und »Nazi«.

Gleichzeitig wurde kritisiert, daß zu viele Nazis in Amt und Würden seien. Das war überhaupt das beliebteste Thema in der Stadt. Die Zahl der Nazis in der Verwaltung wurde meistens übertrieben. In Aachen war bekannt, daß viele Lizenzen zur Neueröffnung von Geschäften an Nazis gingen, da der zuständige Dezernent selbst ein bekannter Nazi war. Spöttisch sagten die Leute, daß man ein guter Nazi sein müsse, wenn man einen Posten in der Verwaltung oder eine Geschäftslizenz bekommen wolle. Ganz aus der Luft gegriffen war diese Behauptung nicht.

Antinazis waren auf Nazis nicht gut zu sprechen. Das galt für die meisten Leute, besonders aber für Sozialdemokraten und gewerkschaftlich orientierte Arbeiter. Einige von ihnen trafen sich privat, tauschten Erinnerungen aus und stellten Listen von Nazis und anderen belasteten Personen auf. Sobald wir das Vertrauen dieser Arbeiter gewonnen hatten, zeigten sie uns ihre Unterlagen mit den Namen, Anschriften und Personenbeschreibungen von Nazis. In den meisten Fällen stimmten diese Angaben. Der eine oder andere wollte wissen, warum Nazis nicht verpflichtet würden, entsprechende Kennzeichen zu tragen (so wie die Zwangsarbeiter und Juden unter den Nazis) und warum man sie nicht in Arbeitsbataillone steckte. Ein Mann, der im Wasserwerk arbeitete und dessen Tbc-kranker Sohn einem Bestattungstrupp zugeteilt worden war, sagte: »Wir dachten, es wird alles anders. In der BBC hieß es, daß alle Nazis abgesetzt würden. Jetzt sieht man sie überall auf guten Posten, und sie machen neue Geschäfte auf, während die Arbeiter wie früher die Drecksarbeit machen müssen und Geschäftsleute mit Beziehungen sich davor drücken können. Selbst unter den Nazis mußten die Bessergestellten gemeinsam mit den Arbeitern anpacken.«

Alle fragten, warum ein derart aufgeblähter Verwaltungsapparat mit so vielen Bürgermeistern notwendig sei. Aachen sei eine arme, zerstörte Stadt und habe nicht das Geld, um so viele Beamte bezahlen zu können. Die Leute murrten über die Bürgermeister, die sich bereicherten, in unzerstörten Villenvierteln wohnten und dicke Limousinen fuhren.

Wie reagierte der Herrenclub darauf? »Kommunistische Propaganda«, schimpfte Oberbürgermeister Oppenhoff und ging mit einer Liste seiner Kritiker, die er als »gefährliche Rote« bezeichnete, zum CIC. Obwohl in Aachen kein einziger Kommunist aufzutreiben war, behauptete Oppenhoff unbeirrt, daß seine Feinde ausschließlich Rote seien. Selbst dem Zentrum nahestehende Linkskatholiken bezeichnete er als Kommunisten. Sein Kollege, Bürgermeister Faust, reagierte analytischer. Er erklärte uns, daß die Unzufriedenheit auf alliierte Propaganda zurückzuführen sei. Die britischen und amerikanischen Sender, sagte er mit ernster, mißbilligender Miene, hätten den deutschen Arbeitern voreilige Versprechungen gemacht und sie aufgewiegelt. Wir sollten bitteschön dafür sorgen, daß diese Propagandasendungen eingestellt würden. »Die Arbeiter in ihrer neuen Freiheit sind zu allem imstande.« Auf die Frage, was unter »alliierten Versprechungen« zu verstehen sei, verwies er auf Radioerklärungen, wonach Nazis von der Verwaltung ausgeschlossen würden und daß das deutsche Volk die Chance bekäme, eine demokratische Gesellschaft aufzubauen. Das, sagte Bürgermeister Faust, sei gefährliche Agitation.

## 38

Wir führten lange Gespräche mit den Bürgermeistern und stellten fest: was immer sie sein mochten, sie waren jedenfalls nicht dumm. Ich möchte hier einige von ihnen porträtieren, und zwar in aufsteigender Rangfolge.

Auf der untersten Stufe der Aachener Hierarchie stand Dr. Helmut Pontsegger, der für Recht und Verwaltung zuständige Dezernent. Pontsegger hatte in Wien studiert und war ein pedantischer Berufsbeamter, der lauter hochtrabende, pseudophilosophische Spenglerismen von sich gab und sich als Dollfuß-Anhänger und Nazigegner bezeichnete. Vor seiner Ernennung zum Bürgermeister pflegte er über die russische bzw. rote Gefahr zu schwadronieren, über die »asiatische Bedrohung«, über »deutsche Kultur«, die »Überlegenheit der Weißen«, über die »zivilisatorische Mission Europas« und dergleichen mehr. Im Amt lernte er, seine Meinung für sich zu behalten. Er schwärmte immer noch von Dollfuß und dessen faschistischem Ständestaat und erklärte, daß er nach dem Krieg sofort nach Österreich zurückkehren werde. Als wir andeuteten, daß Österreich möglicherweise unter russische Verwaltung gestellt würde, und ihn fragten ob er für ein »rotes« Vaterland arbeiten würde, senkte er den Blick und murmelte schließlich: »Warum nicht?« Sehr überzeugend klang es nicht.

Auf unsere Frage, weshalb in seiner Dienststelle keine Sozialdemokraten oder Vertreter der Gewerkschaftsbewegung arbeiteten, reagierte er verlegen. Als wir das Thema Beschäftigung von Nazis anschnitten, wurde er gesprächiger. Es gebe fünf Nazis in seinem Amt, die zu verteidigen er durchaus bereit sei. »Es sind anständige Männer. Ich kann mich für sie verbürgen. Ich finde, daß die Amerikaner mir und meinem Urteil vertrauen sollten, wenn sie mir dieses Amt schon gegeben haben.« Außerdem habe man ihm versichert, daß der Stadtkommmandant nichts gegen Nazis habe.

▮ Sehr viel offener äußerte sich der Leiter des Arbeitsamtes, Bürgermeister Hans Carl. Auch er gehörte nicht zu Oppenhoffs innerem Kreis. Er war ein Geschäftsmann, der hart arbeitete, schnell sprach und schnell dachte. Er hatte eine Speditionsfirma mit Filialen in Belgien und Frankreich geleitet. Kein Typ, der sich anbiederte. »Politik interessiert mich nicht«, sagte er. »Ich denke international.« Mit Oppenhoff, einem völlig anderen Typus, kam er nicht klar, und daß er im Amt blieb, war nur auf den Druck des zuständigen US-Offiziers zurückzuführen. Oppenhoff wollte den Posten des Amtsleiters nämlich unbedingt mit seinem alten Freund Gerhard Heusch besetzen, einem Wehrmachtsmajor, dem die Amerikaner wegen Kriegsverbrechen in Rußland den Prozeß machen wollten.

Bürgermeister Carl erinnerte in seiner Denkweise eher an einen amerikanischen Geschäftsmann als an einen deutschen Beamten. »Jede Partei oder Gruppe, die zuviel Macht gewinnt, ist von Übel«, sagte er. »Es muß ein Wechselspiel von Aktion und Reaktion, es muß politische Ausgewogenheit geben. Ich bin für drei Volksparteien – rechts, Mitte und links. Jede Gruppe muß vertreten sein, sonst kommt es zur Diktatur. Die Regierung muß sich nach dem Volk richten, und nicht umgekehrt.« Kämpferisch schlug er auf den Tisch.

Er beschwerte sich über Angehörige seiner Klasse, die sich mit allen möglichen Tricks vor öffentlichen Arbeitseinsätzen drückten. »Niemand will arbeiten, alle hassen mich.« Oppenhoff und die Militärkommandantur bestanden auf Freiwilligkeit, obwohl allenthalben Arbeitskräfte fehlten. Carl vertrat dagegen die Ansicht, daß nur »demokratisch« organisierte Arbeitseinsätze funktionierten, das heißt, wenn sich alle in gleichem Maß beteiligten. Kürzlich habe er zweihundert Leute zur Kartoffelernte angefordert, es seien aber nur siebenundzwanzig erschienen. Dann habe er vierzig Mann zum Reparieren der Dächer von öffentlichen Gebäuden gebraucht, und es hätten sich nur drei gemeldet – ein älterer Pastor und zwei Vierzehnjährige. Sein Vorschlag, daß Arbeitsunwillige keine Lebensmittelmarken bekommen sollten, wurde von der Stadtverwaltung mit wenig Begeisterung aufgenommen.

»Bloß weil sie sich den Evakuierungsaufrufen der Nazis widersetzt und in der Stadt ausgehalten haben, glauben viele Aachener, daß die amerikanischen Herren sie mit offenen Armen empfangen. Es ist interessant, daß solche Gedanken meist von Geschäftsleuten geäußert werden, die politisch einen schlechten Ruf haben. Sie vergessen, daß Deutschland Amerika den Krieg erklärt und ihn verloren hat.«

Carl verhehlte nicht, daß er als Leiter des Arbeitsamtes eine undankbare Aufgabe hatte. Oppenhoff mißtraute ihm, die Bevölkerung haßte ihn, in seiner Dienststelle waren die alten Beamten tätig, zum größten Teil Nazis, die ihn ablehnten. Er mußte sie behalten, weil sie aus Sicht der Militärregierung unentbehrlich waren. Carl verachtete diese Bürokraten.

»Es sind überall die gleichen Leute«, sagte er. »Sie machen allen Leuten Schwierigkeiten. Sie sind arrogant, diese Beamten, nicht wie wir Geschäftsleute. Wir sind Diplomaten und Psychologen. Wir behandeln jedermann zuvorkommend. Ein höfliches ›Guten Tag‹ und ein freundliches ›Was kann ich für Sie tun?‹ – so behandelt ein Geschäftsmann die Öffentlichkeit. Aber das versteht ein Beamter nicht.«

▌Leiter des Bau- und Wohnungsamts war Bürgermeister Hans Mies, ehemals Ingenieur in einer Kölner Rüstungsfabrik, ein hochgewachsener Mann, schmal, leicht gebeugt, im Gespräch ehrerbietig und kultiviert.

Er war nicht in die Partei eingetreten, hatte den Nationalsozialismus aber stillschweigend akzeptiert. Als katholischer, liberal gesinnter Rheinländer orientierte er sich nicht an Preußen. Vor 1933 hatte er die Zentrumspartei gewählt und wahrscheinlich Männer wie Papen bewundert.

Den Nationalsozialismus, sagte er, habe er aus rein wirtschaftlichen Überlegungen abgelehnt. Autarkie sei doch nicht praktikabel. Deutschland könne nicht isoliert leben. Man brauche den Welthandel. Daß Hitler die Beziehungen zur Außenwelt abgebrochen hatte, bezeichnete er als »Blödsinn«.

Aus diesem Grund habe er auch nicht an einen deutschen Sieg geglaubt. Schon 1933 sei ihm klar gewesen, daß es zum Krieg kommen werde, daß Deutschland sich darauf vorbereitete. Er sei in Rußland gewesen und habe Bescheid gewußt über das industrielle Potential der Sowjets. Und die Produktionsziffern der Amerikaner seien schließlich nicht geheim gewesen. Es sei der pure Wahnsinn gewesen, gegen solche Wirtschaftsriesen Krieg zu führen. Trotzdem, räumte Mies ein, habe er keinen Widerstand geleistet. Politik interessiere ihn nicht, also habe er den Nazis beim Aufbau ihrer Kriegsmaschinerie geholfen.

In seinem Beruf habe er die Nazis loyal unterstützt, innerlich habe er den Hitlerismus aber als Schwindel empfunden. Bei Kriegsausbruch habe er angefangen, ausländische Sender zu hören, vor allem BBC, so daß er immer gut informiert gewesen sei. Er wußte von den Greueltaten, die die Deutschen in Europa begangen, und von dem Leid, das die Nazis überall verursacht hatten. Vielleicht sei es ein Fehler gewesen, sich nicht politisch engagiert zu haben. Vielleicht hätten er und seine Freunde lieber ins KZ gehen sollen, als das Unrecht schweigend hinzunehmen. Doch Mies hat nichts unternommen. Kein Wort der Kritik oder des Protestes – nicht ein einziges Mal.

Die Zukunft? Mies meinte, daß man den »Hitlerismus nötigenfalls mit Gewalt verhindern« müsse. Ob er persönlich Gewalt anwenden würde? Diese Frage war ihm äußerst unangenehm. Seiner Ansicht nach sollten die Amerikaner die Drecksarbeit machen.

»Die Deutschen«, sagte er, »haben keine Erfahrung auf dem Gebiet der Selbstverwaltung. Sie sind politisch ungebildet. Sie wissen die Demokratie und ihre Vorzüge nicht zu schätzen. Vielleicht taugen wir nicht dafür. Die Deutschen haben geistig gesündigt. Ich hoffe, die Amerikaner werden Deutschland besetzen, zumindest den westlichen Teil, und zwar für lange Zeit, und ich hoffe, daß die Deutschen durch sie den Geist und die Praxis der Freiheit erlernen.«

Ob der Kommunismus in Deutschland eine Chance habe? Mies sagte: »Das Zentrum ist gescheitert, die Nazis sind bankrott, also brauchen wir eine neue Idee.« Diese neue Idee könne durchaus der Kommunismus sein. Die Deutschen seien autoritätshörig. Sobald das autoritäre Naziregime beseitigt sei, könne sich das Volk innerlich befreit fühlen und darangehen, ein neues System zu errichten, wieder ein autoritäres System, vielleicht nach sowjetischem Vorbild.

## 39

Stadtkämmerer Kurt Pfeiffer, ein distinguierter Textilkaufmann, war Parteigenosse. Erstaunlicherweise vertrat er weniger reaktionäre Ansichten als die meisten seiner Kollegen, die nicht in der Partei waren. Ein kleiner Philosoph war er außerdem. Pfeiffer, im Unterschied zu seinen Kollegen nicht katholisch, sondern evangelisch, war nach dem Studium in das väterliche Geschäft eingetreten. Mit einem Jahreseinkommen von 80000 Mark war es ihm unter Hitler recht gut gegangen.

Er war in die Partei eingetreten, weil er sich geschäftliche Vorteile davon versprochen hatte. Im März 1933 machte er mit, als Stresemanns Volkspartei, der er angehörte, en bloc zu den Nazis überlief. »Hätte ich mich geweigert, wäre ich unangenehm aufgefallen«, sagte er. Im Laufe unseres Gesprächs ließ er jedoch durchblicken, daß er seinerzeit nichts gegen Hitler gehabt hatte. Er war sogar noch fünf anderen NS-Organisationen beigetreten, was seinem Geschäft nicht geschadet und sein Vermögen nicht geschmälert hatte.

Anfangs, sagte er, habe er noch gehofft, mäßigend auf die Nazis einwirken zu können und die Partei von innen heraus zu verändern. Nach seinem Parteieintritt habe er aber erkennen müssen, daß er dort nichts ausrichten konnte. »Woher sollte ich das wissen?« Jahrelang habe er versucht, seine Mitgliedschaft zu kündigen, allerdings ohne Erfolg. »Das System ist ein Netz, dem man nicht entkommt. Es gibt keine Löcher, alles ist bis ins kleinste Detail festgelegt.«

Ob er nun die Wahrheit sagte oder nicht, Herr Pfeiffer hörte sich jedenfalls nicht wie ein Nazi an. Er war den Nazis auf den Leim gegangen und machte sich nun wegen seiner Naivität Vorwürfe. Jetzt, da er endlich frei reden konnte, verblüffte er uns mit einer heftigen, nicht unoriginellen Kritik am Faschismus.

»Meine Herren«, rief er erregt und erhob sich halb hinter seinem Mahagonischreibtisch, »ist es nicht bemerkenswert, daß die faschistischen Führer auf der ganzen Welt Katholiken sind? Schauen Sie sich Mussolini an, schauen Sie sich Hitler, Dollfuß, Franco, Pétain, Doriot, Degrelle an – alles Faschisten, alles Katholiken. Es besteht eine enge Beziehung zwischen Faschismus und Katholizismus. Der geistige Totalitarismus der Katholiken ist der Zwillingsbruder des politischen Totalitarismus der Nazis. Historisch kann man die Gestapo, einmal abgesehen vom Ausmaß ihres Terrors, nur mit den Jesuiten vergleichen. Nazis und Katholiken wollen dasselbe – den ganzen Menschen. Die autoritäre Politik der Nazis geht auf die totalitäre Welt der Katholiken zurück. Das erklärt auch, weshalb alle faschistischen Politiker auf der Welt Katholiken sind oder zumindest als Katholiken geboren wurden. Ich habe immer gestaunt, wie mühelos sich meine katholischen Freunde in Nazikreisen bewegt haben.«

Der Protestantismus dagegen könne niemals ein geschlossenes System wie den Nationalsozialismus hervorbringen. »Der Protestant glaubt, genau wie der Jude, an den Einzelnen und an die Freiheit.« Auf unseren Hinweis, daß viele Protestanten zum Nationalsozialismus übergelaufen und daß sie, nicht die Katholiken, Hitlers Hauptstütze gewesen seien, räumte Pfeiffer ein: »Gewiß. Protestanten wie ich sind tatsächlich in großer Zahl in die Partei eingetreten, aber sie haben es entweder aus wirtschaftlichen Motiven getan oder aus Naivität. Wir Protestanten haben den wahren Charakter des Nazismus nicht erkannt, nicht erkennen können, aber die Katholiken waren mit diesem System von Kindesbeinen an vertraut. Die Protestanten haben aus dieser bitteren Erfahrung gelernt, daß sie getäuscht wurden, die Katholiken haben es die ganze Zeit gewußt.« Es sei der Katholik Brüning gewesen, der den Nazis den Weg geebnet habe. Brüning, von dem katholische Rheinländer mit Respekt sprachen – für Pfeiffer war er ein »schwacher, einfallsloser

Mensch«. Hätte er wirklich gewollt, so Pfeiffer, hätte er die Machtergreifung Hitlers verhindern können. »Er hatte die Zügel in der Hand.«

Auch zu Rußland vertrat Pfeiffer eine andere Meinung als seine Kollegen. Während Oberbürgermeister Oppenhoff und dessen Freunde vor der »asiatischen Bedrohung« warnten, sah er in Rußland lediglich eine Großmacht, die man als solche behandeln müsse. 1934 und 1935 habe er die Sowjetunion als Tourist besucht und sei beeindruckt gewesen, vor allem von den industriellen Errungenschaften. Die Sowjetunion habe eine »enorme Zukunft« und verliere zunehmend ihren revolutionären Charakter, werde immer bürgerlicher. Auf unsere Bemerkung, daß so viele Deutsche von den kulturlosen Russen sprächen, antwortete er mit einem ironischen Lächeln: »Sind wir Deutschen etwa kultiviert? Selbst unter den Zaren gab es eine außerordentlich kultivierte und gebildete Schicht in Rußland.«

Die Zukunft Deutschlands sah er mit geopolitischer Nüchternheit. »Deutschland ist doch nichts anderes als ein Anhängsel von Rußland. In zwei, drei Jahren wird die Sowjetunion sich das Reich einverleibt haben, und dann sind die Russen unbesiegbar. Die Zeit der kleinen Staaten, und dazu zählt auch Deutschland, ist einfach passé. Die Entwicklung geht hin zu Großräumen. Selbst wenn wir nicht von Rußland geschluckt würden, bliebe uns keine andere Wahl, als uns einem großen Staatenbund anzuschließen, also der Sowjetunion oder dem westeuropäisch-afrikanischen Block. Ich bin überzeugt davon, daß Deutschland als eigenständige Nation nicht existieren könnte.«

Vom deutschen Charakter hielt Pfeiffer nicht viel. Das Schlimmste an den Deutschen sei ihr Gehorsam. Es sei der »Kadavergehorsam«, der zu so viel Unrecht geführt habe. Auch deshalb seien die Deutschen nicht imstande, eine Demokratie zu errichten. Der Krieg sei bald vorüber, und dann werde Deutschland geteilt. »Ist vielleicht auch ganz gut so.«

Pfeiffer, der gebildete Geschäftsmann, wußte wenig von den Arbeitern und ihren Problemen. Als er uns von einer

Besprechung mit seinen Bürgermeisterkollegen erzählte, bei der es um Löhne gegangen sei, und wir ihn fragten, ob auch ein Arbeitervertreter anwesend gewesen sei, rief er erstaunt: »Nein, daran haben wir gar nicht gedacht.«

Zum Schluß fragten wir ihn, wie es komme, daß er, ein leidenschaftlicher Kritiker der Nazis, so viele Nazis (71 Prozent) in seinem Amt beschäftige. »Vielleicht«, murmelte er, »haben wir zu sehr an Effizienz und zu wenig an die politischen Auswirkungen gedacht. Finden Sie, ich sollte das ändern?«

▮ Josef Hirtz, der Leiter des Ernährungsamtes, war der jüngste der hohen Dezernenten und vielleicht der unsympathischste von allen. Er war ein reicher Textilfabrikant, dreiunddreißig Jahre alt, mit einer komplizierten Geschichte. Nach eigenen Angaben wuchs er bei jüdischen Stiefeltern auf, wurde im katholischen Glauben erzogen, heiratete eine Katholikin und arbeitete loyal für Hitler. Seine jüdische Mutter starb angeblich im Kindbett, sein katholischer Vater (ein Schiffsarzt) gab den kleinen Josef in die Obhut seiner Schwägerin, der Frau eines reichen Textilfabrikanten namens Hirtz. Onkel Hirtz starb eines natürlichen Todes, Tante Hirtz wurde von den Nazis nach Polen deportiert und ermordet. So wurde Josef einer der reichen Männer von Aachen.

Wir versuchten, Zeugen oder Dokumente aufzutreiben, die seine Darstellung bestätigen konnten, hatten aber keinen Erfolg. Was wir über seine Herkunft erfuhren, war widersprüchlich. Manche Leute sagten, er wolle nur vertuschen, daß er Jude sei, während andere meinten, daß er gar kein Jude sei und sich nur deswegen als Jude ausgebe, um Anspruch auf das Hirtzsche Vermögen anmelden zu können. Da die jüdische Gemeinde so gut wie ausgerottet war (in ganz Aachen fanden wir nur eine einzige jüdische Person, eine Frau, die mit einem Katholiken verheiratet war), konnten wir nicht feststellen, ob Hirtz' Angaben der Wahrheit entsprachen.

Hirtz, ein hochgewachsener Mann, der Skistiefel, bunte Wollstrümpfe und karierte Knickerbocker trug, hatte sich bis zum fünfundzwanzigsten Lebensjahr nur für seine Aktivitäten in den verschiedenen vornehmen Aachener Sportclubs interessiert. »Ich bin völlig unpolitisch«, sagte er und vertrat dabei die reaktionärsten Ansichten. Er hatte keine eigene Meinung, sondern stand unter dem Einfluß von Oppenhoff, mit dem ihn eine lange Freundschaft verband, und Bürgermeister Faust. »Wir sind keine Clique«, sagte er entschuldigend, »sondern einfach alte Duzfreunde.«

Hirtz wirkte außerordentlich nervös. Mit halbherzig vorgebrachten Meinungen hoffte er, unser Wohlwollen zu gewinnen. »Ich glaube nicht an den Mythos von Versailles. Die Zentrumspolitiker und die Kirche waren zu nachgiebig. Sie hatten kein Rückgrat. Brüning hätte schon Anfang der dreißiger Jahre die kommunistische Gefahr bekämpfen können, wenn er für eine größere Zufriedenheit in der Bevölkerung gesorgt hätte. In der Kirche gab es keine Märtyrer. Wir hatten kein Rückgrat. Wir wollten festhalten an dem, was wir hatten. Unser einziger Gedanke war, wie wir um den Militärdienst herumkamen. Wir haben alles getan und uns Arbeitsplätze in Rüstungsbetrieben besorgt, um nicht eingezogen zu werden.«

Je mehr er sich bemühte, intelligent zu klingen, desto wirrer hörte er sich an. Für den Krieg, sagte er, sei die exzessive »Geldpolitik« verantwortlich. Ob das bedeute, daß die Bankiers und Industriellen vom Krieg profitieren wollten? Nein, nein, rief Hirtz rasch, die Arbeiter hätten einfach zuviel verdient. »Die Arbeiter haben viel zu hohe Löhne bekommen. Sie haben lange Reisen nach Madeira und was weiß ich wohin gemacht und ein bequemes Leben geführt. Deshalb sind sie Nazis geworden. Sie hatten viel Geld und haben die gleichen Sachen gegessen wie die Fabrikanten.«

Wir unterbrachen ihn mit der Frage, wieviel er mit Rüstungsgütern verdient habe. Sichtlich verlegen murmelte er, daß er große Gewinne erzielt habe, und dann warf er die Hände in die Luft. »Jaja, wir hatten kein Rückgrat. Wir wollten an unserem Besitz festhalten.«

Seine Verlegenheit steigerte sich noch, als wir fragten, wie viele Parteimitglieder in seinem Amt beschäftigt seien. Er räumte ein, daß drei oder vier Leute Schlüsselpositionen innehätten, und hob stammelnd zu einer Erklärung an, wie er zu den Nazis stehe. »Ich habe nichts gegen Parteimitglieder, die ihren Fehler erkannt haben, oder gegen solche, die in die Partei eingetreten sind, um ihre berufliche Zukunft nicht zu gefährden. Nun ja, wenn ich nicht jüdisches Blut hätte, ich wüßte nicht, wie ich um einen Eintritt in die Partei herumgekommen wäre.« Wir erinnerten ihn an die hartnäckigen Gerüchte, wonach er sich mehrfach um eine Parteimitgliedschaft bemüht habe, die Nazis ihn aber nicht haben wollten. Er wandte den Blick ab und schwieg.

Nach einer Weile sagte er, daß er nur solche Nazis eingestellt habe, die ihm persönlich bekannt seien. Er erwähnte einen gewissen Herrn Behrens, von Beruf Landschaftsgärtner. »1933 war Behrens ein überzeugter idealistischer Nazi, ich habe seinen Idealismus respektiert. Er ist in die Partei eingetreten, um seinen Idealismus einzubringen. Vier Jahre später erzählte er mir, daß er sich geirrt habe. Kürzlich kam er sehr niedergeschlagen zu mir und bat mich um Arbeit, er wolle für seine Sünden büßen. So habe ich ihn zum Leiter der Abteilung für Landwirtschaft gemacht.« Hirtz wußte nicht, daß Behrens uns zwei Tage zuvor erzählt hatte, daß er in die NSDAP eingetreten war, weil er sich berufliche Vorteile davon versprochen hatte.

Wir fragten, ob es in seinem Amt Sozialdemokraten gebe. Hirtz starrte auf seine dicksohligen Schuhe und antwortete: »Das weiß ich wirklich nicht. Die politische Einstellung meiner Mitarbeiter interessiert mich nicht. Wenn es Fachleute gibt, die zufällig Sozialdemokraten sind, dann sollen sie sich melden und sagen, was sie können.«

Da er, laut eigener Aussage, nur solche Nazis beschäftige, die er persönlich kenne, fragten wir, ob Anton Filser mit ihm befreundet sei. Filser, ein Großkaufmann und bekannter

Nazi, war von Hirtz zum Leiter derjenigen Abteilung berufen worden, die Geschäftslizenzen erteilte. Natürlich begünstigte Filser Nazis. In Aachen hieß es, daß man Parteigenosse sein müsse, wenn man ein Geschäft eröffnen wolle. Aus den Akten ging hervor, daß von insgesamt dreiundsechzig erteilten Lizenzen dreißig an Nazis gegangen waren. Wir fragten Hirtz noch einmal, ob Filser ein Freund von ihm sei.

Er druckste herum und murmelte schließlich, daß er Filser nicht von früher her kenne. Ob es nicht merkwürdig sei, fragten wir, daß er einen fremden Menschen, einen Nazi dazu, auf eine so wichtige Stelle berufe und andererseits behaupte, daß er nur solche nehme, die ihm persönlich bekannt seien? Hirtz kratzte sich die Stirn und tat, als versuche er sich zu erinnern. Es entstand ein langes Schweigen. Wir warteten. Schließlich sagte er zögernd: »Ich glaube, Dr. Sinn und Dr. Brehm haben ihn empfohlen. Ja, ja, jetzt fällt es mir wieder ein, sie haben ihn empfohlen.« (Sinn, der Parteimitglied war und eine wichtige Position in der Stadtkämmerei bekleidete, sollte laut Empfehlung des Sicherheitsdienstes entlassen werden. Brehm, ebenfalls Parteimitglied, war von Oppenhoff auf mehrere Posten gehievt worden, aber jedesmal vom CIC gefeuert worden.)

Diese Männer waren Hirtz' Freunde. Er hatte ein Herz für alle guten Nazis. Von Gerhard Heusch, einem Major, der in Ostrow Kommandant gewesen war und jetzt wegen Kriegsverbrechen angeklagt werden sollte, sagte er: »Dr. Heusch ist ein alter Freund von mir. Er war für mich und die Talbot-Werke als Rechtsanwalt tätig. Er konnte keiner Fliege etwas zuleide tun.«

Hirtz ahnte, daß er keinen positiven Eindruck auf uns machte, was seine Unsicherheit noch weiter verstärkte. Beim Hinausgehen murmelte er: »Vielleicht haben wir in der Verwaltung tatsächlich Fehler gemacht.« Er wartete auf eine Reaktion von uns. Wir sahen ihn nur an. Nervös knetete er seinen Hut und schlurfte schließlich hinaus.

# 40

Alle Wege führten zu Oberbürgermeister Franz Oppenhoff. Nachdem wir mit seinen Kollegen gesprochen hatten, machten wir uns auf den Weg. Er wußte, daß wir uns mit seiner Verwaltung beschäftigten, und als wir sein Büro betraten, stand er auf und begrüßte uns, zunächst freundlich, dann zunehmend selbstbewußt. Mit seinen roten Haaren, den Sommersprossen und seiner untersetzten Figur sah er fast wie ein Ire aus. Seine Stimme war rauh, er sprach schnell und wortgewandt. Immer wieder mußten wir ihn unterbrechen, weil er vom Thema abwich. Mir fiel der Kommentar eines Offiziers in der Militärverwaltung ein: »Der Typ hat auf alles eine Antwort.«

Oppenhoff kam aus einer alten Aachener Juristenfamilie, hatte in Köln und Bonn Jura studiert und im Dezember 1932, im Alter von achtundzwanzig Jahren, eine Anwaltskanzlei eröffnet. Eigentlich hatte er Richter werden wollen, aber die Zeit war nicht günstig. Durch seinen Namen und seine Begabung kam er an wichtige Mandanten wie Textilfabrikanten und die Diözese. Mitte der dreißiger Jahre besaß er jedenfalls die Stirn, halbjüdische Firmen und katholische Geistliche zu verteidigen.

Bei Kriegsausbruch trat Oppenhoff in die Veltrup-Werke ein, die der Wehrmacht unterstanden. Dort habe er »Unterschlupf« gefunden. Anscheinend war das ein heikles Thema für ihn, denn wiederholt erklärte er, daß er sich nicht vor dem Militärdienst gedrückt habe und kein Feigling sei. Wir erklärten, daß wir nicht darüber diskutieren wollten, ob er mutig oder feige sei, daß wir allerdings den Eindruck hätten, daß ein kompetenter Mann, der für einen Rüstungsbetrieb arbeitet, mehr zu den Kriegsanstrengungen beigetragen habe als ein einfacher Soldat. Oppenhoff antwortete sofort: »Jeder hat das Seine für den Krieg getan, und ich hatte schließlich eine Familie zu ernähren.«

Zu sozialpolitischen und wirtschaftlichen Themen äußerte er sich sehr direkt und unverblümt. Ich weiß nicht, ob ihm klar war, worauf seine Überlegungen hinausliefen oder daß ein Amerikaner sie für ausgesprochen undemokratisch halten konnte, aber wenigstens redete er nicht groß um den Brei herum.

Er gab zu, daß seine Stadtverwaltung angefeindet werde, weil er Nazis eingestellt habe. Daß die Aachener eine Entlassung dieser Leute forderten, fand er unverschämt. »Ich hoffe, die Amerikaner werden kein solches Unrecht begehen.« Nicht alle Nazis seien schließlich schlechte Menschen oder hätten sich schuldig gemacht, nur sehr wenige könne man zur Verantwortung ziehen.

Er werde Parteimitglieder verteidigen, sofern er überzeugt sei, daß es keine Fanatiker seien. In Aachen gebe es keine Fanatiker unter ihnen. Was die Kritik aus der Bevölkerung angehe, so beweise das nur, meinte Oppenhoff herablassend, daß sich die Deutschen im Grunde nicht geändert hätten.

»Man kann das ganze Volk in zwei Gruppen einteilen: die einen befehlen, die anderen gehorchen. Die meisten Deutschen leiden an einer Krankheit namens Kadavergehorsam, wie Roboter befolgen sie Befehle, sogar gegen die eigene Überzeugung. Gleichzeitig mißtrauen diese Leute einander, und sie hassen die Machthaber. Diese Krankheit, zusammengesetzt aus unbedingter Folgsamkeit und blindem Haß, erklärt die Klassenkonflikte in Deutschland und die Existenz von vierzig Parteien, die ständig aufeinander einschlugen, ehe sie von Hitler beseitigt wurden. Ich kann nur hoffen und beten, daß die Amerikaner nicht so töricht sind, abermals politische Parteien in Deutschland zuzulassen. Der Himmel stehe uns bei, falls es wieder Parteien geben sollte. Dann ist alles aus!«

Oppenhoff plädierte vielmehr für ein autoritäres Regime, wie es Mussolini, Franco oder Pétain errichtet hatten. Das Wirtschaftsleben sollte streng hierarchisch aufgebaut sein, die Arbeiter sollten sich nicht organisieren und keine Forderungen stellen dürfen. Gewerkschaften sollten nicht zugelassen sein. Vehement rief er: »Dies ist meine Auffassung von wahrer Demokratie, und ich sage Ihnen ganz offen, daß ich niemanden auf eine verantwortungsvolle Stelle berufen werde, der meine Auffassung nicht teilt.«

Er arbeite mit der amerikanischen Militärbehörde zusammen, weil er überzeugt sei, daß einem besetzten Deutschland in den nächsten zehn Jahren Parteien und Gewerkschaften erspart blieben. »Gott sei Dank treffen die Amerikaner die Entscheidungen, und nicht die Deutschen.« Auf unsere Bemerkung, daß eine solche Aussage für einen Deutschen doch etwas überraschend sei, hob er sofort zu einer Erklärung an.

»Eine Besatzung bietet drei Vorteile. Erstens können die Amerikaner die Deutschen kennenlernen [er meinte natürlich Deutsche seines Typs und nicht die Untertanen]. Zweitens wird in einer Militärregierung kein Platz für Schwätzer, Politiker und Agitatoren sein. Drittens werden wir auf diese Weise Zeit haben, unsere Wirtschaft ohne Einmischung seitens der Parteien oder Gewerkschaften wiederaufzubauen. Die amerikanische Militärregierung wird selbstverständlich klug genug sein und die Bildung von Parteien und Gewerkschaften in Deutschland verbieten.«

Auf die Arbeiter war Oppenhoff überhaupt nicht gut zu sprechen. Die Arbeiter seien seit jeher unzuverlässig, aber das Nazisystem habe sie noch weiter verdorben, indem es sie dazu gebracht habe, sich auf den Staat zu verlassen. Jetzt müßten sie eben auf schmerzhafte Weise lernen, auf den eigenen Beinen zu stehen. Leider, sagte er mit einem Anflug von Verbitterung, glaubten viele von ihnen, daß sie jetzt, da die Amerikaner gekommen seien, tun und lassen könnten, was sie wollen. Und kaum jemand wolle mehr arbeiten. In diesem einen Punkt kritisierte er die Amerikaner. Er befürchte, sagte Oppenhoff, daß die Arbeiter unter den laxen Besatzern gefährliche Vorstellungen von Freiheit und Demokratie entwickelten. »Die Amerikaner dürfen keinesfalls Propagandaaufrufe an die Arbeiter richten. Sie dürfen ihnen nichts versprechen!«

Er redete wie ein Angehöriger einer siegreichen Nation, und weder seinen Überlegungen noch seinen Zielen war zu entnehmen, daß er einem besiegten Volk angehörte und an der Spitze einer eroberten Stadt stand.

Er tauchte dann noch mehrere Male in meinem Büro auf, um sich mit mir zu unterhalten. Einmal wollte er wissen, weshalb ich, wie ihm berichtet worden sei, seiner Amtsführung so mißtrauisch gegenüberstünde. Mir fiel auf, daß ihm Kritik wirklich zu schaffen machte, ich hielt es aber nicht für notwendig, Erklärungen abzugeben, und hatte überdies den Eindruck, daß er mich nicht verstehen würde, wenn ich ihm vorhielt, daß er ein selbsterklärter Nazi und politisch daher ein Feind von uns sei. Ein andermal kam er sehr bedrückt herein und schüttete mir sein Herz aus. Er erklärte, daß er katholische Geistliche und halbjüdische Geschäftsleute vor Gericht verteidigt, Leben und Freiheit riskiert und deshalb vor Gott ein reines Gewissen habe. »Herr Oppenhoff«, antwortete ich, »für das Seelenheil der Menschen bin ich nicht zuständig, und ich bin auch nicht da, um zu urteilen.« Er wollte wissen, ob ich ihn für feige hielt, weil er nicht bei der Wehrmacht gewesen sei. Ich machte eine wegwerfende Handbewegung, aber die Sache schien ihn zu bedrücken.

»Glauben Sie mir«, sagte er mit seiner heiseren Stimme, »wer das Amt des ersten deutschen Bürgermeisters unter der amerikanischen Besatzungsmacht übernimmt, muß mehr Mut aufbringen als ein Frontsoldat. Ich weiß, daß mein Leben ständig in Gefahr ist. Man hat gedroht, mich umzubringen, und ich bin sicher, eines Tages wird es auch soweit kommen.«

Das war unsere letzte Begegung.

Einige Wochen später, in der Nähe von Düsseldorf, hörten wir, daß ein Anschlag auf Oppenhoff verübt worden war. Zwei junge Deutsche hatten sich, als Fallschirmjäger verkleidet, eines Nachts in sein Haus geschlichen, ihn erschossen und waren unerkannt entkommen. Die Täter wurden nie gefaßt. Im Berliner Rundfunk wurde behauptet, daß ein Werwolfkommando den Verräter hingerichtet habe. Aachener Freunde berichteten mir jedoch, daß der Anschlag höchstwahrscheinlich von Bürgermeister Faust arrangiert worden sei, der Oppenhoffs spätere Konzilianz gegenüber den Arbeitern vehement ablehnte. Ich vermute, Oppenhoff würde sich freuen, wenn er hören könnte, was ich jetzt sage – daß er wie ein Soldat gestorben ist.

## 41

In der Militärkommandantur tobte ein Sturm hinter den Kulissen. Es ging dabei um die grundsätzliche Frage, ob wir Nazis und andere belastete Personen im Amt belassen sollten. Der Konflikt, in dem meine beiden Kollegen und ich kaum neutrale Beobachter bleiben konnten, war außerordentlich komplex. Oberbürgermeister Oppenhoff kämpfte unnachgiebig für seine Freunde und seine Prinzipien, die Militärkommandantur stand generell auf Oppenhoffs Seite, während der militärische Sicherheitsdienst und der Spionageabwehrdienst (CIC) gegen Oppenhoff waren. Der CIC hatte insofern mit der Sache zu tun, als die unzähligen Nazis in der Aachener Stadtverwaltung mittlerweile eine Gefahr für die militärische Sicherheit darstellten. Er konnte aber, genau wie wir, nur Empfehlungen aussprechen und keine Anordnungen erteilen. Der Militärkommandantur stand es frei, die Empfehlungen des CIC anzunehmen oder zu ignorieren. Erst als wir auftauchten und den ernsten jungen Offizieren, die das Desinteresse der Militärkommandantur zunehmend frustrierte, moralisch den Rücken stärkten, war man bereit, die Empfehlungen der Abwehr zu akzeptieren.

Die Militärkommandantur war in drei Flügel gespalten – rechts, links, Mitte. Eine Mehrheit der Offiziere stand extrem rechts und unterstützte Oppenhoff. Sie hätten, erklärten sie kühl, für eine reibungslose Verwaltung zu sorgen und nicht herumzupolitisieren. Eine Minderheit, bestehend aus dem stellvertretenden Stadtkommandanten und zwei Leutnants, vertrat mehr oder weniger linke Ansichten und drang auf die Entlassung aller Nazis. In der Mitte stand Major J., der Stadtkommandant, ein liebenswürdiger Mann, der wenig von Deutschland wußte, kein Wort Deutsch sprach und sich in puncto Nazis völlig neutral verhielt. Er gab wenig auf die Meinung des CIC und beauftragte den militärischen Sicherheitsdienst, die Situation zu überprüfen. Doch auch der Sicherheitsdienst, der eng mit dem CIC zusammenarbeitete und zu den gleichen Ergebnissen kam, konnte ihn nicht umstimmen. Wir haben viele angenehme Gespräche mit Major J. geführt, einem guten und freundlichen Zuhörer, aber ich muß sagen, der Funke des Antifaschismus sprang nicht auf ihn über.

Er hatte nichts gegen NSDAP-Mitglieder, solange sie sich anständig verhielten. »In Zukunft werde ich mich bei Stellenbesetzungen von drei Grundsätzen leiten lassen. Erstens, der Kandidat darf kein überzeugter und aktiver Nazi sein. Zweitens, er muß in der Bevölkerung angesehen sein. Drittens, er muß eine Persönlichkeit sein, und wenn er eine Persönlichkeit ist, wird er von der Bevölkerung natürlich akzeptiert.« Major J. gab zu verstehen, daß er nichts gegen Nazis unternehmen werde, die nicht auffielen. Fünfundfünfzig Nazis waren in der Stadtverwaltung beschäftigt. Nach Ansicht von Major J. dürfe man sie nicht überstürzt rauswerfen, da sie unentbehrlich seien. »Finden Sie mal fähige Leute, die keine Nazis sind!«

Wir wiesen darauf hin, daß außerhalb des Oppenhoffschen Kreises sehr wohl kompetente Leute zu finden seien, daß vor 1933 linke Elemente (Sozialdemokraten, Kommunisten und Vertreter des linken Zentrumflügels) im Bezirk Aachen in der Mehrheit gewesen seien und daß keiner dieser Leute in Oppenhoffs erklärtermaßen rechter und autoritärer Verwaltung sitze. Wir machten Major J. darauf aufmerksam, daß NSDAP-Mitglieder nicht die einzigen schädlichen Elemente in der Verwaltung seien, daß Bürgermeister Breuer, der Leiter des Schulamts, ein extrem reaktionärer und nationalistischer Kirchenpolitiker mit einem großen Haß auf die Alliierten sei (und seit fünfzig Jahren keine Schule mehr von innen gesehen habe), daß Op de Hipt, der Personaldezernent, sich in den Veltrup-Werken als Gestapospitzel betätigt habe. Wir erwähnten den italienischen Faschisten

Bolognini, der als größter Rüstungsproduzent in Aachen Zwangsarbeiter mißhandelt hatte und von Oppenhoff zum Dezernenten für Industrie berufen worden war. Wir erinnerten Major J. außerdem daran, daß die Stadtverwaltung, für die er verantwortlich sei, gegen die Zusagen von Präsident Roosevelt und General Eisenhower verstieß, daß in Deutschland demokratische Verwaltungen aufgebaut werden sollten. Und schließlich deuteten wir an, daß es, wenn die US-Presse Wind von der Sache bekäme – daß in der ersten von der US-Armee verwalteten deutschen Großstadt eine reaktionäre Clique mit guten Beziehungen zur deutschen Rüstungsindustrie und zu Nazis das Sagen hatte –, in ganz Amerika einen Aufschrei geben und im Kongreß die Hölle los sein werde. Major J. pflichtete uns bei, beharrte aber darauf, daß »unentbehrliche« Leute nicht überstürzt entlassen werden dürften.

▮ In unserem Abschlußbericht machten wir Major J. und seinen Kollegen keine Vorwürfe. Wir kritisierten vielmehr diejenigen Stellen, die aus unserer Sicht tatsächlich verantwortlich waren – die hochrangigen Politiker, die all jene Major J.s ernannten und ihnen so viel Ermessensspielraum ließen. Wir schrieben:

»Der Grund für diese Entwicklung dürfte darin liegen, daß die Militärverwaltung keine klar formulierte politische Linie verfolgt und anstehende Fragen je nach persönlichem Standpunkt der jeweiligen Offiziere gelöst werden. Solange die Militärverwaltung keine eindeutigen Richtlinien bekommt und sich nicht auf klare Aussagen stützen kann, was wir politisch im besetzten Deutschland erreichen wollen, wird sie sich auch weiterhin in einem Durcheinander von Widersprüchen verstricken und ihre Entscheidungen je nach Temperament, politischem Standpunkt und persönlicher Vorliebe der betreffenden Offiziere treffen.

Militärverwaltungen werden danach beurteilt, was sie leisten. Sobald eine Stadt besetzt ist, werden in erster Linie technische und nicht politische Überlegungen angestellt.

Unter den Offizieren, deren Aufgabe es war, in Aachen eine Militärverwaltung einzurichten, befand sich kein einziger politisch kompetenter Nachrichtenoffizier. Abgesehen von einem Sanitätsoffizier (einem gebürtigen Ungarn) gab es niemanden, der deutsch sprach, und niemand hatte persönliche Deutschland-Erfahrungen.

Militärverwaltungen werden daher fast jede Person einstellen, die ihnen geeignet erscheint, beim Wiederaufbau der Stadt kompetent mitzuwirken. Und so stützt man sich auf Nazis oder Nazisympathisanten als die einzigen verfügbaren Fachleute. Diese Fachleute, die überaus präsentabel auftreten und einen ähnlichen beruflichen Werdegang haben wie die Offiziere der Militärverwaltung, bringen sodann ihre Gesinnungsfreunde in untergeordneten Stellen unter. Die anfängliche politische Gleichgültigkeit der Besatzungsbehörden endet schließlich in einem politischen Chaos. Dann tritt der CIC auf den Plan und versucht, die unerwünschten Personen auszusieben, und die Offiziere der Militärverwaltung befinden sich in der unangenehmen Situation, entweder Nazis zu verteidigen oder noch einmal von vorn anzufangen.«

**42**

Hinter Oppenhoff und dessen Verwaltung stand der Bischof von Aachen, und hinter dem Bischof stand Oberstleutnant S., der Offizier, der für die Berufung des Oberbürgermeisters und seiner Dezernenten verantwortlich war. Nach dem Fall von Aachen war dieser Oberstleutnant beauftragt worden, ein Stadtoberhaupt zu finden. Er setzte sich mit dem Bischof in Verbindung und muß ihm offenbar völlig freie Hand gelassen haben. Der Bischof schlug Oppenhoff vor und machte die beiden miteinander bekannt. Und während die Zivilverwaltung von Aachen aufgebaut wurde, unternahm der Oberstleutnant nichts ohne vorherige Absprache mit dem Bischof. Die beiden sahen sich täglich. Der Bischof genoß besondere

Privilegien und stand unter dem besonderen Schutz von Oberstleutnant S. Niemand, weder Journalisten noch PWD-Mitarbeiter, noch irgendwelche anderen Offiziere, durfte ohne seine Genehmigung mit Seiner Exzellenz sprechen. Ein Offizier, der sowohl die Vermischung von Kirche und Politik als auch die Verwendung von Nazis ablehnte, meinte spöttisch: »Oberstleutnant S. behütet den Bischof wie eine Glucke ihr Küken.«

Oberstleutnant S. reagierte überaus empfindlich auf unsere Ermittlungen. Während unseres Gesprächs zeigte er sich reserviert und nicht sehr kooperativ. Als ihm zu Ohren kam, daß wir mit den Bürgermeistern gesprochen hatten, soll er »fuchsteufelswild« geworden sein. Ich weiß nicht, wie er reagierte, als er hörte, daß wir den Bischof interviewen wollten. Wir erklärten Major J., dem Stadtkommandanten, daß wir ohne ein Gespräch mit dem Bischof unmöglich einen vollständigen und fairen Bericht würden schreiben können, woraufhin Major J. den Oberstleutnant anwies, ein Treffen zu arrangieren. Der Oberstleutnant fügte sich, aber sein Empfehlungsschreiben an den Bischof war so vorsichtig und defensiv formuliert (er bezeichnete uns als Vertreter der »Propagandaabteilung der US-Armee«, was nicht nur falsch, sondern auch ein Verstoß gegen die Geheimhaltungsvorschriften war), daß wir das Papier zerrissen. Der stellvertretende Stadtkommandant gab uns einen neuen Brief, in dem lediglich unsere Namen standen und daß wir in offizieller Mission kämen.

▌An einem trüben, grauen Samstagnachmittag fuhren wir durch die verschneite Stadt, um den Bischof zu besuchen, der in einer komfortablen Etagenwohnung in einem der wenigen unzerstörten Häuser residierte. Ein Mitarbeiter empfing uns, nahm uns höflich Mantel und Helm ab, führte uns in das Wohnzimmer und erklärte, daß Seine Exzellenz gleich kommen werde. Wir setzten uns und warteten. Merkwürdige Gedanken und Erinnerungen gingen mir durch den Kopf. Ich hatte einen weiten Weg zurückgelegt. Vor Jahren hatte ich mittelalterliche Geschichte studiert und dann selber unterrichtet. Ich hatte als Historiker auf diesem Gebiet gearbeitet. Ich wußte, daß Aachen ein alter Bischofssitz war und daß ein Bischof – Repräsentant der wahrscheinlich noch immer größten Institution der Welt – eine angesehene, mächtige Figur war. Noch nie in meinem Leben hatte ich mit einem Bischof gesprochen, geschweige denn einen gesehen. Jetzt stand ich kurz davor, einen Bischof zu verhören. Ich war ungeheuer gespannt. Ein Bischof – was für ein Mensch mochte das sein? Was für ein Mensch mochte ein deutscher Bischof in Nazideutschland sein?

Ein großer, korpulenter Mann mit energischem Gesicht und starken Brillengläsern betrat das Zimmer und bedeutete uns mit einer Handbewegung, wieder Platz zu nehmen. Wir sprachen zunächst über allgemeine Dinge, und ich wußte sofort, daß unser Gespräch nicht leicht sein würde. Der Bischof war auf der Hut, offenbar hatte man ihn vor uns gewarnt. Eine ganze Weile sprachen wir über das Thema Arbeitswelt. Anders als sein Protégé Oppenhoff war er nicht gegen die Errichtung von Gewerkschaften, solange diese unter kirchlichem Einfluß standen. In Deutschland, sagte er, vertrete die Kirche in diesen Dingen eine fortschrittliche Haltung, da das Land industriell hoch entwickelt sei und eine große katholische Arbeiterklasse habe. Um diese Arbeiter nicht zu verlieren, habe die Kirche in Deutschland, anders als in Spanien und in ähnlich rückständigen Ländern, Gewerkschaften mit einem klaren Programm aufgebaut. Denn Theologie allein, bemerkte er mit einem feinsinnigen Lächeln, reiche eben nicht aus.

Dann wandten wir uns dem Thema Jugend zu. Ich fragte den Bischof, wie er sich die Entwicklung der deutschen Jugend nach dem Sturz Hitlers vorstelle. Der Nationalsozialismus, sagte er düster, habe der Jugend alles soziale Denken ausgetrieben. »Er hat lackierte Individuen hervorgebracht, junge Leute, die innerlich tot sind und sich von der Kirche entfernt haben.« Er hoffe, mit einem Kern von Jugendlichen neu anfangen und ihnen christliche Ideale einpflanzen zu können. Mit Worten allein werde man allerdings nichts bewirken. Man müsse die jungen Leute motivieren. Was ihm da so vorschwebe? Ganz egal, es dürfe nur nicht mit Zwang und Uniformen einhergehen. Da die Deutschen einen fatalen Hang zu Uniformen hätten, dürfe man sie nie in Uniformen stecken, nicht einmal in etwas so Harmloses wie eine Pfadfinderuniform. »Man gebe ihnen eine Uniform, und schon hat man Unteroffiziere für den nächsten Krieg«, sagte er mit einem grimmigen Lächeln. Er denke eher an Freizeitveranstaltungen, Spiel und Sport, aber ohne Vorschriften und Zwang. »Die Freiheit ist das höchste Gut. Hitler hat sich geirrt, wenn er glaubte, daß der Totalitarismus eine Stärke sei. Er ist vielmehr ein Zeichen von Schwäche, er trägt seinen eigenen Sprengstoff in sich.« Er gab zu verstehen, daß der Totalitarismus in Deutschland deswegen für die katholische Kirche so gefährlich sei, weil sie als Minderheitenreligion immer ein potentielles Opfer totalitärer Bewegungen sei. Vermutlich war er der Ansicht, daß die Kirche in Deutschland, obschon im Grunde selber totalitär, im eigenen Interesse für ein gewisses Maß an politischer Freiheit eintreten müsse. In diesem Punkt waren der Bischof und Oppenhoff durchaus konträrer Meinung.

Das Gespräch wurde immer abstruser, so daß wir zu persönlichen Themen übergingen. Wir baten den Bischof, uns von seiner ersten Begegnung mit den Amerikanern zu erzählen. Die Nazis, sagte er, hätten ihn zum Verlassen der Stadt aufgefordert, doch er sei geblieben. »Ein Kapitän verläßt nicht das sinkende Schiff.« Während der Belagerung habe er sechs Wochen in verschiedenen Bunkern und Kellern gelebt. Eines Tages sei ein amerikanischer Jeep vor dem Münster vorgefahren. Beim Anblick dieses merkwürdigen Fahrzeugs sei er herausgetreten und habe dem Offizier erklärt: »Ich bin der Bischof von Aachen.« Der Offizier habe geantwortet: »Ich bin Katholik«, habe ihm die Hand geschüttelt und ihm eine Zigarre angeboten. Dann habe man ihn ins Hauptquartier gebracht, wo er mit einer Reihe hochrangiger Offiziere gesprochen habe.

Der Bischof wurde nun erkennbar vorsichtig. Er bestritt, irgend etwas mit dem Aufbau der Aachener Zivilverwaltung zu tun zu haben. Gegenüber Oberstleutnant S. habe er nur den Namen Oppenhoff erwähnt. Der Bischof legte großen Wert auf die Feststellung, daß er neutral sei und sich nicht in die Politik einmische. Er wußte, daß die Stadtverwaltung heftig attackiert wurde, und war bestrebt, die Kirche vor Kritik in Schutz zu nehmen.

Allerdings sagte er oft »Wir«, wenn er von Oppenhoffs Verwaltung sprach. Er befand sich insofern in einer schwierigen Lage, als er die Kirche vor Angriffen schützen wollte, die gegen Oppenhoff gerichtet waren, gleichzeitig Oppenhoff selbst jedoch verteidigen wollte. Der Bischof bemühte sich sehr, den Oberbürgermeister in einem positiven Licht darzustellen. »Oppenhoff ist ein mutiger Mann und ein tüchtiger Rechtsanwalt. Gewiß, er ist kein Tugendbold, aber glauben Sie mir, er ist ein feiner Kerl. Die anderen Bürgermeister sind ebenfalls prächtige Leute. Ich kenne sie persönlich, auch Dr. Pfeiffer, der ein Protestant ist. Sie müssen Oppenhoff vertrauen. Sie können ihm ruhig alles überlassen. Wenn er sagt, daß jemand zuverlässig ist, glauben Sie mir, er weiß, wovon er spricht. Das Parteiabzeichen allein bedeutet noch gar nichts. Je weiter Sie nach Deutschland kommen, desto schwieriger wird es für Sie sein, unbelastete Leute zu finden.«

Wenn dem so sei, was würde er dann vorschlagen? Wie sollten wir vorgehen? Der Bischof freute sich, uns einen Rat geben zu können. Unsere Besatzungsoffiziere, sagte er, sollten sich bei dem Pfarrer des jeweiligen Ortes nach »zuverlässigen Leuten« erkundigen. Die Amerikaner sollten volles Vertrauen in die Kirche haben, auch wenn er von Propagandaappellen an den Klerus vorerst abraten würde. Wir fragten den Bischof, wer aus seiner Sicht »zuverlässig« und für eine Zusammenarbeit mit den Amerikanern geeignet sei. »Leute mit Charakter und Persönlichkeit«, sagte er. Da nicht selten auch Nazis Charakter und Persönlichkeit besäßen, wollten wir es etwas genauer wissen. Welche geschichtliche Figuren er beispielsweise als Vorbild bezeichnen würde? Doch darauf fiel der Bischof nicht herein. Er dachte eine Weile nach und sagte dann: »Eine solche Frage kann ich nicht an einem Nachmittag beantworten. Das bedarf reiflicher Überlegung.«

Allmählich wurde es dunkel im Zimmer, und viele wichtige Themen hatten wir noch immer nicht angesprochen. Der Bischof saß da, rauchte und musterte uns. Sein Blick schien zu sagen: Ich beantworte alle Fragen, aber ich sage euch nicht alles. Manchmal blitzte es in seinen Augen auf, als wollte er sagen: Na, wie findet ihr mich?

Nach einigem Hin und Her brachten wir ihn so weit, über Politik und den Krieg zu sprechen. Aus seinen Äußerungen ging hervor, daß er gemäßigt deutschnationale Positionen vertrat. Wie fast alle Deutschen führte er den Krieg auf den Versailler Vertrag zurück. »Versailles war sehr hart.« Und wie fast alle Deutschen behauptete er, daß Deutschland bedauerlicherweise ein Volk ohne Raum sei, ein armes, übervölkertes Land, das einfach habe expandieren müssen. Er sprach jetzt genauso larmoyant wie seine Landsleute. Ich war überrascht, daß ein so gutinformierter Mensch an diesem weitverbreiteten Irrtum (Deutschlands Armut war eines der wirkungsvollsten Argumente in der deutschen Propagandakiste) festhielt, und wies darauf hin, daß das Reich schon lange den höchsten Lebensstandard in Europa genossen habe. Doch er wiederholte nur »armes Deutschland!«, machte eine ausholende Handbewegung und seufzte: »Schauen Sie mich an, wie ich lebe, ich habe nichts, nichts!« Der Bischofsring an seinem Zeigefinger, groß wie ein Vogelei, schimmerte im Dämmerlicht, und ich mußte an den heiligen Franziskus denken.

Die deutsche Armut und die enorme Bevölkerungsdichte hätten den Aufstieg Hitlers ermöglicht, der seinerseits zum Krieg geführt habe. »Hitler wurde von den Armen unterstützt, von armen Bauern und Arbeitslosen.« Kein Wort über Thyssen, die anderen Industriellen, die bürgerliche Mitte und den rechten Flügel der Zentrumspartei. Die Verhältnisse, die zum Krieg geführt hätten, existierten noch immer, und es würde sie noch lang Zeit geben. Ganz gleich, wer als Sieger aus dem Krieg hervorgehe, die deutsche Frage müsse unbedingt gelöst werden. Kurz gesagt, Deutschland brauche Arbeit und Raum. Um die Ernährung der Bevölkerung zu gewährleisten, müsse man expandieren, aber es gebe keinen Raum in Europa. Was der Bischof da erklärte, entsprach den Forderungen der ewigen deutschen Imperialisten, die innerhalb von drei Generationen fünf Kriege angezettelt hatten. Der Imperialismus interessierte ihn aber nicht an sich, sondern nur als Instrument im Kampf gegen den Kommunismus. Übervölkerung, so der Bischof, führe zu Armut, Armut führe zu Revolution und Revolution zu Kommunismus. Zur Abwendung der roten Gefahr müsse Deutschland expandieren. In der Logik heißt so etwas Trugschluß. Und am Ende stand der Bischof genau dort, wo der Kaiser und Hitler gestanden hatten. »Eines ist sicher: Ein verarmtes Proletariat wird sich dem Kommunismus zuwenden. Wenn der Mensch keine gesicherte Existenz hat – kann man dann etwas anderes erwarten?« Er warf die Arme in die Höhe.

Die Entstehung eines Lumpenproletariats zu verhindern – das sei die vorrangige Aufgabe im Nachkriegsdeutschland. Eine Möglichkeit sei Auswanderung, aber wer wolle schon Deutsche haben? Die Deutschen würden von der Welt viel zu sehr gehaßt, und mit bitterer, fast anklagender Stimme fügte der Bischof, plötzlich auf Französisch, hinzu: »*Les Allemands sont devenus les Boches.*«

Das war das Stichwort, auf das wir schon lange gewartet hatten. Rasch fragte ich, ob ihm bekannt sei, was die Deutschen in Europa angerichtet hätten, daß man sie so hasse und als *Boches* bezeichne. Ruhig erwiderte er, daß er von den Greueltaten wisse. Ob er dann nicht dafür sei, daß an den deutschen Schulen darüber berichtet werde, damit die Jugend die Wahrheit über das Naziregime erfahren könne? Der Bischof antwortete umständlich:

»Wir müssen den Mut haben, die geschichtliche Wahrheit zu verbreiten, aber wir müssen warten, bis die Kinder reif sind, alles zu verstehen. Wahrheiten dieser Art müssen vorsichtig verabreicht werden, wie die Wahrheit über das Geschlechtsleben. Ich bin nicht für relative Wahrheiten. Wenn die Wahrheit, genau wie das Recht, das heutzutage in Deutschland praktiziert wird, der Politik dient, dann ist es keine Wahrheit.«

Wenn der Bischof ein so eifriger Verfechter der Wahrheit sei, warum haben dann weder er noch seine Kirche, noch die meisten anständigen Deutschen offenen Widerstand gegen die faschistischen Lügner und Mörder geleistet? Ah, man habe überhaupt nichts tun können, sagte der Bischof und hob die Hände zur Decke, denn es habe so großer Terror geherrscht. Bedauerlicherweise hätten die Menschen 1933 nicht mit Nein gestimmt. Selbst die Kirche habe in dieser Angelegenheit versagt. Sie hätte sich mutig auf die Seite der protestantischen Regimegegner schlagen sollen. Jeder, räumte er ein, habe gefehlt, und niemand sei besonders mutig gewesen. Er zuckte mit den Schultern und fragte: »Wie kann man von dem kleinen Mann auf der Straße Heldentum erwarten?« Wir sagten, daß Widerstand gegen die Nazis gewiß Mut erfordert habe, daß es in Frankreich, Belgien und Holland, Polen, Jugoslawien und Norwegen aber nicht an mutigen Menschen gefehlt habe. Warum in Deutschland?

In Deutschland, antwortete er, hätte Widerstand den Märtyrertod bedeutet. Hunderttausende, entgegneten wir, seien außerhalb Deutschlands den Märtyrertod gestorben. Ob es in der Kirche keine mutigen Leute gegeben habe, die im Kampf gegen die Nazis hätten vorangehen können? Der Bischof murmelte nur noch: »Die Kirche wollte keine Märtyrer ...«

Ich erklärte ihm, daß ich mittelalterliche Geschichte unterrichtet hätte und daß es meines Wissens einst Märtyrer gegeben habe, stolze Märtyrer, die sich furchtlos für Wahrheit und Gerechtigkeit geopfert hätten. Der Bischof schwieg. Ich sagte: »Jesus, der Begründer Ihrer Kirche, hatte keine Angst, die Wahrheit zu sagen, die in ihm war.« Es wurde ganz still in dem dunklen Zimmer. Schließlich sagte der Bischof ruhig: »Ja, das stimmt, aber schauen Sie, was man mit ihm gemacht hat!«

## 43

Während wir in Aachen unsere Ermittlungen durchführten, wurde Rundstedts Gegenoffensive niedergeschlagen. Wie schwer und verlustreich die Kämpfe gewesen waren, konnte ich ein paar Tage später sehen, als ich Ende Januar die dringende Aufforderung erhielt, in Luxemburg zu erscheinen. Joe und ich nahmen den direkten Weg durch die Ardennen. Diesmal war die Fahrt nicht gefährlich, sondern nur unbeschreiblich deprimierend. Die Straßen waren nicht mehr zu erkennen, die Bäume entlang der Chaussee zersplittert und umgeknickt, ein passender Hintergrund für die eilig ausgehobenen Gräber mit den frischen Holzkreuzen. Wir fuhren über Malmedy, St. Vith, Houffalize und Bastogne, durch eine von Tod und Vernichtung gezeichnete Landschaft. Malmedy, dieses hübsche malerische Städtchen, das die Deutschen vergeblich zu erobern versucht hatten, versank im Morast. St. Vith war ein einziges Trümmerfeld. Ein paar Belgierinnen mit ihren Kindern irrten wie benommen durch die nahezu unpassierbaren Straßen. Houffalize gab es nicht mehr – der Ort war nicht einfach zerstört, er existierte buchstäblich nicht mehr. Nicht einmal Ruinen, nichts. Alles schien pulverisiert. Selbst der Friedhof war zerwühlt und der schlammige Boden von einer derart suppigen Konsistenz, daß unser robuster Panzerwagen bis zu den Achsen versank und kaum vorankam. Es dauerte Stunden, bis wir diesen Ort hinter uns gelassen hatten.

Doch Bastogne stand. Einige Fensterscheiben waren kaputt, und das eine oder andere Haus war zerstört, aber die Stadt selbst war noch da. Die Schlacht hatte in der Umgebung stattgefunden, auf den Feldern, die von Schützengräben und zerschossenen Panzern entstellt waren. Das ganze

Material, das dort zerstört herumlag, stammte von den Deutschen. Hier war deutlich zu sehen, daß die Wehrmacht einen furchtbaren Preis bezahlt hatte, allerdings umsonst. Anderswo, besonders um St. Vith und Houffalize, lag zerstörtes amerikanisches Kriegsgerät herum. Dort hatten die Amerikaner einen furchtbaren Preis bezahlt, aber nicht umsonst. Überall roch es nach Tod. Die gefallenen Soldaten waren noch immer nicht begraben, und die Tierkadaver, zumeist Kühe und Pferde, die mit hervorquellenden Eingeweiden auf der Seite oder auf dem Rücken lagen, waren stumme Zeugen dieser gnadenlosen Schlacht, in die sie unschuldig hineingeraten waren.

In Luxemburg wollte man mir den Auftrag geben, das PWD-Team der 3. Armee auszubilden und zu leiten. Mit dem Hinweis, daß ich ein unfähiger Organisator und ein schlechter Ausbilder sei, konnte ich mich herausreden, wenngleich nicht ohne heftige Bemerkungen aller Beteiligten. Der wahre Grund für meine Unwilligkeit war die Ahnung, daß die 9. Armee, und nicht die 3. Armee, die bevorstehende Offensive anführen würde. Und das wollte ich mir nicht entgehen lassen.

Nachdem wir unseren Bericht über die Situation in Aachen abgegeben hatten, konnten wir nur noch verfolgen, welch heftige Reaktionen er allenthalben auslöste. Der Frontverlauf hatte sich seit Oktober nicht groß gändert, und die Quellen in dem von uns besetzten Gebiet waren einigermaßen erschöpft. Es gab jedoch noch ein paar unbearbeitete Themen, die uns lohnend erschienen – etwa das Fraternisierungsverbot, die Frage einer möglichen Teilung Deutschlands und die Verlustziffern.

▌Das Fraternisierungsverbot war von vornherein eine Farce. Ende Dezember 1944 bezeichnete ich es in einem vertraulichen Bericht an das Oberkommando der Alliierten Streitkräfte (SHAEF) als eine unkluge, wenngleich gutgemeinte Anordnung, die auf falschen Prämissen beruhe. Auf den Befehl, sich nicht mit Deutschen einzulassen, reagierten unsere

Soldaten nämlich genauso, wie ihre Väter in den zwanziger Jahren auf das Alkoholverbot reagiert hatten. Vor allem, was Frauen anging. Das Verbot jeglichen Kontakts mit Deutschen bewirkte nur, daß die GIs vorsichtiger waren, änderte aber nichts an ihrem Hunger auf deutsche Frauen. Krieg besteht zu einem Zehntel aus Ungemach und zu neun Zehnteln aus Stumpfsinn, und die sexuellen Bedürfnisse der Soldaten werden vor allem durch die Langeweile geweckt. Ein Mann, der sich langweilt und die Gesellschaft anderer Männer nicht mehr erträgt, empfindet fast alles, was in Röcken herumläuft, als aufreizend, und deutsche Frauen waren nicht nur herumlaufende Röcke. Sie waren unbestreitbar und auf ganz natürliche Weise attraktiv und, anders als die meisten Französinnen (abgesehen von Prostituierten), weder schüchtern noch unwillig. Sie waren leicht zu haben, leichter womöglich als alle anderen weißen Frauen auf der Welt, und in ihrer Art, wie sie auf die Soldaten zugingen, waren sie genauso direkt wie jene. Der GI und das deutsche Fräulein verhielten sich zueinander wie Magnet und Eisen.

Daraus ergab sich eine psychologisch und wohl auch politisch schwierige Situation. Uns interessierte vor allem, wie die Deutschen reagierten. Was hielten sie von einer Vorschrift, die sie tagsüber im Prinzip zu Unberührbaren machte, die nachts aber ständig verletzt wurde? War es nur ein weiteres Beispiel jener bekannten »angelsächsischen Heuchelei«? Und untergrub sie tatsächlich den Respekt vor dem Sieger, der in bezug auf seine Bedürfnisse so wenig Anstand und Würde erkennen ließ? Wir fragten eine Reihe von nachdenklichen Deutschen um ihre Meinung.

In Kornelimünster sprachen wir mit Bürgermeister Hüpgens und seinem Stellvertreter, Herrn Wagemann. Sie waren nicht sehr glücklich über das Fraternisierungsverbot, zumal es so plötzlich und unangekündigt und unbegründet verhängt worden sei. Eben noch seien die Soldaten und Offiziere freundlich und höflich gewesen, am nächsten Tag hätten sie sich kühl und reserviert verhalten. »Die Leute sind irritiert. Sie glauben, daß die Amerikaner aus Angst vor Spionen so reserviert sind. Sie wissen nicht, was wir wissen, nämlich daß wir uns in einem Krieg befinden und daß Freundschaft im Krieg unmöglich ist.« Hüpgens, ein älterer Lehrer und Nazigegner, erzählte, daß seine Frau den einrückenden US-Truppen zugerufen habe: »Ihr bringt uns Frieden und Freiheit.« Worauf der Soldat geantwortet habe: »Hoffentlich.« Wagemann meinte trocken, daß es in Kornelimünster trotz Fraternisierungsverbot sexuelle Kontakte zwischen Soldaten und den Frauen gebe. Die meisten Frauen hätten einen schlechten Ruf, unter ihnen sei auch eine Siebenundsechzigjährige, die Hosen trage und ein wenig verrückt sei, bei den Soldaten aber gut ankomme.

In Bardenberg kritisierte Pfarrer Wirtz (katholisch) das Fraternisierungsverbot, weil es sich gegen alle Deutschen richte. »Ich kann verstehen, wenn die Amerikaner Angst davor haben, sich geistig anzustecken. Aber es ist nicht der richtige Weg, denn so verurteilt man alle, die Schuldigen und die Unschuldigen gleichermaßen. Alle Deutschen werden als Menschen zweiter Klasse behandelt. Mich kränkt das. Der amerikanische Kommandant weigert sich, dem Pfarrer die Hand zu geben. Ich finde das schrecklich. Das ist nicht die richtige Art, neue Beziehungen zwischen den beiden Völkern aufzubauen. Außerdem wird in Ihrem Radiosender doch erklärt, daß Sie nur die Nazis bekämpfen. Warum behandeln Sie uns dann alle gleich?« Abschließend meinte Pfarrer Wirtz, daß gegen das amerikanische Fraternisierungsverbot zwangsläufig genauso verstoßen werde wie gegen das unter den Nazis erlassene Verbot, Feindsender zu hören. Andere Deutsche, mit denen wir sprachen, vertraten im Grunde sehr ähnliche Ansichten.

▌Eines Tages machten wir einen Abstecher nach Stolberg, einer mittelgroßen Industriestadt, und führten ein Gespräch mit dem stellvertretenden Bürgermeister, Ludwig Lude, der sich zu unserer Überraschung als Sozialdemokrat herausstellte. Lude war Stadtrat gewesen und hatte wegen Widerstandsaktionen gegen die Nazis mehrere Jahre im Gefängnis gesessen. Er war ein ruhiger, etwas pedantischer Mensch, der seine Worte bedächtig formulierte. Von ihm erfuhren wir etwas über die Haltung der Linken. Sozialdemokraten und Kommunisten, deren Organisationen verboten waren, die sich aber schon lange kannten, kamen zu politischen Diskussionen im privaten Kreis zusammen. Die Sozialdemokraten waren eher links und die Kommunisten eher rechts, so daß man durchaus Gemeinsamkeiten hatte. Die einfachen kommunistischen Arbeiter glaubten noch immer an Diktatur, während die Klügeren unter ihnen inzwischen für demokratische Verhältnisse plädierten. Die meisten Sozialdemokraten seien der Ansicht, daß die Weimarer Republik einen furchtbaren Fehler gemacht habe, indem man die Faschisten viel zu demokratisch und nachsichtig behandelt habe. »Wir hätten Hitler nach seinem Putsch von 1923 aufhängen sollen. 1933 hätten wir einen Generalstreik organisieren und die Arbeiter zum bewaffneten Widerstand aufrufen sollen.«

Nach Ludes Überzeugung würden sich Sozialdemokraten und Kommunisten zusammenschließen, sobald die Besatzungsmacht politische Aktivitäten wieder zulasse. Besonders die Sozialdemokraten würden für ein Vier-Punkte-Programm eintreten: Wiederaufbau, Verstaatlichung der Schwerindustrie, Sozialreform und Errichtung kleiner Genossenschaften. Vorerst sei aber nichts zu machen. »Deutschland hat ausgespielt. Die Sieger werden diktieren.«

Aufschlußreicher als Ludes Begriff von Sozialismus war seine Haltung zu einer möglichen Teilung Deutschlands. Obwohl Nazis und Deutschnationale den Sozialdemokraten immer mangelnde vaterländische Gesinnung vorwarfen, vertrat Lude, wie andere Sozialdemokraten auch, einen durchaus nationalbewußten Standpunkt. Während die meisten bürgerlichen und konservativen Deutschen, mit denen wir sprachen, eine Teilung Deutschlands oder zumindest eine Loslösung des Rheinlands vom Reich befürworteten, standen interessanterweise die meisten Sozialdemokraten einem solchen Plan ablehnend gegenüber. Lude war da keine Ausnahme. Dies mag für oder gegen die Sozialdemokraten sprechen, in jedem Fall erscheint es mir bemerkenswert.

Lude wandte sich leidenschaftlich gegen eine Teilung Deutschlands, und zwar mit sozialistischen Argumenten. Erstens seien alle Deutschen in gleicher Weise für den Krieg verantwortlich, folglich sollten Schuld und Kosten gleich verteilt werden. Überdies habe das Rheinland am meisten gelitten, während Mitteldeutschland weitgehend unzerstört geblieben sei. Wenn das Rheinland abgetrennt werde, müßte diejenige Region, die am stärksten in Mitleidenschaft gezogen sei, die Last ganz allein tragen. »Ich glaube an das Prinzip der Solidargemeinschaft.« Zweitens sei Kleinstaaterei für Deutschland immer schon von Übel gewesen. Die herrschenden Duodezfürsten hätten reaktionäre Tendenzen gefördert und Obskurantismus begünstigt. Die Kleinstaaterei sei geschichtlich überholt, rückschrittlich. Drittens besäße die Arbeiterklasse in großen Ländern wie Preußen Macht und Einfluß, während kleinere, wie etwa Lippe oder Hessen, von militaristisch-feudalen Elementen dominiert würden. Nur ein vereintes Deutschland könne sich demokratisch entwickeln. Ein zerrissenes Deutschland sei ein Spielball reaktionärer Kräfte. In kleinen Ländern würde der Militarismus blühen, in größeren Ländern könne er verhindert werden. Daß Ludes Argument historisch nicht zutraf – Preußen, der größte deutsche Staat, war extrem militaristisch, und Bayern, der zweitgrößte Staat, war extrem reaktionär – konnte ihn nicht erschüttern. Die Lösung der deutschen Frage sah er in einem föderativen Zusammenschluß aller deutschen Länder, die, ausgestattet mit einem gewissen Maß an Selbständigkeit, einer gemeinsamen Wirtschaftspolitik verpflichtet seien.

Auf die Frage, ob er und seine sozialdemokratischen Freunde sich einer von den Alliierten verfügten Teilung widersetzen würden, meinte Lude schockiert: »Widersetzen? Natürlich nicht. Den Alliierten würden wir uns niemals widersetzen. Aber wir würden uns geistig und psychologisch gegen eine Teilung wenden.«

Offensichtlich ist der Nationalismus in Deutschland keine ausschließliche Angelegenheit der Nationalisten.

In jener Zeit, etwa Mitte Februar 1945, hatten wir auch Gelegenheit, die deutschen Kriegsverluste genauer zu studieren und zu erkennen, welchen Preis die Deutschen für ihren fanatischen Versuch, sich die Welt zu unterwerfen, bezahlt haben. Man kann nicht sagen, daß es ein hoher Preis war. Im Gegenteil, es war ein erstaunlich niedriger Preis, sehr viel niedriger, als zuversichtliche Antifaschisten erwartet haben.

Die Nazis selbst haben die Kriegsverluste als Staatsgeheimnis behandelt. Während des Krieges hatte es lediglich Propagandazahlen auf der einen Seite und optimistische Schätzungen auf der anderen Seite gegeben. Am 24. Februar 1945 (in der Woche, in der wir unsere Untersuchungen durchführten) gab Hitler persönlich bekannt, daß sich die deutschen Verluste auf ingesamt 12,5 Millionen Mann beliefen, davon 6,3 Millionen Gefallene, 3 Millionen Verwundete und 3,2 Millionen Kriegsgefangene. Dies mag für die freie Welt eine gute Nachricht gewesen sein, tatsächlich gründete sie aber auf Hitlers Phantasie und Propagandainstinkt.

Einige Wochen später bezifferte eine »deutsche Quelle« die Verluste auf 16 Millionen – 6 Millionen Gefallene, 8 Millionen Verwundete, 2 Millionen Vermißte. In einer russischen Schätzung aus derselben Zeit wurde von 12 Millionen gefallenen und gefangenen deutschen Soldaten gesprochen. Tatsächlich entsprachen all diese Zahlen auch nicht annähernd der Wahrheit.

In diesem Zusammenhang fielen mir wieder gewisse Methoden der Wirtschaftsgeschichte ein. Ich entsann mich, daß man statistische Angaben wie Bevölkerungsgröße, Reichtum und Handel aus der Zeit vor 1800 (als noch keine staatlichen Melderegister existierten) nur mit Hilfe aufwendiger Verfahren ermitteln konnte. Bevölkerungszahlen, vor allem aus dem Mittelalter, ließen sich relativ genau anhand von Kirchenbüchern bestimmen. Ich beschloß, in ähnlicher Weise die deutschen Verlustziffern zu ermitteln.

Dazu wählten wir den bei Aachen gelegenen Ort Breinig aus, der sich für unser Experiment deswegen so gut eignete, weil er relativ klein (weniger als 3000 Einwohner) und konfessionell homogen war und eine breit gefächerte Berufsstruktur aufwies. Vor allem aber waren die Kirchenbücher vollständig erhalten. Pfarrer Franz Jansen sagte uns sofort seine Unterstützung zu. Er berichtete, daß die Bevölkerung (bis auf 4 Protestanten und 5 Konfessionslose) fast ausschließlich katholisch sei, daß die meisten Leute in Geschäften und Fabriken in Aachen oder Stolberg arbeiteten, daß es auch ein paar Bauern gebe und daß die Bevölkerung weder besonders reich noch besonders arm sei. Kurzum, Breinig war soziologisch eine »normale« Gemeinde. Aus dem Kirchenbuch ging hervor, wie viele Männer gefallen waren, und auch zu den anderen konnte uns Pfarrer Jansen einiges sagen. Dieses Register lieferte uns, den Alliierten, erstmals korrekte Angaben, die als Grundlage für Schätzungen dienen konnten. Für mich waren die Zahlen eine große Überraschung.

In den exakt fünf Kriegsjahren (September 1939 bis September 1944), die das Kirchenbuch erfaßte, waren 600 Mann zur Wehrmacht gegangen. Davon wurde »eine große Zahl verwundet«, 20 galten als vermißt, 64 waren gefallen. Einmal angenommen, daß die Hälfte der Vermißten tot waren, belief sich die Zahl der Toten auf 74. Das entsprach 12,5 Prozent der Soldaten und 2,5 Prozent der gesamten Einwohnerschaft. Wenn man diesen Anteil (2,5 Prozent) auf ganz Deutschland (ca. 75 Millionen Einwohner) übertrug, kam man auf 1875000 Tote. Weiter angenommen, daß nach September 1944 noch einmal eine halbe Million starb, erhalten wir eine Gesamtzahl von 2375000 Kriegsgefallenen. Das ist von den 6 Millionen, wie von Hitler behauptet, natürlich weit entfernt.

Aus dem Kirchenregister der Gemeinde Bardenberg ging hervor, daß bis September 1944 von 4100 Einwohnern insgesamt 90 Mann gefallen waren. Das entsprach 2,2 Prozent der Bevölkerung (in Breinig waren es 2,5 Prozent).

Einige Wochen später überprüften wir die Ziffern in zwei weiteren Städten des Rheinlands. In Fischeln (bei Krefeld) waren bis September 1944 von insgesamt 9000 Einwohnern 200 Personen im Krieg gefallen. (Das entsprach 2,2 Prozent, genau wie in Bardenberg.) In Frechen, einer Stadt mit 16000 Einwohnern, waren 400 Personen im Krieg gefallen (2,5 Prozent).

Wenn diese Zahlen nicht völlig falsch sind, und ganz ausschließen kann man das nie, dann muß man sagen, daß Deutschland einen relativ billigen Krieg geführt hat. Er kostete weniger als zweieinhalb Millionen Tote, während der Erste Weltkrieg drei Millionen gefordert hatte. Kurzum, die Deutschen haben in Europa zwischen zwanzig und fünfundzwanzig Millionen Menschen ermordet oder indirekt ihren Tod verursacht, haben selbst aber nur relativ geringe Verluste zu beklagen. Außerdem lag die Geburtenziffer in Deutschland während des Krieges über der Sterbeziffer. Deutschland ist überhaupt ein Land, in dem es von Kindern wimmelt. Überall sieht man Kinder. Es ist ein erschreckender Gedanke, daß die Deutschen auf lange Sicht diesen Krieg womöglich doch gewonnen haben. Seit ich im vergangenen Winter die Bevölkerungszahlen gesehen habe, bin ich überzeugt, daß Deutschland in zwanzig Jahren abermals versuchen wird, sich die Welt zu unterwerfen, wenn sich die neue Generation nicht von Grund auf verändert.

## 44

Um drei Uhr morgens ging es los. Der erste Knall war so laut, daß ich fast aus dem Bett gefallen wäre, dann kamen immer weitere Explosionen, bis die Nacht von ohrenbetäubendem Lärm erfüllt war. Fensterscheiben klirrten, und das ganze Haus bebte. Eine Stunde dauerte das furchtbare Gewitter, und es hörte sich an, als wäre jedes Geschütz an der Front zur gleichen

Zeit losgegangen, was auch tatsächlich der Fall war. Tags darauf erfuhr ich, daß unsere Artillerie mehr oder weniger Rad an Rad entlang der Rur in Stellung gebracht worden war und aus allen Rohren gefeuert hatte. Das war der Beginn der großen Februaroffensive, der Anfang vom Ende.

Ich fragte mich, ob irgend etwas dieses Gewitter überleben konnte. Ein paar Tage später sahen wir, was unser Beschuß angerichtet hatte. Jülich und Düren, die beiden Städte, die die Kölner Bucht bewachten und sich den ganzen Winter lang unseren Armeen entgegengestellt hatten, waren einfach ausradiert. Jülich war tot, dem Erdboden gleichgemacht. Trümmerstaub erfüllte die Luft. Vier Monate zuvor war die Stadt geräumt worden, nirgends sahen wir ein Lebenszeichen. Ein Offizier der Militärregierung, der hier den Posten des Stadtkommandanten übernehmen sollte, warf verzweifelt die Hände in die Höhe und überlegte, was er tun konnte. Er tat mir leid.

Aus Ruinen und Kellern krochen ein paar menschliche Kreaturen hervor, kein einziger Deutscher, alles Zwangsarbeiter, die vor der SS geflohen waren und sich in dieser Geisterstadt versteckt hatten. Unter ihnen waren zehn Russen und zwei Belgier. Sie hatten nicht nur das schreckliche Bombardement überlebt, sondern sahen sogar wohlgenährt und ausgesprochen fröhlich aus. Es war nicht zu fassen. Ebenso unfaßbar war ihre Geschichte, besonders die der beiden Belgier.

Richard Vissers und Fidelius Bal, zwei junge Flamen aus Antwerpen, erzählten uns eine wahre Robinsonade. Die beiden hatten bis November 1944 in Köln gearbeitet. Als sie hörten, daß Belgien völlig befreit sei, beschlossen sie, zu fliehen und sich per Anhalter nach Hause durchzuschlagen. Mittlerweile herrschten derart chaotische Verhältnisse in Deutschland, daß die beiden kaum Schwierigkeiten hatten. Ein Wehrmachtsfahrzeug nahm sie bis Jülich mit. Man hielt sie für deutsche Arbeiter, und niemand stellte ihnen eine Frage. An der Rur, die von den Deutschen hartnäckig gehalten und von den Amerikanern wütend attackiert wurde, kamen sie jedoch nicht weiter. Also versteckten sie sich und warteten einfach ab.

Da die Jülicher Zivilbevölkerung evakuiert worden war, konnten sie sich den komfortabelsten Keller aussuchen, der über das reichhaltigste Lebensmittelangebot verfügte, und dort ihr luxuriöses Dasein beginnen. Tagsüber hielten sie sich im Keller auf, nachts zogen sie los und machten sich auf die Suche nach zusätzlichen Dingen wie etwa Kognak oder einem Huhn. Soweit sie das beurteilen konnten, waren sie die einzigen lebenden Zivilisten in Jülich, und in den anderen Kellern gab es die herrlichsten Sachen zu essen und trinken.

Sie führten ein herrliches Leben. Sie schliefen auf weichen Matratzen, aßen die leckersten Sachen, tranken den besten Schnaps. Im Keller gab es einen Ofen und jede Menge Briketts, außerdem vier Petroleumlampen und einen größeren Kerzenvorrat. Vissers betätigte sich als Bäcker und Bal als Koch. In den zwei Monaten ihrer unterirdischen Existenz konsumierten sie insgesamt zweiundzwanzig große Dosen Fleisch, hundertfünfzig Eier, zahllose Konservendosen sowie zweihundert Flaschen Kognak und Champagner. Jeder von ihnen trank pro Tag mindestens eine Flasche Kognak oder Champagner. Sie vertrieben sich die Zeit mit der Lektüre von Liebesromanen und Reiseerzählungen, und nachdem sie irgendwo Fotoapparate und Filme gefunden hatten, machten sie Schnappschüsse von sich.

»Es war ein tolles Leben«, erzählte Vissers wehmütig. »Wir hatten alles, was das Herz begehrte, bloß keine Zigaretten und keine Frauen. Wir sind ganz fett geworden. Nie werden wir Jülich vergessen.«

Die zehn Russen, junge Burschen, die aus deutschen Bauernhöfen und Fabriken geflohen waren, lebten in einem anderen Teil der Stadt und wußten nichts von Vissers und Bal. Kulinarisch hatten sie zwar nicht so viel Glück wie die beiden Flamen, aber auch sie konnten gut essen. Tagsüber blieben sie ihrem Keller, und nachts suchten sie in anderen Häusern nach Nahrungsmitteln. Kartoffeln, Mehl,

Gemüse, Büchsenfleisch und natürlich auch Schnaps gab es reichlich. Hin und wieder erschienen deutsche Soldaten auf der Straße, die aber nicht in die Keller schauten. So lebten die Russen drei Monate lang und konnten sich ein wenig von der jahrelangen Schufterei erholen. Daß die Rote Armee in Ostdeutschland auf dem Vormarsch war, wußten sie nicht. Auf die Frage, was Rußland mit Deutschland machen solle, riefen sie im Chor: »Genau dasselbe, was sie mit uns getan haben. Sie haben unsere Dörfer verbrannt, unsere Leute umgebracht.«

▌Unaufhaltsam stießen die amerikanischen Truppen in Richtung Rhein vor. Wir widmeten uns, wie üblich, der Bevölkerung, vor allem solchen Leuten, die frisch aus Naziland gekommen waren. Am dritten Tag der Offensive sprachen wir mit einer Gruppe von zwölf Frauen und zwei Männern, die eben erst von der US-Infanterie aus der Gegend nördlich von Jülich evakuiert worden waren. Die Frauen, durchweg jung, antworteten eifrig auf alle unsere Fragen und schienen uns überhaupt nicht als Feinde zu betrachten. Sie vermittelten uns neue Eindrücke vom Alltag im Reich, das kurz vor dem Zusammenbruch stand. Sie berichteten, daß viele evakuierte Städter auf dem Land lebten und daß wir, je weiter östlich wir kämen, immer mehr Heimatlose finden würden. (Das stimmte tatsächlich.) Wir erfuhren, daß die Leute ausländische Sender hörten, vor allem BBC und Luxemburg, besonders aber den verbotenen Soldatensender West, der »Frau Schmitz« genannt wurde. Die deutschen Soldaten, die in ihrem Dorf lägen, seien kriegsmüde und erklärten den Leuten: »Der Amerikaner wird euch nichts tun.« Einige der Frauen hatten sich vor den Nazis versteckt, um nicht, nach drei Stunden Ausbildung, in Flakeinheiten dienen zu müssen.

Die beiden Männer waren unsicherer und verschlossener als die Frauen. Der eine, Caspar Wirtz, war dreißig Jahre alt und Bauer, der andere, Hubert Lüttgens, sechzig Jahre alt und Arbeiter. Die beiden standen steif da und lehnten hartnäckig ab, sich hinzusetzen. Nie wäre ihnen eingefallen, in Gegenwart von Offizieren zu sitzen. Ihren unbeholfenen Worten konnten wir aber doch entnehmen, daß sie keine Nazis waren. Wirtz hatte sich schon seit Monaten versteckt, um nicht beim Volkssturm mitkämpfen zu müssen. Verächtlich sprach er von Hitler als »diesem Kerl«, und Lüttgens bezeichnete die Nazis respektlos als »Goldfasane«.

Erst am Tag zuvor war ihr Dorf von den Amerikanern kampflos eingenommen worden, denn die deutschen Soldaten, bestehend aus Flak- und Volkssturmeinheiten, hatten die Waffen weggeworfen und sich ergeben. Selbst die Offiziere kämpften nicht mehr. Ein Offizier rief beim Anblick unserer Infanterie laut: »Gott sei Dank, die Amerikaner sind da.« Wirtz und Lüttgens freuten sich, daß alles vorbei war. In unserem Bericht an das Hauptquartier wiesen wir darauf hin, daß die Wehrmacht demoralisiert sei und nicht besonders heftig kämpfen werde, daß die Bevölkerung kriegsmüde sei und die Amerikaner als Befreier begrüßen werde. In beiden Punkten hatten wir uns nicht geirrt.

Von Jülich schlugen wir uns zur 9. Armee durch, die weiter nördlich in Richtung Ruhr vorstieß, und zwar mit einer solchen Wucht, daß die Wehrmacht überall überrannt wurde und wir mit den voranstürmenden Panzern kaum Schritt halten konnten. Fast stündlich wurden neue Siege bekanntgegeben, und wir wußten nie genau, wo die Front verlief. Unsere Panzer ließen einzelne Nester von Deutschen weit hinter sich zurück. Innerhalb weniger Tage war die gesamte nordwestliche Zone links des Rheins zerpflügt und in einem Zustand hektischer Verwirrung, und die ganze Zeit preschten unsere Panzereinheiten in Richtung Rhein. Nichts konnte sie aufhalten, weder aufwendige Panzergräben, die von Zwangsarbeitern auf Hunderten von Kilometern angelegt worden waren, noch deutsche Panzerabwehrkanonen. Und noch immer war grandioses Februarwetter: kein Schnee, kein Eis, ein klarer blauer Himmel begrüßte unsere Jagd- und Bombenflugzeuge. Es war, wie wir begeistert fanden, genau das richtige Wetter für den Kampf gegen die Nazis.

Die furchtbare Welt des Hitlerismus schien zu Ende zu gehen, und tausend Ereignisse schoben sich ineinander. Ich kann hier nur einige meiner Eindrücke schildern. Eines Mittags kamen wir, unmittelbar hinter unseren Panzerspitzen, der Wehrmacht dicht auf den Fersen, nach Erkelenz, der ersten größeren Stadt jenes Industriegürtels, der sich bis zur Ruhr erstreckte. Erkelenz war eine verrückte, chaotische Stadt, in der vorübergehend Tausende von Displaced Persons untergebracht waren, für die es nichts zu essen gab. Die Militärverwaltung war noch nicht eingerichtet. Auf den Straßen wimmelte es von Armeefahrzeugen, die sich in einem unaufhörlichen Strom in Richtung Rhein bewegten. Über uns Flugzeuge, die in die gleiche Richtung flogen.

Die ausländischen Arbeiter, Belgier und Polen und Jugoslawen und auch Franzosen, liefen in abgerissenen Lumpen ziellos herum und gafften, verwundert, glücklich und ungläubig. Dies war wirklich die Befreiung, das unglaubliche Wunder der Befreiung. Die mächtigen, sagenhaften Amerikaner waren endlich da, ergossen sich in einer Flut von Kriegsmaterial, wie es die Menschheit noch nie erlebt hatte, nach Deutschland.

In ihrer großen Aufregung achteten die nun befreiten Arbeitssklaven nicht auf die allgegenwärtigen Warnschilder, die notwendig waren, weil die Deutschen vor ihrem Rückzug in Gärten und Feldern und entlang den Straßen Minen vergraben hatten. Während ich mit ein paar Serben sprach, entfernte sich einer aus ihrer Gruppe von der Straße, und plötzlich gab es eine Explosion. Alle erschraken. Der arme Kerl lag zusammengekrümmt da. Eine Mine hatte ihm einen Fuß so sauber abgerissen, als wäre er mit einem Fleischermesser abgehackt worden. Wir luden den Bewußtlosen auf einen Lastwagen und ließen ihn in ein Feldlazarett schaffen. Zwei Kameraden begleiteten ihn. Die anderen setzten ihre erregte Unterhaltung fort.

Am nächsten Tag erreichten wir Rheindahlen, eine Kleinstadt von achttausend Einwohnern, ein paar Kilometer südwestlich von Mönchengladbach. Auch hier war die Hauptstraße, die sich durch Trümmer und Schuttberge schlängelte, mit Militärfahrzeugen verstopft, die sich Stoßstange an Stoßstange zum Rhein vorarbeiteten. Ein einziges Flugzeug der Luftwaffe hätte den Verkehr lahmlegen können, doch obwohl die Stadt unmittelbar an der Front lag, ließ sich die Luftwaffe nirgendwo blicken.

Joe stellte den Wagen in einem Hof ab, und ich machte mich auf die Suche nach Deutschen. In Rheindahlen schien es überhaupt keine Deutschen mehr zu geben. Die einzigen Zivilisten waren, wie üblich, Zwangsarbeiter, meist Polen und Ukrainer, die es sich gutgehen ließen. Nachdem die Alliierten sie befreit hatten, liefen sie wie die Herren durch die Stadt und nahmen sich, wonach ihnen der Sinn stand. Ein junger selbstsicherer Pole bat mich um eine Zigarette. Er war aus Przemyśl und hatte, wie er sagte, vier Jahre in deutschen Bergwerken gearbeitet. Er hatte viel Geld, das er in den Häusern gefunden hatte, und er wollte Zigaretten kaufen. Geld spielte keine Rolle. Ich fragte ihn, wie er sich als freier Mensch fühle. »Wie Urlaub!« rief er lachend. »Keine Arbeit, kein nichts. Deutsche kaputt! Für uns wie Urlaub!«

Er führte mich zu einer Baracke, in der einhundertfünfzig Ukrainer hausten. Der Schuppen war dreckig und kalt, es gab weder fließendes Wasser noch Toiletten. Die Ukrainer umringten mich und redeten in einer Mischung aus Polnisch, Ukrainisch und gebrochenem Deutsch auf mich ein. Zum Glück verstand ich etwas Polnisch, so daß ich ihrem Bericht in den Grundzügen folgen konnte. Es war die bekannte Geschichte von brutaler Verschleppung und Sklaverei. Sie waren seit drei Jahren in Deutschland, hatten zumeist in Düsseldorfer Fabriken gearbeitet. Im letzten November, während unserer mißlungenen Offensive, waren sie zum Ausheben von Panzergräben nach Rheindahlen geschafft worden. Die Deutschen hatten sie in der üblichen Weise behandelt: vierzehn Stunden Arbeit täglich, zu essen bekamen sie Wassersuppe und trockenes Brot und einmal die Woche hundertfünfzig Gramm Margarine. Wer vor Entkräftung nicht mehr arbeiten konnte, wurde geschlagen, die Kranken landeten im Konzentrationslager und wurden liquidiert.

Ein dicker Mann, der unter all diesen gestikulierenden Leuten irgendwie fremd wirkte, kam herangewatschelt. Er sei Deutscher, sagte er reumütig, heiße Peter Epping, sei sechzig Jahre alt und komme aus Düsseldorf. Er sah krank aus. Auf meine Frage, was er hier unter all diesen Slawen verloren habe, sagte er, daß man ihn ebenfalls zum Ausheben von Panzergräben herangeschafft habe. Wie das, ob er denn nicht zur Herrenrasse gehöre? Er lachte grimmig. Bis Oktober habe er in einer Papierfabrik gearbeitet. Dann sei die Fabrik wegen Papiermangels geschlossen worden. Die Gestapo, der Arbeitslose suspekt seien, habe ihn in einen Zug gesetzt und zum Erdausheben abkommandiert. Epping spuckte verächtlich aus.

»Die Panzergräben«, sagte er, »haben euch Amerikaner nicht eine Stunde aufgehalten. Es war sinnlos, eine Verschwendung von Zeit und Arbeitskraft und Erde. Schauen Sie sich diese Gräben an, sie sind breit und tief, häßliche Wunden im Boden. Ich sage Ihnen, die Bauern sind stinksauer, weil man ihr Land zerstört hat. Aber den Nazischweinen ist das doch egal!«

Die Ausländer betrachteten Epping als guten Deutschen, den sie in ihrer Mitte duldeten. Ebenfalls ein guter Deutscher war nach Angaben eines Ukrainers der Arzt, einer der wenigen Deutschen, die die Zwangsarbeiter freundlich und anständig behandelten. Ich ging zu Fuß in das Krankenhaus am Stadtrand, um diesen Mann kennenzulernen. Dr. Robert Fettweis, so hieß er, überraschte mich mit der Information, daß die Rheindahlener Bevölkerung zum größten Teil noch in der Stadt sei und sich in Kellern und Höhlen verbarg, aus Angst, von den vorrückenden Amerikanern oder den marodierenden Ausländern erschossen zu werden. Nur wenige Deutsche, die den Displaced persons bekannt seien, darunter er selbst und Epping, trauten sich auf die Straße. Die Leute seien noch immer wie benommen. Zwei Tage zuvor hätten amerikanische Flugzeuge die Stadt bombardiert und mehrere hundert Zivilisten getötet oder verwundet. Die Verwundeten versorge er persönlich im Krankenhaus, auch wenn es kaum noch Arzneimittel gebe. Die Toten lägen unbestattet herum.

Während wir noch dastanden und uns unterhielten, schlugen plötzlich Granaten ein, und Dr. Fettweis lief schon zum nächsten Luftschutzkeller. Ich schloß mich ihm an, nicht wissend, ob wir unter deutschen oder amerikanischen Beschuß geraten waren. Plötzlich fiel mein Blick auf die Tür, und mein Herz blieb stehen. Ein deutscher Soldat versperrte den Ausgang. Sein Gesicht war hölzern, ausdruckslos. Mir schoß der Gedanke durch den Kopf, daß es unpassend wäre, wenn mein Leben in einem dunklen Keller in einer wildfremden deutschen Stadt ein Ende finden würde. Ich verfluchte mich dafür, daß ich Joe nicht mitgenommen hatte, ich verfluchte den Offizier, der uns das Tragen von Waffen verboten hatte. Und ich schwitzte am ganzen Leib. Der deutsche Soldat machte keine Bewegung, weder mit dem Körper noch mit den Lippen. Auch ich stand wie angewurzelt da. Keiner sagte ein Wort. Was hätte man schon sagen sollen. Stumm starrten wir einander an. Schließlich, nach einer halben Ewigkeit, sagte er stockend: »Ich möchte mich ergeben. Wo ist der zuständige Offizier?« Ich bekam weiche Knie vor Erleichterung. Mit einer Stimme, die hoffentlich fester war, als ich mich fühlte, sagte ich, daß er sich bei mir ergeben könne. Der Mann trat vor, schlug die Hacken zusammen, stand stramm, nannte Namen und Einheit. Ich bat ihn, kurz zu warten, was er mit einem »Zu Befehl!« quittierte. Er blieb stehen, die Hände noch immer an der Hosennaht, während ich loslief und in der ganzen Stadt nach jemandem suchte, der ihn gefangennehmen konnte, doch es gab keine Militärpolizei, keine Kommandantur, keinen CIC, nichts, gar nichts. Also ließ ich ihn einfach im Keller stehen. Wenn er so folgsam war, wie er aussah, dürfte er eine ganze Weile dort gestanden haben.

45

Wir wollten eigentlich nach Mönchengladbach, der größten Stadt, die uns bislang in die Hände gefallen war, verirrten uns unterwegs aber in Grevenbroich, wo noch gekämpft wurde. Wir zogen uns rasch wieder zurück und stellten bald fest, daß die Wegweiser nicht stimmten, und kamen schließlich zu einer kleinen Ortschaft, wo weiße Handtücher aus stummen Häusern hingen. Von ein paar GIs, die auf der Straße entlangschlenderten, erfuhren wir, daß das Dorf Orken hieß. Wir betraten ein zerschossenes, trostloses Haus mit kaputten Fenstern und sahen einen Major, der sich gerade über einen Kartentisch beugte. Es war eine filmreife Szene. »Na Jungs, zu welchem Haufen gehört ihr denn?« rief der schnurrbärtige Regimentskommandeur.

»Psychologische Kriegsführung«, sagten wir.

Er runzelte die Stirn. »Was ist das denn? Noch nie gehört. Was muß man sich denn darunter vorstellen?«

Wir sagten: »Antideutsche Propaganda.«

»Oha«, rief er, »bestimmt 'n ruhiger Job. Hättet ihr Lust, mit mir zu tauschen?«

»Danke nein, lieber nicht.«.

»Kann ich gut verstehen. Was ich aber nicht kapiere: wieso seid ihr hier, wenn ihr gar nicht hier sein müßt? Wir sind eben erst angekommen, meine Jungs und ich, die *Jerries* stehen mit fünfundzwanzig Panzern am Stadtrand, und ich weiß nicht, wie lange ich hier aushalten kann, wenn sie angreifen. Ich habe gerade ein paar Spähtrupps losgeschickt und nach leichten Panzern telefoniert. Hätten Sie nicht Lust, die *Jerries* psychologisch ein bißchen zu bearbeiten?« Wir lehnten dankend ab, der Major zwirbelte seinen Schnurrbart und grinste. Für einen Frontoffizier war er erstaunlich gut gelaunt.

Wir kehrten wieder um, kamen bald an einem Schuppen vorbei, wo Essen ausgegeben wurde. Wir stellten das Auto auf der anderen Straßenseite ab und gingen hinüber. Genau in dem Moment, als unsere Eßgeschirre gefüllt wurden, schlug eine Granate ein. Alles flog in die Luft. Es war eine dieser tödlichen 88er, die ein deutscher Panzer abgefeuert hatte. Die ganze Mannschaft warf sich auf die Erde. Bevor wir Luft holen konnten, schlug eine zweite 88er ein. Man hörte diese Dinger erst, wenn sie explodierten. Der Schuppen war inzwischen zerstört.

Ich rannte los, Joe saß schon am Lenkrad, die Windschutzscheibe war kaputt, das Wageninnere mit Granatsplittern übersät. Der Motor hustete und spuckte, sprang aber an. Wir fuhren los, während immer wieder 88er über uns hinwegflogen und unser Fahrzeug seltsame Geräusche produzierte und Öl verlor. Es schleppte sich keuchend bis zu einer größeren Chaussee. Der Kühler war im Eimer. Ein Leutnant passierte uns in einem Minenräumjeep, und wir baten ihn um Hilfe. Er meinte, er habe es eilig, er müsse seine Panzer im nahegelegenen Feld von Tarnnetzen freimachen. Wir sagten, seine Panzer würden in Orken gebraucht, worauf er »Nichts wie weg hier!« murmelte und verschwand. Ein Panzer half uns ein Stück bergan. Dann kamen zwei Majore vorbei, die ihre Jeeps anhalten und uns ein Stück weiterschieben ließen. Ein paar Kilometer wurden wir von einem Jeep abgeschleppt. Ein Lastwagen schleppte uns bis Jülich ab. Der Fahrer eines Dreivierteltonners half uns bis nach Aachen, wo wir von kompetenten Pionieren prompt und höflich bedient wurden, besonders nachdem Joe ihnen von unserem Fronterlebnis erzählt hatte. Er trug ein bißchen dick auf, aber die Mechaniker waren baff. Über Nacht bauten sie einen neuen Kühler ein und reparierten diverse Kleinigkeiten. Unser Wagen war so gut wie neu.

Das Zentrum von Mönchengladbach war ausgebombt, aber die Villen und Fabriken hatten nicht viel abbekommen. In dieser Stadt sahen wir die Deutschen zum erstenmal in großer Zahl. Sie gingen auf den Straßen spazieren, die Frauen trugen bunte Kleider und lachten. Irgendwie erschien es mir unpassend, daß die Verlierer fröhlich, geradezu gutgelaunt waren. Manche winkten uns zu, die meisten machten ein freundliches Gesicht. Während die Deutschen müßig herumschlenderten und grinsend zusahen, räumten bewaffnete amerikanische Soldaten die Trümmer zur Seite – für mich ein schockierender, geradezu obszöner Anblick.

In Mönchengladbach und den benachbarten Industriestädten fielen mir außerdem noch die vielen Parolen auf, riesige weiße Lettern an Häuserwänden und Mauern. Wohin man auch sah, überall diese Ergüsse der Nazipropaganda. Diese Parolen hatten etwas Brutales, aber zugleich brachten sie in ungelenker Form die Hoffnungen und Ängste des Regimes zum Ausdruck. Diese kondensierten, telegrammartigen Botschaften waren nicht zu übersehen. In ihrer Gesamtheit besagten sie folgendes: Die Lage ist schlecht, ihr Deutschen seid müde und neigt zum Defätismus. Nur mit äußerstem Einsatz und unter Opfern ist der Sieg möglich. Unternehmt also mit gemeinsamer Kraft die allergrößten Anstrengungen – sonst werdet ihr untergehen.

Später war ich froh darüber, daß ich alle Parolen notiert hatte, denn diese Sorte Propaganda ist mir in den anderen Regionen Deutschlands, durch ich kam, nicht mehr so massenhaft begegnet. (Ich zitiere sie hier, weil sie historisch von Interesse sind.)

Willst du V-2, dann arbeite
Willst du V-4, dann arbeite
Dennoch siegen wir
Auch die letzte Minute gilt uns für den Sieg – Heil Hitler
Trotz Terror durchhalten
Je stärker der Sturm desto kräftiger der Widerstand
Auch die letzte Kraft für die Waffen
Alle Kräfte für den Sieg
Die Soldaten verlassen sich auf uns
Auf dich kommt es an
Volk ans Gewehr
Was hast du heute für Deutschland getan?
Was tust du für den Sieg?
Nun erst recht

Mach mobil, was müssig steht, der Krieg dann bald zu Ende geht
Wir helfen dem Führer
Jede Stunde unserem führer
Volkssturm, Sinnbild der Volksgemeinschaft
Gegen Terror unsere Volksgemeinschaft
Frauenarbeit stärkt die Front
Was tust du für die Front?
Die Front braucht deine Arbeit
Die SA ist wieder da
Kampf den Schwätzern
Wir dulden keine Miesmacher
Und überall: Es lebe der Führer

Das Gebäude der US-Kommandantur in Mönchengladbach wurde von unzähligen Deutschen und Ausländern belagert, die Auskunft und Hilfe suchten. Die einen wollten etwas zu essen haben, ein Dach über dem Kopf und Arbeit, die anderen wollten »Papiere«, offizielle Bestätigungen, daß sie über jeden Verdacht erhaben seien. Der verwirrte Stadtkommandant, der kein Wort Deutsch sprach, sah so gequält aus, wie er sich gewiß fühlte.

Auch der Kommandant im benachbarten Rheydt sprach kein Wort Deutsch, doch als gelernter Ingenieur war er stolz darauf, daß er die Stromversorgung wieder in Gang gebracht hatte. Von deutscher Politik und den Verhältnissen vor Ort hatte er keinen Schimmer, aber er war ein netter Kerl und kam mit allen gut zurecht. Es tat ihm aufrichtig leid, daß er den Bürgermeister, ein Parteimitglied, nicht behalten durfte. Er meinte zu uns: »Der Bürgermeister hat mir ganz offen gestanden, daß er ein Nazi ist. Wissen Sie, ich respektiere seine Ehrlichkeit. Ich wünschte, ich könnte ihn im Amt belassen.« Rheydt war die Heimatstadt von Dr. Goebbels. Ich bin überzeugt, daß ihm die Ironie gefallen hätte.

In dem Dorf Hehn kamen wir an einem großen Bauernhof vorbei. Überhaupt machte die ganze Gegend keinen sehr ärmlichen Eindruck. Es wimmelte von Kühen und Pferden und fetten Schweinen und Hühnern. Joe, der früher in der Landwirtschaft gearbeitet hatte, verspürte plötzlich Lust auf ein gebratenes Hühnchen. »Wir sind doch die Sieger«, sagte er. Als wir vor einem Haus hielten, das zum Hof gehörte, kamen mehrere Frauen heraus und begrüßten uns freundlich. Sie sagten, sie seien Flüchtlinge aus dem Ruhrgebiet, und wollten wissen, was es Neues gebe.

»Habt ihr heute schon Berlin und Düsseldorf bombardiert?« fragten sie eifrig.

Wir sagten ja.

»Ausgezeichnet!« riefen sie. »Wunderbar! Macht alles dem Erdboden gleich. Laßt den Dreckskerlen keine Ruhe!«

Sie zeigten auf die Hühner, die dem Nachbarn gehörten, und sagten: »Bedient euch! Oder wollt ihr lieber Gänse? Die Viecher laufen hier massenhaft herum.«

An diesem Abend stand ein knusprig gebratenes Hühnchen auf dem Tisch.

## 46

Am Morgen des 2. März fuhren wir in Richtung Krefeld. Wir hatten keine Ahnung, wer die Stadt hielt. Die Militärpolizisten an den Straßenkreuzungen waren eher wachsam als gut informiert. Auf unsere Frage, ob wir Krefeld eingenommen hätten, antworteten sie: »Wissen wir nicht, angeblich wird noch immer gekämpft.« Wir fuhren langsam weiter. In den Außenbezirken waren vereinzelt Schüsse zu hören. Deutsche Soldaten lagen tot am Straßenrand. Wir hielten an und diskutierten, ob wir weiterfahren oder umkehren sollten. Krefeld mit seinen Fabrikschloten und Kirchtürmen lag deutlich vor uns, und wir kämpften mit der Versuchung, uns alles anzusehen, und der Angst, von einer Kugel erwischt zu werden oder in Gefangenschaft zu geraten. Als ein Konvoi von Munitionslastwagen vorbeikam, reihten wir uns einfach ein. Was für Sprengstoff sicher war, mußte auch für uns gut genug sein.

Eingezwängt zwischen diesen Munitionstransportern erreichten wir die Außenbezirke und erfuhren dort, daß im Zentrum von Krefeld noch gekämpft wurde. Ein Regimentskommandeur scheuchte Hunderte von deutschen Zivilisten zusammen. Ein Panzerhauptmann, die Hand an seinem Revolver, erklärte, daß vermutlich keine deutschen Soldaten mehr in der Stadt seien, wollte aber wissen, weshalb wir unbewaffnet waren. Auf dem Gehsteig lagen ein paar tote GIs mit bedecktem Gesicht. Sie gehörten zu den ersten Opfern, der Großteil unserer Infanterie war noch nicht bis hierher vorgedrungen.

Auf verlassenen, trümmergesäumten Straßen fuhren wir langsam weiter in Richtung Zentrum. Der Stadtkern war genauso zerstört wie in Aachen, aber die Straßen waren breiter und länger. Krefeld schien menschenleer, und wir hatten keine Ahnung, wohin wir fuhren. Mitten auf der Straße spazierte ein einsamer Zivilist. Wir forderten ihn auf, einzusteigen. Es war ein holländischer Arbeiter, der vom anderen Rheinufer herübergeflüchtet war. Er zeigte uns den Weg zum Büro des Bürgermeisters.

Das große Gebäude am Bismarckplatz war leer, im Untergeschoß trafen wir jedoch auf deutsche Ärzte und Schwestern und mehrere deutsche Soldaten, die erst kurz zuvor gefallen waren. Im Kellergeschoß fanden wir das Büro, aber nicht den Bürgermeister. Wichtige Dokumente waren verschwunden, nur noch Schreibmaschinen und Volkssturmgewehre standen herum. Ein Arzt und zwei ältere Krankenschwestern begleiteten uns durch den dunklen Korridor. Sobald die Schwestern außer Hörweite waren, flüsterte mir der Arzt ins Ohr: »Ich muß Ihnen etwas im Vertrauen sagen. Gott sei Dank ist jetzt alles vorbei. Ich bin froh, daß die Amerikaner da sind!«

Wir ließen uns den Weg zum Rathaus erklären. Auch dort war niemand, nur der Hausmeister trug Waffen zusammen und stapelte sie in einer Ecke. Wir fuhren zum Polizeipräsidium am Bahnhofsplatz. Vor dem Portal standen sieben blaugrau uniformierte, unbewaffnete Polizisten, die in ordentlicher Formation auf den Sieger warteten und respektvoll salutierten. »Wo sind denn die anderen?« fragten wir. »Abgehauen.« »Wie viele?« »Etwa hundertsiebzig Mann.« »Wieso sind sie weggelaufen?« »Sie hatten Angst.« »Und ihr, hattet ihr keine Angst?« Sie zuckten mit den Schultern. »Sicher, aber wo sollten wir denn hin? Es ist ja alles vorbei.«

Wir betraten das Gebäude und suchten nach Dokumenten, während sich die Polizisten fast überschlugen vor Hilfsbereitschaft. Wir fanden nichts Besonderes, nur Hitlerbilder in allen Zimmern. Die Polizisten schauten ungerührt zu, wie ich ein, zwei Bilder zertrampelte. Eigentlich tat ich das nur, um ihre Reaktion zu sehen. Die Polizisten ließen sich nichts anmerken.

Sie machten einen Beamten für uns ausfindig, der unter den gegebenen Verhältnissen die ranghöchste zivile Amtsperson von Krefeld war. Wir sprachen mit ihm. Er hieß Paul Vollmer und stand in biblischem Alter. Er schimpfte furchtbar auf den Oberbürgermeister Hürter, seinen Vorgesetzten, der nach seinen Worten ein richtiges Nazischwein war. Er, Vollmer, habe immer deutschnational gewählt und sei nie in die NSDAP eingetreten, weil er ohnehin die höchste Stufe im Beamtendienst erreicht habe und auch mit einem Parteieintritt nichts gewonnen hätte. Krefeld, erklärte er, sei zu einem Drittel unzerstört, doch die Seidenfabriken und der Güterbahnhof seien zerstört. In der Stadt wimmele es von Leuten, die sich in Kellern und Bunkern versteckt hielten.

Ein Vertreter der Stadtkommandantur fuhr in einem Jeep vor. Er hatte keinen Dolmetscher, sprach selber kein Wort Deutsch und war völlig ratlos. Er fragte uns, welche Maßnahmen er ergreifen solle. Also riefen wir Vollmer herbei, der darauf hinwies, daß das Elektrizitätswerk unversehrt sei, aber unbedingt bewacht werden müsse. Wir fügten hinzu, daß es vielleicht ganz sinnvoll wäre, die Telefonleitungen abzuschalten, um zu verhindern, daß die Deutschen Verbindung mit Düsseldorf auf der anderen Rheinseite aufnähmen. Den Polizisten empfahlen wir, sich ihrer Uniformen zu entledigen, da man sie sonst für Wehrmachtsoldaten halten könne und auf sie schießen werde, und dann weitere Befehle abzuwarten. Sie salutierten und riefen »Jawoll!«

Am Nachmittag erwachte Krefeld zum Leben. Zivilisten kamen aus ihren Verstecken und musterten uns mit freundlicher Neugier. Sie waren alle gut gekleidet und wohlgenährt und sahen nicht ängstlich aus. Jeder wollte uns unbedingt helfen. Sooft wir irgendwo nach dem Weg fragten, liefen die Umstehenden sofort herbei, um uns eifrig Auskunft zu geben. Alle waren ganz aufgeregt und sprachen laut durcheinander, so daß man sich fast wie in Italien vorkommen konnte, aber die Leute waren unverkennbar Deutsche.

Eine hochgewachsene Frau, die in einer zerstörten Straße mit einem Ascheneimer unterwegs war, näherte sich unserem Wagen und sprach uns in perfektem Englisch an. Es stellte sich heraus, daß sie eine gebürtige Engländerin und seit fünfundzwanzig Jahren mit einem Deutschen verheiratet war. Wir fragten sie, als was sie sich fühle. »Fast schon als Deutsche«, sagte sie würdevoll. »Die Leute hier sind anständig. Und jetzt sind sie alle froh.« Auf unsere Frage, was sie mit dem Ascheneimer wolle, erklärte sie, daß sie eine Mülltonne suche. »Hier liegt doch sowieso nur Schutt herum«, sagten wir, »warum kippen Sie das Zeug nicht einfach irgendwo hin?« Ihre Antwort bewies, daß sie nicht umsonst ein Vierteljahrhundert in Deutschland gelebt hatte. »O nein«, sagte sie, »wir sind trotz allem ordentlich.«

## 47

An diesem Tag fanden wir ein verrücktes Nachtquartier. Dieses Erlebnis und die Atmosphäre, die in Krefeld herrschte, kann ich am besten wiedergeben, indem ich aus dem Brief zitiere, den ich anderntags an meine Frau schrieb.

*... Abends setzte leichter Nieselregen ein. Die Aussicht, noch einmal im Freien oder in einer Hausruine übernachten zu müssen, war nicht sehr verlockend. Aber jedes Haus war entweder zerstört oder schon besetzt. Ein Soldat erzählte uns von einer*

*geräumigen Villa, deren Besitzer sich vor uns »in den Staub werfen« werde.*

*Es war genau so, wie der Soldat gesagt hatte. Ein grauhaariger Alter mit Glupschaugen und Spitzbart wohnte ganz allein in diesem zehnzimmrigen Haus. Er redete mich sofort mit »Herr Kommandant« an und fiel fast in Ohnmacht, als ich anfing, meine Sachen auszuladen. »Was«, rief er, »der Herr Kommandant trägt seine Sachen – ausgeschlossen, kommt überhaupt nicht in Frage!« Er kämpfte darum, meine Sachen hineintragen zu dürfen. Also gab ich nach. Ich stand daneben und sah zu. Er brachte sich fast um vor Dienstfertigkeit.*

*Dann betraten wir das Haus. Es roch muffig und war von oben bis unten mit derart viel Krempel vollgestopft, daß man sich wie in einem Antiquitätenladen vorkam. Man konnte sich kaum bewegen. In jedem Zimmer gab es etwa zwölf Uhren – Louis-quatorze, billige französische Kopien, Porzellanuhren, Standuhren, Wecker, Kuckucksuhren –, und alle tickten. Überall standen schwere Möbel, Plüschsofas. Es gab jede Menge Schränke und Anrichten, mehrere Fahrräder, etwa acht Schreibsekretäre, massive Betten, fünfzig bis sechzig Ölgemälde der schauderhaftesten Sorte. Und Tausende von »Antiquitäten«. Und auf den Betten stapelte sich schmutziges Bettzeug. Die Fußböden waren seit Monaten nicht mehr gewischt worden. Mir graute es.*

*Der alte Herr lief hektisch um uns herum wie eine besorgte Glucke und redete pausenlos wirres Zeug. Immer wieder nahm er irgendeinen Gegenstand und stellte ihn woanders hin. Als er auf einen Stuhl stieg, um die Verdunkelungsvorhänge anzubringen, bellte plötzlich ein Maschinengewehr, worauf er bleich und zitternd vom Stuhl kippte. »Man schießt auf mich«, kreischte er, »man will mich umbringen.« Joe zeigte sich von einer unerwartet sanften Seite. Er nahm den Alten bei der Hand und tröstete ihn: »Aber nicht doch, Väterchen, Sie brauchen keine Angst zu haben.« Schließlich waren alle Vorhänge angebracht, und er sagte zu uns: »Vorhin wäre ich fast gestorben, aber für die Herren opfere ich gern mein Leben.«*

*Er erzählte, daß er dem Herrn Levi (wer immer das war) geholfen habe, daß er selber als Katholik zwölf Jahre verfolgt worden sei, daß er sich für die Amerikaner geopfert habe, indem er nicht in die Partei eingetreten sei, daß er dem Herrn Levi geholfen habe, daß er sich für die Amerikaner geopfert habe, daß er als Katholik verfolgt worden sei. Kurzum, Herr Fischer, so hieß mein Gastgeber, war nicht ganz dicht. Er hatte allein in diesem furchtbaren Haus gewohnt, während alle anderen Häuser in der Nachbarschaft zerstört worden waren, er hatte wenig zu essen, die Frau war ihm davongelaufen, seine Tochter war in einem Flakbataillon auf der anderen Rheinseite, sein Sohn, Leutnant in der Wehrmacht, hatte bei Stalingrad beide Augen verloren und lag jetzt, ein hoffnungsloser Krüppel, im Krankenhaus. »In dieser Situation würde doch jeder den Verstand verlieren«, meinte Joe.*

*Herr Fischer kniete nieder und erbot sich, uns lebenslang zu Diensten zu sein. Er wollte uns zu Geschäftspartnern machen. Er war außer sich vor Angst und glaubte, die Sieger nur besänftigen zu können, indem er vor ihnen in die Knie ging und sich ihnen völlig unterwarf.*

*Der arme Kerl tat mir leid. Ich sagte ihm, daß er keine Angst zu haben brauche, es werde ihm nichts passieren, er sei jetzt frei. Da packte er meine Hand und küßte sie. Es war mir furchtbar peinlich. Schließlich wurden wir ihn los, indem wir sagten, er solle jetzt nach oben gehen und ruhig schlafen.*

*Da der Fußboden nicht ganz so dreckig wie die Betten war, breiteten wir unsere Schlafsäcke auf dem harten Boden aus und versuchten zu schlafen, aber es war unmöglich. Joe, der nicht so leicht aus der Ruhe zu bringen ist, sagte: »Hier ist es unheimlich. Ich kann nicht schlafen.« Auch ich konnte nicht einschlafen in diesem dreckstarrenden Geisterhaus, dessen Besitzer aufgrund von jahrelangem Terror und Unglück nicht mehr ganz richtig im Kopf war. Die ganze Nacht wälzte ich mich unruhig hin und her.*

*Am nächsten Morgen kam Fischer leise wie eine Katze in unser Zimmer geschlichen. Zuerst dachte ich, er würde uns die Kehle durchschneiden, aber er brachte nur eine Schüssel mit warmem Wasser, die er ehrerbietig neben mir abstellte. Immer wieder kam er herein, um nachzusehen, ob wir aufgestanden waren und ob er sich irgendwie nützlich machen konnte. Als wir schließlich aufstanden, wollte er mich unbedingt waschen und rasieren, und ich sollte ihm meine dreckigen Stiefel geben, damit er sie putzen könne. Ich lehnte ab, worauf er mich wie ein gekränktes Kind anguckte. Dann brachte er etwas in Papier Eingewickeltes und überreichte es mir mit demütiger Geste – ein Geschenk für den Herrn Kommandanten. Es enthielt ein gerahmtes Bildnis einer Rokokodame sowie eine nagelneue Lederbörse. Ich lehnte auch das ab. Er regte sich furchtbar auf. Dann stieg er in den Keller, schleppte Ballen von Kunstseide und Crêpe de Chine heran und wollte uns alles schenken – »für Ihre Gattin«. Als ich auch dieses Angebot ablehnte, brach er in Tränen aus, so daß ich sein Geschenk schließlich annahm.*

*Die Tränen liefen ihm über das Gesicht, während er sich mit der Schere am Stoffballen zu schaffen machte. »Beruhigen Sie sich doch«, sagte ich, »bald ist alles vorbei.« Er ließ die Schere fallen und kam auf mich zugestürzt, legte den Kopf an meine Schulter und schluchzte. »Wenn der Herr Kommandant sagt, alles ist gut«, brabbelte er, »dann wird alles gut.«*

*Wir packten unsere Sachen und luden sie auf den Anhänger. Dabei kamen auch unsere Waffen zum Vorschein – jeder von uns hatte ein Gewehr und einen Revolver. Beim Anblick all dieser Waffen begann Herr Fischer zu zittern. Er war überzeugt, daß wir ihn vor unserer Abfahrt erschießen würden und daß all seine Demutsgesten umsonst gewesen waren. Er starrte uns mit bleichem Gesicht an. Dann verabschiedeten wir uns von ihm, aber er brachte kein Wort heraus. Er stand einfach da und schlotterte.*

## 48

Krefeld mit seinen schätzungsweise einhunderttausend Einwohnern schien uns ein gutes Betätigungsfeld zu sein. Zahlreiche Divisionen (Infanterie, Panzer und Artillerie) strömten in die Stadt und richteten hier ihre jeweiligen Kommandostäbe ein. Leider war das Verhalten einiger Soldaten nicht sehr vorbildlich, besonders wenn die Betreffenden auf Kisten mit

Kognak und Fässer mit Wein gestoßen waren. Ich erwähne das nur, weil manche Leute, sei es aus Naivität, sei es aus Gehässigkeit, die Ansicht vertreten, daß es Plünderung und Vergewaltigung nur bei den Russen gebe. Nach der Schlacht verhalten sich die Soldaten verschiedener Nationen ziemlich ähnlich, und die Truppen der Demokratie waren auch nicht tugendhafter als die Kämpfer für den Kommunismus. Die deutsche Bevölkerung war jedenfalls ziemlich verängstigt, und wir fühlten uns in unserer Villa auch nicht sehr sicher. An unserer Haustür hing zwar ein großes Schild, auf dem »BELEGT« stand, aber wenn bewaffnete Soldaten nachts betrunken durch die Gegend ziehen, kann es passieren, daß sie schnell schießen und keine Fragen stellen. Wir schlossen immer gut ab, verrammelten die Fenster, und jeder legte sein Gewehr griffbereit neben das Kopfkissen. Im Gegensatz zu einigen Nachbarn blieben wir von Überfällen verschont. Eines der ersten Vergewaltigungsopfer war ausgerechnet eine gebürtige Amerikanerin. Die Frau hatte vor dem Krieg einen Deutschen geheiratet, sich von ihm getrennt und wollte nach Kriegsende in die Staaten zurückkehren. Eine Bekannte von ihr, die nebenan wohnte, nahm sie bei sich auf und erzählte uns von ihrem Fall. Ich bat sie, die Frau herüberzuschicken. Sie erschien in einem ziemlich aufgelösten Zustand. Ich zündete eine Zigarette für sie an, die sie mit bleicher, zitternder Hand hielt. Als ich versuchte, sie ein wenig zu trösten, brach sie in Tränen aus, beruhigte sich aber langsam. Sie berichtete, daß ein betrunkener Sergeant sie in den Keller gestoßen und dort geschlagen und vergewaltigt habe. Sie habe immer wieder gerufen, daß sie Amerikanerin sei, doch der Mann habe sie nur als »Nazispionin« beschimpft und gedroht, sie umzubringen. Schließlich wurde sie von Kameraden dieses Sergeanten befreit. Ich verschaffte ihr einen Job bei der Militärverwaltung, worüber sie unglaublich dankbar war. Sie freute sich auf ihre baldige Heimkehr.

Tagsüber konnte man kaum die Straße entlanggehen, ohne von Zivilisten angehalten zu werden, meistens Frauen, die wissen wollten, ob wir Deutsch sprachen. Ein Ja bedeutete, daß man sofort von Leuten umringt wurde, die sich lautstark beklagten. Einmal fragten mich mehrere verängstigte Frauen, ob sie nachts aufmachen müßten, wenn amerikanische Soldaten anklopften. Leider hatten viele Frauen die Tür geöffnet, weil sie glaubten, daß Soldaten die staatliche Ordnung vertraten, und staatliche Ordnung bedeute Befehle, und Befehle bedeuteten Gehorsam. Jedenfalls sei das unter Hitler so gewesen, und nun wollten sie wissen, ob das bei den Amerikanern auch so sei. Ich sagte, daß sie niemanden in ihre Wohnung lassen müßten, schon gar nicht nachts, höchstens Angehörige der Militärpolizei, auf deren Ärmeln in großen Buchstaben MP stehe. Nachdem sich die Situation etwas beruhigt hatte, waren viele Frauen durchaus bereit, nachts die Tür zu öffnen.

Vor dem Gebäude der Militärverwaltung trat ein junger Mann auf mich zu und fragte, wo er einen Ausweis bekäme, mit dem er sich frei bewegen dürfe. Ich antwortete, daß sich jedermann frei bewegen könne, doch da hielt er mir schon ein Papier unter die Nase. Ich warf einen flüchigen Blick darauf und erkannte sofort die Buchstaben »SS«. Der Ausweisinhaber hieß Helmut Kleber, war SS-Standartenführer, gehörte dem 600. Fallschirmjägerbataillon an und war erst vor kurzem wegen eines Lungenschusses aus dem aktiven Dienst ausgeschieden. Da ein SS-Offizier keinesfalls zu denjenigen zählte, die sich frei bewegen durften, bat ich ihn, mit mir in das Gebäude zu kommen. Dort verhörten wir ihn. Es zeigte sich, daß er einer von diesen besonders ausgebildeten Nazikillern war. Stolz erzählte er, daß er einer Eliteeinheit angehört habe. Er war ganz offen und unbefangen und verhehlte weder seine Biographie noch seine Ansichten, denn man hatte ihn seit seinem zehnten Lebensjahr so gut indoktriniert, daß er sich überhaupt nicht vorstellen konnte, daß er in den Augen der Welt ein Monster war. Nach außen hin war er höflich und gesittet und freundlich wie ein ganz normaler Einundzwanzigjähriger. Nur durch seinen Charakter unterschied er sich vom Rest der Menschheit. Er hatte in Rußland, Jugoslawien, Frankreich und Polen an blutigen Einsätzen teilgenommen. Gefangene, sagte er, seien bei ihnen nicht gemacht worden. »Wir haben sie verhört und dann beseitigt.« Wie man so viele Menschen beseitigen könne? Er lachte und hielt den Finger in den Nacken. »Eine Kugel dorthin«, sagte er augenzwinkernd. »Terroristen und Banditen wurden ebenfalls auf diese Weise liquidiert. Das war ein Befehl.« Die Erinnerung daran schien ihm nicht unangenehm zu sein, als hätte er sich prächtig amüsiert. Dann erzählte er, daß seine Kompanie in Maidanek gewesen sei und sie auch dort die eine oder andere Aktion ausgeführt hätten. Einer von uns fragte ganz leise, ob es stimme, daß dort 850000 Menschen vergast und verbrannt worden seien. Kleber schüttelte heftig den Kopf. »Das ist maßlos übertrieben!« rief er. »Als ich dort war, haben wir nur 16000 Personen beseitigt, und die wurden auch nicht vergast, sondern bekamen einen Genickschuß. Da können Sie mal sehen, meine Herren, welche Lügen über Deutschland verbreitet werden! Propaganda, nichts als Propaganda!« Wir steckten ihn in eine Kellerzelle, wo er auf sein Verhör durch die Kollegen vom CIC warten sollte. Wütend protestierte er, daß die Amerikaner ihn nicht behandelten, wie es einem Offizier zustehe. Für ihn sei der Krieg aus, sagte er, er habe sich vorgenommen, noch einmal auf die Schule zu gehen und ein guter Demokrat zu werden. Ob man so einen künftigen Demokraten behandle?

Dann muß ich noch von dem Mann erzählen, der an meinem Ärmel zupfte und flüsterte, ich möge ihn einen Moment anhören. Er hieß Karl Schulte, war ein katholischer Stahlarbeiter und hatte wegen seiner jüdischen Mutter viele Monate in einem Arbeitslager gesessen, und zwar in Lunewitz bei Leipzig. Auf dem Lagergelände befinde sich ein geheimer Flugplatz mit etwa zweihundert Raketenflugkörpern. Dieser Flugplatz, flüsterte der Mann, sei nie bombardiert worden, und ob ich dafür sorgen könne, daß die amerikanische Luftwaffe dort einmal vorbeischaue? Ich fragte nach einigen zusätzlichen Details und versprach, seine Angaben an die zuständigen Stellen weiterzuleiten. Schulte bedankte sich überschwenglich, tippte zum Abschied an seine Mütze und zog mit einem zufriedenen Lächeln davon.

Ein Kommunist namens Heinen, vormals Mitglied des Krefelder Stadtrats, machte uns einige Propagandavorschläge. Er war in Konzentrationslagern gefoltert worden und hatte viele Jahre in brutaler Einzelhaft verbracht – eine Situation, die nicht zu innerer Stabilität führt oder das Vertrauen in die Mitmenschen stärkt. Heinen besaß weder das eine noch das andere. Er meinte, daß es in Deutschland niemals zu einer Revolution kommen werde und erklärte, daß die Deutschen durch jahrelangen Terror entpolitisiert und demoralisiert worden seien. Möglicherweise gebe es aber einige wenige Deutsche, die sich für ein rasches Kriegsende einsetzen könnten. Diese potentiellen »Aktivisten« sollten wir über Radiosendungen und Flugblätter ansprechen.

DIE BONZEN WOLLEN ALLES OPFERN, ABER NICHT SICH SELBST

JEDES MENSCHENLEBEN IST FÜR DEUTSCHLAND KOSTBARES GUT

SETZT DEM TERROR DER NAZIS EUREN EIGENEN TERROR ENTGEGEN

Seine Frau schlug noch weitere Parolen vor, die sich hauptsächlich an Frauen richteten. Sie meinte, daß besonders die deutschen Mütter und Frauen Furcht vor Hunger und Vertreibung hätten und, entsprechend aufgerufen, ihre Männer vielleicht zurückhalten würden.

FRAUEN – BEHALTET EURE MÄNNER, SIE SIND EURE ERNÄHRER

MÜTTER – BEHALTET EURE SÖHNE, DAMIT SIE EUCH EIN NEUES HEIM GRÜNDEN KÖNNEN.

## 49

In all diesen Monaten gab ich die Hoffnung nicht auf, doch noch deutsche Antifaschisten zu finden. Ich wehrte mich gegen den Gedanken, daß es unter den etwa siebzig Millionen Deutschen keinen aktiven Widerstand gegen die schlimmste Tyrannei in der Geschichte der Menschheit gegeben haben sollte. Welch irritierende Vorstellung, daß sich alle Deutschen schuldig gemacht hatten – die einen durch ihre verbrecherischen Taten, die anderen durch Wegschauen. Solch ein moralischer Sumpf überstieg alle Begriffe. Ich dachte an die Geschichte von Sodom und Gomorrha und fragte mich, ob wir vielleicht eine Neuauflage erlebten.

*Aber Abraham blieb stehen vor dem HERRN und trat zu ihm und sprach: Willst du denn den Gerechten mit dem Gottlosen umbringen? Es könnten vielleicht fünfzig Gerechte in der Stadt sein; wolltest du sie umbringen und dem Ort nicht vergeben um fünfzig Gerechter willen, die darin wären?...*

*Der HERR sprach: Finde ich fünfzig Gerechte zu Sodom in der Stadt, so will ich um ihretwillen dem ganzen Ort vergeben...*

*...Und Abraham sprach: Ach, zürne nicht, Herr, daß ich nur noch einmal rede. Man könnte vielleicht zehn darin finden. Er aber sprach: Ich will sie nicht verderben um der zehn willen...*

*...Da ließ der HERR Schwefel und Feuer regnen vom Himmel herab auf Sodom und Gomorrha. Und vernichtete die Städte und die ganze Gegend und alle Einwohner der Städte und was auf dem Lande gewachsen war.*

Wo waren die Gerechten in Deutschland, die Mutigen, die gegen Unrecht und Barbarei ihre Stimme erhoben? In der Vergangenheit hatte es solche Menschen doch gegeben, es war zu Aufständen und revolutionären Erhebungen gekommen. In Deutschland hatte es eine starke Arbeiterbewegung gegeben, die auf den Trümmern des Kaiserreichs eine demokratische Republik errichtet hatte. Ich wußte, daß vor Hitlers Machtergreifung acht bis neun Millionen Wähler der SPD und fast sechs Millionen der KPD ihre Stimme gegeben hatten. Wo waren all diese Menschen? Sie konnten doch nicht alle umgebracht worden sein. Und wenn sie irgendwo lebten, weshalb hörte man ihre Stimmen nicht, und weshalb war ihr Wille gelähmt? Ich mußte unbedingt eine Antwort auf diese Fragen finden. Wo ich auch hinkam, suchte ich Hinweise auf Widerstand und erkundigte mich nach Sozialdemokraten und Kommunisten. Doch am Ende fanden weder ich selbst noch andere Leute eine nennenswerte Zahl von Oppositionellen, die offen oder versteckt gegen das Hitlerregime gekämpft hatten, sondern nur erbärmliche Mitläufer. Das allein ist der schlimmste Vorwurf, den man den Deutschen machen kann.

▌Wir fanden jedoch zahlreiche Sozialdemokraten, etliche Kommunisten und einige linke Zentrumsleute. Alle Hoffnungen auf eine demokratische Zukunft in Deutschland richten sich auf diese ängstlichen, schwachen alten Männer. Es gibt nicht viele von ihnen, aber sie sind immerhin etwas, und sie werden uns helfen müssen, das verpestete Reich zu säubern.

Während der zwölfjährigen Nazidiktatur wurden alle Oppositionellen ausgeschaltet, besonders die jüngeren und aktiveren unter den Sozialdemokraten und Kommunisten. Überlebt haben die schwachen und ängstlichen, allerdings um den Preis ihres politischen und moralischen Todes. Ist je ein Deutscher aufgestanden und hat »Freiheit oder Tod!« gerufen oder »Besser aufrecht sterben als geknechtet leben«? Freiheitsliebende Nazigegner haben sich in ihre privaten Nischen, in das innere Exil zurückgezogen und ausländische Sender gehört. Für diese gebrochene Generation gibt es keine Rettung.

In Krefeld hörten wir von einer richtigen Kolonie alter Sozialdemokraten, die in einer genossenschaftlichen Siedlung wohnten, die noch aus der Zeit vor der braunen Pest stammte. Alte Sozialisten aufzuspüren war, als entdeckte man Schiffbrüchige auf einer entlegenen Insel. Abgeschnitten von der freien Welt und aller Freiheiten beraubt, bedienten sie sich einer altmodischen Sprache und äußerten unrealistische Ansichten. Sie hatten ohne Bücher gelebt, ohne geistige Nahrung. Und da sie intellektuelle Debatten nicht mehr gewöhnt waren, mangelte es ihnen an jener Schärfe des Ausdrucks, die sich in offener, furchtloser Diskussion entwickelt. Sie besaßen keine Informationen, um sich eine fundierte Meinung bilden zu können, hatten Goebbels' Propaganda aber stets zurückgewiesen. Was beispielsweise das wichtige Thema Rußland anging, so räumten sie ein, daß sie nichts wußten, denn seit Jahren gab es keine objektive Literatur mehr, und sie wußten nur, daß die Nazis über Rußland Lügen verbreiteten.

Ältere Sozialdemokraten hatten nichts gegen Kommunisten, vielleicht weil sie jahrelang keinem Kommunisten mehr begegnet waren. Als wir sie baten, uns die Namen einiger führender Kommunisten zu nennen, machten sie ein betroffenes Gesicht und sagten, daß sie niemanden kannten – die Nazis hatten die kommunistische Führung komplett vernichtet. Soviel zu der vom deutschen Bürgertum propagierten These, daß Deutschland voller Kommunisten sei, die eine kommunistische Diktatur errichten wollten.

▌In der Siedlung klopften wir an die Tür eines kleinen Hauses. Niemand machte auf. Also gingen wir um das Haus nach hinten und sahen dort einen wunderschönen, gepflegten Garten mit Obstbäumen, Gemüsebeeten und Blumen. Ein alter Mann, der auf Knien einen Busch beschnitt, erhob sich und kam mit energischen Schritten näher. Er setzte seinen zerknitterten schwarzen Hut ab und verbeugte sich höflich. »Guten Tag, meine Herren«, sagte er und machte eine ausholende Handbewegung, »das alles hier soll zu Ehren unserer Befreier hergerichtet werden.« Er hatte verschmitzte blaue Augen und einen sorgfältig gestutzten weißen Spitzbart.

Wir baten ihn, sich zu uns auf die Gartenbank zu setzen und von sich zu erzählen, doch er lief schon mit einer Entschuldigung in den Keller und kam nach kurzer Zeit mit einem Hut voll selbstgeernteter Winteräpfel wieder, die er uns aufdrängte. »Ich weiß, daß Soldaten nicht viel frisches Obst bekommen«, sagte er lächelnd. »Ich würde mich freuen, wenn Sie dies als kleines Zeichen meiner Dankbarkeit annehmen.«

Der Mann, er war 69 Jahre alt, erzählte von sich und seinen sozialdemokratischen Freunden und Nachbarn. Er wirkte überhaupt nicht unterwürfig oder eingeschüchtert. Er freute sich, uns zu sehen, uns Angehörige einer demokratischen Armee. Ich glaube, dieser alte Deutsche war insgeheim stolz darauf, daß eine demokratische Armee die Faschisten besiegen konnte, auch wenn es seine Landsleute waren.

Er hieß Max Niechziol, stammte aus einer schlesischen Beamtenfamilie, war Zollbeamter gewesen und schon früh in die SPD eingetreten. Als einer der Gründer des Deutschen Beamtenbundes war er von den Nazis entlassen worden, hatte sich als Kohlenarbeiter durchgeschlagen und sich von dem ernährt, was sein Garten hergab. Ich staunte nicht schlecht, als dieser alte Sozialdemokrat stolz erzählte, daß sein Sohn Hauptmann in der Wehrmacht sei. Er räumte ein, daß es ihm nicht gelungen sei, einen Sozialisten aus ihm zu machen, aber immerhin sei er kein Nazi geworden. »Wir haben nie ›Heil Hitler‹ gesagt«, sagte der alte Mann stolz.

Die Gestapo behielt Niechziol im Auge und kam regelmäßig, um Hausdurchsuchungen vorzunehmen. »Ich muß allerdings sagen, sie haben mich immer höflich behandelt. Sie wußten, daß ich Sozialist bin, aber sie haben meine Geradlinigkeit respektiert.« In den ersten vier Jahren des Hitlerregimes ging es ihm ganz gut. Irgendwann war sein Hunger nach geistiger Nahrung aber stärker als seine Vorsicht, und so fuhr er mit dem Rad nach Holland, um sich dort Bücher zu besorgen. Im Bahnhof von Venlo gab es eine gute Bibliothek, dort saß er dann und verschlang politische Literatur. Eines Tages, das war 1937, wurde er bei der Heimkehr von der Gestapo erwartet. Wegen Lesens von Büchern im Ausland wurde er zu zwei Jahren Gefängnis verurteilt. »Sie haben mich geschlagen und in eine eiserne Zelle gesperrt«, sagte er mit einem Anflug von Stolz. Sein Sohn, der

Offizier, sei ein anständiger Kerl, er habe sich nicht gescheut, ihn im Gefängnis zu besuchen.

Da Niechziol kein Geld für ein Radio hatte, schlich er sich während des Kriegs allabendlich in das Haus eines Nachbarn und hörte dort BBC. Das war seine einzige Verbindung zur Außenwelt, und was er aus dem Radio erfuhr, verbreitete er unter seinen Genossen. Alle freuten sich auf das Eintreffen der Amerikaner. »Im allgemeinen atmet das Volk auf und sagt: ›Endlich ein Ende!‹« Bei diesen Worten zögerte er leicht, als bedrückte ihn etwas, das er aus Höflichkeit nicht sagen wollte.

Wir drängten ihn, uns zu sagen, was die Leute von den Amerikanern hielten. Zögernd berichtete er von seinen Nachbarn, die enttäuscht darüber seien, daß sich die amerikanischen Soldaten nicht wie Demokraten verhielten. Er habe, wie alle Krefelder, von Raubüberfällen und Vergewaltigungen gehört. Das schmerze ihn und seine sozialdemokratischen Freunde, weil sie den Nazibanditen immer die Demokratie entgegengesetzt hätten. Er schüttelte den Kopf, als wollte er einen unangenehmen Gedanken loswerden. »Na ja«, sagte er nachdenklich, »so etwas mag bedauerlich sein, aber im Grunde ist es unwichtig. Ich werde meinen Nachbarn sagen, daß solche Dinge von einzelnen Soldaten begangen wurden, nicht auf Befehl des amerikanischen Oberkommandos. Ich werde sie daran erinnern, daß die Wehrmacht systematisch geplündert, gestohlen und gemordet hat, und zwar im staatlichen Auftrag. Es war politisch gewollt.« Dann hob er die Stimme. »Jedenfalls ist es besser, unter der amerikanischen Besatzung zu leben, als unter den Prügeln der Nazibanditen.«

Anschließend besuchten wir Peter Bollig, der an dem Tag, als Krefeld erobert wurde, an den amerikanischen Militärkommandanten geschrieben und sich erboten hatte, über den alliierten Sender zu den Arbeitern auf dem anderen Rheinufer zu sprechen. Das ließ auf eine bemerkenswerte Tatkraft und Einsatzbereitschaft schließen und war so ungewöhnlich, daß es unser Interesse weckte. Wir stiegen die drei Stockwerke zu Bolligs Wohnung hoch. Ein kleiner, korpulenter Mann um die sechzig öffnete die Tür. Als er unsere Uniformen sah, begrüßte er uns herzlich, wir sollten eintreten, uns aber leise verhalten. Es war Viertel nach zwei, und das Radio war an. »Ich höre gerade einen alten Freund «, flüsterter er.

In der bescheidenen Stube saßen noch drei andere Menschen, ein Mann und zwei Frauen. Wie sich später zeigte, waren es Bolligs Bruder und die beiden Ehefrauen. Alle saßen aufmerksam vor dem Empfänger und hörten eine deutschsprachige Sendung der BBC. Der Kommentator sprach darüber, was zwölf Jahre Nazismus aus Deutschland gemacht hatten.

Die klare Stimme mit dem englischen Akzent klang so ernst und feierlich wie eine Predigt. »Jawohl, meine Freunde, Hitler hat sein Programm Schritt für Schritt entwickelt. Und Schritt für Schritt hat er es verwirklicht. Zuerst hat er eure Landsleute vernichtet, dann eure Städte, dann eure Fabriken. Jawohl, eure Städte liegen in Schutt und Asche. Eure Wohnungen sind Trümmerhaufen. Auf Hunderten von Schlachtfeldern liegen eure gefallenen Männer. Das war des Führers größte Leistung für Deutschland. All das hat er in zwölf Jahren vollbracht.« Bei jedem Satz nickten die vier Anwesenden heftig und murmelten immer wieder: »Sehr richtig«. Die Stimme aus London gehörte Lindley Fraser, der in Deutschland derart populär war, daß man ihn vielleicht zum Reichskanzler gewählt hätte.

[An dieser Stelle muß ich davon sprechen, welch immense Bedeutung die Propagandasendungen der Briten hatten. Ich bin überzeugt davon, daß die BBC mehr zum Sturz des Hitlerregimes beigetragen hat als irgendeine andere nichtmilitärische Institution. Millionen von Deutschen haben den Londoner Sender gehört und das Gehörte geglaubt, und das erschütterte ihr Vertrauen in den Nazismus. Von allen Auslandssendern war die BBC der beliebteste. Die Schweizer waren zu farblos, die Amerikaner betrieben allzu offensichtlich Propaganda (aus deutscher Sicht), und die Russen waren zu grobschlächtig. Die Engländer bemühten sich grundsätzlich, so objektiv und nüchtern und faktenorientiert wie möglich zu informieren. (Richard Crossman, einer der hervorragendsten Mitarbeiter des deutschen Programms, erzählte mir lachend: »Was blieb uns denn anderes übrig, als die bittere Wahrheit zu berichten, zumal in der ersten Zeit nach Kriegsausbruch? Als sich die militärische Lage verbesserte und wir hätten auftrumpfen können, waren wir schon so daran gewöhnt, die Wahrheit zu verbreiten, daß wir einfach so weitergemacht haben.«) Außerdem haben die BBC-Kommentatoren, anders als ihre Kollegen beim Amerikanischen Sender in Europa, nicht wie Deutsche getan. Stolz und würdevoll traten sie als Engländer vors Mikrophon, und selbst wenn sie einen schauderhaften Akzent hatten, wurden sie von den Deutschen respektiert. Dies haben wir auch bei unserer Tätigkeit beobachten können. Unter den deutschstämmigen PWD-Sergeanten bestand aufgrund ihrer muttersprachlichen Vertrautheit die Neigung, sich bei Befragungen mit dem Interviewpartner zu identifizieren – und umgekehrt. Mein Deutsch war unzweifelhaft das eines Ausländers, und ich habe oft bewußt so getan, als verstünde ich die Sprache viel schlechter, als das tatsächlich der Fall war, und meinen Akzent noch übertrieben. Ich habe festgestellt, daß Deutsche von Ausländern beeindruckt waren, die, wie mangelhaft auch immer, ihre Sprache sprechen konnten. Wenn es nach mir ginge, hätte die Abteilung für Psychologische Kriegsführung bei Verhören niemals gebürtige Deutsche eingesetzt.]

Als Fraser geendet hatte, stellte Bollig das Radio aus und hieß uns richtig willkommen. Er war ein Mann kämpferischer, leidenschaftlicher Worte. Er war Maurermeister, Sozialdemokrat und Atheist. Ich hörte ihm gern zu, und sei es nur, weil er so lebhaft war und kein Blatt vor den Mund nahm. Schon mit achtzehn Jahren war er aus der Kirche ausgetreten. Die Kirche, sagte er, habe in der Politik nichts zu suchen. Sein Bruder und die beiden Frauen nickten beifällig. »Der Katholizismus«, erklärte er, »ist ein verräterisches System, weil die Kirche die Menschen immer in Unwissenheit halten will.«

Die deutschen Arbeiter bezeichnete er als fügsame Duckmäuser. Sie seien schon zufrieden, wenn sie Brot und Arbeit hätten, und muckten nie auf. »Sie haben es Ley wirklich einfach gemacht«, sagte er spöttisch. »Er muß nur laut befehlen. Der deutsche Arbeiter ist unkritisch. Wer brüllt, gilt als begabter Redner.«

Das sei einer der Gründe, weshalb es keinen Widerstand gegen Hitler gebe. Es sei niemand da, der nein sage. »Sie fragen mich, warum Sozialisten und Kommunisten Hitlers Krieg nicht sabotiert haben. Unsere Führer sind im Konzentrationslager oder unter der Erde. Die jungen Leute sind beim Militär. Nur wir Alten sind noch übrig. Was können alte Menschen schon tun?«

Die Politiker der Weimarer Republik seien furchtbar schwach und zaudernd gewesen. Die Minister hätten an ihren Sesseln geklebt, einige von ihnen, besonders Severing, hätten die Republik und die Arbeiter verraten. Mit den Nazis hätte man von vornherein kurzen Prozeß machen sollen. Aber die Politiker haben nichts dergleichen getan. Deswegen, sagte Bollig, hätten sie ihr Kapital ein für allemal verspielt. In Zukunft würden jüngere Sozialdemokraten mit den Kommunisten zusammenarbeiten, allerdings nur, wenn die sich an die Verfassung halten.

»Keine Diktatur. Ganz klar. Und was die Russen angeht, nun, wir werden sehen. Wir werden Frieden mit ihnen schließen. Mit ihnen kommen wir bestimmt besser zurecht als mit dem Nazigesindel.«

Für Deutschland stellte er sich ein autoritäres Ständeregime vor, in dem es jedoch Meinungsfreiheit geben sollte, freie Wahlen und eine demokratische Volksvertretung. Es klang alles ein bißchen unausgegoren.

Bollig sagte, es sei merkwürdig, daß die Amerikaner keine Sozialdemokraten in die Zivilverwaltung beriefen (meist wurden kirchlich orientierte Personen bevorzugt), doch er vertraute den Amerikanern und bewunderte sie auch, ungeachtet des Verhaltens einiger Soldaten. »Was ist schon ein wenig Plünderei«, rief er. »Eine Uhr, ein Ring – was bedeutet das schon? Wir wissen, daß nur einzelne Soldaten so etwas tun, nicht der Staat oder die Armee.«

Bollig erbot sich, über das Radio zu den deutschen Arbeitern zu sprechen und sie zum Sturz Hitlers aufzurufen. Wenn wir das nicht wollten – aus Dankbarkeit gegenüber den Amerikanern würde er alles tun, worum wir ihn baten. Sein Bruder und die beiden Frauen boten uns ebenfalls ihre Dienste an. Wir sagten, wenn sie unbedingt helfen wollten, sollten sie sich einen Wassereimer schnappen und die unsäglichen Naziparolen entfernen, denen man überall in Krefeld an den Hauswänden begegnete. Es entstand ein merkwürdiges Schweigen im Raum, und Peter Bollig, der feurige Sozialist, fragte mit ungläubiger Stimme: »Ist das erlaubt?«

▮ In einem anderen Stadtteil besuchten wir einen älteren Mechaniker namens Hellenbrock, der in Krefeld Sekretär der Sozialdemokratischen Partei und Stadtverordneter gewesen war. Von 1935 bis 1938 hatte er in Oldenburg wegen Hochverrats im Zuchthaus gesessen. Obwohl er übel behandelt worden war, sprach Hellenbrock ohne Rachsucht und bemerkenswert objektiv. Er bestätigte die Bemerkung Bolligs und anderer, daß sich die deutschen Arbeiter unter Hitler ausgesprochen fügsam verhalten hätten. »Bedauerlicherweise haben sie mit den Nazis zusammengearbeitet.« Er selber habe in einer Fabrik gearbeitet, in der Fahrzeuge für die Wehrmacht hergestellt worden seien. Weder er noch seine Kollegen hätten den Hitlergruß verwendet. Er brachte es kurz auf den Punkt: »Wir haben gearbeitet, aber ohne Engagement.«

Er hatte viel über Deutschland nachgedacht und war zu milden Schlußfolgerungen gekommen. Er hielt nichts mehr von Klassenkampf, sondern plädierte für einen Ausgleich mit anderen Klassen und Gruppen, einschließlich der Konservativen und Kommunisten. Das, sagte er, sei einer der

Vorteile im zerstörten Krefeld. Ein gemeinsamer Neuanfang, unter Beteiligung aller Klassen und zum Wohle der Allgemeinheit. Die Sozialdemokraten hätten in der Weimarer Republik einen Riesenfehler gemacht, den man keinesfalls wiederholen dürfe. Sie hätten gegen die Kommunisten gekämpft und die Bürgerlichen vor den Kopf gestoßen. Was die Nazis anging, glaube er nicht an Rache (seine Frau warf wütend ein, daß alle bestraft werden sollten). Seiner Meinung nach sollten nur die hohen Nazis, angefangen beim Kreisleiter, vor Gericht gestellt werden, die einfachen Parteimitglieder sollte man einfach in ein Arbeitslager stecken. »Schließlich war der Kadavergehorsam im ganzen Volk verbreitet.« Er selbst habe keine Kraft mehr, hoffe aber, daß sich nach Öffnung der Konzentrationslager starke demokratische Politiker vorstellen würden.

Dieser alte Sozialdemokrat deprimierte mich. Er gehörte zu diesen Parteipolitikern, die sich vor 1933 beharrlich geweigert hatten, Hitler mit aller Macht entgegenzutreten. Seine Frau besaß mehr Energie. Sie begleitete uns bis zur Treppe und sagte ernst: »Ich mache mir große Sorgen um die Erziehung unserer Kinder. Bitte sehen Sie zu, daß unsere Schulen die richtigen Lehrer bekommen.«

## 50

Vom Hauptquartier der Alliierten Streitkräfte erhielten wir die Aufforderung, uns mit den deutschen Eisenbahnern zu beschäftigen. Man hatte ein Propagandaexperiment begonnen, das, wenn es erfolgreich gewesen wäre, den Krieg deutlich verkürzt hätte. BBC und Radio Luxemburg hatten sich im Namen General Eisenhowers an die deutschen Eisenbahner gewandt und sie aufgefordert, den Bahnverkehr zu stören und auf diese Weise zu einem raschen Kriegsende beizutragen. Ausdrücklich wurde betont, daß die Eisenbahner ihrem Vaterland damit einen Dienst erweisen würden, denn jeder Deutsche wisse, daß Deutschland den Krieg verloren habe und jedes weitere Blutvergießen mithin ein sinnloses Opfer sei. Hatten die Eisenbahner diese Appelle gehört und beherzigt? Wir sollten es herausfinden. Wir sprachen mit mehreren Eisenbahnern. Es war niederschmetternd.

▮ Wir klingelten an einem Häuschen am Bahndamm. Ein Mann öffnete die Tür. Bei unserem Anblick erbleichte er, der Schweiß lief ihm über das feiste Gesicht, und er begann, am ganzen Leib zu zittern. Offensichtlich ein Fall von Schock oder schlechtem Gewissen, und nach einer Weile wußte ich, daß es beides war. Unser Mann war Lokomotivführer, der bei einem Tieffliegerangriff schwere Verbrennungen erlitten hatte und nach fünf Monaten Krankenhaus, noch immer traumatisiert, wieder an seine Arbeit zurückgekehrt war. Es sei seine vaterländische Pflicht gewesen, brummte er. 1933 war er in die Partei eingetreten, hatte treu für Hitler und den Krieg gearbeitet und gut verdient. »Wir hatten ein angenehmes Leben«, warf seine Frau, eine dicke, unförmige, hartgesichtige Person, mit trotziger Miene ein. Dem Mann standen Schweißperlen auf der Stirn. Er glaubte wirklich, wir seien gekommen, ihn einzulochen. Er sagte, daß er die Aufrufe der Alliierten gehört habe. Aus seiner Sicht wäre so etwas jedoch sinnlos gewesen. Kein einziger Lokomotivführer auf der anderen Rheinseite würde die Aufrufe befolgen, sagte er achselzuckend. Zehn Prozent seiner Kollegen, Lokomotivführer und Heizer, seien bei alliierten Luftangriffen verwundet worden, aber sie seien alle wieder zur Arbeit gegangen. »Wir tragen Uniform«, sagte er mürrisch, »und tun unsere Pflicht.« Jetzt seien die Amerikaner gekommen, er sei bereit, für die neuen Herren zu arbeiten.

▮ Der Bahnhofsvorsteher war sechsunddreißig Jahre alt und ein überzeugter Nazi. Er hatte Hitlers Siegesverheißungen nie angezweifelt, und sein Glauben wurde erst erschüttert, als die amerikanischen Panzer nach Krefeld kamen. Ob er unsere Radioaufrufe gehört oder die Flugblätter gelesen habe?

»Doch, doch«, meinte er, und auch er sagte mit einem verächtlichen Achselzucken: »Unmöglich, ganz und gar sinnlos.«

▌ Der Oberinspektor, der ranghöchste Bahnbeamte in Krefeld, empfing uns in seinem Büro. Er war ein eiskalter Bürokrat, der seine Unhöflichkeit nur deswegen nicht offen zeigte, weil er merkte, daß wir uns kaum beherrschen konnten. Arrogant erklärte er, daß die deutschen Eisenbahner keine Arbeiter, sondern Beamte seien, Angehörige eines selbstbewußten, vaterlandstreuen Berufsstandes. Im Moment seien wir die Herren, aber solche Dinge seien nicht von Dauer, und bald sei Deutschland wieder obenauf. Er haßte uns von ganzem Herzen und war nicht imstande, seinen Haß zu verbergen.

▌ Im Bahnhof sprachen wir mit einem Stellwerksarbeiter, einem älteren Mann, dem alles egal war. Die Nazis hatten *ihm* nie etwas getan, warum sollte er sich also um Politik den Kopf zerbrechen? Er hatte die alliierten Aufrufe gehört, fand aber, daß es sich nicht lohne, irgendwelche Gedanken darauf zu verschwenden. »So etwas funktioniert nicht«, sagte er gleichgültig. Im Untergeschoß des Bahnhofs begegneten wir einem alten Oberschaffner, der brummend erklärte, daß Politik ein schmutziges Geschäft sei und daß die alten Gewerkschaften genauso Verbrecher seien wie die Arbeitsfront. Er selbst sei ein anständiger deutscher Beamter, der weder gegen die Gesetze noch gegen Befehle seiner Vorgesetzten verstoße. Nicht, daß er ein Anhänger des Führers sei, keineswegs, er sei ein Anhänger des Kaisers. Nach dieser Enttäuschung begaben wir uns zum Güterbahnhof und verwickelten dort einen einfachen Arbeiter ins Gespräch. Sein politisches Desinteresse war nicht mehr zu überbieten. Auf keine unserer Fragen wußte er etwas zu sagen. Warum die Amerikaner sich überhaupt mit seinesgleichen abgäben. Es sei ihm immer gut gegangen, er könne nicht klagen. »Unter dem Führer hatte ich Arbeit und Freiheit.«

Wir meldeten dem Hauptquartier, daß jeder weitere Appell an die deutschen Eisenbahner sinnlos sei. Diese Leute würden bis zum letzten Moment für Hitler arbeiten und anschließend – mit dem gleichen blinden Gehorsam – für uns.

## 51

In Krefeld krachte es an allen Ecken und Enden. Unsere Artillerie beschoß Düsseldorf, und die Wehrmacht auf dem anderen Rheinufer schoß mit Schnellfeuerwaffen zurück. Alles in allem herrschte ein ziemlicher Lärm, und bestimmt wurde auch einiges zerstört. Nachts konnten wir manchmal nicht schlafen, denn Geschützdonner empfindet das Trommelfell als Streß. Doch tagsüber war der Krach nicht so schlimm, und ohnehin waren wir viel unterwegs, um die umliegenden Gemeinden zu besuchen.

Eines Tages kamen wir nach Fischeln, einen Ort mit 9000 Einwohnern, und sprachen im Hof der Volksschule mit Herrn Heckmann, dem amtierenden Bürgermeister. Heckmann war ein sanfter Mann, der eine Brille trug und etwas Lehrerhaftes ausstrahlte. Er war tatsächlich Lehrer. Vor 1933 war er stellvertretender Bürgermeister und der führende Zentrumsmann der Gemeinde gewesen.

Er war nicht in die NSDAP eingetreten, weil er als Katholik Hitlers kirchenfeindliche Politik nicht billigen konnte. Im übrigen, gab er uns zu verstehen, habe er keine besonderen Einwände gegen das Programm der Nazis gehabt. Das Regime behelligte ihn nicht. Er behielt seine Lehrerstelle, richtete sich nach den Anordnungen seiner Vorgesetzten und stellte keine Fragen. Er sei aber selbstverständlich kein Nazi gewesen, bemerkte er abschließend.

Ich fragte ihn, welche Lehren er denn aus zwölf Jahren Hitlerismus ziehe, ob er neue Erkenntnisse gewonnen habe, die Welt vielleicht ein wenig anders sehe. Heckmann verneinte. Im Gegenteil, er war stolz darauf, sich nicht geändert zu haben. Politisch stand er weiterhin rechts. Die Sozialdemokraten fand er ein bißchen zu radikal, im Grunde waren sie aber nicht schlecht. Mit ihnen könne die Zentrumspartei wahrscheinlich zusammenarbeiten, wie man das schon in der Weimarer Republik praktiziert habe.

Er hatte das Hitlerregime passiv hingenommen und zu allem geschwiegen, ohne sich für irgend etwas verantwortlich zu fühlen. Obschon er von den deutschen Greueltaten in Polen wußte und sie auch bedauerte, plagten ihn keine Schuldgefühle. Die Sache hatte nichts mit ihm zu tun, er empfand keine moralische Verantwortung. Allerdings war er dafür, daß man in der Schule die Wahrheit über die Konzentrationslager und Gaskammern erzählte. Ich hatte den Eindruck, daß Heckmann über die amerikanische Besatzung nicht unfroh war und daß er genauso loyal für die Sieger arbeiten würde, wie er für Hitler gearbeitet hatte.

Ein Konservativer völlig anderen Kalibers, eine richtige Persönlichkeit, war Willi Elfes, dem wir in der kleinen Ortschaft St. Tönis begegneten. Wir entdeckten ihn nach längerer Suche in einem kleinen Zimmer des Pfarrhauses, wo er sich vor der Gestapo verbarg. Seine Auffindung verlief unter bemerkenswerten Umständen, aber seine Geschichte und sein Charakter sind weitaus interessanter.

Wir kamen durch St. Tönis, als der Ort gerade geplündert wurde – diesmal nicht von Amerikanern, sondern von Belgiern. Da es noch keine Militärverwaltung gab, hatten die Soldaten den Ort ganz für sich. Sie gingen von Haus zu Haus und schafften Radios, Fotoapparate, Standuhren, Armbanduhren und andere tragbare Wertgegenstände fort. Der Bürgermeister, ein braver Nazi und Major im Ruhestand, beobachtete diese Szenen nicht sehr begeistert. Er sah aus, als wäre ihm ein für allemal der Appetit vergangen.

Das Pfarrhaus, ein Backsteingebäude, stand an einem kleinen Platz gegenüber der Kirche. Wir klopften, warteten eine Weile. Schließlich wurde der Riegel zurückgeschoben, und ein Gesicht lugte vorsichtig nach draußen. Es war der Pfarrer, der uns einigermaßen unfreundlich mitteilte, daß

Herr Elfes im oberen Stock sei. Sein Tonfall ließ vermuten, daß Herr Elfes ihm nicht sehr sympathisch war.

Ein drahtiger Mann mit graumeliertem Bart empfing uns in einem weißgetünchten Zimmer, musterte uns neugierig und stellte sich dann als Willi Elfes vor, Polizeipräsident von Krefeld bis 1933. Mit einem leisen Lächeln bat er um Entschuldigung für seinen Bart, den er sich habe stehenlassen, seit er sich vor der Gestapo verstecke. Seine Stimme klang autoritätsbewußt, seine Bewegungen waren energisch. Man spürte, daß er eine Persönlichkeit war. Er sprach ruhig und bestimmt. Wir verbrachten den ganzen Nachmittag in seiner bescheiden möblierten Stube und hörten ihm zu. Von ihm erfuhren wir zum erstenmal die merkwürdige Geschichte der Verschwörung gegen Hitler.

Aus seinen Worten ergab sich das Bild eines leidenschaftlichen Katholiken und idealistischen Sozialisten. Seine Religiosität war echt, keineswegs aufgesetzt. Tatsächlich lehnte er die Kirche als politische Institution ab, und die Haltung des Vatikan deckte sich nicht mit der seinen. Er kritisierte viele deutsche Kirchenleute, auch seinen Asylgeber, der sich offenbar nicht gerade wie ein guter Samariter verhielt. Elfes war aber ein sehr religiöser Mensch, und das Verhalten der führenden Kirchenleute unter dem Hitlerregime (so etwa der Bischof von Aachen: »Die Kirche wollte keine Märtyrer.«) bestürzte ihn zwar, konnte sein tiefes Gottvertrauen und seinen Glauben an die zentralen Lehren des Katholizismus aber nicht erschüttern. In säkularen Angelegenheiten vertrat er sozialistische, gar kommunistische Ansichten und schloß gleichzeitig Diktatur und Atheismus aus. Obschon Elfes zu den prominenten Zentrumspolitikern zählte und vor 1933 sogar dem Parteivorstand angehört hatte, fand er, daß sich seine Partei überlebt habe.

Elfes hatte als Journalist angefangen und sich politisch engagiert. Nach achtzehn Jahren Tätigkeit bei der *Westdeutschen Zeitung*, einem einflußreichen Blatt mit einer Auflage von 200000 Exemplaren, wurde er in den Stadtrat von Mönchengladbach gewählt. 1923 wurde er zum Polizeipräsidenten von Krefeld ernannt und bekleidete diesen Posten, bis er zehn Jahre später von den Nazis entlassen wurde. Seinen Lebensunterhalt verdiente er mit einem kleinen Tabakladen, und da er ein prominenter Krefelder war, zählten Bischöfe und führende Kirchenvertreter zu seinen Kunden.

Wie sah seine oppositionelle Haltung aus? Als bekannter katholischer Laie und begabter Redner sprach und predigte er zu kleinen kirchlichen Gruppen. 1938 formulierte er einen neuen Gebetstext, der die Anerkennung des Menschen in seiner ganzen Würde (unabhängig von Rasse, Hautfarbe und Religion) zum Thema hatte. Dieser Text wurde im ganzen Rheinland verlesen, allerdings ohne nennenswerten Erfolg. Sechs Jahre später schrieb er ein neues Gebet für Wahrheit, Frieden und Freiheit, drei Dinge, an denen in Hitlerdeutschland ein gewisser Mangel herrschte. Einige Zeit darauf erlebte er in einer Krefelder Kirche, daß der Bischof den Allmächtigen anflehte, er möge den Deutschen einen gerechten Frieden schenken. Elfes sprang empört auf, schüttelte seine weiße Mähne und rief vor der ganzen Gemeinde: »Ein gerechter Friede? Wie können wir deutschen Katholiken um einen gerechten Frieden bitten? Wenn es einen gerechten Frieden gäbe, müßten wir alle erhängt werden – das wäre gerecht. Wir sollten vielmehr um einen ungerechten Frieden bitten, um einen Frieden, den wir wahrhaft verdient haben.«

Elfes lag in ständigem Konflikt mit der offiziellen Kirchenpolitik. Er hat nie geglaubt, daß Deutschland den Krieg gewinnen würde, im Gegenteil, für ihn war das eine eher beunruhigende Vorstellung. Als anläßlich der Kapitulation Frankreichs die Kirchenglocken läuteten, trug er zum Zeichen seiner Trauer eine schwarze Krawatte. »Jetzt geht der Spuk los«, sagte er grimmig. Aus seiner Sicht garantierte der Fall Frankreichs keineswegs einen deutschen Endsieg. Vielmehr stand zu befürchten, daß sich nunmehr die ganze Welt gegen Hitler wenden und aus einem europäischen ein internationaler Konflikt werden würde.

Für ihn als Vater begann der Spuk dann tatsächlich. Die Wehrmacht nahm ihm die beiden Söhne weg, die er nach seinen eigenen sozialen Idealen erzogen hatte. Der eine wurde viermal verwundet (Stalingrad, Salerno, zweimal in Polen), der andere, ein Bewunderer Rußlands, wurde in Dänemark hingerichtet, angeblich wegen »subversiver« Äußerungen. Elfes wußte nichts Genaues, man hatte ihm nur die nackte Tatsache mitgeteilt. In diesem Moment war es ganz still im Zimmer, Frau Elfes schaute mit versteinerter Miene zum Fenster hinaus.

In all den Kriegsjahren praktizierte Elfes eine besondere Art Widerstand – als Laienprediger. Getarnt als Mitarbeiter der katholischen Männerseelsorge, bereiste er die Städte des Rheinlands, in denen konspirative Sitzungen mit bis zu hundert Teilnehmern stattfanden, und hielt insgeheim Verbindung zu linkskatholischen und sozialdemokratischen Persönlichkeiten.

1942 erhielt er eines Tages den Besuch eines Mannes, der sich als » Müller« vorstellte, er sei Abgesandter Dr. Goerdelers, des Leipziger Oberbürgermeisters, und wolle mit ihm über einige Grundsatzfragen sprechen. Als sich Elfes und drei andere Männer am letzten Tag jenes Jahres mit »Müller« in Duisburg trafen, teilte der ihnen zum erstenmal mit, daß ein Attentat auf Hitler geplant sei. Müllers Aufgabe war es, Kontakt zu bestimmten Rheinländern aufzunehmen, deren Namen auf einer geheimen Liste standen.

Der Mann skizzierte das Vorhaben in groben Zügen. Eine Gruppe einflußreicher Generäle und Politiker plante, den Führer zu beseitigen und eine neue Regierung zu errichten, an deren Spitze Goerdeler, General von Witzleben und Generaloberst Beck stehen sollten. Der einzige Demokrat unter den Verschwörern war ein gewisser Leuschner, ein Sozialdemokrat, der als Vertreter der Arbeiter im Kabinett sitzen sollte. Geplant war, Hitler im Verlauf des Jahres 1943 zu beseitigen, sobald die Wehrmacht weitere Verluste erlitten und die Öffentlichkeit sich vom Führer abgewandt hätte. Die Verschwörer wollten Hitler aus dem Weg schaffen, sobald sein Ansehen einen Tiefpunkt erreicht hatte. Man wollte ihn nicht zum Märtyrer machen.

Elfes hakte nach, wollte Genaueres wissen. Müller erklärte, daß die Verschwörer über schwedische Kanäle Kontakt zu London hätten und daß die Engländer mehr oder weniger einverstanden seien, mit der neuen Regierung zu verhandeln. Beck sei bereit, eine bedingungslose Kapitulation zu akzeptieren und alle besetzten Gebiete zu räumen. Das neue Regime würde autoritären Zuschnitts sein (keine bürgerlichen Freiheiten, kein Parlament). Einige Generäle liebäugelten mit der Errichtung einer Monarchie, doch wurde dieser Vorschlag als unpraktikabel verworfen. Bestimmte Organisationen der Nazis (z. B. die Arbeitsfront mit Beitrittszwang für alle Arbeiter) wollte man beibehalten.

Nachdem Müller das Vorhaben skizziert hatte, wandte er sich der Frage der Ämterbesetzung zu. Er bat Elfes, geeignete Rheinländer vorzuschlagen, die für einen Posten in der neuen Regierung in Frage kämen. Ob beispielsweise der frühere Oberbürgermeister von Köln, Adenauer, das Innenministerium übernehmen könne. Elfes meinte, daß sein Freund Adenauer bestimmt nicht gewillt sei, einer Militärdiktatur zu dienen. Ob er, Elfes, denn ein Amt übernehmen würde? Darauf antwortete er, daß er als Demokrat eine Regierung ohne frei gewähltes Parlament, ohne freie Arbeiterbewegung nicht billige, daß er sich mit seinen Freunden besprechen und seine Entscheidung später mitteilen werde.

Elfes fuhr nach Hause. Die Reaktion seiner Freunde war negativ. Zwei Wochen später traf er sich in Bad Godesberg wieder mit Müller und erklärte ihm, daß er durchaus für die Beseitigung Hitlers sei, mit Militaristen aber nicht zusammenarbeiten könne. Elfes' Antwort klang wie ein Schillerzitat:

»Wenn es Ihnen gelingt, Hitler zu beseitigen, werde ich aufspringen und ›Hoch, Müller!‹ rufen, im nächsten Moment aber ›Nieder mit Müller!‹ Ich werde Ihre Tat als ungeheuren Dienst am Vaterland schätzen, aber ich werde bedauern, daß Sie im Namen der Generäle die Macht übernehmen. Wenn Sie Hitler beseitigen, werde ich landauf, landab das deutsche Volk bitten, Ihnen ein Denkmal zu errichten. Ich werde aber nicht zulassen, daß Sie die Macht übernehmen.«

Sollte der Anschlag gelingen, wollten Elfes und seine Freunde eigene Schritte unternehmen. Deshalb hielt er Verbindung zu Müller, man traf sich etwa zweimal im Monat und korrespondierte in verdeckter Form. So blieb er auf dem laufenden. Elfes rechnete damit, daß das Attentat im Juni 1944 stattfinden würde. In diesem Monat fuhr er nach Godesberg, in der Tasche sein potentielles Todesurteil – den Aufruf zur Errichtung einer neuen Gesellschaftsordnung in Deutschland. Diese Proklamation sollte unmittelbar nach dem Attentat veröffentlicht werden und die Unterschriften von Elfes, Adenauer, Hermes und einer Reihe anderer Persönlichkeiten tragen. Elfes und seine Freunde trafen sich zu konspirativen Besprechungen in Godesberg und Bonn und warteten. Doch nichts geschah, und Elfes fuhr wieder nach Hause.

Drei Wochen später, am 20. Juli, kam die dramatische Nachricht. Das Attentat war verübt worden, doch Hitler war nur verletzt. Elfes bemerkte bitter, daß es offenbar eine besondere Gottheit gebe, die ihre schützende Hand über Verbrecher halte. Tag und Nacht saß Elfes vor dem Radio und wartete verzweifelt auf Neuigkeiten. Zuerst verhaftete man seinen Freund Hermes, dann die anderen. Er selbst wurde ebenfalls verhaftet, doch außer der Erklärung, die keine Unterschriften trug, hatte die Gestapo nichts in der Hand gegen ihn. »Als alter Polizist«, sagte Elfes und lächelte verschmitzt, »hätte ich nie einen so elementaren Fehler gemacht und meinen Namen darunter gesetzt, solange die Sache nicht entschieden war.« Nach ein paar Wochen kam er wieder frei.

Als ihn die Gestapo zwei Monate später erneut verhaften wollte, wurde er rechtzeitig gewarnt, und zwar ausgerechnet von Dr. Hürter, dem Krefelder Nazi-Bürgermeister, der, wie Elfes meinte, erkannt hatte, daß es vielleicht nicht schlecht wäre, einen Freund im Lager der Widerstandskämpfer zu haben. Elfes versteckte sich jedenfalls im Pfarrhaus von St. Tönis, wo niemand nach einem Verschwörer suchen würde, und ließ sich zur Tarnung einen Bart stehen. Fünf Monate lebte er schon in seinem Versteck, als wir ihn dort aufstöberten.

Elfes wußte nicht genau, weshalb das Attentat gescheitert war, gab uns aber einige Informationen, die nicht allgemein bekannt waren. Verantwortlich für den mißlungenen Anschlag war in erster Linie der Chemiker, der aus Rücksicht auf die Personen in der Umgebung des Führers nicht genug Sprengstoff in die Bombe gepackt hatte. Die Verantwortung für die anschließende Verhaftungswelle und die Hinrichtungen lag zum größten Teil bei von Witzleben, den Elfes spöttisch als »typisch deutschen General« bezeichnete, »das heißt, mit nicht allzuviel Verstand gesegnet«. Offenbar hatte General von Witzleben, im Vertrauen darauf, daß ein Emporkömmling wie Himmler es nicht wagen würde, den Privatbesitz eines deutschen Generals anzutasten, alle geheimen Dokumente in seinem Privatsafe aufbewahrt. Elfes wußte nicht genau, wie viele Personen Himmler nach dem Attentat hatte hinrichten lassen. Es dürften an die dreitausend gewesen sein.

Jahrelang hatte Elfes sich mit der Frage eines politischen Neuanfangs in Deutschland auseinandergesetzt. Er war der Ansicht, daß alle großen Parteien in der Weimarer Republik katastrophale Fehler gemacht hätten, daß aber jede einzelne etwas zum gemeinsamen Wiederaufbau beitragen könne. Sie sollten als eigenständige Parteien aufgelöst und in einer allumfassenden nationalen demokratischen Bewegung aufgehen, in der alle »schaffenden Hände« vertreten wären. Diese vereinigte Arbeiterpartei würde deutlich sozialistische Züge tragen. Konkret schlug Elfes ein Neun-Punkte-Programm vor:

- Sofortiger Friedensschluß
- Zusicherung der Grundrechte auf Meinungsfreiheit, Versammlungsfreiheit, Pressefreiheit und Freiheit der Religionsausübung
- Gründung von Gewerkschaften

– Errichtung von Genossenschaften
– Verstaatlichung der Schwerindustrie
– Verstaatlichung von Banken und Versicherungen
– Bodenreform
– Massive staatliche Arbeitsprogramme
– Verurteilung von Naziverbrechern

Ob sein Programm angenommen würde oder nicht, Elfes war in jedem Fall überzeugt, daß Deutschland sich nach links bewegen würde, schon allein deswegen, weil die konservativen Kräfte der Gesellschaft abgewirtschaftet hätten. Besonders kritisch beurteilte er die Politik der Kirchenoberen und warf dem Klerus reaktionäres und profaschistisches Denken vor, besonders was die Arbeiterschaft angehe. Als die Nazis die freien deutschen Gewerkschaften zerstörten, habe man frohlockt, als dann aber die Kirche verfolgt wurde, habe man gejammert. Allerdings gebe es Ausnahmen, viele einfache Priester seien lieber ins KZ gegangen, als daß sie zu den Greueltaten der Nazis geschwiegen hätten.

»Ich bin überzeugt, daß die Kirche keine Zukunft mehr hat, denn sie hat im Kampf gegen den Nazismus versagt. Gewisse Kleriker behaupten jetzt, daß sie schon immer gegen Hitler waren. Das ist ein übler Witz, der niemanden beeindruckt, der etwas von der Materie versteht. Ich glaube, daß die Kirche als politische Macht in Deutschland erledigt ist.«

Auch die bürgerlichen Schichten seien zerschlagen, als politische Kraft erledigt, da sie in der Weimarer Republik die letzte Chance, mit den Arbeitern zu einer Einigung zu kommen, verpaßt hätten. »Statt den organisierten Arbeitern, der einzigen wahrhaft demokratischen Bewegung in Deutschland, dabei zu helfen, die Republik zu festigen und zu stärken, hat das Bürgertum lieber Hitler geholfen, jede Spur von demokratischem Leben in unserem Land auszulöschen. Das war, wenn ich so sagen darf, nicht nur kriminell, sondern auch selbstmörderisch. Das bürgerliche Lager wird nie mehr eine Chance bekommen. Es ist aufschlußreich zu beobachten, daß die alten Klassen durch den Geschichtsprozeß gnadenlos entmachtet wurden. Der Erste Weltkrieg hat die Junker und ihren Kaiser Wilhelm entmachtet. Der Zweite Weltkrieg hat das Bürgertum und sein Produkt Hitler beseitigt. Jetzt hat, historisch unausweichlich, die Stunde der Arbeiterklasse geschlagen. Ich bin der Meinung, daß Deutschland ein ebenso proletarisches Land wie die Sowjetunion ist, und ich glaube, daß die beiden Staaten eine gemeinsame Zukunft haben.«

Kritisch äußerte sich Elfes zur Deutschlandpolitik der Alliierten. Er hielt es für einen Fehler, dem Volk jede Zukunftshoffnung zu nehmen. Hoffnungslosigkeit, sagte er, führe zwangsläufig zu Verzweiflung, und die Deutschen seien schon viel zu demoralisiert. Sehr viel mehr könnten sie nicht ertragen. Er habe auch gehört, daß die Besatzungsbehörden für kirchlichen Einfluß empfänglich seien und bevorzugt kirchlich orientierte Leute in die Zivilverwaltung beriefen. Das erschien ihm unvernünftig, unrealistisch und undemokratisch. Eine eventuelle Teilung Deutschlands betrachtete er mit gemischten Gefühlen. Als linksrheinischer Katholik wäre er nicht böse, wenn Preußen und das östliche Deutschland von den Russen besetzt würden. Die Entmachtung der Junker hielt er nicht für einen besonders tragischen Verlust. Aber Deutschland zu teilen – das sei kurzsichtig.

»Ich glaube, daß eine Teilung keine Friedensgarantie bietet, sondern im Gegenteil den Frieden gefährden würde. Realistisch gesehen ist es doch so: Die Vereinigten Staaten werden sich irgendwann aus Europa zurückziehen. Wer wird dann da sein, um auf Deutschland aufzupassen? Nur die schwachen Nachbarn. Und glauben Sie wirklich, daß Belgien oder Holland oder gar Frankreich stark genug sind, uns zu schlucken oder unter Kontrolle zu halten? Auf lange Sicht gewiß nicht. Die Schwäche dieser Staaten würde uns zu einem aggressiven Nationalismus verleiten, und wir würden die Wiedervereinigung mit Waffengewalt erzwingen. Zweitens geht die historische Entwicklung überall auf der Welt hin zu großräumigen Zusammenschlüssen und nicht zu Aufsplitterung. Eine Teilung Deutschlands wäre daher ein der Geschichte zuwiderlaufender, reaktionärer Schritt. Und schließlich dürfte es aus alliierter Sicht wünschenswert sein, daß Deutschland intakt bleibt, weil man von einem Zentrum aus sehr viel leichter herrschen kann als von mehreren Zentren aus.«

In Mönchengladbach wurde ein Bürgermeister gesucht. Wir schlugen Elfes vor. Der Militärkommandant zögerte zunächst, erklärte sich schließlich aber bereit, einem Linken eine Chance zu geben. Doch Elfes sträubte sich. Nach zwölf Jahren Untätigkeit hatte er vermutlich mehr Angst vor der Verantwortung als vor den Faschisten. Ich kenne keinen Menschen, der sich mit derart spitzfindigen Argumenten gegen die Übernahme eines wichtigen politischen Amtes wehrte. Also appellierte ich an seinen Stolz: »Wenn Antifaschisten wie Sie sich weigern, Verantwortung zu übernehmen, müssen wir daraus folgern, daß Deutschland einen Hitler verdient hat und daß man das deutsche Volk ruhig seinem Schicksal überlassen kann.« Jetzt mußte er einwilligen, doch er war äußerst unglücklich darüber.

## 52

Wir waren auf der Suche nach einem Ort namens Laufenberg, der in der Nähe von Neuß liegen sollte. Die Stadt lag unter heftigem Granatbeschuß, aber auf dem flachen Land war es noch unangenehmer. Wir fuhren auf schmalen, gewundenen Nebenstraßen, immer den Rhein vor Augen und im Blickfeld deutscher Scharfschützen, bis wir zu einem unserer letzten vorgeschobenen Posten kamen. Die Jungs hockten mit ihren Schnellfeuergewehren und gespickt mit Handgranaten in länglichen Schützenlöchern und warteten irgendwie auf den Angriff. Niemand wußte, wo Laufenberg war, und es interessierte sie auch nicht. Ob das hier ein Picknick sei oder was? Manchen Leuten sei nicht zu helfen, wenn sie glauben, daß die *Krauts* nur aus Jux herumballern. Sobald die jemanden sehen, schießen sie, und wer nicht zuerst schießt, wird abgeknallt. Wir wiederholten, daß wir nach Laufenberg wollten, dort befinde sich ein großes Gestüt. In diesem Moment kam ein deutscher Bauer vorbei, und sofort richteten sich sämtliche Gewehre auf ihn. Mit unmißverständlichen Gesten wurde er aufgefordert, ein bißchen plötzlich zu verschwinden, was er auch sofort tat, nicht ohne uns nervös den Weg nach Laufenberg erklärt zu haben.

Das Gestüt, direkt am Rhein gelegen, war kurz zuvor von amerikanischen Soldaten in Beschlag genommen worden. Wir wollten mit dem Besitzer sprechen, Herrn Schauerte, einem prominenten Industriellen. Er war nicht im großen Haus, nicht in dem kleinen Haus, er schien überhaupt nirgendwo zu sein. Schließlich fanden wir ihn über den Stallungen in einer behelfsmäßigen Mansarde, die man mit Hilfe einer hohen Leiter erreichte.

Auf einem Feldbett, das fast den ganzen Platz einnahm, saßen ein Mann und eine Frau. Der Mann war wirklich ein Anblick. Er war so farbenfreudig gekleidet, daß ein Regenbogen neben ihm blaß ausgesehen hätte. Er trug leuchtend gelbe Knickerbocker, eine grünrote Tweedjacke, ein himmelblaues Hemd und dicke buntkarierte Wollstrümpfe. Vielleicht entsprach das ja der Vorstellung, die man sich in Deutschland von einem englischen Landedelmann machte, doch unter den gegebenen Verhältnissen wirkte seine Aufmachung ein wenig extravagant. Herr Schauerte machte aber einen durchaus selbstbewußten Eindruck. Das hellwache, freundliche Gesicht deutete darauf hin, daß dieser Mann nicht so leicht zu verunsichern war.

Seine Frau war ein völlig anderer Typ. Mit eiskalten Augen und arroganter Miene saß sie da, steif, schmallippig und abweisend, ganz ostelbische Adlige. Sie fand es ungeheuerlich, daß die Soldaten sie aus dem Schloß vertrieben und in die Mansarde über dem stinkenden Stall verbannt hatten. Ihr Mann lachte nur. »Vergiß nicht, meine Liebe«, sagte er, »wir sind einen Kilometer von der Front entfernt.«

Schauerte sprach hervorragend Englisch, was nicht verwunderte, da er am MIT in Cambridge (Mass.) studiert hatte und viel in englischsprachigen Ländern herumgekommen war. Bei Kriegsausbruch befand er sich auf einer Jagd in Kanada und wurde zunächst dort interniert, später auf die Insel Man verfrachtet. Als prominenter Industrieller wurde er von den Engländern ausgesprochen höflich behandelt. Er bewohnte eine Villa, bekam gutes Essen und hatte Zugang zu allen Zeitungen. »Ich war«, sagte er mit einem breiten Lächeln, »der Gast des Königs.« 1942 kehrte er im Rahmen eines Gefangenenaustauschs nach Düsseldorf zu seinen Rüstungsbetrieben zurück.

Während unseres Gesprächs vermittelte er den Eindruck eines humorvollen, toleranten Mannes von Welt, der die vulgären Leidenschaften der Menschheit mit zynischer Distanz betrachtete. Die Ansichten dieses Großindustriellen, der, im Verein mit den anderen Wirtschaftsmagnaten von Rhein und Ruhr, nicht nur Hitler zur Macht verholfen, sondern selber vom Nazismus und von den Rüstungsaufträgen profitiert hatte, wurden durch seine Distanz um so interessanter.

Schauerte erklärte, daß er, wie viele andere Industrielle auch, kein allzu großer Patriot sei. Da Deutschland als Industriemacht erledigt sei, wolle er nach dem Krieg nach Argentinien auswandern, wo er Grundbesitz habe. Darin war er keine Ausnahme. Industrielle, sagte er, seien vor allem Geschäftsleute und erst in zweiter Linie Patrioten. Man habe sich mit der Niederlage Deutschlands und der Demontage der Schwerindustrie abgefunden. Die Aussicht erschrecke ihn nicht.

»Ich finde Deutschland schön«, sagte er mit einer beiläufigen Handbewegung, »aber ich kann nicht behaupten, daß es mich zu Begeisterungsstürmen hinreißt.«

Er habe keine besondere Angst vor den Kommunisten. Erstens bestehe kein wesentlicher Unterschied zwischen Kommunismus und Nazismus, und wenn er unter dem einen nicht gelitten habe, warum solle er sich dann vor dem anderen fürchten? »Mein Reichtum«, sagte er und tippte sich dabei an die Stirn, »ist hier drin. Meinen Besitz können sie mir wegnehmen, aber nicht mein Gehirn.« Zweitens glaube er, daß sich der Kommunismus in den letzten Jahren gewandelt und an Ansehen gewonnen habe. »Neulich habe ich ein Foto von Stalin gesehen, wie er neben Roosevelt und Churchill sitzt. Niemand kann mir einreden, daß ein so gepflegter, manierlich aussehender Bursche wie Stalin ein wildgewordener Radikalinski ist.«

Eindrucksvoll fand Schauerte, daß jedermann in Deutschland für den Sieg gekämpft habe, besonders die Arbeiter, von denen er in den höchsten Tönen sprach. »Meines Wissens hat es in den Fabriken keinen einzigen Fall von Sabotage gegeben. Unsere deutschen Arbeiter haben treu und gewissenhaft ihre Pflicht getan. Sie sind willfährig, fügsam, fleißig und machen keine Schwierigkeiten.«

Schauerte »verabscheute« zwar die Politik, hatte aber doch bestimmte Vorstellungen. Er plädierte, genau wie der Aachener Oberbürgermeister Oppenhoff, für eine staatliche Ordnung, in der die Arbeiter einfach nur zu gehorchen hatten. Parteien, freie Wahlen, Parlamente – alles unnötig. Als ich darauf hinwies, daß ein solcher Ständestaat nichts anderes als eine Diktatur sei, hob er beschwichtigend die Hände. »Von solchen Dingen verstehe ich nichts. Ohnehin gebt ihr Amerikaner jetzt die Kommandos. Es werden rund sechzig Millionen Deutsche übrig sein, die könnt ihr nicht einfach verhungern lassen.«

Auf unsere Frage, ob ihm bekannt sei, daß Millionen von Europäern unter den Deutschen gehungert hätten und ermordet worden seien, sagte er, daß er von solchen Dingen wenig wisse, und seine Frau fügte mit ihrer kalten, arroganten Stimme hinzu, daß ihr so etwas nie zu Ohren gekommen sei. Aus ihrem Tonfall ging hervor, daß sie uns für Lügner hielt, und aus seinem, daß wir unsere Zeit mit Nebensächlichkeiten vergeudeten. »Ich kenne niemanden, der sich so etwas wie Gaskammern und Exekutionen ausdenken könnte.« Jedenfalls habe er damit nichts zu tun.

Ich mußte an einen Kollegen von ihm denken, einen reichen jungen idealistischen Nazi in Krefeld, für den der Hitlerismus eine Religion war. Eines Abends war der junge

Fabrikant, tipptopp gekleidet, in unsere Villa gekommen, um mit uns zu diskutieren und auch um herauszufinden, wann er seine Fabrik wieder in Betrieb nehmen könnte. Als ich die systematische Massenvernichtung erwähnte, die die Deutschen in Polen betrieben hatten, schüttelte er mißbilligend den Kopf. »Wieso hat man das getan?« rief er. »Wieso hat man diese Leute liquidiert? Wir haben alle erdenklichen Arbeitskräfte gebraucht. Wir haben ständig Arbeitskräfte angefordert. Sie hätten sie zu uns schicken sollen, statt sie sinnlos umzubringen. Was für eine Verschwendung von Menschenmaterial!«

## 53

Die Rheinschleife bei Düsseldorf bildet eine Landzunge, auf der Oberkassel liegt. Die Wehrmacht hielt Düsseldorf, wir waren in Oberkassel, und die beiden konnten zueinander nicht kommen, da die Brücke zerstört war. Oberkassel war zu drei Vierteln von deutschen Truppen eingeschlossen und lag direkt vor ihren Augen. Als wir dorthin fuhren, hatten wir das Gefühl, als beträten wir eine Falle, zumal kaum mehr als eine Abteilung GIs in der Stadt war, an manchen Tagen sogar überhaupt niemand. Die Deutschen hätten leicht herüberschwimmen und uns die Kehle aufschlitzen können.

In Oberkassel hielt sich eine Gruppe von Besatzungsoffizieren auf, deren Aufgabe es war, eine Verwaltung für Düsseldorf aufzubauen. Sie baten uns, nach geeigneten Personen Ausschau zu halten, vor allem ein Bürgermeister wurde gebraucht. Aufgrund unserer Aachener Ermittlungen durften keine Nazis oder Deutschnationalen auf Verwaltungsposten berufen werden, was für unseren Oberstleutnant in Oberkassel ein »Riesenproblem« war. Um unbelastete Personen zu finden, mußte man in unbekannten Kreisen der Bevölkerung suchen, und das setzte Kenntnisse der deutschen Sprache und eine gewisse Vertrautheit mit den Verhältnissen in Deutschland voraus. Die Offiziere der Besatzungsbehörden brachten diese Voraussetzungen meist nicht mit. Ihr stümperhaftes Vorgehen war so peinlich, daß man ihnen schon aus Mitleid helfen mußte. Also bemühten wir uns, einen Bürgermeister aufzutreiben.

Unser Kandidat war Alfred Buchholtz, Sozialdemokrat und vormals Zeitungsverleger, der im Ruhrgebiet siebzehn Blätter herausgebracht hatte. Zwölf Jahre Hitlerei hatten ihn jedoch aller Energie beraubt. Wie Elfes hatte er jegliches Verantwortungsgefühl verloren und empfand die Vorstellung, Macht auszuüben, als beängstigend. Auf unser Angebot reagierte er mit Panik. Wir erklärten ihm, daß die Amerikaner Tausende von Meilen gekommen seien, um Europa von den Nazis zu befreien, und daß wir Deutschland eigentlich seinem Schicksal überlassen sollten, wenn ein deutscher Sozialdemokrat nicht den Mumm habe, einen Posten in der Kommunalverwaltung zu übernehmen und auf diese Weise einen kleinen Beitrag zu leisten. Er brummte: »So hat noch niemand mit mir gesprochen.« Ich erwiderte: »Dann wird es ja höchste Zeit.«

Als nächstes mußten wir Buchholtz der Militärbehörde schmackhaft machen. Der Oberstleutnant war ein »unpolitischer« Offizier (ich glaube, Ingenieur von Beruf), und wir waren nicht sicher, ob er auf einen Sozialdemokraten positiv reagieren würde. Er war ein freimütiger Mensch, und unser Gespräch verlief etwa so:

»Herr Oberstleutnant, wir haben einen Bürgermeister gefunden.«

»Prima, her mit ihm.«

»Ich möchte Sie aber darauf hinweisen, daß er ein Roter ist.«

»Ein Roter? Was für eine Art Roter?«

»Sozialdemokrat.«

»Wie schlimm ist das?«

»Wie man's nimmt. Er ist Sozialist, und manche Leute haben was gegen Sozialisten.«

»Interessiert mich nicht. Ich will nur wissen, ob er Ihrer Meinung nach etwas taugt.«

»Ich glaube schon.«

»Wenn Sie einverstanden sind, bin ich ebenfalls einverstanden. Schicken Sie ihn rein.«

Es entstand ein etwas schwieriger Moment, als Buchholtz das Zimmer betrat und wir ihn vorstellten. Buchholtz streckte automatisch die rechte Hand aus, doch der Oberstleutnant rührte sich nicht und tat, als habe er nichts bemerkt. Der Oberbürgermeister in spe wurde bleich, und einen Augenblick dachte ich, er werde kneifen. Doch in diesem Moment erhob sich der Oberstleutnant und sagte, er sei bereit, ihm den Eid abzunehmen. Wir dolmetschten bei der kurzen Zeremonie, und somit hatte Düsseldorf einen neuen Bürgermeister. Jetzt mußten wir Düsseldorf nur noch einnehmen.

Da wir noch in Oberkassel zu tun hatten, fuhren wir täglich dorthin – unter Gefahr für Leib und Leben, denn die Deutschen beschossen den Ort mit sadistischer Lässigkeit. Am ersten Tag explodierte hinter uns eine Granate, während wir noch versuchten, uns an den Häusern entlangzudrücken, um kein allzu auffälliges Ziel zu bieten. Wie elektrisiert warfen wir uns auf die Erde und sprinteten dann los. Am zweiten Tag sahen wir, wie auf der anderen Straßenseite eine Frau und ihr Kind von einer Granate zerfetzt wurden. Am dritten Tag hätte es Joe beinahe erwischt, während er im Wagen auf uns wartete. Er war übersät mit Glasscherben und Metallsplittern einer Granate, die in dem Häuserblock eingeschlagen war.

Dann rebellierte Joe. Auf dem Rückweg kamen wir durch offenes Terrain, das der Wehrmacht auf dem anderen Rheinufer regelmäßig als Ziel für Übungsschießen diente. Joe brummte, daß er zum letztenmal sein Leben derartig aufs Spiel setze. Er sei Fahrer, kein Infanterist, garantiert nie wieder werde er in diese Hölle von Oberkassel zurückkehren. Den ganzen Abend war er bedrückt, und am nächsten Morgen, als ich mir gerade die Stiefel zuschnürte, kam er an und fragte:

»Wo geht's denn heute hin?«

»Oberkassel.«

»Ich komme nicht mit.«

»Okay, Joe, dann trampe ich.«

Langes Schweigen. Joe sagte: »Das kann doch nicht Ihr Ernst sein.«

»Ist es aber.«

Ich zog mir den Mantel über. Joe schüttelte verständnislos den Kopf. »Joe«, sagte ich, »mach dir keine Sorgen. Wird schon schiefgehen. Es ist Kognak da, und du kannst Radio hören. Mach dir einen schönen Tag. Ich weiß, du hast Angst, nach Oberkassel zu fahren, und ich kann es dir nicht verdenken.«

Er zuckte wie unter einem Peitschenhieb zusammen. »Zum Teufel, ich komme mit. Scheiße, wenn Sie keine Angst haben, hab' ich auch keine.«

Unterwegs hielt er mir einen längeren Vortrag über Heldentum.

»Ich kapier' einfach nicht, was Sie davon haben. Wenn es mich erwischt, kriegt meine Frau eine Rente, und ich bin ein Held. Aber Sie? Sie kriegen nichts. Nicht mal einen Orden. Vielleicht glauben Sie ja, daß die Armee Sie als Helden feiert. Ich sage Ihnen, der Armee ist das scheißegal. Wenn Sie tot sind, sind Sie tot. Fertig, aus. Vielleicht sagt irgendein Trottel, der arme Kerl, ist wie ein Held gestorben. Aber was haben Sie davon, wenn Sie tot sind?«

Joes Besorgnis war nicht ganz unbegründet. Die deutschen Scharfschützen, die erstklassige Gewehre und erstklassige Zielfernrohre hatten, machten sich einen Jux daraus, Oberkassel zu beschießen. Und da sie nur tausendzweihundert bis tausenfünfhundert Meter entfernt waren, hatten sie ein leichtes Spiel. Kaltblütig suchten sie sich ihre Ziele. Da sich kaum noch Amerikaner in dem Ort aufhielten, waren es hauptsächlich deutsche Frauen und Kinder, die sie erwischten, und gelegentlich auch ein paar alte Männer. Die Kugeln waren etwas ganz Spezielles. Sie waren aus Kupfer. Ich weiß das, weil die Ärzte, die diese Dinger im deutschen Krankenhaus aus den Verwundeten herausholten, sie uns zeigten. Die

Ärzte hoben die Kupfergeschosse und -splitter säuberlich auf. Ich schlug ihnen vor, sie für den Tag aufzubewahren, an dem Deutschland, wieder zivilisiert, Museen für Dokumente der Nazibarbarei errichten würde. Das Krankenhaus wurde von der Wehrmacht übrigens beschossen, obwohl außen an den Mauern und auf dem Dach riesige, weithin sichtbare rote Kreuze aufgepinselt waren. Während unseres Besuchs bekam eine Station einen Treffer ab, einige deutsche Krankenschwestern starben dabei.

Die Scharfschützen erwischten durchschnittlich zehn deutsche Zivilisten pro Tag, und bald waren die Krankenhäuser überfüllt. Wir besuchten eine Schule, deren Keller als Notlazarett diente, und sprachen mit Verwundeten. Alle waren viel zu betroffen und vielleicht auch zu verängstigt, als daß sie ihrer Verbitterung über die Wehrmacht Luft gemacht hätten. Eine Frau mit einer Kopfverletzung sagte: »Das ist wirklich eine tragische Geschichte.« Ein alter Mann mit durchgeschossenen Knien bemerkte traurig: »Von deutschen Soldaten hätte ich so etwas nicht erwartet.« Der Gipfel der Untertreibung war jedoch die Reaktion einer schwerverletzten Frau, deren Mann in Rußland gefallen war und deren zwei Söhne an der Front waren. Sie war morgens auf der Straße beim Einkaufen gewesen, als eines der Kupfergeschosse ihre Lunge zerfetzte. Wir wollten wissen, was sie davon hielt, daß deutsche Soldaten auf sie, eine deutsche Mutter, geschossen hätten. Sie hatte starke Schmerzen und wimmerte und murmelte mit blassen Lippen: »Ich finde das sehr gemein.«

## 54

Im März, während wir uns in Oberkassel vor den Granaten duckten, kam die Nachricht vom Wunder der Brücke von Remagen. Dieser unerwartete Rheinübergang, der nur deshalb möglich war, weil die Deutschen schlicht vergessen hatten, die Brücke in die Luft zu sprengen, bedeutete nicht nur eine spürbare Verkürzung des Krieges, sondern lieferte auch eine dieser typischen Kriegslegenden. Alliierter Planung zufolge hätte Montgomery mit der 21. Armeegruppe vor der 12. Armeegruppe des US-Generals Bradley den Rhein überqueren sollen. Als Montgomery von der vorzeitigen Überquerung bei Remagen erfuhr, soll er fuchsteufelswild geworden sein und sich bei Bradley über die Eigenmächtigkeit der Amerikaner beschwert haben. Der sanftmütige Bradley wies darauf hin, daß die Brücke bei Remagen ein Gottesgeschenk sei, daß man einen Brückenkopf von unschätzbarem Wert erobert habe, denn auf diese Weise werde man unzählige Menschenleben schonen können. Montgomery entgegnete, daß das »*not cricket*« [nicht fair, gegen die Regeln] sei, worauf Bradley liebenswürdig antwortete: »Mein Lieber, ich spiele hier nicht Kricket, sondern führe einen Krieg.«

Diese Geschichte hat mir ein Stabsoffizier erzählt, und Klio zuliebe hoffe ich, daß sie nicht erfunden ist.

Die 9. Armee, der wir uns angeschlossen hatten, stieß über den Rhein in östlicher Richtung vor, um das Ruhrgebiet, wo starke Wehrmachtsverbände zusammengezogen worden waren, in der Annahme, daß die Alliierten direkt in das Industrierevier einmarschieren würden, in einer Zangenbewegung zu umgehen und die Deutschen zu isolieren. Die Wehrmacht ging tatsächlich in die Falle und wartete dort auf die Schlacht, während die anglo-amerikanischen Verbände immer weiter nach Osten vorstürmten.

Die Städte des Ruhrgebiets fielen, eine nach der anderen, in unsere Hand, aber man wußte nie genau, wer welche Ortschaft hielt, wer wen eingekreist hatte, wo die amerikanischen Linien endeten und deutsches Gebiet war. Unsere Radiomeldungen waren schlimmer als nutzlos, da sie fast nie stimmten. Als wir Ende März hörten, daß Duisburg eingenommen sei, beschlossen wir, dorthin zu fahren. Auf der schwer bewachten Pontonbrücke herrschte starker Verkehr, hauptsächlich von Panzern. Also überquerten wir den Rhein weiter nördlich und fuhren, immer am Ufer entlang, in südlicher Richtung wieder zurück. Rechts von uns lag der Rhein, links eine weithin zerstörte Landschaft.

In den Vororten von Duisburg ahnten wir, daß irgend etwas nicht stimmte. Die wenigen Menschen auf den trümmerübersäten Straßen starrten uns neugierig an und liefen schnell weg. An einer Fabrikmauer standen die Parolen WEISSE FAHNEN HERAUS und SCHLUSS MIT DEM KRIEG. Wir hatten die Straßen für uns allein. Keine Jeeps, keine Panzer, keine Lastwagen, keine GIs. Wir irrten durch ein Labyrinth von Fabriken, und plötzlich begriffen wir, daß dieses Gebiet von den Deutschen gehalten wurde.

Das Unangenehmste war, daß wir nicht genau wußten, wo wir waren und daß uns niemand weiterhelfen konnte. Einen Vorüberkommenden sprachen wir auf deutsch an, doch er zuckte nur mit den Schultern und sagte freundlich: »*Je ne comprends pas.*« Als wir ihn auf französisch fragten, antwortete er, daß er ein französischer Arbeiter und erst vor kurzem hierher gekommen sei und sich in der Gegend nicht auskenne. Zwei junge Burschen, denen wir ein Stück weiter dieselbe Frage stellten, sagten: »*Nje ponimajem*«. Dann sahen wir eine Gruppe junger Frauen und wandten uns an sie. Eine von ihnen antwortete: »*Nie rozumiem.*« Auf polnisch erklärte sie, daß sie und die anderen erst kürzlich eingetroffen seien. Sprachlich waren wir dann aufgeschmissen, denn die nächsten drei Personen, denen wir begegneten, antworteten auf italienisch, ungarisch und möglicherweise serbisch, aber es kann auch Bulgarisch oder Kroatisch gewesen sein.

Wir standen inzwischen an einem Kanal und wollten gerade über die Brücke fahren, als ein Mann aus einem nahegelegenen Haus trat. Da ich auch in ihm einen ausländischen Zwangsarbeiter vermutete, sprach ich ihn auf französisch an. Er sah mich fragend an, und ich wollte es schon mit Russisch probieren, doch da antwortete er schon auf deutsch und entschuldigte sich gleich, daß er keine andere Sprache spreche.

Dieser Mann hat uns wahrscheinlich das Leben gerettet. Er zeigte auf die Brücke und sagte, daß sie vermint und noch kein Amerikaner dort hinübergefahren sei. Ich wollte wissen, ob wir auf einem anderen Weg in die Stadtmitte kämen.

Der Mann meinte, daß wir dafür wohl nicht entsprechend ausgerüstet seien. Was er damit sagen wolle, fragte ich. Duisburg, sagte er, werde noch immer von starken deutschen Kräften gehalten. Er riet uns, umzukehren, und zeigte uns den besten Weg, und nachdem wir eine Weile gefahren waren, stießen wir auf ein massives Bankgebäude, das einem amerikanischen Trupp als vorgeschobener Beobachtungsposten diente. Wir waren schon ein ganzes Stück weiter als sie gewesen.

Hamborn, eine Stadt mit 120000 Einwohnern, war tags zuvor eingenommen worden. Tote Zivilisten lagen noch immer zu Hunderten auf den Straßen. Wir fuhren zum Rathaus, um den Bürgermeister zu sprechen. Als wir sein holzgetäfeltes Büro betraten, stand er auf und entbot uns den Hitlergruß. Plötzlich erbleichte er und stammelte: »Ääh … eine alte Gewohnheit. Man muß es sich abgewöhnen.«

Der Mann war ein verwirrter kleiner Beamter, ein hundertprozentiger Nazi, der nur Parteijargon absonderte und von den Amerikanern ganz automatisch, ohne daß es ihm bewußt war, als »dem Feind« sprach. Der Nationalsozialismus sei eine gute Sache gewesen. Die Menschen hätten soziale Sicherheit gehabt und kostenlose Urlaubsreisen machen können. Ohne die Engländer wäre alles gut gegangen. Die Polen seien ja schon bereit gewesen, Danzig herauszugeben, da hätten sich die Engländer eingemischt und den Deutschen den Krieg aufgezwungen. Bis zuletzt, noch an diesem Morgen habe er an den Endsieg geglaubt, aber jetzt …! Verzweifelt warf er die Hände hoch, und Tränen rollten ihm über die fleischigen Wangen.

»Meine Herren«, sagte er, »finden Sie es nicht schrecklich, wie zerstört Deutschland ist? Haben Sie auch schon die furchtbare Nachricht gehört, die heute morgen im Radio kam? Mein Gott, der Feind soll ja schon in Münster sein. Ich bin sprachlos.«

## 55

Als wir tags darauf Münster erreichten, waren auch wir sprachlos, wenngleich aus einem anderen Grund als der Bürgermeister von Hamborn. Münster, bekannter Bischofssitz und Stadt des Westfälischen Friedens, bestand nur noch aus gespenstischen Ruinen. In meinen Augen war dieser verwüstete Ort ein passendes Mahnmal zur Erinnerung an ein Land, das den Krieg anbetete.

Auf den Fernstraßen war lebhafter Verkehr. Nach Osten ergoß sich Kriegsmaterial, nach Westen fuhren Gefangenentransporte. Auf den offenen Lastwagen standen dicht gedrängt die deutschen Landser, sie lachten und winkten oder starrten nur fassungslos auf den Strom amerikanischen Kriegsgeräts. Je weiter wir in das Innere Deutschlands vordrangen, desto auffälliger wurde der Unterschied zwischen Stadt und Land. Paderborn lag in Trümmern, doch die Umgebung war unversehrt. Die kleinen westfälischen Ortschaften lagen friedlich in einer malerischen Landschaft. Frauen arbeiteten auf den fruchtbaren Feldern, und überall weideten fette Kühe. Wir kamen durch Städte und Dörfer, ohne einen einzigen amerikanischen oder deutschen Soldaten oder irgendwelche Ordnungshüter zu sehen. Überall rechneten wir mit Scharfschützen, und fast immer begegneten uns die Leute mit einem Kopfnicken und gelegentlich auch mit einem Lächeln. Kinder winkten uns zu, und ältere Leute schienen erleichtert zu sein. Aus den Häusern hingen weiße Tücher.

Militärischen Widerstand erlebten wir nur in Form von Propagandaparolen an Häuserwänden. Da hieß es TOD DEN EINDRINGLINGEN, ein andermal CLEMENCEAU FORDERTE 20 MILLIONEN, MORGENTHAU 50 oder UNSER HASS: ANGLO-AMERIKA. Aber all das klang eher kraftlos.

In Paderborn bogen wir von der Hauptstraße ab und fuhren durch abgelegene Ortschaften, durch die noch keine amerikanischen Truppen gekommen waren. Hier waren wir ganz allein, den Deutschen auf Gedeih und Verderb ausgeliefert, aber die Leute erwiesen sich als hilfsbereit und nicht feindselig. In einer Stadt fragten wir den Bürgermeister, ob es in seiner Gemeinde eine Schnapsbrennerei gebe. Seine Stimme überschlug sich fast vor Eifer, als er uns den Weg dorthin erklärte. In der Brennerei mußten wir uns einer lärmenden Menge von Zwangsarbeitern erwehren, die alle sehr durstig waren. Der Fabrikbesitzer schenkte uns einen gigantischen Krug und etliche Kisten ausgezeichneten Korn. Er hätte uns auch seinen ganzen Keller geschenkt, wenn wir ihn darum gebeten hätten. Mit diesem Vorrat in unserem Wagen sah das Leben gleich sehr viel schöner aus.

Das Wetter war phantastisch, und auf den Straßen waren viele Menschen zu Fuß unterwegs. Zwischen Lippstadt und Bielefeld hielten wir eine Gruppe von Männern an, die Rucksäcke trugen und in halbmilitärischer Formation marschierten. Nach ihrem Gang zu urteilen, konnten es eigentlich nur Deutsche sein. Ich hatte mich nicht geirrt. Ein Sprecher trat vor, salutierte respektvoll und teilte uns mit, daß sie aus Gelsenkirchen kämen und nach Bielefeld wollten und daß sie an diesem Tag bereits vierzig Kilometer zurückgelegt hätten. Langsam traten auch die anderen näher, sichtlich bemüht, unser Wohlwollen zu gewinnen, indem sie auf Hitler und den Krieg schimpften. Ob sie etwas gegen Hitler und den Krieg unternommen hätten? Nein, nein, riefen sie geradezu schockiert. Die amerikanischen Herren sollten nicht glauben, daß sie es mit Aufrührern oder ähnlichem Gesindel zu tun hätten. Aber wie sie denn jemals die Nazis loswerden wollten, köderte ich sie. Einer von ihnen, der sich als Sozialdemokrat bezeichnete, sagte: »Wir müssen nur den richtigen Mann finden.« Sie waren bereit für einen neuen Führer.

Als sie merkten, daß sie von uns nichts zu befürchten hatten, fingen sie plötzlich an, lautstark über die ausländischen Arbeiter herzuziehen. Die Russen und Polen, wetterten sie, seien Räuber und Diebe und verhielten sich nicht anständig. Die »Ostarbeiter« würden die Deutschen sogar beleidigen. »Das gehört sich nicht«, sagte der Sprecher der Gruppe. Wir fragten sie scharf, ob es stimme, daß die Russen und Polen jahrelang wie Sklaven, wie Vieh behandelt worden seien und ob die Deutschen nicht Rußland und Polen überfallen und zerstört hätten. Jedesmal nickten sie und riefen: »Richtig, richtig!« Ihre Unterwürfigkeit war ekelhaft.

Später begegneten wir einer regelrechten Völkerwanderung. Tausende, Zehntausende und schließlich Millionen befreiter Sklaven kamen aus Bauernhöfen, Fabriken und Bergwerken und ergossen sich auf die Landstraßen. Ihre jämmerliche, bisweilen groteske Aufmachung zeugte von ihrem elenden Schicksal. Sie trugen gestreifte Häftlingskleidung oder zerschlissene Uniformen ihrer besiegten Armeen oder schlicht Lumpen. Am Straßenrand lagen immer wieder dreckstarrende, stinkende Bündel, derer sich die Sklaven entledigt hatten, sobald sie etwas Besseres gefunden hatten. Jeder kleine Haufen, dachte ich, war ein kleines Denkmal zur Erinnerung an deutschen Größenwahn.

Nie werde ich die Gesichter der befreiten Zwangsarbeiter vergessen. Hier, auf einer deutschen Fernstraße, zogen alle Rassen und Völker Europas entlang – Mongolen und Kaukasier und nordische Typen, blonde und braune, mit langen und runden Köpfen. Bis auf die Juden waren alle vertreten. Die Juden, sechs Millionen, Kinder und Frauen und alte Männer, waren Asche in den Verbrennungsöfen und Knochen in den Leichenhäusern. Diese befreiten Männer und Frauen und jungen Burschen und Mädchen starrten uns mit hungrigen Gesichtern an, und in ihren Augen war ein bestimmter Ausdruck. Es war Haß. Nicht auf uns, eher auf die Welt, die zugelassen hatte, daß ihnen diese Dinge angetan wurden. Vor allem aber Haß auf die Deutschen – auf das ganze deutsche Volk, nicht nur auf die Nazis. Sie brachten den Deutschen einen beispiellosen und beispiellos verdienten Haß entgegen. Doch erstaunlicherweise kam es nicht zu Ausschreitungen und kaum zu Racheakten. Jahrelange Unterdrückung und Unterernährung hatte diesen Menschen alle Kraft geraubt. Sie nahmen sich nur die allernötigsten Nahrungsmittel und Kleidungsstücke. Im allgemeinen verhielten sie sich vergleichsweise so ordentlich, daß ich mich ihrer fast schämte. Ich hatte eine Vergeltungsorgie erwartet und erlebte nun, daß hier und da etwas stibitzt wurde.

Die Fügsamkeit der befreiten Zwangsarbeiter hatte vielleicht mit ihrem Nationalcharakter zu tun. Nachdem ich mit diesen Leuten mehrere Tage gesprochen und sie beobachtet hatte, kam ich zu verblüffenden Schlußfolgerungen. Ich fand, daß die Polen besonders aggressiv und die Franzosen besonders gutmütig waren.

Die Russen erzählten alle die gleiche Geschichte. Ob Kriegsgefangene oder Arbeitssklaven, alle waren geschlagen und geschunden worden und hatten ohne Lohn, ohne Rechte und bei kärgster Kost schuften müssen. Sie sprachen gebrochen Deutsch. Ihre Gesichter waren typisch slawisch, ihre Körper kurz und gedrungen. Sie hatten alle etwas Bäuerliches, und ich gewann den Eindruck, daß die Intellektuellen unter ihnen entweder von den Nazis vernichtet oder schon vorher von den Sowjets in Sicherheit gebracht worden waren. Diese gleichmütigen, einfachen Leute wurden von den Deutschen als »stur« bezeichnet und wie Vieh behandelt. Doch sie waren alles andere als dumm, und sie hatten ein langes Gedächtnis. Man mußte nur auf sie zugehen und ihr Vertrauen gewinnen, dann entdeckte man, welches Feuer in ihnen brannte.

Ich glaube, wenn die Kommunisten ihnen in Deutschland Orientierung geboten hätten, diese Leute hätten furchtbare Rache an den Deutschen genommen. Aber niemand gab ihnen Befehle. Jeder Gruppe von Russen, ob Männer oder Frauen, jung oder alt, stellte ich immer dieselbe Frage: »Was soll jetzt mit den Deutschen geschehen?« Es kam immer die gleiche Antwort. Manche fuhren sich mit dem Zeigefinger über die Kehle und sagten: »Kaputtmachen.« Andere sagten: »Man soll sie so behandeln, wie sie uns behandelt haben.«

Die Polen äußerten und verhielten sich sehr viel vehementer, zogen plündernd durch die Gegend und schlugen viele Deutsche halbtot. Sie waren meistens so wutgeladen und kampfeslustig, daß es eine Freude war, ihnen zuzuhören.

Die Franzosen dagegen erfüllten einen nicht mit Stolz. Daß viele von ihnen die zerschlissenen Uniformen von 1940 trugen, erschien mir symbolisch. Fünf Jahre Gefangenschaft hatten nicht das geringste an der moralischen Schwäche und dem Defätismus geändert, der sich in Frankreich unter den Pétains und Lavals ausgebreitet hatte. Im Frühjahr 1945 hatten die französischen Kriegsgefangenen in Deutschland genausowenig Widerstandsgeist wie die französische Armee im Frühjahr 1940. Die grandiose Wiedererweckung französischen Kampfesgeistes unter den deutschen Besatzern hatte sie ebensowenig erreicht wie die heroischen Taten des Maquis. Diese Franzosen waren einfach Sklaven, besiegt und kraftlos.

Sie hatten den ganzen Krieg über in deutschen Fabriken und Betrieben und auf Bauernhöfen gearbeitet und behaupteten nicht einmal, Widerstand geleistet oder Sabotage verübt zu haben. Eine Gruppe erzählte, daß sie in einer Gießerei im Ruhrgebiet gearbeitet hätten und daß das Essen nicht gut gewesen sei. Ich fragte: »Warum habt ihr gearbeitet? Nach dem Völkerrecht brauchen Kriegsgefangene nicht zu arbeiten, wenn sie nicht wollen.« Sie erwiderten: »Die Deutschen haben es befohlen.« »Und warum habt ihr nicht protestiert?« »Wie denn protestieren?« erwiderten sie.

Auch Sabotage oder Bummelei sei unmöglich gewesen. Sie klangen genau wie deutsche Arbeiter. Warum sie nicht den Mut gehabt hätten, etwas gegen den Feind zu unternehmen? »Jeder zehnte Fabrikarbeiter war ein Spitzel«, antworteten sie. Unwirsch sagte ich, daß sie, französische Soldaten, jahrelang für den Feind gearbeitet hätten, während alliierte Soldaten, darunter auch Franzosen, gegen die *Boches* gekämpft und ihr Leben gelassen hätten. Wortreich erklärten sie, daß irgendwelche Aktionen viel zu gefährlich gewesen wären. Ich sagte: »Die französischen Widerstandskämpfer hatten keine Angst, für das Vaterland zu sterben.« Die Franzosen guckten ratlos und brummten mißvergnügt: »Wir haben es nicht gewagt. Wir haben uns einfach nicht getraut.«

In einer anderen Stadt, die tags zuvor eingenommen worden war, sprach ich auf der Straße ein paar Franzosen an. Sie bedienten sich eifrig von den Zigaretten, die ich ihnen anbot, und schließlich bat ihr Anführer um die Erlaubnis, mir eine Frage stellen zu dürfen. »*Monsieur*«, sagte er, »stimmt es, was unser deutscher Chef sagt, daß wir noch ein halbes Jahr in seinem Betrieb weiterarbeiten müssen?«

Erstaunt über soviel Servilität, sagte ich: »Was war denn gestern hier los?«

»Die Amerikaner sind gekommen.«

»Und? Sind die Amerikaner eure Feinde?«

»*Mais non!* Die Amerikaner sind unsere Verbündeten.«

»Warum kuscht ihr dann vor eurem deutschen Chef? Ab sofort haben wir hier das Sagen, ihr seid frei, ihr könnt tun, was ihr wollt.«

»*C'est vrai, Monsieur?*« fragte er höflich und nicht übermäßig enthusiastisch.

Ich sagte, sie könnten zurückgehen und den Betrieb übernehmen oder auseinandernehmen oder einfach nur tun, wozu sie Lust hätten. Sie hielten das für einen Scherz, lächelten skeptisch, salutierten und trotteten weiter – sehr sittsam, sehr höflich.

Französische Kriegsgefangene errichteten entlang den Hauptstraßen Notunterkünfte, um dort auf ihre Repatriierung zu warten.

Wir besuchten eines dieser Camps, in dem Hunderte von Männern kochten, ihre Uniform flickten oder ihre Wäsche wuschen. Ausgelassen umringten sie uns und sprachen alle durcheinander. Wir verteilten Zigaretten und fragten, was sie am liebsten tun würden. Auf solche Fragen antworteten Russen und Polen meistens: »Es den Deutschen heimzahlen.« Diese lachenden Franzosen riefen: »Wir wollen nach Hause.« Und was wollten sie dort vor allem? »Champagner und Frauen«, brüllten sie. Und dann? Wir dachten, sie würden vielleicht sagen, daß sie eine Welt aufbauen wollten, in der es keinen Krieg und keine Unterdrückung mehr gäbe. Sie lachten und riefen: »Wein trinken und *faire l'amour*!«

Sie johlten, aber irgendwie fand ich die Szene nicht sehr komisch.

»Die Franzosen«, sagte mir ein Offizier der Besatzungsbehörde, »sind im Grunde ganz okay. Von allen Ausländern benehmen sie sich am besten, und sie geben hervorragende Hilfspolizisten ab. Ich wünschte, die anderen Displaced persons würden sich genauso diszipliniert verhalten wie sie.«

Die Deutschen klagten unablässig über die »Ostarbeiter«, denen sie vorwarfen, sie würden Hühner stehlen, Wohnungen plündern und keinen Respekt vor der Herrenrasse haben. Besatzungsoffiziere ließen sich von diesen Klagen beeindrucken und ergriffen Partei für die Deutschen, gegen die halbverhungerten Sklaven. Bis in das Alliierte Hauptquartier sprach sich herum, die befreiten Zwangsarbeiter würden randalierend und plündernd durchs Land ziehen, so daß man richtig den Eindruck gewinnen konnte, als würde Deutschland von einer modernen Landsknechtsplage heimgesucht. Radio Luxemburg und die BBC gingen auch tatsächlich in diese Falle und richteten drohende Appelle an die ausländischen Arbeiter, vor allem Polen und Russen, ihr Tun zu unterlassen. Das war der krönende Schlußakkord der deutschen Propaganda, ihr allerletzter Coup, und Goebbels, der zu dieser Zeit noch lebte, dürfte sich ins Fäustchen gelacht haben.

In meinem Bericht an das Hauptquartier wies ich darauf hin, daß die geschundenen Polen und Russen sich nur das Allernötigste nähmen und keineswegs randalierten. In Anbetracht der Umstände verhielten sie sich eher zu gutmütig. Die eigentlichen Plünderungen gingen auf das Konto amerikanischer Soldaten und deutscher Zivilisten. Ich faßte meine Erkenntnisse folgendermaßen zusammen: »Es steht außer Zweifel, daß in Deutschland geplündert wird. Es gibt drei Kategorien von Plünderern: Amerikaner, Deutsche und ausländische Arbeiter. Die Amerikaner stehlen Schnaps und tragbare Souvenirs wie etwa Waffen, Fotoapparate, Ferngläser, Schmuck, Silber usw. Die Deutschen stehlen alles, was sie finden, weil es in den Geschäften nichts zu kaufen gibt.

Die ausländischen Arbeiter beschränken sich auf Nahrungsmittel und Kleidungsstücke, auf das, was sie zum Leben brauchen, gelten aber als die wahren Übeltäter.«

▮ Eines Abends gelangten wir in der Nähe von Paderborn zu einem Schloß, wo wir hofften, die Nacht verbringen zu können. Allerdings war kurz vor uns eine Kompanie amerikanischer Panzerinfanteristen eingetroffen, die sich gerade anschickten, hier Quartier zu nehmen. Der Kommandeur bat die Besitzerin, zwei Etagen zur Verfügung zu stellen, doch die Baronin von Zitzewitz, eine arrogante Dame, lehnte ab. »Na schön«, bellte der Major, »dann befehle ich Ihnen, das Gebäude auf der Stelle zu verlassen.« Die Baronin, die im Dorf nur »die alte Hexe« hieß, räumte daraufhin wutschnaubend ihr Anwesen, und die GIs zogen ein.

Mit Erlaubnis des Majors suchten wir uns eine Ecke, wo wir unsere Schlafsäcke ausrollen konnten. Leider hatte das Schloß einen Weinkeller, den die Infanteristen mit untrüglichem Instinkt auch sofort entdeckten. Der Champagner begann zu fließen, und allmählich wurde es laut. Joe, der seine Erfahrungen mit GIs hatte, lief hinaus und nächtigte in unserem Auto, um es vor den Betrunkenen zu schützen, die sich in den Kopf gesetzt hatten, das Fahrzeug aus lauter Jux zu demolieren. Wir anderen nahmen unsere Schlafsäcke, gingen hinaus in die Nacht und suchten uns ein ruhigeres Plätzchen.

Im Schloßpark befand sich ein kleines Nebenhaus. Wir klopften und klopften, und schließlich ging die Tür vorsichtig auf, und ein weibliches Gesicht spähte heraus. Nach längeren Erklärungen durften wir eintreten und bekamen das ganze Erdgeschoß zum Übernachten zugewiesen. Die Bewohner des Hauses, ein deutscher Ingenieur und seine Frau, erkannten, daß sie von uns nichts zu befürchten hatten, und waren sichtlich erleichtert, daß wir sie vor den marodierenden Panzerinfanteristen schützten. Der Mann hatte als Offizier in der Wehrmacht gedient, und seine Frau war eine Dame der Berliner Gesellschaft. Beide waren erzkonservativ, antidemokratisch, vermutlich Parteimitglieder. Unter Hitler war es ihnen gutgegangen, und die Überlegenheit Deutschlands und der deutschen Kultur stand für sie außer Frage. Uns gegenüber waren sie sehr höflich, aber sie machten keinen Hehl daraus, daß sie uns als Feinde betrachteten.

In aller Frühe standen wir auf und gingen nach draußen, um zu sehen, was Joe machte und ob unser Auto noch da war. Joe schlief, und der Wagen war heil. Die Kompanie war schon abgezogen. Wir gingen in das Schloß und stellten fest, daß es, in Anbetracht der Umstände, dort ganz manierlich aussah. Bis auf leere Gläser und leere Flaschen, die überall herumlagen, deutete nichts darauf hin, daß dort eine Kampfeinheit übernachtet hatte. Einrichtungsgegenstände, Möbelstücke und Gobelins waren nicht beschädigt.

Ich ging hinaus in den Park. Die aufgehende Sonne tauchte den Ort in ein bukolisches Licht, und ich kam mir, allein inmitten dieser romantischen Pracht, für einen Moment wie ein Fürst vor, der auf seinen Besitz blickt. Dann fing alles an. Eine junge Frau aus dem Dorf trat durch das Tor, kam näher, warf mir einen vielsagenden Blick zu und fragte leise, ob sie sich ein Messer aus dem Schloß holen dürfe. Warum sollte die Arme sich nicht ein Messer holen? Ich nickte.

Kurz darauf kamen ein paar Knirpse angerannt und fragten den »Herrn Kommandanten«, ob sie sich ein paar Taschenmesser aus dem Schloß besorgen dürften. Warum nicht? Noch bevor ich ja gesagt hatte, liefen sie schon weiter. Wenig später kreuzte eine Gruppe älterer Frauen auf, die den »Herrn Oberst« (auf einmal war ich Oberst!) baten, sich ein paar Gabeln aus dem Schloß besorgen zu dürfen. Es ging mich wirklich nichts an, dachte ich und zuckte mit den Schultern. Auch sie verschwanden im Gebäude. Dann kamen noch mehr Frauen, die den »Herrn General« baten, sich ein paar Löffel holen zu dürfen. Dieser plötzliche Ansturm auf Messer, Gabel und Löffel irritierte mich, und da ich nicht sofort antwortete, betrachteten auch sie mein Schweigen als Zustimmung. Am Tor bemerkte ich jetzt eine große Ansammlung von Frauen und jungen Leuten, die neugierig herüberspähten. Als sie sahen, daß ich den anderen Frauen ihren Willen ließ, begann ein Massenansturm auf das Schloß. Die Leute winkten mir zu und bedachten die abwesende Baronin, die verhaßte »alte Hexe«, mit Spott und Hohn. Das ganze Dorf schien in das Schloß zu drängen.

Völlig perplex ging ich wieder hinein. Mir entbot sich ein Anblick wie aus der Französischen Revolution. Hunderte von Frauen und Kindern tobten durch das ganze Haus und nahmen alles mit, was nicht niet- und nagelfest war. Sie durchwühlten Kisten und Truhen, plünderten Schränke, räumten Kommoden leer. Alles lag verstreut auf dem Fußboden, alter Besitz, den sie habgierig zusammenrafften. Frauen liefen mit vollen Armen die Treppen hinunter, andere kamen mit Taschen und Körben herbeigeeilt und schafften – von Schuhen über Gabeln und Bettzeug bis hin zu Konservendosen – alle möglichen Sachen fort. Ihre Augen glänzten. Sprachlos stand ich da, dann brüllte ich den Plünderern zu, sie sollten sofort verschwinden. Es war töricht, denn ich war ganz allein, sie waren zu Hunderten, und ich hatte weder die Autorität noch eine Waffe, um meinen machtlosen Worten Nachdruck zu verleihen. Und außerdem, was ging es mich an. Sie sahen mich mit Augen an, in denen Angst mit Habgier kämpfte, zogen sich aber, schwer beladen, allmählich zurück.

Während ich am Haupteingang stand und die Plünderer davonjagte, kam der Ingenieur, in dessen Haus ich die Nacht verbracht hatte, um zu schauen, was los war. Beim Anblick der Frauen schüttelte er den Kopf. »Diese elenden Russinnen«, sagte er verächtlich, »sie ruinieren uns noch.« »Von wegen Russinnen!« fuhr ich ihn an. »Das sind Ihre Landsleute und Nachbarn!« Ich forderte ihn auf, sich genau im Schloß umzusehen. Als er die vielen Sachen herumliegen sah, Pelze und Seidenstoffe und Silber und Bestecke, leuchtete in seinen Augen die Gier auf, und auch er, der stolze Wehrmachtsoffizier, kniete nieder und begann, sich schamlos zu bedienen. Er nahm, was er tragen konnte, und lief hinaus, ohne mich noch einmal anzusehen. In diesem Moment erschien seine schlanke, aristokratische Frau und sagte mit einem zynischen Lächeln: »Aha, die Russen haben wieder geplündert.« Ich packte sie am Arm und rief: »Zeigen Sie mir einen einzigen Russen hier im Schloß!« Ich zwang sie, mich durch sämtliche Zimmer zu begleiten. Wir trafen keinen einzigen Ausländer an. Sie murmelte: »Aber sie müssen es gewesen sein.«

So wurde das Schloß der Familie von Zitzewitz geplündert.

## 56

Als wir die Weser erreichten, wurde ich wegen eines Sonderauftrags nach Luxemburg zurückgerufen, so daß ich eine Woche spektakulärer Vorstöße nicht miterlebte. In dieser Woche ereignete sich auch etwas Trauriges. Der luxemburgische Zahnarzt, in dessen Haus ich untergebracht war, klopfte eines Morgens und kam aufgeregt herein. »Haben Sie die schreckliche Nachricht schon gehört?« fragte er. Ich verneinte. »Vergangene Nacht ist ihr Präsident gestorben«, sagte er mit einem Kloß im Hals. Ich konnte nur »Mein Gott!« sagen, aber der Luxemburger brach in Tränen aus. »Wir haben einen Freund verloren, unseren besten Freund. Die ganze Menschheit hat in Ihrem großen Präsidenten einen Freund verloren!«

Wir drei, Laudy Lawrence, Gittler und ich, kehrten dann wieder nach Deutschland zurück. Unser Plan war, Verbindung mit den Russen aufzunehmen und so lange mit den kämpfenden Truppen vorzustoßen, bis alles vorbei war. Ich ahnte, daß in den nächsten Wochen die Entscheidung fallen würde, und führte deshalb Tagebuch. Die erste Eintragung lautete: »Wir verlassen Luxemburg, überqueren bei Trier die Mosel.« Die letzte Eintragung lautete: »Heute ist *V-E Day*. Wir verlassen Deutschland, überqueren bei Mainz den Rhein.« Zwischen diesen beiden Eintragungen ist eine ganze Menge passiert.

Der Krieg schien das Moseltal nicht berührt zu haben, die Weinberge, die sich endlos dahinzogen, machten einen gepflegten Eindruck, und die malerischen kleinen Städte lagen still in der Frühlingssonne. Als wir in Hermeskeil hielten, um ein Brot zu kaufen, wurden wir sofort von einer Kinderschar umringt. Auf meine Frage, weshalb sie nicht in der Schule seien, antworteten sie, daß sie seit 1944 nicht mehr zur Schule gingen. Ein vielleicht Zwölfjähriger erzählte, er habe gerade im Radio gehört, daß Leipzig und Nürnberg gefallen seien. Ob er traurig sei? »Der Krieg geht trotzdem weiter«, sagte er auftrumpfend. Ich sagte: »Du wirst bestimmt mal ein guter Soldat, wenn du groß bist, stimmt's?« »Hoffentlich«, antwortete er.

Bei Bingen fuhren wir über den Rhein. Abgesehen von den zerstörten Brücken, sah die Landschaft friedlich aus. In Wiesbaden, einer kaum zerstörten Stadt, wimmelte es von gutgekleideten deutschen Zivilisten. Es gab viele hübsche Mädchen, die uns offen und einladend anlächelten. Im Offizierskasino wurden wir von befreiten Polinnen bedient. Eine sagte: »Ich habe gar keine Lust, nach Hause zurückzukehren, jetzt, wo die Russen da sind.« Eine Kollegin tadelte sie: »Dieses ganze Gerede über die Russen ist doch bloß deutsche Propaganda – Lügen, wie alles, was die Deutschen sagen.« Eine dritte nickte.

Die Straße nach Frankfurt war ausgezeichnet. Die Städte waren mit weißen Fahnen geschmückt, Frauen winkten uns zu, Jugendliche machten das V-Zeichen. Alles schien unwirklich. Wo waren die Werwölfe, die fanatischen Nazis, die patriotischen Widerständler? Frankfurt war zerstört, der Bahnhof, die Kronprinzenstraße, die Hohenzollernstraße, der Dom, alles war ziemlich kaputt, aber insgesamt machte die Stadt keinen so schlimmen Eindruck wie Köln, Münster oder Aachen.

Bad Nauheim, wo Rundstedt sein Hauptquartier errichtet hatte, war unzerstört. In den prächtigen Hotels gab es elektrisches Licht, warmes Wasser und sauberes Bettzeug. Hier wohnten reiche, evakuierte Zivilisten, die täglich zwölf Mark für Kost und Logis bezahlten. Die großen Luxushotels dienten als Quartier für verwundete deutsche Soldaten. Rekonvaleszenten gingen unbekümmert auf den Straßen spazieren. Es war schon merkwürdig, lauter Wehrmachtsuniformen zu sehen. Jeder Amerikaner wurde von den deutschen Soldaten zackig gegrüßt – was überaus peinlich war, da man einerseits nicht so unhöflich sein wollte, ihren Gruß zu ignorieren, ihn andererseits aber auch nicht erwidern wollte. Ich löste das Dilemma, indem ich wegschaute, sobald sich ein deutscher Soldat näherte.

Der Direktor des Hotels Bristol, wo wir eine luxuriöse Nacht verbrachten, gab Hitler die Schuld für den Krieg: »Hitler hat angefangen«, sagte er erregt. Wir fragten ihn, woher er das wisse. »Ich sage Ihnen, wenn der englische Premierminister und der französische Ministerpräsident nach Deutschland kommen und klein beigeben, dann ist doch offenkundig, daß sie ehrlich Frieden wollen. Trotzdem brach dann der Krieg aus. Wer trägt dafür die Verantwortung? Doch nur einer – der deutsche Führer!«

▌In Altefeld, einem Dorf im tiefsten Deutschland, widmete man sich ausschließlich der Pferdezucht für die Wehrmacht. Der zuständige Stabsveterinär begrüßte uns höflich und zeigte Laudy Lawrence (der Ausschau nach einigen seiner Pferde hielt, die ihm die Deutschen in der Normandie gestohlen hatten) seine Stutbücher, in denen berühmte Namen von Pferden und deren Abstammung bis in die ich weiß nicht wievielte Generation verzeichnet waren. Es gab hier Rassepferde, deren Stammtiere aus den berühmtesten Ställen Europas zusammengestohlen worden waren.

Während die beiden Männer in einem mir unverständlichen Jargon fachsimpelten, kam ein junger polnischer Stallbursche näher. Sein Deutsch war nicht besser als mein Polnisch, doch irgendwie schafften wir es, uns zu verständigen. Er erzählte, daß im Dorf eine Kolonie polnischer Pferdepfleger wohne. Dann begann er, hinter vorgehaltener Hand auf die Deutschen zu schimpfen. Ich erklärte ihm, daß die

Gegend von uns eingenommen sei, er und seine Freunde könnten gehen. In diesem Moment wurde mir klar, daß es Menschen gibt, deren Liebe zu Pferden größer ist als ihre Freiheitsliebe.

»Das geht nicht«, sagte er. »Außer uns gibt es niemanden, der die Pferde versorgt. Wenn wir gehen, krepieren die armen Tiere.«

Ich sagte, daß Millionen Menschen gestorben seien – ob es da auf ein paar Tiere ankäme.

»Einige gehören uns«, sagte der Pole. »Die Deutschen haben der polnischen Kavallerie die besten Pferde gestohlen und hierher gebracht.«

»Warum nehmt ihr sie nicht wieder mit zurück?«

»Wir haben keine Transportfahrzeuge.«

»Reitet sie nach Polen«, schlug ich vor.

»Auf den geteerten Straßen?« rief er entsetzt. »Das würde kein Rassepferd aushalten.«

»Dann bleibt ihr also lieber in der Sklaverei?«

»Wir müssen. Die Pferde brauchen uns.«

In diesem Moment fuhr eine amerikanische Militärlimousine vor. Ihr entstiegen ein arroganter deutscher Zivilist im eleganten Kamelhaarmantel sowie sein »Bewacher«, ein US-Offizier, der das Abzeichen einer Fallschirmjägerdivision am Ärmel trug. Der Offizier, der den Deutschen außerordentlich respektvoll behandelte, fragte uns, was wir hier machten. Wir stellten ihm dieselbe Frage. Er erklärte, daß er Baron von Oppenheim begleite, den angesehenen Frankfurter Bankier und Pferdezüchter, der nach seinen Pferden suche, die ihm die Gestapo gestohlen habe. Der Baron stand herrisch da und verachtete uns alle. Ich kochte innerlich vor Erregung. Wieso wurde einem Deutschen ein US-Militärfahrzeug mit amerikanischem Benzin inklusive amerikanischem Chauffeur und Begleitoffizier zur Verfügung gestellt, damit er in ganz Deutschland nach seinem Privatbesitz suchen konnte? Ich zückte mein Notizbuch und trat vor die Limousine, um das Kennzeichen zu notieren. Der Offizier fuhr mich wütend an: »Unterstehen Sie sich, die Nummer aufzuschreiben!« Ich steckte das Notizbuch wieder ein und sagte: »Keine Sorge. Ich merke sie mir auch so.« Kennzeichen und Datum habe ich dann später aufgeschrieben. Das Fahrzeug gehörte zur Militärkommandantur in Köln. Es war mit dem deutschen Baron, der nach seinen Rassepferden suchte, schon ziemlich weit herumgekommen.

»Muß schön sein, ein Baron zu sein«, sagte Joe versonnen.

▌In Eisenach war in einer großen Fabrik an der Bahnstrecke ein provisorisches Camp mit befreiten Gefangenen eingerichtet, hauptsächlich Franzosen, die aufgeregt den Rücktransport in die Heimat erwarteten. Mir fiel ein hochgewachsener, kräftig gebauter Bursche mit blonden Stoppelhaaren auf, der einen amerikanischen Militärmantel trug und einsam und mit unglücklichem Gesicht an einem Bretterstapel lehnte. Ich fragte ihn auf Deutsch, was ihn bedrücke. »Ich nix verstehn«, sagte er mit unverkennbar russischem Akzent. Ich reichte ihm die Hand, die er nahm und so freundschaftlich schüttelte, daß ich fast aufgeschrien hätte.

Mit vereinten Kräften brachten wir – er mit seinem gebrochenen Deutsch, ich mit meinem anämischen Russisch – ein Gespräch zustande. Er war Leutnant in der sowjetischen Luftwaffe und ein paar Monate zuvor über Ostpreußen abgeschossen worden, seine Kameraden hatten die Deutschen gefoltert und ermordet. Er selbst wurde von Lager zu Lager geschleppt, war mißhandelt und gefoltert worden, doch seinen kräftigen Körper hatten die Deutschen nicht brechen können. In der Nacht zuvor war er aus seinem Gefangenenlager geflohen und hatte sich zu den Amerikanern durchgeschlagen.

Ich bot ihm eine Zigarette an, die er zu meiner Überraschung jedoch ablehnte. Er habe reichlich Zigaretten, sagte er und zeigte mir mehrere amerikanische Packungen, die er offensichtlich von freundlichen GIs geschenkt bekommen hatte. Auf meine Frage, ob ihn die Amerikaner gut behandelt hätten, sagte er nur: »Nix gut.« Als ich ihn bat, sich näher zu erklären, trug er eine Klage vor, die sich immerhin durch

Ungewöhnlichkeit auszeichnete. Ich werde sie, so weit wie möglich, in seinem eigenen Tonfall wiedergeben.

»Ich sage zu Amerikaner, ich Offizier von Rote Armee. Amerikaner sagen *okay Russki*, geben mir Chand, schlagen mir auf Schulter. Ich sage *charascho towarischtschi amerikanzi*. Ich esse mit Offiziere, sie sagen, mehr essen, mehr essen. Ich esse, sie sagen: Essen, essen, essen. Ich esse. Amerikaner mir geben Schokolad, mir geben *papirosy*, alle mir geben *papirosy*. Mir geben Mantel, Chemd, Seife. Und ganze Zeit sie sagen: Essen, essen, essen.« Er schüttelte den Kopf. Nach einer Weile fuhr er fort: »*Towarischtschi amerikanzi* mich bechandeln nix gut.«

Diese russische Psychologie war mir etwas zu dunkel. Ich fragte ihn, was denn schlecht sei an Essen und Zigaretten und Schokolade und Kleidung.

Er antwortete: »Genossen von Rote Armee hier in Gegend. Ich sage zu Amerikaner, ich will zu meine Genossen. Sie sagen: *Njet, njet*. Sagen: Du bleiben, essen, du schlafen. Aber meine Genossen kämpfen *Njemzew*. Ich will gehen sofort, auch *streljat Njemzew*. *Amerikanzi* sagen *njet*. Ich will Gewehr, *Amerikanzi* mir geben Schokolad. Pah!«

Er flehte mich an: »Will gehen *bitj Njemzew. Pomogaitje mnje!*«

Ich erklärte ihm, daß ich ihm leider nicht helfen könne, daß die Rote Armee aber rasch vorstoße und daß er noch viele Gelegenheiten haben werde, gegen die Deutschen zu kämpfen. Er machte ein unwilliges Gesicht. Es sei schade um jede Minute, die er nicht im Kampf gegen die Deutschen verbringe, sagte er gequält.

▌In Eisenach trafen wir Oberstleutnant Louis Huot, den PWD-Chef der 3. Armee. Er berichtete uns von den Schrekken des Lagers Buchenwald, das gerade befreit worden war, vom Lagerkommandanten Koch, einem Päderasten, der mit einer Nymphomanin verheiratet war. Frau Koch suchte sich Häftlinge aus, die die Nacht mit ihr verbringen mußten und am nächsten Morgen ermordet wurden. Am liebsten waren ihr tätowierte Männer, deren Haut sie zu Lampenschirmen verarbeiten ließ. Einige grausige Exemplare sollte ich später in Buchenwald sehen.

▮ Am selben Abend erreichten wir, unweit von Weimar, dem Symbol und Inbegriff deutscher Kultur, das Lager Buchenwald. Hier, in einem Umkreis von wenigen Kilometern und im Schatten des Todesgeruchs, offenbarte sich die ganze deutsche Geschichte. Zwischen Weimar und Buchenwald erfüllte sich das Schicksal der Deutschen. Zwischen Weimar und Buchenwald führte der Weg von der Wissenschaft zur Barbarei, zur wissenschaftlich betriebenen Barbarei.

Inzwischen war es stockdunkel geworden, und wir hofften, im Lager übernachten zu können. Im Büro des Lagerkommandanten trafen wir einen US-Major an, der, ganz allein, mit unbeschreiblichen Problemen konfrontiert war. Er konnte kaum helfen, aber sein Mitgefühl für die Opfer entschädigte für die fehlenden materiellen Möglichkeiten. Auf seinem Schreibtisch stand eine Lampe mit einem Schirm aus Menschenhaut. Ein Rahmen, über den ein Stück tätowierte Haut gespannt war, lehnte daneben. Ringsum Aktenschränke mit Karteikarten sämtlicher Lagerinsassen, aller Gefolterten, Verhungerten, Ermordeten und Eingeäscherten. Die verschiedenfarbigen Karten trugen, je nach Nationalität, einen Buchstaben – »J« für Jude, »P« für Pole, »F« für Franzose. Verzeichnet waren: Name, Alter, Konfession, Staatsangehörigkeit, Rasse, Gewicht, Körpergröße sowie Haarfarbe. Rechts oben in der Ecke stand »Todesursache: Lungenentzündung« beziehungsweise »Herzschwäche«. Es gab nur diese beiden Möglichkeiten. Während ich die Karteikarten durchging, war mir, als berührte ich den Tod. Ich las die Namen von Männern und Frauen aller europäischen Nationen und Rassen. Ihr einziges Verbrechen hatte darin bestanden, daß sie keine Deutschen waren. Die Karten befanden sich in einer so tadellosen Ordnung, daß mir bei dem Gedanken an diese teuflische, kaltblütige Mordmaschinerie ein Schauder über den Rücken lief. Die deutschen Mörder waren solche Ordnungsfanatiker, daß sie diese Unterlagen nicht vernichteten, bevor sie die Flucht ergriffen. Deutsche denken sich nichts dabei, Menschen umzubringen, aber mit Dokumenten werden sie stets sorgsam und korrekt umgehen.

Wir verbrachten die Nacht in der ehemaligen SS-Kaserne auf verdreckten Pritschen. Unruhig wälzte ich mich in meinem Schlafsack hin und her. Ich bin kein grüblerischer Mensch, aber hier an diesem Ort, wo 52000 Gefangene liquidiert worden waren und noch immer Leichen herumlagen, hatte ich das Gefühl, als müßte ich ersticken.

Am Morgen gingen wir durch das Lager, in dem sich zaghaft wieder Leben zu regen schien. Das Krematorium war ausgefegt, aber die Öfen waren noch immer voller Asche und Knochen, und in einem lag ein verkohltes, krummes Skelett. Im Hof des Krematoriums waren Knochen und Asche zu ordentlichen Bergen aufgehäuft, daneben standen zahllose kleine Urnen für die sterblichen Überreste, die den Angehörigen gegen Bezahlung zugestellt wurden. Der Ertrag floß in denselben Fonds wie das Gold, das man den Opfern aus den Zähnen gerissen hatte.

In den Häftlingsbaracken stank es infernalisch nach Verwesung und Exkrementen. Kothaufen trockneten an der Luft. Die dreistöckigen Pritschen waren etwa anderthalb Meter breit. Auf jeweils einer Etage hatten fünf Personen gelegen, eng aneinandergedrückt, ohne Decke, nur in ihren übelriechenden Lumpen. In einer Baracke, die für etwa achtzig Personen gedacht war, hatte die SS eintausendachthundert Personen zusammengepfercht. Sie waren wie die Fliegen gestorben.

In Buchenwald starben täglich noch immer zwischen fünfzehn und zwanzig Personen. Es gab keine Rettung für sie. Unsere Militärärzte versuchten es mit intravenösen Injektionen, doch viele der Gerippe reagierten einfach nicht mehr. Sie lagen auf der Erde, versuchten zu lächeln, aber ihre Gesichter mit den weit aufgerissenen Augen waren nur noch Haut und Knochen. Das waren keine Menschen mehr, die uns flehend die skelettartigen Hände entgegenstreckten. Mir wurde übel.

Viele Häftlinge wanderten in ihrer gestreiften Uniform, die an einen Schlafanzug erinnerte, ziellos umher. Ein Mann trat zu mir, stellte sich als Pole vor, Lehrer aus Kattowitz. Er sei in vielen Lagern gewesen, auch in der Mordfabrik Auschwitz, wo drei Millionen, zum größten Teil Juden, vergast wurden. Die Stimme des Mannes, eines Katholiken, überschlug sich, wurde immer hysterischer, so daß ich ihm die Hand auf die Schulter legte, um ihn zu beruhigen. »Ich habe selbst gesehen, wie sie die Juden umgebracht haben. Allmächtiger Gott, wissen Sie, was es heißt, mit anzusehen, wie Menschen verbrannt werden? Sie waren Gottes Kinder wie wir. Gottes Kinder, wie alle anderen Menschen auch, mit Ausnahme der Deutschen.« Und er stieß so heftige Flüche über das deutsche Volk aus, wie ich sie noch nie gehört hatte. Er hob die Arme und rief zu Gott, er möge die Deutschen bestrafen, er möge jeden deutschen Mann, jede deutsche Frau und jedes deutsche Kind auslöschen, jedem lebenden Deutschen den Tod bringen, die Erde von deutschem Blut säubern. Fast hätte ich »Amen« gesagt, und die Tränen standen mir in den Augen.

In Buchenwald gab es nur einige hundert deutsche Häftlinge, zum größten Teil Kommunisten. Als Deutsche waren sie von der SS mit Sonderaufgaben betraut worden, hatten Privilegien genossen und in der Selbstverwaltung eine gewisse Machtposition innegehabt. Zwangsläufig hatten sie ihre eigenen Leute bevorzugt, und da sie im Rahmen ihrer Möglichkeiten wenig Spielraum hatten, mußten sie eine harte Linie verfolgen. Ausländische und nichtkommunistische Häftlinge gewannen daher den Eindruck, daß die kommunistischen Kapos das Spiel der SS spielten und im Grunde nicht viel besser waren als alle anderen Deutschen. Das stimmte nicht ganz. Die deutschen Kommunisten konnten noch kurz vor dem Eintreffen der Amerikaner einige Tausende von Häftlingen retten, indem sie ihnen zur Flucht verhalfen. Gelegentlich haben sie auch Juden das Leben gerettet. Trotzdem waren diese deutschen Kommunisten ein besonderer, sehr deutscher Menschenschlag.

Ich sprach mit einem kleinen deutschen Kommunisten, der der Lagerleitung angehört hatte; insgesamt dreizehn Jahre war er im KZ gewesen und hatte irgendwie überlebt. Ein Häftling, der auf seinem gestreiften Anzug ein großes »P« (Pole) trug, kam mit einem Armvoll Kleidern vorbei, die er offensichtlich in der Nachbarschaft gestohlen hatte. Der kleine deutsche Kommunist regte sich furchtbar auf und empörte sich über diesen Plünderer. Der Pole ignorierte ihn, aber ich fragte den Deutschen, weshalb ein ausländischer Zwangsarbeiter sich die Sachen, die er benötigte, nicht organisieren dürfe. »Ja«, brummte der Kommunist, »aber man muß ordentlich sein.«

Ich sagte, wenn er nicht selber unter den Nazis gelitten hätte, würde ich ihm eine runterhauen. Der Deutsche wich erschrocken zurück und wiederholte: »Man muß immer ordentlich sein.«

Ein belgischer Häftling, der in diesem Moment vorbeikam, fragte spöttisch, warum ich meine Zeit mit Deutschen verschwendete, und seien es Kommunisten. »Nur ein toter Deutscher ist ein guter Deutscher«, sagte er. Er erzählte uns – seine Information wurde von anderen Lagerinsassen bestätigt –, daß die deutschen Kapos in Buchenwald ein eigenes Bordell gehabt hätten. In einer kleinen Baracke hätten acht bis zehn junge Ausländerinnen sich den Deutschen als Prostituierte zur Verfügung stellen müssen. Das erschien mir als Gipfel der Obszönität.

Ein glatzköpfiger Alter näherte sich und fragte mit einem schiefen Lächeln, für wie alt ich ihn hielte. Um ihn nicht zu verletzen, sagte ich: »Etwa sechzig.« Er antwortete: »Ich bin neunundzwanzig. Meine Frau, meine beiden Kinder und meine Mutter sind in Auschwitz umgekommen. Ich bin Jude, ich komme aus Wien.«

Ich fragte ihn, wie er es geschafft habe, am Leben zu bleiben. »Ich bin Friseur«, sagte er. »Friseure haben sie immer gebraucht.«

Es entstand Schweigen. Ich wußte nie, was ich zu diesen Menschen sagen sollte. Worte erschienen so sinnlos. Schließlich meinte er: »Lassen Sie sich nichts vormachen. Glauben Sie mir, alle Deutschen sind gleich, ganz egal, was sie sagen.«

Ich bot ihm von meinen Zigaretten an, und zum Abschied meinte er: »Bitte sagen Sie den Amerikanern, daß die Deutschen nur Juden verbrannt haben. Nur Juden wurden verbrannt. Die Knochen und die Asche, alles von Juden.« Er sagte es emotionslos. In seinem Leben gab es keinen Platz mehr für Gefühle.

## 57

Von Buchenwald aus fuhren wir auf der Autobahn in Richtung Elbe, um dort, wie wir hofften, mit den Russen zusammenzutreffen. Am späten Nachmittag erreichten wir Halle, stellten aber fest, daß alle unzerstörten Quartiere von US-Truppen belegt waren. Also hieß es weitersuchen. Vielleicht würden wir auf einem Bauernhof übernachten können. Etwa zehn Kilometer von Halle entfernt stießen wir auf ein imposantes Schloß, das einladend aussah. Es gehörte, wie sich herausstellte, einem anhaltinischen Adligen, dem Grafen von Wuthenau, dessen Sohn uns gastfreundlich aufnahm. Wir schickten Joe ins Dorf, Eier zu besorgen, und machten es uns in den geräumigen Zimmern des alten Schlosses bequem.

Im Eßzimmer, in dem historische Gemälde und antike Waffen hingen, servierte uns ein befrackter Diener würdevoll unsere Spiegeleier. Wahrscheinlich hätte er die Teller fallen lassen, wenn er gewußt hätte, daß Joe, der mit uns am Tisch saß, nur ein einfacher Soldat war.

Wir tranken bei Kerzenschein gerade einen Verdauungskognak, als lautlos eine Tür in der Wandtäfelung aufging und der schlanke, weißhaarige alte Graf eintrat. In sorgfältigem Schulenglisch sagte er: »Guten Abend, meine Herren, ich bin Graf Wuthenau. Bitte verzeihen Sie mir die Unhöflichkeit, daß ich Sie nicht schon bei Ihrer Ankunft begrüßt habe. Ich hoffe, mein Sohn hat sich um alles gekümmert. Wenn Sie gestatten, würde ich mich gern zu Ihnen setzen und ein wenig mit Ihnen plaudern.«

Der alte Herr, eine zerbrechliche Erscheinung mit einem feingeschnittenen Gesicht, trat näher, setzte sich und ließ sich höflichkeitshalber einen Kognak einschenken, von dem er nur nippte. Er war tadellos gekleidet. Man sah ihm an, daß er den Eroberern möglichst würdevoll gegenübertreten wollte. Trotz seiner ausgezeichneten Manieren war er sichtlich nervös. In ihm kämpfte Würde mit Neugier, Patriotismus mit Genugtuung. Wir waren die ersten Amerikaner, die er seit Kriegsbeginn sah, und außerdem die Feinde seines Vaterlandes und zugleich Bezwinger eines Regimes, das er, wie er uns später gestand, verabscheute. Und vor allem war er natürlich unser Gastgeber.

Als wollte er sein Gewissen erleichtern und erklären, in welchem Dilemma er steckte, sagte er: »Ich bin deutscher General. Im letzten Krieg habe ich an der Somme eine Division befehligt. Ich bin fünfundsiebzig und seit vielen Jahren nicht mehr aktiv. Als dieser böhmische Gefreite die Macht ergriff, habe ich mich auf mein Gut zurückgezogen und mich die ganze Zeit meinen Pferden gewidmet. Ich war Präsident des Berliner Jockeyclubs. Ich kenne England gut und habe die Engländer immer bewundert. Leider ist mein Englisch nicht so gut. Ich habe seit Jahren kein Englisch mehr gesprochen, es fällt mir schwer, mich klar auszudrücken.«

Unseren Hinweis, daß wir Deutsch verstünden, nahm er mit Erleichterung auf. Nun könne man »von Offizier zu Offizier« reden. Er erklärte, daß er mit der österreichischen Kaiserfamilie verwandt sei (als Exschwager von Erzherzog Franz Ferdinand) und für die proletenhaften Nazi-Emporkömmlinge nur Verachtung übrig habe. Jahrelang habe er völlig zurückgezogen und nur für seine Pferde gelebt, und nach Kriegsausbruch habe er regelmäßig BBC gehört. Er habe nie an einen deutschen Endsieg geglaubt, und für den Krieg mache er ganz allein die Deutschen verantwortlich.

Deutschland solle bestraft, aber nicht gedemütigt werden. Immerhin entwickle sich Rußland zur mächtigsten Nation des europäischen Kontinents, und er bezweifle, daß es im Interesse der Westalliierten liege, eine Kulturnation wie Deutschland völlig zu zerstören.

Ich mußte an Buchenwald denken und an die Millionen Frauen und Kinder, die die Deutschen umgebracht, und an all die Vernichtungslager, die sie errichtet hatten, und konnte mich nicht beherrschen. »Herr General, Sie reden von Kultur. Wissen Sie von den Mordfabriken? Wissen Sie, was die Deutschen in Europa angerichtet haben?« Er wandte das schmale Gesicht zur Seite, senkte den Blick und sagte nach einer Weile, so leise, daß man ihn kaum hören konnte: »Ja, ich habe von den Greueltaten gehört. Ich ... ich schäme mich, ein Deutscher zu sein.« Dann erhob er sich. Er sei ein alter Mann, es sei schon spät, er wünsche den Amerikanern eine gute Nacht. Er verbeugte sich und ging zur Tür, die er leise hinter sich schloß.

Am nächsten Morgen, als wir unsere Sachen auf den Anhänger luden, kam der Sohn des Grafen mit einem deutschen Bauern vorbei, der sich laut darüber beklagte, daß in der Nacht eine Gruppe bewaffneter Polen in seinen Hof eingebrochen sei, ihm das Motorrad gestohlen und ihn obendrein verprügelt hätten. Der junge Graf wandte sich bitter an uns: »Da sehen Sie, was wir zu erdulden haben. Sie müssen etwas gegen diese Slawen unternehmen. Sie richten unser Land zugrunde.« Ich fragte den Grafen, weshalb die polnischen und russischen Arbeiter überhaupt in Deutschland seien. Er hatte sofort verstanden und wechselte rasch das Thema.

Wir waren jetzt in Mitteldeutschland, einer Region, in der die Nazis immer stark gewesen waren und wir mit schwelender Feindseligkeit rechnen mußten. In Delitzsch, das gerade von unseren Truppen besetzt worden war, verhielt sich die Bevölkerung unfreundlich. Nur die Kinder winkten, wenn auch zögernd. Manchmal lächelte uns ein Mädchen zu und sagte »*Good morning*«. Zahlreiche Kriegsgefangene (Jugoslawen, Polen und Franzosen) schlenderten fröhlich in ihren zerschlissenen Uniformen auf der Straße. Überall stand die Warnung »Plündern strengstens verboten«, was mir angesichts des ordentlichen Verhaltens der Ausländer überflüssig erschien. Die Franzosen waren überaus höflich, baten uns um Zigaretten und wollten wissen, wann ihre Gefangenschaft zu Ende sei. Die Jugoslawen wußten nichts von Tito und erklärten, daß Mihailowitsch ein großer Held sei.

Im Offizierskasino stießen wir auf Oberst George Stevens, der noch immer unter dem Eindruck der schockierenden Szenen stand, die er im Lager Nordhausen gefilmt hatte. Er meinte, daß die Begegnung mit den russischen Verbänden vermutlich zwischen Walternienburg und Zerbst stattfinden werde, an einem einsamen amerikanischen Brückenkopf an der Elbe. Wir beschlossen, sofort aufzubrechen.

Unsere Fahrt verlief nicht ohne Hindernisse. In Bernburg fanden wir keine Amerikaner, sondern jede Menge deutscher Soldaten. Es waren allerdings keine Kampfeinheiten. Spontan kam es zu einer Art gegenseitiger Vereinbarung: sie behelligten uns nicht, und wir ließen sie in Ruhe. Die Brücke, die wir überqueren wollten, war zerstört. Eine junge Frau kam auf uns zu und beschwerte sich mit lauter Stimme, daß sie von den deutschen Einwohnern schlecht behandelt werde. Sie sei eine evakuierte Duisburgerin, aber die Bernburger weigerten sich, ihr Lebensmittel und Quartier zu geben. »Alles Nazis«, rief sie. Wir sollten ihr helfen. Wir machten ihr klar, daß wir uns in die inneren Angelegenheiten der Deutschen nicht einmischten.

Wir kehrten wieder um, und nachdem wir drei Stunden im Kreis gefahren waren, fanden wir bei Nienburg endlich eine unzerstörte Brücke über die Saale. In Calbe erklärte uns der Presseoffizier, daß das Zusammentreffen mit den Russen voraussichtlich in Walternienburg stattfinden werde.

Diese Ortschaft lag auf dem anderen Elbufer, und um dorthin zu kommen, mußte man die bislang einzige Brücke überqueren, die die Alliierten dort errichtet hatten und noch immer hielten. In der Abenddämmerung waren wir am Ziel.

Walternienburg, unser Brückenkopf auf dem östlichen Elbeufer, wurde vom 359. Infanterieregiment (83. Division der 9. Armee) gehalten. Der Kommandeur erlaubte uns, im Dorf zu bleiben. Seine Patrouillen, erklärte er, würden in Richtung Zerbst vordringen, das von SS hartnäckig verteidigt werde. Er rechne damit, daß die in hohem Tempo vorstoßenden Verbände der Roten Armee die Stadt noch in dieser Nacht einnehmen würden, während unsere Infanterie von Westen her vorrücken werde, so daß es dort, in Zerbst, zum großen Händeschütteln kommen werde. Im Divisionsstab rechnete man offenbar mit einer festlichen Gestaltung dieses historischen Moments, denn während wir im Büro des Majors waren, klingelte das Feldtelefon, er hörte eine Weile zu und rief dann in den Hörer: »Ich kann Ihnen nur sagen, Herr Oberst, meine Jungs kämpfen schon so lange, daß sie nicht mehr wissen, wie gegrüßt wird.«

Wir verbrachten die Nacht in einem unglaublich verdreckten Bauernhof auf der Erde und rechneten jeden Moment damit, die frohe Nachricht zu hören. Doch es passierte nichts. Die ganze Nacht donnerten die Kanonen, die Fensterscheiben klirrten, die Luft bebte. Unsere Artillerie warf alles, was sie hatte, in Richtung Zerbst.

Am nächsten Morgen warteten wir noch immer auf die Russen. Unsere Infanterie pausierte. Wir hätten Zerbst einnehmen können, aber offenbar war vereinbart, daß diese Ehre den Russen zufallen sollte. Zwei Tage harrten wir aus, doch es passierte nichts. Wir hatten das Gefühl, einer Falschmeldung aufgesessen zu sein, und beschlossen, weiterzufahren. Dorf auf Dorf fiel an uns, das heißt uns drei und Joe. Der erste Ort, den wir »eroberten«, war Wolfen. Der Lehrer, der gleichzeitig das Amt des Bürgermeisters bekleidete, übergab uns den Ort und erklärte, daß sämtliche Waffen abgeliefert worden seien. In Begleitung des ganzen Dorfes gingen wir zum Feuerwehrhaus, wo die Waffen verwahrt wurden, zum größten Teil altmodische Gewehre, aber ein paar Panzerfäuste waren auch darunter. Wir nahmen die Munition mit.

Wir kamen durch viele Dörfer, verzichteten jedoch darauf, sie offiziell unter amerikanische Besatzung zu stellen, vermutlich zum Bedauern der jeweiligen Bürgermeister. Hier ging es anders zu als im Rheinland. Die Leute waren ausgesprochen feindselig. Überall starrten sie uns kalt und haßerfüllt an. In Köthen wurden wir zum erstenmal absichtlich in die falsche Richtung geschickt, als wir uns nach dem Weg erkundigten. Aber niemand schoß auf uns. Die Deutschen waren »korrekt« und ordentlich.

Dessau war nicht wiederzuerkennen. Die Stadt, in der ich als Kind mehrere Monate verbracht hatte, lag in Trümmern. Wir kamen an brennenden Häusern vorbei, und eine Insel in der Mulde, auf der wir Kinder gespielt hatten, wurde noch immer von der Wehrmacht gehalten. Die wenigen Leute auf den zerstörten Straßen würdigten uns keines Blicks. Ich entsann mich, daß Dessau zu den Städten in Deutschland gehörte, die sehr früh braun geworden waren. 1931, bei meinem letzten Besuch, wurde die Stadtverwaltung schon von den Nazis beherrscht.

Besonders schwierig war es, eine Übernachtungsmöglichkeit zu finden. Manchmal mußten wir stundenlang herumfahren und suchen. Am liebsten waren uns Schlösser, weil es dort meistens Matratzen und oft auch etwas zu essen gab. Ein solcher Glücksfall war Schloß Sibbesdorf in dem gleichnamigen Dorf. Erst nach langem und lautem Klopfen wurde uns geöffnet. Die Haushälterin, eine hochnäsige, unfreundliche Person, wies uns vier saubere Betten zu, weigerte sich aber, uns Brot, Butter und Käse zu geben. Es herrsche Mangel an Nahrungsmitteln, sagte sie. Als ich auf den Hof hinausging, sprach mich eine Magd an: »Lassen Sie sich von der Haushälterin nichts vormachen! Ihre Speisekammer ist reichlich gefüllt. Dies ist der reichste Hof in der Gegend, er versorgt die umliegenden Städte mit Milch und Butter. Diese Frau ist einfach eine verbohrte Nazianhängerin.«

Das stimmte tatsächlich. Abends, bei Kerzenschein, erklärte sie uns kalt, wie furchtbar es sei, daß Deutschland den Krieg verliere. So etwas hätte sie nie für möglich gehalten.

Das sei wirklich schlimm. Sie jammerte über die Polen, die sich alles unter den Nagel rissen. Sie haßte die Amerikaner, die Deutschland besiegt hatten. Unsere Höflichkeit hielt sich in Grenzen. Wir sagten, wir wüßten, daß sie reichlich zu essen habe. Am nächsten Morgen trug sie ein herrliches Frühstück auf, das aus frischen Eiern, frischer Butter und köstlicher Marmelade bestand.

In einem Dorf namens Klein-Leipzig, südlich von Dessau, stießen wir auf ein Regiment der 9. Armee, dessen Besatzungsoffizier, Lee Metcalf, wir aus der Aachener Zeit kannten. Er war für etwa fünfundzwanzig Ortschaften an der Front und für die Versorgung der Displaced persons zuständig. Freude machten ihm nur die Franzosen, die sich kooperativ und diszipliniert verhielten. Schwierig seien die Polen, sagte er. Sie verprügelten die deutschen Bauern und nähmen sich, was sie brauchten. »Politisch und menschlich sympathisiere ich mit den Polen, aber es ist meine Aufgabe, für Ordnung zu sorgen.«

Magdeburg bot einen schlimmen Anblick. Teile der Stadt brannten noch, als wir ankamen. Die Versorgung war zusammengebrochen, in den zerstörten Straßen standen die Menschen an Pumpen, um Wasser in Eimern heimzutragen.

Auf der Autobahn gelangten wir nach Braunschweig, wo zu dieser Zeit das Hauptquartier der 9. Armee war. Die Braunschweiger waren sonderbare Leute. Als die Amerikaner die Stadt einnahmen, jagte sich Bürgermeister Mertens eine Kugel in den Kopf. Vor dem Standbild Heinrichs des Löwen wurde ich von einem Mann angesprochen: »Verkaufen Sie mir ein paar Zigaretten?« »Nein«, sagte ich schroff. »Ach so«, sagte er mitfühlend, »Sie haben selber keine mehr.« Während ich gerade ein historisches Gebäude bewunderte, sprach mich ein junger Mann mit Aktentasche an. »Glauben Sie mir«, sagte er unvermittelt, »ich bedaure, daß ich 1931 in die Partei eingetreten bin. Im Grunde bin ich nämlich gar kein Nazi. Ich bewundere die Vereinigten Staaten und England. Es war wirklich ein Fehler von mir, daß ich an die Nazis geglaubt habe.« Wenig später trat ein gutgekleideter Mann auf mich zu und fragte, ob es stimme, daß der Führer auf dem »Feld der Ehre« gefallen sei. Ich schnauzte ihn an: »Was fällt Ihnen ein, im Zusammenhang mit dem Chef einer Gangster- und Mörderbande von Ehre zu sprechen?« Erschrocken murmelte er, daß »Feld der Ehre« nur ein übertragener Ausdruck sei. Ich sagte: »Verwenden Sie nie wieder das Wort ›Ehre‹, wenn sie von jemandem wie Hitler reden.« Ich setzte mich auf eine Parkbank, genoß die Sonne, als ein Mann näherkam – eine amerikanische Uniform schien die Leute anzuziehen wie Licht die Motten –, sich händereibend verbeugte und von mir wissen wollte, wie er mit einem jüdischen Bekannten in den Vereinigten Staaten Kontakt aufnehmen könne. Bevor ich antworten konnte, fügte er entschuldigend hinzu: »Ich hoffe, ich habe Sie mit meiner Frage nach einem Juden nicht beleidigt.«

Überall wurden wir von bildhübschen, oft sehr jungen Frauen angesprochen, die uns einladend zuflüsterten: »Ich wohne allein. Willst du mich nicht besuchen?« Oder: »Ich weiß, daß ihr Amerikaner nicht mit Deutschen sprechen dürft, aber wenn du Lust hast, kannst du mir einfach folgen.« So ging es die ganze Zeit in Braunschweig, wohin man auch kam. Wie gesagt, die Frauen (eindeutig keine Huren) waren attraktiv, und wir hatten keine Konkurrenten. Die deutschen Männer waren entweder in der Wehrmacht oder in Gefangenschaft oder im Krankenhaus oder im Untergrund, und die Frauen waren ausgehungert nach Männern und Schokolade. Joe erzählte mir, daß die GIs ein tolles Leben führten. »Es ist ein Kinderspiel«, sagte er. »Bei diesen Mädels braucht man nicht mal Schokolade.«

## 58

In Braunschweig erfuhr meine Arbeit in Deutschland einen krönenden Abschluß. Während unseres Aufenthalts in der piekfeinen Villa, die dem PWD-Team der 9. Armee als Quartier diente, kam die Nachricht, daß Generalleutnant Kurt Dittmar soeben gefangengenommen worden sei. Für uns war dieser Mann ein ganz besonderer Fang, denn er war die offizielle Stimme der Wehrmacht. Aus beruflichen Gründen hätte ich lieber mit ihm (und Hitler) ein Interview geführt als mit irgendwelchen anderen Deutschen, und nun wurde er mir auf einem silbernen Tablett präsentiert.

Ich wußte, daß er der »Chefdenker« der deutschen Heeresleitung war, und hatte schon seit einiger Zeit Dittmars Ansprachen verfolgt. In all den Kriegsjahren hatte er im Namen des OKH (Oberkommando des Heeres) Radioansprachen gehalten. Er verstand es meisterhaft, Geländeverluste als planmäßige Frontbegradigung, Niederlagen als bewegliche Kampfführung und einen Rückzug als strategische Neuordnung der eigenen Kräfte auszugeben. Stets wußte er seine Hörer von der moralischen Überlegenheit und der militärischen Unschlagbarkeit der Wehrmacht zu überzeugen. Und stets zitierte er Clausewitz mit der Dreistigkeit des Propagandisten, der genau weiß, daß er im Grunde nur hochtrabend daherschwätzt, um die kleinen Leute zu beeindrucken.

Wir fuhren hinaus zur Luftwaffenkaserne und betraten dort einen schmucklosen Raum, in dem ein Tisch und drei Stühle standen. Ein Oberst der militärischen Abwehr setzte sich auf die Tischkante. Die Tür ging auf, ein Hauptmann kam herein und machte Platz für den deutschen Gefangenen. Generalleutnant Dittmar trat ein, schlug die Hacken zusammen, entbot uns den Hitlergruß, und da wir nicht reagierten, blieb er abwartend stehen. Mein Kollege, Leutnant Hart, sagte: »Bitte nehmen Sie Platz« und zeigte auf einen Stuhl.

Dittmar sah keineswegs wie ein Kriegsgefangener aus, und er verhielt sich auch nicht so. Mit seinem spöttischen, überhaupt nicht mechanischen Lächeln schien er sagen zu wollen: »Wir spielen doch alle dasselbe Spiel. Einmal gewinnt diese Seite, dann jene Seite. Diesmal habt ihr gewonnen, das nächstemal sind wir die Sieger. Man darf das alles nicht so verbissen sehen, nicht wahr, meine Herren?«

Er brach das Schweigen: »Gestatten Sie, daß ich rauche?« Wir nickten, woraufhin er eine halb aufgerauchte Zigarre anzündete, die er in der linken Hand gehalten hatte.

Ich registrierte, welcher Gegensatz zwischen ihm und uns bestand, ich meine äußerlich. Wir drei Amerikaner trugen einfache Kampfanzüge, Jacke, Schnürstiefel und offenes Hemd. Dittmar dagegen sah aus wie der typische deutsche General; er war schlank (obwohl schon jenseits der fünfzig), saß kerzengerade, und wenn er sich vorbeugte, dann so steif aus der Hüfte heraus, als wären Ober- und Unterkörper zwei separate, durch Scharniere verbundene Teile. Bestimmt trug er ein Korsett, und irgendwie erinnerte er mich an den Filmschauspieler Conrad Veidt in der Rolle eines Junkergenerals. Dittmar trug spiegelblank gewienerte Stiefel, seine Reithosen waren aus feinem Tuch und an der Außennaht mit zwei roten Streifen versehen. Die Kragenspiegel waren mit goldenem Eichenlaub und die Schulterstücke mit goldenen Litzen geschmückt. Die eine Brust war übersät mit einem Meer von rotgoldenen Ordensspangen, die andere zierte ein silberner Luftwaffenadler. Am Hals trug er das Eiserne Kreuz.

General Dittmar, der Dialektiker, bestritt natürlich, sich freiwillig ergeben zu haben. Er behauptete vielmehr, bei Magdeburg mit einer weißen Fahne über die Elbe gekommen zu sein, um die Amerikaner zu ersuchen, die vor den Russen fliehende Zivilbevölkerung auf das westliche Ufer zu lassen.

Ich fragte mit einem skeptischen Lächeln: »Haben Sie ernsthaft geglaubt, die US-Armee würde die Kampfhandlungen unterbrechen, um deutsche Zivilisten vor unseren Verbündeten, den Russen, zu retten?«

Dittmar antwortete: »Nun ja, in diesen Dörfern halten sich Verwandte von mir auf, ich wollte ihnen einen Weg in die Sicherheit ermöglichen.« Immerhin schmunzelte er.

»Warum sind Sie nach dem Scheitern Ihrer Mission nicht wieder zurückgekehrt?«

»Ich hatte es mir überlegt«, sagte er freimütig, »doch dann wurde mir klar, daß ohnehin alles aus ist.«

»Ist es nicht so, Herr General, daß Sie bei einer Rückkehr den Russen in die Hände gefallen wären?«

»Auch das könnte eine Rolle gespielt haben«, sagt er grinsend und warf mir einen anerkennenden Blick zu. Offensichtlich konnte er mich nicht einschätzen, da ich keine Rangabzeichen trug. Vielleicht hielt er mich für einen hohen Spezialagenten. Jedenfalls begann er, mir genau zuzuhören, und war erkennbar bemüht, mich zu beeindrucken.

Ich erklärte, daß mir seine Radioansprachen bekannt seien, deren geschickte Formulierungen mich durchaus beeindruckt hätten. Das schmeichelte seiner Eitelkeit. Er strahlte. »Nun ja, ich muß zugeben, ich bin kein Unbekannter in Deutschland. Hitler hat mir gern zugehört, Goebbels bewunderte meine Vorträge und hat selten interveniert. Ich war ein gefragter Redner. Ich habe im ganzen Reich vor Studenten, Soldaten und Arbeitern gesprochen. Meine Vorträge dauerten meistens zwei Stunden, niemand stellte anschließend Fragen. Worüber ich gesprochen habe? Über die militärische Lage...«

»Und über den Endsieg?«

Ein gewinnendes Lächeln zog sich über sein Gesicht. »Gewiß, gewiß.«

Er hatte die Ironie meiner Frage durchaus verstanden. Seine Objektivität war nicht unsympathisch. Wir fragten ihn, ob er die neueste Nachricht gehört habe, daß Göring als Chef der Luftwaffe zurückgetreten sei. Dittmar lachte: »Um mit Talleyrand zu reden, der bei Napoleons Abdankung gesagt hat: ›Das ist eine Nachricht, aber kein weltbewegendes Ereignis.‹«

»Herr General, haben Sie wirklich an den Sieg geglaubt, den Sie in Ihren Sendungen immer verkündet haben?«

»Sieg? Nun, so würde ich es nicht nennen. Im Grunde habe ich nie angenommen, daß wir siegen.«

»Was? Niemals?«

»Hm, jedenfalls nicht seit dem Rußlandfeldzug von 1941. Als der Führer unsere Strategie über den Haufen warf, wurde mir klar, daß wir nicht gewinnen können.«

»Und warum haben Sie dann den Deutschen weiterhin versichert, daß der Endsieg feststehe?«

»Sie müssen unterscheiden zwischen absolutem Sieg und absoluter Niederlage. Es gibt so etwas wie siegreiche Niederlagen und verlorene Siege. Man muß unterscheiden zwischen einem Sieg, der keine Niederlage ist, und einer Niederlage, die den Keim des Endsiegs in sich trägt und ...«

»Bitte, Herr General, keine Sophistereien, wir sind unkomplizierte Amerikaner.«

»Ach so. Ich wollte damit sagen, daß es nach Stalingrad – wofür ich ausschließlich Hitler mit seiner törichten Einmischung verantwortlich mache – einzig und allein darauf ankam, eine absolute Niederlage zu verhindern. Stalingrad ist fraglos das bedeutendste Ereignis dieses Krieges. Unsere besten Divisionen sind dort begraben. Vor allem aber wurde durch Stalingrad das Vertrauen in die militärische Führung erschüttert. Es war allein Hitlers Schuld, und deshalb verabscheue ich ihn aus tiefstem Herzen.«

Das Lächeln war aus seinem Gesicht verschwunden, und seine Stimme bebte vor Empörung, als er dem Führer vorwarf, er habe die »Blüte der deutschen Wehrmacht« bei Stalingrad geopfert. Sieh an, dachte ich, eine neue Dolchstoßlegende, ein neuer Mythos, mit dessen Hilfe die Junker versuchen werden, ihre Macht wiederzuerlangen. Beim letztenmal war es die Heimat, die den deutschen Armeen in den Rücken fiel, jetzt ist es Hitler. Die Deutschen brauchen immer einen Sündenbock.

»Nachdem Hitler unsere hervorragendsten Soldaten bei Stalingrad geopfert hatte, mußten wir auf minderwertiges Menschenmaterial zurückgreifen. Heute kämpfen die deutschen Offiziere, Unteroffiziere und Mannschaften, viele von ihnen verwundet und verkrüppelt, nach wie vor mit großer Tapferkeit. Wenn ich an diese mutigen Männer denke, bin ich zu Tränen gerührt – welches Heldentum!« Vor lauter Erregung war Dittmar aufgesprungen, doch er merkte, daß wir ungerührt dasaßen, und beruhigte sich wieder. »Der Heldenmut unserer Armeen ist unbestritten. Wir können den Kampf nunmehr beenden. Wir Deutschen haben genug für unsere Soldatenehre getan.«

Ob das heißen solle, daß er sich gegen den Führer stelle?

Er hatte seine Contenance wiedergefunden. »Keineswegs. Meine Kritik am Führer ist rein militärischer Natur. Er hat Großes für Deutschland geleistet. Versailles, zum Beispiel. Das war eine Schande für unsere Nation, ein furchtbares Verbrechen an unserem Volk. Hitler hat sich gegen Versailles aufgelehnt, und das ganze deutsche Volk hat ihn dabei unterstützt. Außerdem haben seine sozialistischen Ideale den Deutschen gefallen.«

»Welche sozialistischen Ideale?«

»Die Grundforderung ›Gemeinnutz geht vor Eigennutz‹ ist ein sozialistisches Ideal.«

»Ist es nicht merkwürdig, daß sich ein deutscher General sozialistische Positionen zu eigen macht?«

»Ach was«, sagte er leichthin. »Wir alten Offiziere sind doch auch Sozialisten. Wir glauben beispielsweise an die gemeinschaftliche Anstrengung, an Kameradschaft und so weiter – das ist wahrer Sozialismus. Hitler, der alte Soldat, war natürlich Sozialist wie alle anderen auch, und so konnte er das deutsche Volk für sich gewinnen. Und dann? Ohne Wissen des Führers gerieten unsere guten sozialistischen Ideale in die Hände der falschen Leute und wurden so sehr entstellt, daß am Ende nicht mehr viel davon übrigblieb.«

»Wie ist es zum Krieg gekommen?«

»Das war, wie gesagt, das Ergebnis des Versailler Schanddiktats. Wir befanden uns in einer unerträglichen Lage, wir mußten handeln. Nehmen Sie zum Beispiel die polnische Frage. Der Korridor war für uns völlig unannehmbar. Und bedenken Sie, daß die Deutschen weit verstreut waren, im Sudetenland, in Österreich und so weiter. Deutschland hatte das Recht und schließlich auch die Macht, all diese entscheidenden Fragen in seinem Interesse zu lösen. Und so kam es zum Krieg.«

Da diese Fragen weiterhin ungelöst seien, müsse das ja wohl bedeuten, daß Deutschland erneut Krieg führen werde.

»Das bezweifle ich«, sagte er. »Deutschland wird in Zukunft wohl keine militärische Großmacht mehr sein. Unsere Verluste sind zu groß. Wir haben mindestens fünf Millionen Tote zu beklagen und Millionen sind verwundet. Davon erholt man sich nicht so schnell.«

Ich wandte ein, daß seine Schätzungen viel zu hoch seien und daß Deutschland im letzten Krieg ebenfalls Millionen von Soldaten verloren und trotzdem zwanzig Jahre später die schlagkräftigste Armee in Europa aufgebaut habe.

»Wir hatten nie und nimmer die beste Armee in Europa«, korrigierte er mich sofort.

»Bis zum Kriegseintritt der Russen und Amerikaner sehr wohl«, erwiderte ich. 1939 und 1940 habe die beste Armee Europas gegen die Polen, Franzosen und Engländer Krieg geführt.

»Ach, die!« rief er grinsend. »Mit denen wären wir jederzeit fertig geworden. Es stimmt, wir hatten gute Divisionen seinerzeit, aber ein Großteil unserer Ausrüstung war vergleichsweise veraltet. Für die Feldzüge von 1939 und 1940 mußte viel improvisiert werden. Wir hatten mehr Pferde und Fuhrwerke als Lastwagen und Motoren. Aber ich muß sagen: Wir hatten ein brillantes Offizierskorps.«

Ob er tatsächlich überzeugt sei, daß Deutschland nie wieder eine militärische Großmacht werde?

»Ich würde es nicht kategorisch ausschließen«, sagte er mit einem fragenden Blick in meine Richtung. »Gewisse Dinge können ja immer passieren. Falls Deutschland beispielsweise kommunistisch wird, könnte es seine einstige Machtposition eventuell wiedererlangen. Kommunistische Organisation und Disziplin, dazu sowjetische Hilfe, das könnte uns wieder stark machen.«

Das war eine subtile, aber deutliche Warnung an uns, daß in Deutschland nach wie vor der Kommunismus die Hauptgefahr darstelle – das alte Schreckgespenst, mit dem uns fast jeder Deutsche gekommen war.

Daß er sich nun als Kommunist zu erkennen gab, fanden wir allerdings überraschend.

»Meine Einwände gegen den Kommunismus«, sagte er hastig, »beziehen sich auf sein undeutsches Wesen – es sei denn, er verlöre sein russisches Wesen und würde von fähigen Leuten zu etwas Urdeutschem gemacht.«

Ob es tatsächlich stimme, daß die Russen, wie von vielen Deutschen behauptet, unkultiviert seien?

Dittmar hob abwehrend eine schmale Hand. »Meiner Meinung nach sind die Russen ein großes, tüchtiges Volk. Was sie in den letzten Jahren aufgebaut haben, ist bemerkenswert. Manchmal denke ich doch, daß die Zukunft vielleicht den Russen gehört.«

Was er von der russischen Armee halte?

»Ich muß zugeben, daß die Soldaten gut sind, wenngleich nicht so gut wie unsere Soldaten bei Kriegsbeginn. Man muß allerdings wissen, daß ihre Siege mehr auf Masse als auf Kriegskunst beruhten. Im Gegensatz zu uns konnten die Russen es sich natürlich leisten, ungeheuer viel Menschenmaterial zu opfern, um ihre Ziele zu erreichen. Die russischen Generäle sind außerordentlich fähig.«

Wenn er so viel von den Russen halte, warum seien die russischen Kriegsgefangenen 1942 und 1943 so brutal behandelt worden?

Dittmar leugnete weder die Brutalität noch die Tatsache, daß russische Kriegsgefangene massenhaft ermordet worden oder einfach verhungert waren.

»Daß russische Kriegsgefangene verhungert sind«, sagte er, »war unbeabsichtigt, es ließ sich leider nicht verhindern. Seinerzeit hatten wir selber nicht viel zu essen.«

Ob er uns für so naiv halte, daß wir annähmen, eine so erfahrene militärische Organisation wie die Wehrmacht habe sich ohne gesicherten Proviantnachschub auf einen großen Feldzug eingelassen?

Dittmar zuckte mit den Schultern. »Das kann ich Ihnen nicht sagen. Jedenfalls habe ich 1942 als Divisionskommandeur in Lappland meine russischen Kriegsgefangenen nicht verhungern lassen. Jedesmal, wenn ein Pferd krepierte, habe ich es zu den Russen schaffen lassen.«

Ob er von den Greueltaten gehört habe, die an Juden und Polen verübt worden seien?

Er wurde nervös: »Von solchen Dingen habe ich keine Kenntnis.«

Ob er es nicht merkwürdig finde, daß der oberste Sprecher der Wehrmacht der einzige intelligente Mensch in Deutschland gewesen sei, der von so wichtigen Dingen nichts gehört habe? Ich lächelte, um ihm zu signalisieren, daß uns beiden klar war, daß er nicht die Wahrheit gesagt hatte.

»Offen gestanden«, sagte er und tat, als erinnere er sich an etwas längst Vergessenes, »in diesem Zusammenhang fällt mir tatsächlich etwas ein. Mein Freund, der General von Blaskowitz, hat 1939 heftig gegen die Verbrechen protestiert, die an den Juden verübt wurden. Und was ist passiert? Der Führer hat ihn von seinem Posten abberufen.«

Dann habe er also doch gewußt, was den Juden angetan wurde?

»Nun ja, man hat alle möglichen Gerüchte gehört. Aber weder ich selbst noch meine Kollegen hatten eine Vorstellung vom Ausmaß der Greueltaten. Trotzdem haben wir versucht, die Wahrheit herauszufinden. Ich werde Ihnen etwas im Vertrauen sagen. Im Mai letzten Jahres trafen sich einhundertzwanzig Generale in Bayern zu einer Besprechung, in deren Rahmen der Herr Reichsminister Himmler einen Vortrag über die sogenannten Konzentrationslager hielt.«

»Was hat Himmler gesagt?«

»Der Herr Reichsminister Himmler hat dargelegt, daß alles böswillige Propaganda sei, daß die Konzentrationslager in Wahrheit Umerziehungslager seien. Jedes Volk habe seine asozialen und minderwertigen Elemente. In Deutschland gebe es diese Leute auch, wenngleich nicht so viele wie in den plutodemokratischen Staaten. In Deutschland würden diese Elemente allerdings nicht mißhandelt, sondern in Umerziehungslager gesteckt. Dort würden sie ein gesundes Leben an der frischen Luft führen, reichlich und gut zu essen bekomen, Sport treiben und Vorträge über die neue Gesellschaft hören. Am Ende würden sie das Lager nicht nur als charakterlich bessere Menschen, sondern auch in einer körperlich besseren Verfassung verlassen.«

Es herrschte Schweigen. Der Abwehr-Oberst, Leutnant Hart und ich tauschten Blicke aus. Wir wußten nicht, ob Dittmar sich über uns lustig machte, ob er uns etwas vormachen wollte oder ob er tatsächlich glaubte, was er uns alles erzählt hatte.

Schließlich sagte ich mit betont skeptischer Stimme: »Und das haben Sie *geglaubt*?«

Dittmar warf beide Hände in die Höhe. »Was blieb mir denn anderes übrig? Herr Himmler ist schließlich ein honoriger Mann, ein Patriot, der keine Lügen erzählt.«

Wir waren sprachlos, erhoben uns schließlich, um zu signalisieren, daß das Verhör beendet sei. General Dittmar stand ebenfalls auf, schlug die Hacken zusammen, verbeugte sich und entbot uns den Hitlergruß.

## 59

Da wir noch immer auf ein Zusammentreffen mit den Russen hofften, machten wir uns nach zwei Tagen Braunschweig rasch wieder auf den Rückweg in Richtung Elbe. Am Abend erreichten wir bei Zerbst die vordersten Linien und beschlossen, in einer kleinen Ortschaft mit dem verrückten Namen Groß Rosenburg zu übernachten. In einem Haus am Stadtrand baten wir um Quartier. Die Hausbewohner, eine Eisenbahnerfamilie, waren durchweg Nazis. Sie wagten es nicht, uns abzuweisen, verhielten sich aber offen feindselig. Ein junger Mann beschwerte sich über die russischen und amerikanischen Soldaten. Am Vormittag sei seine Frau vergewaltigt worden. GIs seien in das Haus gekommen, hätten ihn in den Keller geschickt und seien dann allein bei seiner Frau geblieben. Er räumte ein, daß die amerikanischen Soldaten sich im übrigen ganz anständig verhielten. Sie würden um Frauen »bitten«. »Die Russen«, sagte er gehässig, »hätten sie gepackt und wären über sie hergefallen. Wenn die hier das Land besetzen, dann sind unsere Frauen verloren.« Er wisse, wovon er spreche, denn er sei als Besatzungssoldat in der Sowjetunion gewesen. Ich sagte, daß die Russen tatsächlich diesen Landstrich besetzen würden. Der Mann machte ein unglückliches Gesicht. Am späten Abend kam seine junge Frau zu einem meiner Kollegen, blieb eine ganze Weile in seinem Zimmer und stellte durchsichtige Fragen. Offenbar hätte sie nichts dagegen gehabt, ein zweitesmal »vergewaltigt« zu werden.

Tags darauf fuhren wir am Elbufer entlang, immer in der Erwartung, aktuelle Informationen über das Zusamentreffen mit den Russen zu bekommen. Die Begegnung mußte an der Elbe stattfinden, denn die Gegend westlich des Flusses war fast vollständig in unserer Hand, und unsere Jungs standen am Ufer und warteten. Die Russen auf der anderen Seite waren noch immer in Kämpfe verwickelt. Jeden Augenblick konnten die russischen Panzerspitzen durchbrechen, und die beiden größten Armeen der Welt würden zusammentreffen. Diesen Moment wollten wir nicht verpassen.

Wir verbrachten ein paar Stunden in Calbe, wo sich der Stab der 83. Division befand und viele Einheiten untätig herumhingen. Hier hatte man den Eindruck, daß der Krieg praktisch zu Ende war. Es gab keinen militärischen Widerstand mehr. In der Stadt hatte ich ein merkwürdiges Erlebnis. Es war Sonntagvormittag, Joe wechselte gerade einen Reifen, so daß ich beschloß, ein wenig spazierenzugehen. Vor einer alten Kirche blieb ich stehen, und während ich noch überlegte, ob sie aus dem achtzehnten oder späten siebzehnten Jahrhundert stammte, kam ein schwarzgekleideter Mann heraus, der sich salbungsvoll die Hände rieb und fragte, ob ich nicht Lust hätte, am Gottesdienst teilzunehmen. Ich schüttelte den Kopf. »Ah«, rief der Mann, »ich verstehe, Sie sind kein Protestant.« Ich schüttelte den Kopf.

Er sagte: »Ich bin evangelischer Laienbruder.«

Ich nickte.

»Dann sind Sie wohl katholisch.«

Ich schüttelte den Kopf.

»Verzeihen Sie meine Aufdringlichkeit, aber wenn Sie weder evangelisch noch katholisch sind, was sind Sie dann?«

Ich dachte kurz nach und beschloß, es ihm zu geben. »Ich äh ...« sagte ich langsam und bedeutungsvoll, »ich bin Mormone.«

»Mormone?« echote er. »Ach ja, ich erinnere mich. Ist das nicht diese Sekte aus dem amerikanischen Staat Utah?«

Ich nickte.

»Und woran – bitte verzeihen Sie meine unverschämte Frage – woran glauben die Mormonen?«

Ich fühlte mich richtig gemein an diesem Vormittag und sagte: »Wir glauben an Vielweiberei.«

Er schluckte. »Wie? Was? Sie haben mehrere Frauen?«

»Ja,« sagte ich bedrückt, »schauen Sie mich an. Wissen Sie, wie viele Frauen ich habe? Vier – ich schwöre es Ihnen, vier!«

»Vier Frauen!« rief er entsetzt. »Vier Frauen?«

»Tjaa«, sagte ich in einem Ton gespielter Resignation, »ich kann nichts dafür, wissen Sie, meine Religion schreibt es vor.«

Erleichtert lächelte er. »Warum haben Sie das nicht gleich gesagt? Eine Vorschrift, das ist doch etwas anderes. Eine Vorschrift, nein so was ...«

Kräftig und wohl auch mit aufrichtiger Anteilnahme schüttelte er meine Hand und sagte: »Nur Jesus Christus kann uns Frieden schenken, finden Sie nicht?«

▌Am Abend quartierten wir uns unweit von Leipzig in einem komfortablen Gasthof ein, der von Ställen und einem Garten umgeben war. Es gab reichlich Bier und jede Menge Eier. Vier evakuierte Frauen, die mit ihren Kindern per Fahrrad nach Köln zurückkehrten, erzählten bemerkenswert sachlich über ihre Situation. »Mein Mann ist in Rußland gefallen.« »Meine beiden Kinder sind in dem Bombenterror umgekommen.« »Ich habe meine Eltern während eines Luftangriffs verloren.« Sie sagten das so gleichmütig, als sprächen sie über das Wetter. Diese Menschen besaßen genau jene Dickfelligkeit, die die Deutschen den Russen nachsagen.

Die Wirtin, wohlgenährt und keineswegs ärmlich gekleidet, klagte uns sofort ihr Leid. »Die letzten fünf Jahre sind wirklich schwer gewesen für uns«, jammerte sie. »Bestimmt fünf Jahre meines Lebens habe ich verloren. Vor dem Krieg sind wir oft verreist, mein Mann und ich, wir haben Urlaub gemacht, wir haben gut gegessen und Wein getrunken. Sehen Sie nur, was der Krieg aus uns gemacht hat! Fünf Jahre haben wir uns nicht mehr amüsiert, stellen Sie sich vor, fünf Jahre ohne richtiges Vergnügen! Keine Reisen, kein anständiger Urlaub, keine Apfelsinen. Stellen Sie sich vor – kein Bohnenkaffee in diesen ganzen Jahren. Ach, was wir alles durchgemacht haben!«

## 60

Am nächsten Morgen hörten wir, daß amerikanische und russische Vorauskommandos bei Torgau an der Elbe zusammengetroffen seien. Wir brachen sofort auf. Etwa fünfzehn Kilometer vor Torgau erreichten wir die letzten amerikanischen Verbände. Der Regimentskommandeur bestätigte, daß Patrouillen bis zur Elbe vorgedrungen seien, warnte uns aber, daß nur ein schmaler Korridor dorthin führe und das umliegende Gebiet noch nicht restlos von Wehrmacht gesäubert sei. Wir riskierten es und fuhren in hohem Tempo weiter, angespannt und schweigend, wurden aber nicht beschossen.

Torgau, ein hübsches, nur leicht zerstörtes Städtchen, lag ruhig da. Auf dem Marktplatz, inmitten eines kleinen Parks, befand sich ein Sockel, auf dem ein Mann aus Bronze stand. Das war Friedrich der Große, der hier, vor etwa hundertachtzig Jahren, gegen die Russen gekämpft hatte. Die Russen waren jedenfalls nicht zum erstenmal hier.

Die Straßen waren leer. An der Elbe sahen wir unsere ersten Russen. Ich starrte sie an, als wären es Menschen vom Mars. Gemeinsam mit amerikanischen Militärpolizisten, deren Sprache sie nicht sprachen, gingen sie Patrouille. Ich fragte einen stämmigen MP, was er von den Russen halte. Er grinste breit: »Ich versteh' sie ja nicht, aber diese Russkis sind schon zähe Burschen.«

Diesen Eindruck machten sie in der Tat. Sie trugen Stiefel und ordensgeschmückte Uniformblusen und hielten ihre Maschinenpistolen mit unübersehbarem Stolz. Sie waren jung, stämmig, breitschultrig, überraschend blond und kurz geschoren, sie lachten viel und schüttelten den Amerikanern immer wieder und so kräftig die Hand, daß es krachte. Selbst der lascheste von ihnen vermittelte einen Eindruck von Zähigkeit und außerordentlicher Kraft.

Am Elbufer kündigte sich schon ein größeres Ereignis an. Als wir über die schmale Pontonbrücke fahren wollten, trat uns ein russischer Offizier entgegen. Er sprach schnell und aufgeregt, so daß ich nur einzelne Ausdrücke wie *»nasch general«*, *»vasch general«*, *»nuzhno ostanovit«*, *»dvizhenje na mostu«* aufschnappen konnte. Das bedeutete »unser General«, »euer General«, »anhalten müssen«, »Verkehr auf der Brücke«. Während ich noch herumrätselte, erklärte der Offizier langsam: *»Nasch general Zhadov sevodnja vstretschajet vaschego generala Gottschess.«* Das hieß: »Unser General Zhadow trifft heute mit Ihrem General Gottschess zusammen.« Es dauerte eine ganze Weile, bis ich begriff, wer General *Gottschess* war. Ein MP sagte: »Heute mittag trifft sich hier ein russischer General mit General Hodges. Soll 'ne große Party geben.«

Eine kleine Flotte von Jeeps, beladen mit Korrespondenten und Photographen, tauchte auf. Von ihnen erfuhren wir, daß irgendwo auf der russischen Seite ein Empfang für den Oberkommandierenden der 1. US-Armee geplant sei. Wir beschlossen, teilzunehmen.

Punkt zwölf betrat ein russischer General die Brücke. Von zwei Adjutanten begleitet, kam er langsam und majestätisch näher. Wir drängten alle vor und sahen zu, wie er das amerikanische Ufer betrat. Vorsichtig setzte er zuerst den einen polierten Stiefel auf die Erde, dann den anderen, um schließlich reglos stehenzubleiben. Eine Persönlichkeit, ohne Zweifel. Ich war beeindruckt von seiner Jugendlichkeit und seiner glanzvollen Erscheinung. Der Mann, Anfang dreißig, sah blendend aus, hatte graumeliertes Haar, schiefergraue Augen und ein sehr markantes Profil. Er wußte, daß er mit seinem rotgefütterten Mantel, den goldenen, handtellerbreiten Schulterstücken und den zahllosen funkelnden Orden im Mittelpunkt des Interesses stand, tat aber so, als ginge ihn das alles nichts an. Sein Blick war starr auf den Horizont gerichtet. Das war General Baklanow, Kommandeur der 5. Gardearmee und Held von Stalingrad. Er kam als Stellvertreter von General Zhadow, um General Hodges hier in Empfang zu nehmen und ihn zum russischen Hauptquartier zu geleiten. Der Grund für seine theatralische Eitelkeit wurde mir klar, als ich einen russischen Dolmetscher sagen hörte, daß General Baklanow gebürtiger Zigeuner sei. Bei Kriegsausbruch noch Sergeant, habe er sich, inzwischen zweiunddreißig Jahre alt, bis zum Generalmajor hochgearbeitet.

Er stand, die Hände vor dem Leib gefaltet, wie ein Totempfahl vor der Brücke und wartete auf General Hodges, der sich verspätet hatte. Seine Adjutanten, beides Majore, wichen nicht einen Augenblick von seiner Seite. Einmal flüsterte er etwas, worauf einer der Majore ihm den prächtig geschnittenen Mantel wie ein Cape über die Schulter legte. Baklanow reagierte nicht einmal mit einem Kopfnicken auf diesen kleinen Dienst.

Er ignorierte die russischen Offiziere, die russischen Soldatinnen, die ebenso unbeweglich wie er am Fuß der Brücke standen, die Korrespondenten, die Photographen, die amerikanischen Offiziere, er ignorierte die ganze Welt. Seine Augen klebten am Horizont.

Wir beschlossen, die günstige Gelegenheit zu nutzen und General Baklanow zu fragen, ob wir mit seiner Erlaubnis auf dem russischen Elbufer bleiben und dort mit den Deutschen reden dürften, die unter der sowjetischen Besatzung lebten. Laudy Lawrence sollte als unser Sprecher fungieren.

Kaum hatten wir einen Schritt auf den General zugetan, sprang einer der Majore vor und stellte sich uns in den Weg. Er sprach ausgezeichnet (britisches) Englisch und fragte in scharfem Ton, was wir wollten. Wir erklärten es ihm, er dolmetschte, doch General Baklanow bellte nur »*Njet*«.

Der Major erklärte: »Seine Exzellenz sagt, daß eine solche Genehmigung nicht erteilt werden kann.«

In der Annahme, daß die Erwähnung des Begriffs Psychologische Kriegsführung die Russen nur mißtrauisch gemacht hätte, sagten wir, daß wir herausfinden wollten, wie die Deutschen auf die russische Besatzung reagierten.

»*Njet*«, bellte Baklanow.

Daraufhin sagte ich, daß wir bereit seien, unsere Erkenntnisse in Sachen Besatzungspolitik mit den russischen Verbündeten auszutauschen. Ich wies darauf hin, daß die Amerikaner schließlich sehr viel länger in Deutschland seien und mehr Erfahrung besäßen, die sie mit den russischen Freunden gern teilen würden. Nachdem diese Worte übersetzt waren, ließ sich der General zu einem vollständigen Satz herab. Der Major dolmetschte: »Seine Exzellenz möchte wissen, wen Sie vertreten.«

»Die amerikanische Besatzungsmacht«, antwortete Laudy seelenruhig.

Wieder eine kurze Frage von Baklanow, und der Dolmetscher fragte: »Haben Sie einen Befehl von Ihrem Kommandeur, General Bradley?«

Laudy zögerte nur eine Sekunde, dann sagte er mit bewunderswerter Nonchalance: »Kann beschafft werden.«

Nach einem raschen Wortwechsel zwischen General und Major verkündete der Dolmetscher: »Seine Exzellenz bittet Sie, drei Fragen, die Sie den Deutschen stellen wollen, schriftlich zu formulieren. Er ist gern bereit, sie weiterzuleiten und zuzusehen, daß Sie die Antworten bekommen.«

Wir fingen an, die Lust zu verlieren, und erklärten, daß wir an einer derart komplizierten Konstruktion nicht interessiert seien. Es gehe uns nur darum, Informationen mit den russischen Besatzungsoffizieren austauschen.

»Solche Offiziere gibt es bei uns nicht«, sagte der Major spöttisch. »Wir führen Krieg gegen die Deutschen, wir wollen sie nicht regieren.«

Schließlich fuhr General Hodges in einer dicken Limousine vor, woraufhin Baklanow herantrat, sich verbeugte und dem Amerikaner die Hand schüttelte. Sein ganzes Verhalten machte deutlich, daß er nur deswegen klein beigab, weil der amerikanische General einen höheren Rang bekleidete. Als die beiden sich anschickten, in die Limousine einzusteigen, kam es zu einer kurzen slapstickhaften Szene. Der schnauzbärtige Amerikaner, der gut der Großvater des Russen hätte sein können, neigte den Kopf. »Nach Ihnen!« Baklanow trat zurück und verbeugte sich. »*Posle vas, gospodin general!*« Am Ende war es *gospodin general Gottschess,* der als erster einstieg.

Der Wagen mit den beiden Generälen führte die Prozession über die Brücke an. Wir folgten in den Jeeps. Auf der Brücke standen russische Soldatinnen, klein, stämmig und furchtbar ernst, und salutierten. Ihre Uniformblusen waren medaillenübersät. Unterwegs kamen wir alle hundert Meter an einem russischen Posten vorbei, der mit unbeweglicher Miene am Straßenrand stand und das Gewehr präsentierte. Auf den Feldern sahen wir Rotarmisten, die uns zuwinkten und mit lauten Rufen begrüßten.

Im Park von Schloß Werdau, einem Miniatur-Versailles, spielte eine russische Militärkapelle die Nationalhymnen. Über dem Portal verkündete ein riesiges Spruchband: LANG LEBE DIE UNVERBRÜCHLICHE AMERIKANISCH-SOWJETISCH-BRITISCHE FREUNDSCHAFT. Weibliche Sergeanten nahmen uns drinnen Mantel und Helm ab und führten uns in den großen Bankettsaal. Es herrschte eine festliche, jedoch wenig kommunikative Stimmung. Die amerikanischen Offiziere und Journalisten sprachen kein Russisch, die Russen kein Englisch. Man bediente sich der Zeichensprache, die durch einzelne Wörter aus allen möglichen europäischen Sprachen ergänzt wurde. Es wurde viel gelacht und wenig geredet.

Was die Russen auftischten, ließ sich nur mit dem Wort grandios bezeichnen. Alles mußte extra aus Rußland eingeflogen worden sein, denn es war frisch und sehr russisch. Es gab unzählige Varianten von Schinken und geräuchertem und mariniertem Fisch (geräuchert, gekocht, eingelegt), es gab Gurkensalat und Borschtsch, der gekonnt und phantasievoll zubereitet war. Und an jedem Platz stand eine volle Flasche Wodka, eine volle Flasche Kognak sowie ein Glas, allerdings kein Schnapsglas, sondern ein Wasserglas. Nach dem Borschtsch kam dann noch französischer Champagner hinzu.

Die russischen Offiziere in ihren prächtigen, golddekorierten Uniformen waren Angehörige der 5. Armee, die bei Stalingrad gekämpft hatte, und jeder von ihnen, einschließlich der weiblichen Unteroffiziere, die uns bedienten, trug die Gardemedaille und die meisten auch den Orden eines »Helden der Sowjetunion«. Alle sahen großartig aus und waren erstaunlich jung. Mein Nachbar zur Linken, auch er ein Held der Sowjetunion, war elfmal verwundet worden. Mit achtundzwanzig schon Major, besaß er die Energie und die Unbekümmertheit eines jugendlichen Draufgängers. Als ich auf die Frage nach meinem Alter »*sorok*« (vierzig) antwortete, lachte er laut und rief: »*Vy staryk*« (du bist ein alter Mann).

Hinter dem Generalstisch verkündete ein rotes Transparent: LANG LEBE DER SIEG DER FREIHEITSLIEBENDEN VÖLKER ÜBER DEUTSCHLAND. Das war das Thema des Tages und natürlich auch der Reden, die bei dieser festlichen Zusammenkunft gehalten wurden. General Zhadow begann mit einer kurzen Ansprache, die er mit einem Toast auf *gospodina Trumana* beendete. Hoch die Gläser auf Herrn Truman. Dann wurde ein Toast auf *gospodina Ruswelta* ausgebracht. Wir tranken auf unseren letzten Präsidenten. Dann wurde ein Toast auf *gospodina Tschortschila* ausgebracht. Wir tranken auf den britischen Premierminister. Schließlich wurde ein Toast auf den großen Stalin ausgebracht. Begeistert sprangen wir hoch und leerten, mittlerweile ziemlich sorglos, unsere Gläser. General Hodges wurde anschließend eine in Stalingrad angefertigte Silberschale überreicht. Alle riefen durcheinander und applaudierten und tranken.

Dann erhob sich unser General Gottschess. In tadelloser, würdevoller Haltung sprach er ein paar Worte über die heldenhafte Rote Armee und das tapfere Sowjetvolk und brachte einen Toast auf »Ihren großen Herrscher« – rasch korrigierte er sich – »Ihren großen Führer Stalin« aus. Lärmend erhoben wir uns und tranken auf Stalin. Dann überreichte General Hodges seinem russischen Kollegen eine amerikanische Fahne. »Diese Fahne«, sagte er, »hat die 1. US-Armee auf ihrem Weg in die Normandie, durch Frankreich und Deutschland bis an die Elbe begleitet, wo wir mit unseren tapferen russischen Freunden zusammengetroffen sind.« Es war eine wirklich bewegende Geste, die die Russen mit donnerndem Applaus beantworteten. Weitere Toasts wurden ausgebracht.

Ein Blasorchester betrat den Saal und spielte, dann kamen Kosakentänzer und dann Sänger. Es herrschte eine unglaubliche Stimmung. Wir schwebten auf einer Wolke von Glückseligkeit und sentimentaler Zuneigung. Jeder russische Offizier war ein leibhaftiger Suworow und jeder weibliche Unteroffizier eine Katharina die Große. Während ich noch relativ klar sehen konnte, begann ich, die russischen Offiziere auszufragen. Ich registrierte, daß der Alkohol ihre angebliche Unkenntnis der deutschen Sprache weggespült hatte. Sie sprachen sogar ziemlich gut Deutsch. Ich bat einen Oberstleutnant, mir zu erzählen, was die Russen mit dem besetzten Deutschland vorhätten. Der Mann sagte: »Trink!«, legte mir kameradschaftlich den Arm um die Schulter, und dann tranken wir erst einmal. »Erzähl mir von den Deutschen«, sagte ich. Er antwortete. »Ich sage dir, es gibt keine guten Deutschen, es gibt einfach nur Deutsche. Bürgermeister können nur Antinazis werden, ganz egal, Demokraten, Sozialisten, selbst Katholiken.«

Ich sagte: »Was, keine Kommunisten?«

Er sagte: »Für uns gibt es keine deutschen Kommunisten, für uns gibt es nur Deutsche.«

In der Zwischenzeit hatten wir Andenken ausgetauscht. Er schenkte mir den roten Stern von seiner Mütze, ich schenkte ihm den goldenen Pfeil von meinem Kragen. Wir waren richtige Freunde. Ich sagte zu ihm: »*Towarischtsch polkownik* [Genosse Oberst], willst du mir wirklich weismachen, daß ihr Russen nicht vorhabt, in Deutschland den Kommunismus einzuführen?«

Er brüllte: »Was, den Kommunismus? Solchen Schweinen den Kommunismus schenken? Wir wollen nur dafür sorgen, daß die Deutschen nie wieder Krieg gegen uns führen. Wir haben ganz gewiß nicht die Absicht, diesen Leuten ein so nobles Ideal wie den Kommunismus zu bringen.«

Meine Wodkaflasche war inzwischen dreiviertelleer und ich selbst entsprechend benebelt. Der Saal schwamm und wogte, alle redeten durcheinander und brüllten und liefen herum, die Sonne stand tief am Horizont, und ich hielt es für klug, mich in die Sicherheit eines Jeeps zurückzuziehen. Ich stand auf und stellte überrascht fest, daß ich die Beine noch bewegen konnte. Ich stieß mit etlichen Leuten zusammen und mußte mich mit beiden Händen an Tischen, Wänden und Geländern abstützen, fand aber schließlich zum Ausgang und stolperte auf den erstbesten leeren Jeep zu, das wie in einem Nebel vor mir auftauchte. An das, was dann passierte, kann ich micht nicht mehr erinnern.

## 61

Zum Glück hatte Joe nicht an dem Bankett teilgenommen. Erfüllt von selbstgerechter Nüchternheit und mit strenger, mißbilligender Miene fuhr er in die Nacht hinein, um einen Ort zu finden, wo wir unseren Rausch ausschlafen konnten. »Mein Gott«, brummte er, »haben die Russkis euch mit Terpentin abgefüllt?«

In Pegau, etwa dreißig Kilometer bei Leipzig, fanden wir einen Gasthof, in dem, wie ich am nächsten Morgen erfuhr, seinerzeit sogar der Alte Fritz genächtigt hatte. An der Eingangstür wurde noch immer darauf hingewiesen, daß der Betrieb in arischen Händen sei. Die Wirtin, ein blondes Mannweib von etwa vierzig Jahren, gab sich, während sie uns das Frühstück servierte, als fanatische Nazianhängerin zu erkennen. Sie war ein fröhlicher Typ und erzählte unbekümmert, daß sie gern ins Kino gehe und sich gern amüsiere. Alle Pegauer, sagte sie, seien Nazis. Hitler habe viel Gutes getan. Sie habe immer an den Endsieg geglaubt. Das galt auch für die übrigen Einwohner, einschließlich Bürgermeister Dr. Biebericher, der so schockiert war, als seine Stadt von amerikanischen Soldaten eingenommen wurde, daß er sich mit Gift das Leben nahm. »Er war ein grundanständiger Mann«, sagte die Gastwirtin. »Er war unser Ortsgruppenleiter.«

An diesem Morgen schrieb ein einsamer Kommunist an die Häuserwände: »1. Mai – vom Naziterror frei«, »Für ein freies demokratisches Deutschland«, »Freiheit, Brot, Arbeit«.

Leipzig sah, verglichen mit Köln oder Frankfurt, nicht ganz so schlimm aus. Viele Häuser waren unzerstört, die Straßenbahnen fuhren. Auch hier hatte sich der Bürgermeister, ein SS-Mann namens Freiberg, beim Eintreffen der Amerikaner das Leben genommen. Den Zusammenbruch der staatlichen Ordnung nutzte die Bevölkerung, um die Geschäfte zu plündern. Zwei Hilfspolizisten, ehemalige sozialdemokratische Arbeiter, beklagten sich bei mir über die Plünderer, über die Stadt, über die Verhältnisse, über den Krieg, über Hitler, über sich selbst. Sie seien so überzeugt gewesen, daß Hitler gewinnen würde, und jetzt dieses ganze Durcheinander und diese Unsicherheit. Wenn die Amerikaner ihnen doch nur sagen würden, was sie tun sollten!

Ein älterer Mann kam heran, machte einen tiefen Diener und bat darum, dem »Herrn Amerikaner« eine Frage stellen zu dürfen. Ich nickte. Er deutete auf ein Kabel, das vor seinem Geschäft auf dem Gehsteig lag, und bat mich um die Erlaubnis, es beiseite zu schaffen, die Leute würden sonst darüber stolpern. Ich sagte: »Werfen Sie's auf die Straße!« Er flüsterte: »Darf ich das wirklich? Ich möchte mich nicht strafbar machen. Man muß schließlich immer ordentlich sein.« Unaufgefordert erklärte er mir dann, daß er 1933 in die Partei eingetreten sei, gezwungenermaßen, in Wahrheit sei er aber immer gegen Hitler gewesen. Dann klagten mir alle drei ihr Leid, der Ladenbesitzer und die beiden Hilfspolizisten, und ihr Gejammer ging mir dermaßen auf die Nerven, daß ich sagte: »Seien Sie unbesorgt, Leipzig liegt in der sowjetischen Besatzungszone. Die Russen werden bald hier sein und sich um alles kümmern.« Sie standen da und glotzten.

Überall wurde geklagt. Als wir in Schnaittach bei Nürnberg in einem Gasthaus übernachteten, jammerte die Wirtin: kein Bohnenkaffee, kein Zucker, keine Ferienreisen. Ach, wie sie gelitten habe. Niemand werde je erfahren, was sie durchgemacht habe. Mehrere Gäste stimmten in das Gejammer ein: keine Zigaretten, kein Kaffee, keine Sahne, kein Kino. Alle waren gut gekleidet und wohlgenährt. Ich mußte an die Millionen hungernder, zerlumpter Zwangsarbeiter, an die Millionen Ermordeter denken und konnte meinen Zorn nur mit großer Mühe unterdrücken.

Als wir vor Nürnberg wegen einer Reifenpanne anhalten mußten, verloren wir das Fahrzeug aus den Augen, in dem unsere beiden Kollegen vor uns hergefahren waren. Wir nahmen an, daß wir sie in Nürnberg wiederfinden würden, sahen dort aber nur Ruinen. Die Stadt, ein Heiligtum der Nazis, war restlos zerstört. Beim Anblick der Trümmerwüste hatte man das Gefühl, daß es doch so etwas wie Gerechtigkeit auf der Welt gab. Irgendwo inmitten der Ruinen saß ein kleines Mädchen und weinte. Joe, der ein weiches Herz hatte, meinte, daß sie vielleicht Hilfe benötige. Ich fragte sie, warum sie weine. »Ich hab' meine Mama verloren«, schluchzte sie. »Ich weiß nicht, wo meine Mama ist.«

Auf dem großen freien Gelände, wo die Nazis ihre Aufmärsche veranstaltet hatten, hielten wir an. Ein Mann näherte sich uns, deutete auf die Ruinen und sagte: »Sehen Sie, das hat Hitler für uns getan.« Diesmal war es der schweigsame Joe, der ihm über den Mund fuhr: »Du und die Millionen deinesgleichen, habt ihr ihm denn nicht geholfen?«

In Regensburg fanden wir unsere Kollegen auch nicht. Die Stadt hatte nicht viel abbekommen. Nur die Brücken über der hellgrünen Donau waren kaputt. Wir fuhren über eine, die von US-Pionieren gerade repariert worden war. Die Regensburger lachten und wirkten optimistisch, genau wie die Rheinländer. Vor den Geschäften waren überall Schlangen.

In diesem Moment wußte ich, daß ich von Deutschland genug hatte. Ich hatte keine Lust, weiterzufahren, noch mehr zu sehen. Sieben Monate lang hatte ich Interviews mit Deutschen geführt, und plötzlich wurde mir klar, daß ich extrem allergisch auf sie reagierte. Seit Buchenwald lagen meine Nerven bloß. »Joe«, sagte ich am Ufer der Donau, »wir kehren um. Ich will nach Hause. Ich halte es hier nicht länger aus. Du wirst auch bald nach Hause zurückkehren. Der Krieg kann nur noch ein paar Tage dauern.« Joe fuhr wieder über die Brücke. »Sie sind der Chef«, sagte er.

Ursprünglich hatten wir in Erlangen im PWD-Hauptquartier der 3. Armee übernachten wollen, doch wir waren schon so spät dran, daß wir unterwegs in einem Dorfgasthaus abstiegen. Der angrenzende Bauernhof (mit dreiundzwanzig Hektar Ackerland, zwölf Kühen, fünfundzwanzig Schweinen, zwei Pferden und Hunderten von Hühnern), der die Gaststube mit einem durchdringenden Mistgeruch erfüllte, gehörte ebenfalls dem Wirt. Der war ein sympathischer alter Mann, der sich über nichts und niemanden beklagte.

Schnell sprach sich herum, daß zwei Amerikaner im Gasthaus waren, die ersten überhaupt, woraufhin immer mehr Leute ankamen und neugierig guckten. Sie berichteten, daß im Dorf, das normalerweise siebenhundert Einwohner hatte, jetzt doppelt so viele Leute lebten, evakuierte Städter. Unter ihnen befand sich ein gutaussehender junger Mann, der mir durch dreierlei auffiel: er hatte ein Holzbein, er stützte sich auf den Arm einer elegant gekleideten jungen Frau, und er hatte ein Exemplar von *Stars and Stripes* dabei. Die Zeitung stammte vom 2. Mai und war mit der simplen Schlagzeile »HITLER DEAD« aufgemacht. Diese Meldung, bei der ich noch wenige Monate zuvor wie elektrisiert aufgesprungen wäre, bewegte mich kaum mehr.

Der Mann mit dem Holzbein sagte, daß er Englisch lesen könne, und wollte wissen, ob es wirklich wahr sei, daß der Führer nicht mehr unter den Lebenden weile. Ich antwortete, daß ich es nicht wisse, es aber hoffe. Der Mann warf mir einen unfreundlichen Blick zu. Er habe, sagte er, sein Bein in Rußland verloren und könne nicht verstehen, warum wir den Russen die Ehre überließen, Berlin einzunehmen. »Die Russen«, rief er erregt, »sind schlechte Soldaten. Wir hätten sie erledigt, wenn sie von euch Amerikanern nicht so viel Material bekommen hätten.«

Ich sagte: »Da irren Sie sich. Die Russen haben von uns nur zehn Prozent ihres Materials bekommen. Sie hätten die Wehrmacht auch ohne unsere Hilfe besiegt, es hätte nur ein bißchen länger gedauert.«

»Wenn die Russen in Deutschland bleiben«, sagte er, »dann haue ich ab. Dann gehe ich lieber nach Amerika.«

»Wie nett von ihm«, murmelte Joe höflich.

Holzbein fragte: »Wann kann ich nach Amerika fahren, was glauben Sie?«

Sanftmütig sagte ich: »Wissen Sie, diese Gegend wird unter sowjetische Verwaltung gestellt. Ich glaube nicht, daß die Russen die Bevölkerung ermuntern werden, wegzuziehen.«

Die junge Frau sagte: »Komm, Ernst, reg dich nicht auf!«

▌Auch in Erlangen waren meine Kollegen nicht, doch ich beschloß, nicht zu warten, sondern über Würzburg weiterzufahren. Mittags befanden wir uns auf einer Landstraße in einer gottverlassenen Gegend ohne Wegweiser. Soweit ich das erkennen konnte, war dieser Landstrich noch nicht restlos von der Wehrmacht gesäubert, und ich fühlte mich nicht sehr tapfer. Ich fragte Joe nach seinem Karabiner.

»Er ist geladen«, sagte er.

Nervös legte ich meine Luger auf den Sitz zwischen uns.

Joe fragte: »Wissen Sie, ob das Ding funktioniert?«

»Nein.«

»Haben Sie noch nie damit geschossen?«

»Nein.«

»Ich wette, Sie haben überhaupt noch nie einen Schuß abgegeben«, sagte Joe.

»Korrekt.«

Joe war neugierig geworden. »Können Sie eigentlich mit einer Waffe umgehen?«

»Nein.«

»Dacht' ich mir schon«, sagte Joe gleichmütig.

Ich sagte: »Sei nicht so eingebildet. Ich fühle mich besser, wenn dieses Ding neben mir liegt.«

»Schaden kann es nicht«, brummte Joe.

Und dann verfiel er in brütendes Schweigen. Wie abwesend beugte er sich über das Lenkrad, ohne auf Schlaglöcher oder Felsbrocken zu achten. Ich nahm an, daß er ebenfalls Angst hatte, und sagte: »Du hast ja unheimlich gute Laune heute.«

»Ich muß an die alte Dame denken«, erwiderte er.

»Welche alte Dame?«

»Meine.«

»Hör zu, Joe, wir sind hier nicht in Nebraska, sondern in Bayern.«

»Bestimmt?«

»Ich bin mir ziemlich sicher.«

Zwei Kilometer weiter murmelte Joe: »Ich frage mich, ob sie noch am Leben ist.«

»Hat sie dir in der letzten Zeit denn nicht geschrieben?«

»Nein. Ich habe lange nichts von ihr gehört. Seit fünfundzwanzig Jahren oder so.«

»Aber vor einem Jahr warst du doch noch zu Hause.«

»Meine alte Dame wohnt nicht in Nebraska«, erklärte Joe zögernd, als wollte er es nicht zugeben. »Sie lebt in Bayern.«

»Und dein alter Herr?«

»Auch.«

Eine überraschende Enthüllung. Ich war immer davon ausgegangen, daß seine Eltern in Nebraska lebten, wo Joe herkam. Stockend erzählte er, daß er als Zwölfjähriger, nur mit einer Fahrkarte um den Hals, von zu Hause weggegangen sei. Er sei zu seinem älteren Bruder Franz nach Nebraska gefahren, habe Arbeit bei einem Farmer gefunden und nie die Gelegenheit gehabt, eine Schule zu besuchen. Das war vor fünfundzwanzig Jahren, und seitdem hatte Joe seine Eltern nicht mehr gesehen. Er hatte ihnen nie geschrieben, und auch sie hatten keine Briefe geschickt. Vielleicht bestand seine Familie ja aus Analphabeten. Und jetzt war Joe als amerikanischer Soldat in Bayern, in seiner fränkischen Heimat, irgendwo in der Gegend wohnten vielleicht seine Eltern und die beiden Schwestern, und er fragte sich, ob sie noch am Leben waren.

Ich explodierte: »Warum erzählst du erst jetzt von ihnen? Komm schon, wir suchen sie!«

Joes Augen glänzten. »Würden Sie das wirklich für mich tun?«

Ich fragte: »Wo haben sie zuletzt gewohnt?«

Joe sagte: »Riedenheim. Ein Nest.«

Riedenheim war auf keiner Karte verzeichnet, und wir verbrachten den ganzen Nachmittag damit, diesen Ort ausfindig zu machen. Niemand konnte uns weiterhelfen. Die Einheimischen waren in Geographie nicht sonderlich bewandert. Irgendwann fiel Joe ein, daß Riedenheim in der Nähe einer größeren Ortschaft namens Ganzenheim lag. Wir fanden einen Bauern, der uns ungefähr die Richtung angeben konnte. Wir waren jetzt im tiefsten Franken, und nichts deutete darauf hin, daß hier jemals amerikanische Truppen durchgekommen waren. Von Ganzenheim führte ein Feldweg nach Riedenheim.

Joe war blaß und nervös. Am Dorfrand fragte ich ihn, ob er Riedenheim wiedererkenne. Er schüttelte den Kopf. Ich schlug ihm vor, sich beim Pfarrer zu erkundigen. Als unser großes Fahrzeug durch das Dorf rumpelte, zeigten sich Köpfe an Türen und Fenstern. Ich bin mir nicht sicher, ob sie wußten, daß wir Amerikaner waren. Vor der Kirche hielten wir an. Plötzlich zeigte Joe auf einen Torbogen. »Daran erinnere ich mich«, rief er. »Dort haben wir gespielt.« Wir fuhren ein Stück weiter, hielten vor einem kleinen Haus und sahen eine alte schwarzgekleidete Frau, die im Garten arbeitete. »Ist das deine alte Dame, Joe?« Er sagte: »Weiß nicht, ich werd' sie fragen.« Wir stiegen aus, Joe schulterte seinen Karabiner, schob sich den Helm in den Nacken und ging zu der alten Frau. »Wie heißt du?« Ohne aufzublicken, murmelte sie einen Namen. Joe schüttelte den Kopf. »Das ist sie nicht.«

Ein paar Leute hatten sich inzwischen versammelt. Auf Joes Frage, wo die Dörferleins wohnten, zeigten sie ihm ein kleines weißgetünchtes Haus. Wir stellten den Wagen davor ab. Joe fragte, ob ich eventuell mitkommen würde. Ich steckte den Revolver ein und folgte ihm. Joe war etwas unsicher auf den Beinen.

Wir betraten einen Flur, Joe öffnete eine Tür, und dann kamen wir in eine niedrige Stube, in der viele Heiligenbilder an der Wand hingen. In einer Ecke war ein großer Ofen, und rechts und links neben dem Fenster standen zwei Ohrensessel. In dem einen saß ein verhutzelter alter Mann mit einem ausgemergelten Gesicht und rauchte Pfeife, in dem anderen saß eine steinalte Frau, ganz in Schwarz, und strickte.

Es war so still im Zimmer, daß das Ticken der Kuckucksuhr an den Nerven zerrte. Die beiden Alten blickten nicht auf zu den Soldaten, die so unvermittelt in ihr Privatleben eingedrungen waren. Der Mann rauchte, die Frau strickte, und beide taten, als hätten sie uns nicht bemerkt. Joe straffte die Schultern, trat vor den Pfeiferaucher, stieß ihn mit dem rechten Daumen an und fragte in breitestem Fränkisch: »Kennst mich net?« Der alte Mann warf einen raschen Blick auf Gewehr und Helm und schaute wieder zu Boden. »Naa«, murmelte er und schüttelte den Kopf.

Joe hob das unrasierte Kinn des Alten an. »Schau mich genau an!« sagte er. »Schau mir in die Augen und sag mir, wer ich bin.«

Es herrschte ein unerträgliches Schweigen, während der Alte den Soldaten musterte, dann flackerte es in seinen Augen, und plötzlich ließ er die Pfeife fallen und rief: »Der Franz!«

Joe schüttelte den Kopf. »Schau genau hin«, sagte er mit zitternder Stimme.

Der Alte sprang hoch. »Der Sepp, s' ist mein Sepp!« Er beugte sich zu der alten Frau hinüber, die noch immer mit ihrem Strickzeug im Sessel saß. »Horchamal, unser Sepp is da, des is unser Sepp!« Die schwarzgekleidete Frau ließ plötzlich ihr Strickzeug sinken und blickte hoch. Tränen standen ihr in den Augen. Sie rief: »Jesses, mein kleiner Sepp, mein armer kleiner Sepp!« Sie griff nach seinen Händen, bedeckte sie mit Küssen und seufzte: »Ach, mein armer kleiner Sepp ...« Ich spürte einen Kloß im Hals und lief hinaus.

Draußen vor dem Haus trocknete ich mir die Tränen. In diesem Moment kam eine bedrückt wirkende junge Frau vorbei. Sie erzählte, sie sei eine polnische Landarbeiterin aus der Gegend von Krakau, ihr Vater sei tot, ihre beiden Brüder seien tot, und ihre Mutter führe ganz allein den Hof. Um sie zu trösten, sagte ich: »Sie sind frei, Sie können heimkehren.« Sie schüttelte den Kopf. »Wie kann ich nach Hause zu meiner Mutter, ich bin doch nicht verheiratet.« Ich sagte, daß es keine Schande sei, nicht verheiratet zu sein.

»Ich habe ein Baby, müssen Sie wissen.«

»Ach so«, sagte ich, »und der Mann ist Deutscher?«

»*Niemiec!*« Sie schauderte. »Nein, nein! Er ist Pole, genau wie ich.«

»Warum heiratet ihr dann nicht?«

»Wir dürfen nicht«, sagte sie mit Tränen in den Augen. »Wir haben den Bürgermeister gebeten, und wir haben den Pfarrer gebeten, aber jedesmal heißt es, wir dürfen nicht heiraten, weil wir Polen sind.«

Mir fiel ein, daß Zwangsarbeiter unter den Nazis völlig rechtlos waren, also auch nicht heiraten durften. Ich spürte, wie mich Zorn packte. (Es war wirklich höchste Zeit, daß ich Deutschland verließ – immer öfter geriet ich in Rage.) In diesem Moment sah ich einen Mann mit schwarzer Soutane auf der Straße. Ich fragte das Mädchen, ob das der Dorfpfarrer sei. »Ja«, sagte sie, »gestern erst hat er es abgelehnt, uns zu trauen.«

Ich rief den Mann zu mir.

Langsam, geradezu provozierend langsam kam er herüber. Er hatte ein schmales graues Oberlippenbärtchen, ein kaltes Gesicht und eine überhebliche Art, die nicht zu seinem Beruf paßte. Er unternahm keinen Versuch, seine Feindseligkeit zu verbergen, und die ganze Verachtung, die er uns beiden Ausländern entgegenbrachte, zeigte sich in einem herablassenden »Nun?«

»Kennen Sie diese junge Frau?« fragte ich.

»Jawohl.«

»Sie sagt, Sie lehnen es ab, sie zu trauen.«

»Jawohl«, sagte er arrogant.

»Wieso?« fuhr ich ihn wütend an.

»Weil es verboten ist«, sagte er.

»Und Sie wollen ein Mann Gottes sein?« brüllte ich. »Zwei unglückliche junge Leute wollen heiraten, und Sie verweigern Ihnen eine kirchliche Trauung. Sie sind eine Schande für Ihre Kirche! Sie sind kein Christ. Sie sind ein ... ein Nazi!«

Er zuckte zusammen. »Ich kann doch nichts dafür! Das Gesetz schreibt es vor.«

Ein paar Leute hatten sich inzwischen versammelt. Ich sagte mit lauter Stimme: »Damit das klar ist: Ab sofort sind wir das Gesetz. Alle Gesetze und Verordnungen der Nazis sind ab sofort aufgehoben. Ab sofort gibt General Eisenhower hier die Befehle, und nicht Hitler. Wenn Sie dieses junge Mädchen morgen nicht trauen, werde ich Sie und den Bürgermeister persönlich hinter Gitter bringen!«

Er sagte: »Ich werde die beiden trauen, wenn das ein Befehl ist.«

»Das ist ein Befehl«, bellte ich wie ein preußischer Feldwebel.

Der Pfarrer war beeindruckt. »Na schön«, antwortete er. »Meinetwegen.«

Er schlug die Hacken zusammen und verbeugte sich steif.

Die junge Polin küßte meine Hand und bedankte sich überschwenglich.

Später kam Joe mit seinem Vater heraus. Joe lächelte, seine Augen waren gerötet. Inzwischen hatte sich die Anwesenheit der beiden Fremden herumgesprochen, und alle Dorfbewohner kamen, um zu gucken. Plötzlich ging mir ein Gedanke durch den Kopf. »Joe«, sagte ich, »weiß dein alter Herr eigentlich, daß du amerikanischer Soldat bist? Vielleicht denkt er, du bist in der Wehrmacht.« Joe fragte ihn. Der Alte antwortete, daß er sofort gewußt habe, daß wir keine deutschen Soldaten seien, er sei selber anno 1883 Soldat gewesen.

Für einen Mann von achtzig Jahren war er erstaunlich agil. Er setzte sich Joes Helm auf, nahm den Karabiner, wog ihn in der Hand und legte an. Joe strahlte vor Stolz. Er legte seinem Vater den Arm um die Schulter und rief: »Ist er nicht klasse?«

In dieser Nacht wurde im Dorf ausgiebig gefeiert, und als alles vorbei war, schlief ich in dem weichsten Daunenbett meines Lebens.

## 62

Wir erreichten Bad Nauheim, unser Hauptquartier, an dem Tag, als Jodl die Waffenstillstandsurkunde unterzeichnete. Am schwarzen Brett des Hotels Bristol stand die Nachricht »GOEBBELS & FAMILY KAPUTT BY POISON. BODIES FOUND IN BERLIN.« Für uns PWD-Offiziere war der Krieg damit zu Ende.

In der Nacht kam die Meldung von der Kapitulation, aber es gab nicht viel, womit man hätte feiern können. In der Bar des *Bristol* versammelten sich Freunde und Kollegen – Oberst Powell, Oberst Paley, Dick Crossman, Laudy

Lawrence, Brewster Morgan, Al Toombs, Pat Dolan, Hans Habe, Dick Scudder, Ray Craft. Manche sangen, die meisten unterhielten sich bloß. Wir hatten die Fenster absichtlich offengelassen und nicht verdunkelt. Ein Militärpolizist kam herein und befahl in strengem Ton, sofort für Verdunkelung zu sorgen. Wir fragten ihn, ob er Angst vor der Luftwaffe habe, doch er hatte keinen Sinn für Humor.

Mittags überquerten wir bei Mainz den Rhein. Überall sahen wir trübsinnige, schweigsame Deutsche, die mit keiner Geste, mit keinem Zeichen zu erkennen gaben, daß sie wußten, daß die ganze Welt ihre Niederlage feierte.

Wir fuhren durch ein jubelndes Frankreich. Im Elsaß und in den Argonnen, überall sangen die Leute, Kirchenglocken läuteten, und an Türen und Fenstern hing das Sternenbanner. In Metz, Sainte-Menehould und Meaux mußten wir anhalten, weil Menschenketten uns den Weg versperrten. Sie riefen: »*Vive l'Amérique!*«, und wir antworteten: »*Vive la France!*«

Gegen Mitternacht erreichten wir Paris. Die Stadt war ein Lichtwunder, überall fröhliche, ausgelassene Menschen. Sacré-Coeur festlich angestrahlt, ebenso die Place de la Concorde und die Oper. Feiernde, tanzende, weinende Menschen drängten sich die ganze Nacht auf Straßen und Plätzen. Erst achteinhalb Monate zuvor hatten wir Paris befreit, und jetzt war FRIEDEN.

▌Tags darauf schrieb ich an meine Frau:

»... in Deutschland war Tod, Angst, Verzweiflung. Die Deutschen interessierte der Frieden nicht. Sie waren besiegt, geschlagen und in gewissem Sinne erleichtert, daß der Alptraum vorbei war. Nach Frankreich hinüberzufahren war ein verblüffendes Erlebnis. Hier Tod und Zerstörung und Hoffnungslosigkeit und völlige Düsternis; dort bunte Fahnen, Jubel, Erleichterung. Die Deutschen haben Millionen unschuldiger Menschen massakriert, haben millionenfach getötet und versklavt und Familien auseinandergerissen und Unglück über die Menschen gebracht. Und nun haben sich die Räder der Gerechtigkeit gedreht, und die Welt feiert die Zerschlagung des Nazimonsters. In ihrer Niederlage sind die Deutschen noch isolierter denn je. Sie gehören nicht mehr zur Völkergemeinschaft, sie sind ein ausgestoßenes, beispiellos verfluchtes und gefürchtetes Volk. Erst die nachwachsende Generation von Deutschen kann einen Neubeginn schaffen. Man muß hoffen und beten, daß es ihnen gelingt.«

■ SAUL K. PADOVER wurde 1905 als Sohn jüdischer Eltern in Wien geboren. 1920 wanderte die Familie in die USA aus. Padover studierte in Yale und in Chicago. 1938 wurde er persönlicher Referent des amerikanischen Innenministers; 1943 ging er zur Abteilung für psychologische Kriegsführung nach London. Mit seinen Berichten aus dem besetzten Deutschland hat Padover die Deutschlandpolitik der amerikanischen Militärregierung unmittelbar beeinflußt; sie stellen daher eine wichtige Geschichtsquelle dar. Auch später hat Eisenhower seine Expertisen über das besiegte Land zu Rate gezogen und beherzigt.

Nach dem Krieg lehrte Saul K. Padover an der New School for Social Research in New York. 1981 ist er dort, halb vergessen, gestorben.

■ *The Revolutionary Emperor: Joseph the Second, 1741–1790.* New York: Ballou 1934. (Deutsche Übersetzung: *Joseph II. Ein Revolutionär auf dem Kaiserthron.* Düsseldorf: Diederichs 1969.)

*Secret Diplomacy: A Record of Espionage and Double Dealing* (zus. mit James Westfall Thompson). London: Jarrolds 1937.

*The Life and Death of Louis XVI.* New York und London: Appleton 1939.

*Jefferson.* London: Cape 1942; New York: Harcourt Brace 1942.

*The Genius of America. Men Whose Ideas Shaped our Civilisation.* New York: McGraw-Hill 1960.

*Karl Marx: An Intimate Biography.* New York: McGraw-Hill 1978.

*The Living U. S. Constitution* (zus. mit Jacob W. Landynski). New York: NAL-Dutton 1953.